Philippe Daniel Ledermann · Die Papier-Eltern · Teil 1: Frühling

Für Ätti und Müeti

Philippe Daniel Ledermann

Die Papiereltern

Autobiographischer Roman

Teil 1:
Frühling

NYDEGG
VERLAG

Lektorat: Marianne Schmid

1. Auflage 2001
2. Auflage 2002

Läuferplatz · CH-3001 Bern
Fon: 0041 078 699 1944 · Fax: 0041 031 312 1050
nydegg-verlag@bgb.ch · www.nydegg-verlag.ch
Umschlaggestaltung: Andreas Jäggi, unter Verwendung eines Gemäldes von Ferdinand Sommer (1822–1901; Lehrer von Ferdinand Hodler) mit dem Titel: «Meiringen», Weidelandschaft im Frühling mit Blick auf das Kirchdorf.
Autorenfoto: Foto Bucher
Satz: Document 2000
Druck: Franz Spiegel Buch GmbH, Ulm
ISBN 3-9522295-0-4

INHALTSVERZEICHNIS

Die Volkszählung des Kaisers Augustus

Der letzte Schultag und damit die Weihnachtsferien der Primarschüler standen vor der Türe. Die feierlich geschmückte Schulstube der Viertklässler wartete sehnsüchtig auf die Kinder, die in wenigen Augenblicken mit ihrem Lehrer Schulweihnachten feiern sollten. Die Schneeflocken tänzelten übermütig und ungeduldig vor den Fenstern des Schulhauses auf und ab, wie die Buben und Mädchen der Vierten im Gang vor ihrem Klassenzimmer. Diese schüttelten hastig den Schnee von den Kleidern, entledigten sich seufzend der Jacken und Mäntelchen, schlüpften in die warmen Pantöffelchen und drängten sich neckend und kreischend durch die schmale Türe in die weihnächtlich geschmückte Schulstube. Der Raum war geheimnisvoll abgedunkelt und die Kinderchen trippelten leise, wie kleine Engelchen, auf den Zehenspitzen an ihre Pulte heran. Ihre glänzenden Augen bestaunten die Tannenzweige, Äpfel, Birnen und Nüsse, die ihnen das Christkind hingelegt hatte. Auf den frischen Gesichtern lag eine feierliche und erwartungsvolle Freude.

Der Lehrer, Herr Gehring, wippte würdevoll durch die Pultreihen und drückte jedem Kind einen kleinen, zuckerverzierten Lebkuchen in die Hand. Dann durften die Schüler die Kerzchen, welche sie von zu Hause mitgebracht hatten, anzünden. Wenig später duftete es nach angesengten Tannenzweigen und der Schulraum verwandelte sich in den Heiligen Stall. Als sich der Schulmeister feierlich ans Lehrerpult setzte, die Heilige Schrift aufschlug und die Geschichte von Maria und Josef zu lesen anfing, verstummte auch das hinterste Plappermaul vor holder Glückseligkeit und lauter Erwartung.

«Es begab sich aber zur Zeit, als Kaiser Augustus die ganze Welt schätzen ließ, und jeder an den Ort seiner Väter ginge ...»

Lehrer Gehring hatte die Weihnachtsgeschichte mit pastoralem Pathos zu Ende zelebriert, wie einen sakramentalen Akt. Als wäre der Schulmeister selber geschwind in die Rolle des römischen Kaisers geschlüpft, öffnete er theatralisch den Schulrodel, blickte in die fröhliche Kinderschar hinaus und meinte verheißungsvoll:

«Jetzt wollen wir einmal schauen, wohin ihr zur Zeit Marias und Josephs hättet hingehen müssen.»

Fein säuberlich nach den alphabetisch eingetragenen Familiennamen erkundigte er sich bei jedem Buben und Mädchen nach dem Heimatort. Aus überlauten Kehlen sprudelten die Namen bekannter und weniger geläufiger Dörfer und Weiler wie kleine Springfontänen in die Schulstube hinaus. Die glücklichen Weihnachtskinder frohlockten und ergötzten sich am biblischen Spiel des Kaisers Augustus, bis die Reihe an Pascal kam.

«Und Pascal, wohin müsstest du gehen?»

Bei der Frage verlor die Stimme des Paukers merklich an Glanz und Weihnächtlichkeit. Er mochte den jungen Pascal Laubscher nicht sonderlich. Der Bub hatte die Abneigung des Schulmeisters schon einige Male arg zu spüren bekommen und schaute verlegen nach rechts und links, als Gehring bereits ungeduldig nachhakte:

«Und, wohin?»

Der Zehnjährige fasste sich ein Herz und stammelte in die festliche Stimmung hinaus:

«Ich muss nach Affoltern.»

Der Pauker mimte, ohne ein Wort zu verlieren, den Erstaunten und schwenkte seinen kleinen Kopf auf dem dünnen Hals hin und her, als wäre er eine Dotterblume auf einem dünnen Stiel im sachten Wind. Zuerst äugte der verwunderte Gehring ebenso lautlos wie die gelbe Dotterblume im Lüftchen von einer Ecke des Zimmers in die andere, zu jedem einzelnen Pültchen und beinahe von einer Schneeflocke vor dem Fenster zur anderen. Der Schulmeister hielt inne, als erwartete er von Pascals Mitschülern selbst eine Bestätigung oder Widerrede für die Behauptung des ungeliebten Buben. Da sich kein Echo vernehmen ließ, blätterte Lehrer Gehring missmutig im abgegriffenen Schulrodel und blinzelte mit verschlagenen Augen zu Pascal.

«Hier im Rodel steht etwas ganz anderes. Hier steht Genf, schwarz auf weiß. Du müsstest also nach Genf und nicht nach Affoltern. Nach G-e-n-è-v-e»,

unterstrich er in seinem bäurisch gefärbten Französisch und zog das breite «è» wie ein elastisches Gummiband in die Länge.

«Nach G-e-n-è-v-e»,

doppelte er allmächtig schulmeisterlich und mit trotzig anschwellender Stimme geringschätzig nach. Demonstrativ klappte Gehring den Rodel

zu und warf ihn ähnlich wie vorher seine unbesonnen Worte eigensinnig auf das Lehrerpult. Das rechthaberische Organ des neunmalklugen Pädagogen hatte einen gefährlich vibrierenden Unterton angenommen und dröhnte in Pascals Ohren nach, wie ein unheilvolles Echo in den steilen Felswänden der Engelhörner, wenn krachender Donner ein aufziehendes Gewitter ankündete.
«Nach G-e-n-è-v-e, nach G-e-n-è-v-e»,
hallte es unablăßig im Kopf des verwirrten Knaben nach. Der mit Worten verprügelte Schüler bäumte sich innerlich auf und muckste leise vor sich hin.
«Nein, ich muss nach Affoltern, das ist mein Heimatort. So steht es auch in Ättis Meisterbrief.»
Als er die Worte auf der Zunge zurechtgelegt hatte und sie laut in die plötzliche Stille der Schulstube hinausschreien wollte, streifte ihn der grimmige Blick des gereizten Lehrers und Pascals Stimme versagte kläglich. Kaum hörbar und erstickend druckste er etwas von Affoltern und Meisterbrief, als gälte es, mit letzter Kraft seinen Heimatort und seine kindliche Ehre zu verteidigen, um wenigstens seine Klassenkameraden von der Richtigkeit seiner Aussage zu überzeugen.
«Ich muss nach, nach …»
Erneut fiel ihm Lehrer Gehring unwirsch ins Wort:
«Nein und noch einmal nein, du musst nach Genf.»
Der zusammengestauchte Viertklässler vergrub den Kopf in den Armen und schluchzte leise.

Der kindliche Judas

Im Heiligen Stall von Bethlehem herrschte plötzlich beängstigende Stille.
«Er hat nur Papiereltern»,
krähte auf einmal ein Mitschüler aus der hintersten Pultreihe in die bedrückte Stimmung der weihnächtlichen Schulstube hinein. Kein einziges Kind wusste, was Papiereltern sind. Hingegen erahnte jedes mit ängstlicher Beklemmung die unselige Tragweite der vorwitzigen Worte des

Kameraden vom letzten Pult. Der schmächtige Balg, Gottlieb Fahner mit Namen, hockte gelassen und mutterseelenallein im hintersten Pult, sozusagen im Rücken der ganzen Klasse, in der Fensterecke. Er war sich überhaupt keiner Verfehlung, noch einer Schuld bewusst und grinste nur dummschlau in die verdatterten Gesichter seiner Mitschüler, die sich allesamt umgedreht hatten und ihn vorwurfsvoll anglotzten. Der vorlaute Fratz hatte doch nur offen, und ohne ein Blatt vor den Mund zu nehmen, geredet, wie auch bei ihm zu Hause geredet wurde. Warum hätte er nicht weitererzählen dürfen, was die Erwachsenen in der Stube oder am Mittagstisch plauderten. Gottlieb war ein schwächliches und dennoch zähes und wildes Bürschchen. Seine linke Wange hatte eine aufgetriebene, halbmondförmige, derbe Narbe verunstaltet. Sie sollte angeblich von einem Pferdehufschlag, als er noch ein ganz kleines Kind gewesen war, herrühren. Fortan trug er das blutleere Wundmal als sein Kainszeichen. Seit Gottlieb die Augen öffnen konnte, lebte er bei seinen Großeltern im Oberstein, wenige Schritte vom tosenden Alpbach entfernt, in einem armseligen und finsteren, schiefen Häuschen. Seine leibliche Mutter solle ihn unehelich, irgendwo in Deutschland, geboren und in der Verzweiflung zuerst ausgesetzt haben, munkelte man. Andere behaupteten, er sei auf der Alp Grindel, in einer gottverlassenen Sennhütte, auf die Welt gekommen und sein Vater wäre ein angesehener und sehr reicher Herr vom Dorf unten gewesen. Den Namen freilich wollte niemand kennen. Dritte gaben, hinter vorgehaltener Hand, zum Besten, Gottlieb sei der Sohn eines polnischen Obersten, der nach dem Fall von Warschau in die Schweiz geflüchtet sei. Böse Mäuler wollten seine Mutter in jener Zeit sogar jede Woche mit einem anderen Mann gesehen haben und schrieben dem Halbwaisen mehr Väter zu, als er Finger an den Händen hatte. Auf alle Fälle ließ das gnädige Schicksal das Bübchen am Leben und auf Umwegen zu seinen Großeltern kommen.

Die Grosseltern und der Schwarze Mann

Großvater Fahner hatte früher einen ansehnlichen Hof im Tal bewirtschaftet. Jetzt besaß der Greis nur noch eine kleine Huf- und Wagenschmiede und galt als kauziger Alter. Sein nacktes Gesicht soll angeblich noch niemand richtig gesehen haben. Es sei vom Dorfbrand in der verhängnisvollen Föhnnacht der neunziger Jahre des vorigen Jahrhunderts arg angesengt worden und sei unansehnlich vernarbt. Seither trage er einen gefürchigen Bart, um zu verstecken, was kein menschliches Auge je sehen sollte. Seine Alte, auch schon weit über siebzig, bewegte sich nur noch mühsam und schleppend an einem Stock, stark vornüber geneigt, als trüge sie zur Strafe nicht nur der Verfehlungen ihrer Tochter, sondern aller Generationen ihrer Sippe, die schwere Last der Sühne auf ihren gebrechlichen Schultern. Die fast zahnlose Greisin mit ihrem Katzenbuckel und krummen Stock erinnerte die Kinder im Dorfe immer ein wenig an die Hexe aus Hänsel und Gretel. Die zwei betagten Leutchen hausten mit ihrem blutjungen Enkelkind in einer eigenen Welt. Die Großmutter hörte man nie sprechen. Alteingesessene Talbewohner fabulierten, dass ihr das verheerende Föhnfeuer von damals die Stimme verschlagen und die Ohren taub gemacht hätte. Auch der Großatt[1] redete kaum und wenn, weniger als ein Kartäusermönch. Der bejahrte Schmied und sein Weib hatten sich nach dem fürchterlichen Dorfbrand, der ihnen Haus und Hof eingeäschert hatte, in der ärmlichen Hütte beim Alpbach oben eingenistet. Sie verkehrten weder mit den Nachbarn noch den übrigen Dorfbewohnern. Die weißhaarigen Leutchen lebten für sich alleine und verlangten nichts mehr von der Welt, als in Ruhe gelassen zu werden. Das zurückgezogene Paar ließ sich indes auch von keiner Menschenseele dreinreden, am allerwenigsten in Sachen Erziehung ihres Großkindes, Gottlieb. Man ließ die schrulligen Alten gewähren und war eigentlich froh, mit ihnen nichts zu tun zu haben. Selbst Schirmflicker und Hausierer machten einen weiten Bogen um das finstere Häuschen und die Hunde und Katzen aus der Nachbarschaft rannten verängstigt auf und davon, wenn der Schmied nur schon hustete.

[1] «Großatt» oder «Großätti»: schweizerische Dialektform für Großvater.

Einer der wenigen Dörfler, der Zugang zu den vergrämten Greisen hatte, war der Kaminfegermeister des Tales, der Vater von Pascal. Für die Alten im düsteren Häuschen am Fuße des steilen Schlosswaldes war Vater Laubscher der schwarze Mann mit dem weißen Herzen. Kaminfeger-Heri, wie er vom Brienzersee unten bis zum Sustenpass hinauf, vom Brünig drüben bis schattseits zum Rosenlaui genannt wurde, kannte Tal auf Tal ab jedes Haus und jeden Winkel mit seinen Bewohnern darin. Er wusste um deren Glück und Not, kannte ihre Stärken und Schwächen und sogar deren verborgene Geheimnisse. Mit Großvater Fahner verband ihn seit unzähligen Jahren eine gemeinsame Leidenschaft: Pilze suchen. Beide gebürtige Hasler, kannten sie die ergiebigsten und verborgensten Orte wie ihren Hosensack[1], aber jeder verheimlichte sie dem andern. Trafen sie sich dann zufälligerweise doch an Plätzchen, die sie einander verschwiegen, grinsten sie sich verschmitzt an und feierten entweder einen guten Fund oder sonst einfach, sich unverhofft wieder einmal getroffen zu haben, und saßen hinter einen halben Weißen in die nächstgelegene Spelunke und schwärmten sich warm von vergangenen Zeiten und alten Freunden. Im Laufe der langen Zeit kamen sich der Kaminfeger und der Schmied näher. Sie vertrauten einander Kummer und Sorgen, Leiden und Freuden an und bald kannte der eine die Weste des andern fast besser als seine eigene. Den Großeltern Fahner brachte der Kaminfegermeister hin und wieder gebrauchte Kleider und Schuhe von seinem Sprössling Pascal, die diesem zu klein geworden waren, aber dem schmächtigeren Gottlieb immer noch passten wie angegossen. In jenen Augenblicken hockte der Schmied mit seiner Alten und Kaminfeger-Heri in der verrauchten, niedrigen Stube und die drei tranken gemütlich einen Kaffee und ein Schnäpschen dazu und plauderten über Gott und die liebe Welt, derweil sich der kleine, unscheinbare Gottlieb unbemerkt hinter dem Kachelofen versteckt hatte. Von dort aus erlauschte der Schlingel die Geheimnisse der Erwachsenen und seine gespitzten Ohren schnappten dann und wann seltsame Geschichten oder geheimnisvolle Worte auf, die sie besser nicht erfahren hätten.

So unterschiedlich das Gespann Kind und Greis auch sein mochte, wie Frühling und Winter, und sich nicht selten auch bekämpfte, wie Feuer und Wasser, der Bengel gedieh prächtig, war kaum einmal krank und die Alten freuten sich an ihm und wehe, ein Außenstehender hätte den Buben angerührt oder auch nur gescholten.

[1] Hosentasche.

Angst in der Schulstube

In der weihnächtlichen Schulstube der vierten Klasse von Lehrer Gehring hatte sich an der Feier der Geburt Christi, am Tage der Erinnerung an die Heilige Nacht, die Stimme der Erwachsenen durch den unschuldigen Mund eines vorlauten Kindes unverhofft und gnadenlos gemeldet und von *«Papiereltern»* gesprochen. Geheimnisvolle und traurige Worte, die keine einzige Kinderseele im feierlichen Raum kennen oder wirklich begreifen konnte. Den sorglos dasitzenden und wohl behüteten Weihnachtskindern war nichts über das schmerzliche Schicksal der zwei Klassenkamerädchen Gottlieb und Pascal bekannt, genauso wenig wie den zwei betroffenen Buben selber. Einzig Gottlieb wusste, dass er bei seinen Großeltern aufwuchs, wo ihn seine Mutter, die irgendwo im Ausland in Diensten stand, ab und zu besuchte. Sein Vater sei schon lange tot, soll sie ihrem Bübchen einmal gesagt haben.

Die unverständlichen Worte von den Papiereltern aber schlugen beim ahnungslosen Pascal und auch bei seinen Mitschülern wie Blitze aus heiterem Himmel in die biblische Glückseligkeit ein und schufen plötzlich beklemmende Angst und unergründbare Traurigkeit. Kein Laut war mehr zu vernehmen. Nicht einmal Lehrer Gehring wagte, den Mund zu öffnen. Die Schüler drückten sich betroffen in ihre Bänke hinein, senkten verstört die Augen und starrten verwirrt und fragend vor sich hin, als wäre ihnen soeben die Geburt Christi verraten worden. Statt Liebe und Hoffnung kroch Furcht und Verzweiflung in ihre kleinen Herzen und den Knaben und Mädchen war zumute, als wäre unverhofft ein Kamerädlein aus ihrer fröhlichen Mitte weggestorben. Sie ahnten, dass Unrecht geschehen war. Etwas nicht wieder Gutzumachendes, etwas, das ein Leben abrupt ändern und jählings in unbekannte Bahnen lenken würde. Ein spitziger Dolch aus der hinterhältigen Welt der Großen war in die unbefleckten Seelen der Kleinen gestoßen worden und schmerzte unerträglich. Jedes Kind wäre am liebsten nach Hause in die schützenden Arme seiner Mutter geflüchtet. Das himmlische Christkind, das den Viertklässlern wenige Augenblicke vorher noch Tannenzweige, Birnen, Äpfel und Nüsse hingelegt hatte, hatte sein weißes Kleid der Freude und Unschuld abgestreift und das schwarze der Trauer und Verzweiflung angezogen.

Pascal hörte die unheilvollen Worte seines Schulkameraden Gottlieb wieder und wieder und fühlte, dass die heile Welt seiner Kindheit in der Stunde der himmlischen Geburt auf einmal zusammengebrochen war. Ihm wurde plötzlich kalt in der Welt. Sein Herz blutete und seine Mitschüler spürten es. Sie litten mit, als wäre ihnen selber das Unheil widerfahren. Die ganze Klasse schwieg. Noch nie hatte Lehrer Alfred Gehring solch ein Schweigen vernommen, als wollten ihm die unschuldigen Buben und Mädchen die Freude am leichtfertigen Quälen verderben. Als am Mittag die Turmuhr der nahe gelegenen Kirche zu schlagen begann, weckte der helle Klang der sonst übermütigen Glocke die Schüler traurig aus ihrem unruhigen Wachschlaf des Schweigens. Wenig später reichten die Weihnachtskinder ihrem Lehrer betrübt und wortlos die Hand zum Abschied einer verlogenen Stunde, zum Ende einer unwürdigen Schulweihnacht und zum Schluss eines sozusagen verratenen Jahres, nicht fröhlich und erwartungsvoll, nicht verzückt und hingebungsvoll wie am frühen Morgen, sondern zaghaft und still.

Fragen über Fragen standen in ihren unschuldigen Äuglein. Was ist uns widerfahren? Warum musste das bloß geschehen? Warum bin ich auf einmal so traurig? Kein zankender Bub und kein neugieriges Mädchen drängte jetzt zur Türe hinaus. Niemand drückte und drängelte. Keines neckte und stichelte das andere. Nach und nach schlichen sich die Viertklässler verstohlen und mit sich selbst beschäftigt aus der Schulstube hinaus, bis nur noch der übermächtige Gewaltherrscher Gehring und der schmähliche Judas zurückblieben. Gottlieb suchte seine Schulsachen zusammen, ohne aufzuschauen, ohne sich stören oder beirren zu lassen, wie ein Hund seinen verlegten Knochen. Der kindliche Verräter machte sich keine Gedanken über die fragenden und traurigen Gesichter seiner Mitschüler. Sie hatten sich nie um ihn gekümmert, ihn immer und überall stehen gelassen, beim Spielen in den Pausen genauso, wie auf dem Maibummel und der Schulreise, und sogar beim Balgen blieb er unbeachtet. Warum hätte er sich jetzt auf einmal um seine Mitschüler kümmern und sorgen sollen? Ihm half keiner. Warum hätte *er* jemandem helfen sollen? Gottlieb wurde zu oft geschlagen, und wer zu viel geschlagen wird, schlägt plötzlich zurück. Da stand aber auch noch der rücksichtslose Lehrer Gehring in der Schulstube, alleine und gottverlassen. Er fingerte missmutig, längst der weihnächtlichen Stimmung beraubt, am Schulrodel herum, als trüge dieser die Schuld an seinem Verrat. Ob ihn das Gewissen plagte? Kaum, was sollten ihn fremde Kinder und deren Seelenheil kümmern, und was aus einem jungen Geschöpflein im Leid wird, schon angehen? Gehring schien bloß seine eitle Einfalt zu verherrlichen und den Kinderschmerz gar nicht zu erkennen. Auf einmal fragte er in den leeren Raum hinaus:

«Wo ist eigentlich Pascal?»

Die gehringschen Augen entdeckten nur noch Gottlieb, der wie gebannt in einer Ecke stand, einer lauernden Katze ähnlich, bereit für den mächtigen Sprung in die Freiheit. Der Bube antwortete wieselflink:

«Ich weiß nicht»,

und weg war auch der letzte Viertklässler, ohne Abschiedsgruß und Weihnachtswunsch. Der selbstgefällige Pauker trat eine kleine Weile später mit steifem Blick und verwegenem Schritt in den leer gefegten Gang hinaus, unmittelbar Oberlehrer Karl Zenger in die Arme.

Oberlehrer Zenger

Karl Zenger, der Schulvorsteher, unterrichtete die Neuntklässler. Daneben betätigte sich der Oberlehrer auch noch im Viehhandel. Er soll auf einem der letzten Jahrmärkte zu einem befreundeten Händler geäußert haben, die Kälber im Stall könntens ihm besser als die im Schulhaus. Ob er damit mehr auf seine Lehrerkollegen oder die Schulbuben abzielte, sei dahingestellt. Der ergraute Lehrer und Viehhändler war altväterlich und streng, indes kein ungerechter Mann. Er hegte nicht besondere Sympathie für seinen jüngeren Kollegen Alfred Gehring, der ihm anmaßend und eigenmächtig vorkam. Kaum hatte Gehring vor drei oder vier Jahren seine Stelle in Meiringen angetreten, versuchte er bereits, die Schulordnung umzuorgeln und auf den Kopf zu stellen. Vom Lehrplan bis zu den Pausen, von den Strafen bis zum Chorsingen: Nichts war dem Jungpädagogen modern und effizient genug. Es werde zu wenig geturnt und zu viel gerechnet, zu knappe Zeit diskutiert, dafür zu oft im Handwerksraum gestanden, und im Deutschunterricht würden falsche Schriften gelesen. Dass ausgerechnet der Schulvorsteher seine Klasse zum Heuet und Alpaufzug abziehe, anstatt zu unterrichten, und dies noch unter dem fadenscheinigen Vorwand, frische Luft sei gesünder als abgestandene im Schulzimmer, sei doch purer Hohn und gehöre vor den Schulinspektor. Daneben belächelte der übereifrige jüngere Gehring auch Zengers altertümliche und bäurische Art, Schule zu geben. Wo und wann der selbstgerechte Junglehrer konnte, lästerte er heimlich und verstohlen, dafür umso perfider, über seinen altgedienten Vorgesetzten. Der Viehhändler solle besser die Finger von Kreide und Wandtafel lassen und sich nur noch mit Vierbeinern abgeben. Hinter dem Rücken warf Gehring dem Oberlehrer sogar vor, er nehme sich Zeit vom Unterricht für den Kuhhandel, wohl nur deshalb, weil diese verruchten Geschäfte mit den Bauern einträglicher seien als die Schulstunden und er den Stock bei Stier und Kalb noch ungehemmter einsetzen könne als bei den Neuntklässlern. Karl Zengers Fell war jedoch dick und solche Angriffe gewohnt, er lächelte nur verschmitzt darüber und verwirrte damit seinen Gegner erst recht. Handkehrum wusste der in die Jahre gekommene Schlauberger auch zu kontern, dass es donnerte und krachte, übler als bei einem mächtigen Gewitter im Urbachtal.

Die Gemeindeversammlung

Erst kürzlich an einer Gemeindeversammlung war der alte Lehrer dem jungen Gehring und seinem Busenfreund, dem neuen Pfarrer, schräg übers Maul gefahren. Die Gemeinde, so meinte Zenger als angesprochener und recht konservativer Gemeinderat, schätze zwar den neuen Pfarrer, sehe aber dessen rotpolitisches Engagement genauso ungern wie das des jungen Lehrers. Es sei ein winzig kleiner Haufen von links Angehauchten, die meisten frisch aus dem Unterland zugezogen, darunter der neue Gemeindehelfer und der Fürsorger, bereits heftig unterstützt vom noch nicht so lange installierten neuen Geistlichen Ulrich Kündig und

Alfred Gehring, dem Schulmeister der Viertklässler, welche die Gemeinde aus dem Lot bringen wollten. Diese jungen Männer stocherten während der Diskussion der Gemeindeversammlung unflätig im dorfeigenen Wespennest herum, dass es unheimlich anfing zu summen. Es herrsche in der ganzen Gemeinde Meiringen, wie sonst nirgends, eine ungerechte Geld- und Güterverteilung vor. Am Anfang ließ der Gemeinderat die Schwätzer noch gewähren und reden, bis die Besserwisser und Weltverbesserer anfingen, dorthin zu schießen, wo ihre erklärte Zielscheibe eigentlich auch stand, zu den geringen Löhnen und kurzen Ferien der Lehrer und Pfarrherren und des Gemeindepersonals. Diesem schwebte fortan weniger Arbeitsstunden oder größere Zahltagstüten oder längere Ferien vor, am liebsten alles miteinander.

Wohl war Karl Zenger auch Lehrer und, bei Lichte besehen, eigentlich auch betroffen. Allein, in seiner Brust schlug das Herz höher für den Bauern und Händler als für den Lehrer und schon gar nicht für den Pfarrer und am wenigsten für Alfred Gehring. Gemeinderat Zenger knurrte zuerst nur, kaum hörbar, dann aber bellte er unversehens in den aufgebrachten Versammlungssaal hinaus. Ein Bauer bekomme sonntags auch nicht mehr für seine Milch als werktags und von Ferien könne er nur träumen, es sei denn, ein Pfarrherr oder Unterstufenlehrer würde ihm den Stall und das Vieh besorgen. Das Gelächter im Saal kannte keine Grenzen, was den Schulvorsteher und Viehhändler, Gemeinderat und Oberlehrer in Personalunion anspornte, im ähnlichen Tramp weiterzudonnern. Es sei auch nicht Aufgabe der Pfarrer und Lehrer zu politisieren, und schon gar nicht auf der linken Seite, solange sie den Lohn von rechts bekämen. Sie sollten gescheiter die Kirche mit den Köpfen der Menschen füllen und nicht die Köpfe der Menschen mit abstrusen Ideen vergiften. In der vierten Klasse sei es des Lehrers Pflicht, durch Arbeit und Fleiß möglichst viele seiner Schüler in die Sekundarschule zu bringen, anstatt mit den Bälgen dumme Flausen zu diskutieren. Mit seinem unverblümten Votum hatte Gemeinderat Zenger den Nagel, im Sinne seiner Ratskollegen und weitaus der meisten Anwesenden, auf den Kopf getroffen. Gegen Ende der Diskussion verteilte sich die wiederhergestellte, gute alte Stimmung aufgrund der einleuchtenden Worte des Gemeinderates Zenger wie feiner Nieselregen auf alle Gleichgesinnten und ließ Pfarrer Kündig und Lehrer Gehring mit ihrem roten Anhang im Regen stehen. Die Leute, die sich die ganze Zeit schadlos im Trockenen aufzuhalten vermocht hatten, nickten nun eifrig und zustimmend in Richtung der Gemeinderäte, die wie Fürsten vom erhöhten Podest dankend zurücknickten. Die applaudierenden Hände bei Versammlungsschluss gehörten vorwiegend den Bauern und Geschäftsleuten, den Handwerkern und Wirten vom Dorfe. Sie fuhren alle auf dem gleichen Wagen wie ihr Zenger und wussten zu schätzen, dass ihr gewählter Vertreter mit einem witzigen Machtwort die Debatte ein für alle Male zu einem guten Ende geführt hatte.

Die Neumodischen

Doch da und dort fanden die pastoralen und die schulmeisterlichen Sämchen trotzdem fruchtbaren und willigen Boden und begannen langsam, zuerst unsichtbar, wie garstiges Unkraut, unter der Erddecke zu keimen, um eines schönen Tages in Überfülle als spitzige Stoppeln hervorzustechen. Wer bis zur Stunde jener Gemeindeversammlung von Meiringen noch der Ansicht gewesen sein sollte, dass Geistliche nur beten und Lehrer nur lesen und rechnen lehren, hatte sich gewaltig getäuscht.

Dieses oder jenes Gemeindemitglied glaubte, im jungen Pauker und im neuen Pastoren nicht nur Linke, sondern sogar Kommunisten und damit Brunnenvergifter übelster Art erkannt zu haben. Die Angst kursierte, die Neumodischen würden nun die Konfirmanden und sogar auch schon die jüngeren Schüler aufhetzen und verderben. Die heutige Pfarrersorte, wie der Neue von Meiringen, erst recht. Der sei ja bloß durch eine Schnellbleiche gezogen und vom ehemaligen Gärtner zum Pastor gemacht worden. Er sei eben kein Gelehrter mehr wie die geistlichen Herren von früher. Diese Neuen seien nur noch verkappte Geldmenschen. Der studierte Pfarrer besitze noch das Heilige Feuer und sei einzig geboren, um zu geben. Dagegen begehrten die Neumodischen nur noch zu nehmen und sich überall einzumischen, in der Schule und Gemeinde. Sie sollten die Hände davon lassen und von der Politik erst recht. Ihre einzige Aufgabe sei es, die Menschen für die Erde und den Himmel vorzubereiten, nicht für die Politik.

Auf ihren dunklen Heimwegen von der Gemeindeversammlung lamentierten die Bürger weiter und die Schelten für den Junglehrer Gehring und den neuen Pfarrer Kündig nahmen mehr und mehr die Form von Flüchen und Schimpfreden an. Diejenigen Männer, welche den sittlichen Pfad ins traute Heim nicht auf Anhieb fanden, landeten schließlich mit Gleichgesinnten im Wirtshaus. Sie sorgten sich so sehr um das Wohl der Gemeinde und der Kinder, dass sie ihren Kummer erst nach einem Halben Roten in den Griff bekamen, beim zweiten Halben auch schon gefasster ihre bislang zurückgehaltene Meinung darlegen konnten und beim dritten Halben diese sogar mit geballten Fäusten auf den Tisch klopfend zu unterstreichen wussten. Nach kurzer Zeit hockten in der verrauchten Gaststube des Adlers doppelt so viele Menschen wie wenige Minuten vorher an der Gemeindeversammlung. Sogar der greise Pfarrer Benedikt Schneeberger, ein echter Geistlicher von altem Schrot und Korn, ein Studierter, nippte an einem offerierten Glas Wein. Einzig sein junger und wenig geliebter Kollege, Pfarrer Ulrich Kündig, und Lehrer Alfred Gehring, wie noch ein paar Rote, fehlten. Sie leckten sich im Pfarrhaus bei einem heißen Tee ihre Wunden.

Pendeluhren

Da saßen sie nun, die Wettermacher von Meiringen, in der Gaststube des Wirtshauses zum Adler. Heute keine vom puren Zufall zusammengewürfelte Schicksalsgemeinschaft, sondern die Bannerträger und Retter der Gemeindeversammlung, wohlgefällig um ihren leuchtenden Kopf, Karl Zenger, vereint wie die Edlen der Tafelrunde um Artus. Auf der rechten Bank die weisen Gesichter des Gemeinderates und die ergrauten Kirchenräte, hinter dem Tisch die sittlichen Männer der Schulkommission und die ehrwürdigen Herren der Fürsorge und etwas weiter drüben, gegen die Fensterreihe, die Edlen der Bäuertgemeinde, die eigentlichen Patrizier. Zu ihnen gehörten die Familien der Neigers, Drogisten im Dorfe seit Generationen, oder die reichen Thönis von der Bäckerei an der Hauptstraße, die Lehmanns von der Eisenwarenhandlung, Bankverwalter Graber und Posthalter Jaun und einige Großbauern, wie die Blatters vom Feldli, die Eggers aus der Ei und die Amachers von Unterbach. Das sind nur die wichtigsten der Urgeschlechter des Haslilandes, die dem lieben Gott seinerzeit bei der Erschaffung des Tales, einige zwar erst bei der Korrektur des Laufes der Aare, an die Hand gegangen waren. Die Erinnerung und die ewige Dankbarkeit hatten sie dann, im Laufe der Jahrhunderte, geadelt. Fortan konnten sie Ansprüche auf unentgeltliches Weide- oder Nutzland stellen und sollte ein Nachfahre von ihnen dereinst an den Bettelstab kommen, sorgte der verwandte Uradel wenigstens dafür, dass der Verarmte noch etwas zu beißen hatte und Kartoffeln und Äpfel umsonst bekam. Diese «Bäuertler», wie sie sich bescheiden nannten, zählten zum Vornehmsten und Stolzesten, was man sich im Hasli vorstellen konnte. Sie, die Aristokraten der Talschaft, saßen mit den übrigen Reichen von Meiringen und der näheren Umgebung in allen erdenklichen Kommissionen und Gremien, Räten und sonstigen Einrichtungen, welche die Sterne von Meiringen beeinflussten und in die rechten Bahnen zu lenken vermochten. Ohne die Lehmanns und die Grabers, die Thönis und Neigers und die Großbauern, aber auch die Gehrings und Kündigs, wäre ein Dorf wie Meiringen gar nicht lebensfähig gewesen. Deshalb schauten die Bäuertler genauso wie die Vermögenden auch immer darauf, in allen Räten und Gremien vertreten zu sein, manchmal sogar in mehreren gleichzeitig. Waren sie einmal in einer Kommission, so rutschten sie automatisch von der einen in die andere, bis sie auf den Gottesacker getragen wurden und die Söhne für ihre verblichenen Väter, nach dem Prinzip des inzüchtigen Rutschturnus, nachrückten. So waren es, vom Aussehen und Ausdruck her, immer die gleichen Gesichter, die in den Gremien hockten, mal etwas älter und ergrauter, dann wieder jünger und mit üppigem Haar, aber von der Art und dem Charakter her stets die gleichen Nasen und Ohren. Diese ewig gleichen Gesichter durchliefen denn auch, ohne Spuren zu hinterlassen, von Generation zu Generation die gleichen Sitzungszimmer. Saßen sie nicht gerade in der Schulkommission, was sie vor allem dann taten, wenn eigene schulpflichtige Kinder da waren, rutschten sie in den Gemeinderat, was bei Bauvorhaben nicht unwesentliche Erleichterungen mit sich bringen konnte. Im Alter saß man dann eher im Kirchenrat und gegen das Ende der politischen Laufbahn am besten in der Friedhofkommission.

Der Ernst der Stunde vereinte nun alle diese sorgenvollen Gesichter im altehrwürdigen Adler zu Meiringen, mit Ausnahme des selbstherrlichen Lehrers Alfred Gehring und des neuen Pfarrers Ulrich Kündig. Neben Karl Zenger saß der hartgesottene und langgediente protestantische Pfarrer Schneeberger, ein erklärter Katholikenhasser. Neben dem geistlichen Herrn hockte auf der langen Wirtshausbank etwas verlegen der papstgläubige Baumeister, der reiche Augusto Bartolini, dessen Großvater, als Sohn des Südens, bereits vor einem Menschenleben ins Haslital gekommen war. Beim genauen Hinhören verriet nur noch der fremdländische Name den Ursprung der Vorfahren. Ihm gegenüber hatte Zimmermann Holzer Platz genommen und zu dessen Rechten von Bergen, der Schreinermeister vom Dorfe. Der eine zimmerte den Lebenden, der andere den Toten die Behausung. Der kleine und etwas nervöse Augusto Bartolini profitierte von beiden. Die zwei holzigen Männer mochten sich am helllichten Tag die gegenseitige Arbeit zwar etwas missgönnen, was sie aber nicht hinderte, sobald es dunkelte, zusammen gemütlich ein Bierchen zu trinken und sich gegenseitig am Biertisch Arbeiten abzujagen. Hinter dem Tisch luchste der kleine Gemüsehändler neugierig wie eine Maus hervor. Seine geäderte Nase glimmte violettrot vom Wein und Schnaps, wie seine überreifen Tomaten in der Auslage seines Ladens. Ihm gegenüber thronten die zwei Großbauern, der alte Blatter vom Feldli und Christian Egger aus der Ei, beides würdige Bäuerträte. Etwas unterhalb vom Adel des Blutes hatte der Adel des Geldes Platz genommen. Der noble Fordhändler und der etwas biedere Garagist mit den Volkswagen, der vornehme Kinobesitzer und sein Freund Pfannenstiel, Besitzer eines großen Geschirr- und Haushaltladens.

Da saßen diese leidgeprüften Bürger der Gemeinde Meiringen und lobten sich warm und einherzig die heile, alte Welt. Wie war man sich doch einig, das Hergebrachte zu stützen und Neumodisches mit allen Mitteln zu bekämpfen. Nicht alle Männer, die jetzt auf den Tisch klopften, waren an der Gemeindeversammlung im Singsaal des neuen Primarschulhauses unten gewesen, bei weitem nicht. Dafür trumpften sie jetzt im Adler umso mehr auf und gaben dem Schicksal jetzt den alles entscheidenden Schubs in die richtige Richtung. Tagsüber vertraten alle diese Männer unterschiedliche und auch gar gegenteilige Meinungen. Jeder marschierte für sich alleine und im eigenen Tramp durchs Leben.

Beim Wein, am Wirtshaustisch, nach der Gemeindeversammlung und nahe genug zusammengerückt, tickten sie auf einmal alle im gleichen Takt, wie nahe zueinander gehängte Pendeluhren, die sonst jede für sich laufen. Sobald so eine Pendeluhr jedoch dicht genug neben einer anderen hängt, stellt sich bereits nach kürzester Zeit ein gemeinsamer Rhythmus und Schlag ein, wie von einer übersinnlichen Kraft gesteuert. Sind die Pendeluhren wieder weit genug auseinander gehängt, schlägt jede erneut für sich und in ihrem ureigenen Takt. Und wie die Pendeluhren unterlagen an jenem Abend auch die Väter und Weisen, die Auguren und Mentoren von Meiringen dem Phänomen der gekoppelten Schwingung.

In jener Zeit war es vornehm, ein Gebrechen zu verbergen oder gar zu leugnen. Über körperliche Übel sprach man nicht, wenigstens nicht über gravierende. Krebs wurde geheim gehalten, totgeschwiegen, man fürchtete sich, darüber zu reden, es hätte einen selber treffen können. Er galt als Strafe für eine Tat, die man zwar nicht unbedingt begangen hatte, aber hätte begehen können. Ganz anders ging man da mit politischen Krebsgeschwüren um, die galt es, augenblicklich zu erkennen und zu eliminieren, wollte man nicht das Risiko einer globalen Ansteckung eingehen. Derartige wuchernde Krebsgeschwüre waren Pfarrer Kündig und Lehrer Gehring. Akkurat wie mit krebsigen Wucherungen ging man auch mit neumodischem Gedankengut um. Es wurde lange Zeit versteckt oder geleugnet. Selbst wenn das Alte bereits am Verwelken war und langsam abstarb, konnte das Neue noch lange nicht sprießen. Unmittelbar vor der Gemeindeversammlung existierten im Dorfe Meiringen eigentlich nur Protestanten und ein kleiner Klüngel zugewanderter Katholiken, denen im Oberhasli noch jahrzehntelang der Nimbus des Neuartigen anhing, obschon sie geschichtlich gesehen viel älter waren als die Evangelischen. Zugegeben, die katholischen Uhren tickten etwas anders als die protestantischen und bewegten in gewissen Fragen das Dorf auch, aber hätten es nie spalten können.

Allein, seit der letzten Gemeindeversammlung gab es auf einmal nicht nur eine katholische, was an und für sich schon unerträglich schien, sondern nun auch noch eine kommunistische Seite, die das unheilvolle Schisma der Gemeinde plötzlich heraufbeschwörte. Man hätte eben das Tor zum Haslital vorher verriegeln müssen, bevor Unholde wie Kündig und Gehring überhaupt hereinkommen konnten, meinten die besorgten

Alten. Eine Handvoll fremder Eindringlinge brachte mit einem raffiniert kalkulierten Schlag zustande, was vorher nicht einmal die Katholiken im Hader mit der reformierten Seligkeit zustande gebracht hatten. Doch jetzt saßen die Protestanten mit den gefürchteten Katholischen am langen Wirtshaustisch eng zusammengerückt und schlugen alle im gleichen Takt, wie nahe zueinander gehängte Pendeluhren. Niemanden hätte es gewundert, wenn am nächsten Sonntag die protestantische Sankt-Michaelis-Kirche während der Predigt von Pfarrer Ulrich Kündig leer geblieben und das katholische Gotteshaus unten im Dorf vor lauter Reformierten aus allen Fugen geplatzt wäre und man am Montag kein einziges Kind im Schulzimmer von Lehrer Alfred Gehring erspäht hätte. Die Kirchenglocke hatte bereits zum zweiten Male in dieser Nacht ein Uhr geschlagen, als der Dorfpolizist durch die angelaufenen Fensterscheiben in die Gaststube des Adlers hineinblinzelte. Von Rechts wegen hätte er den Wirt und die Gäste in die Pflicht nehmen müssen. Doch er zog es vor, anstatt ins Wespennest zu stechen, sich unauffällig und geräuschlos an den Stammtisch anzuschließen und im gleichen Takt wie alle mitzuschlagen. Auf alle Fälle hatte sich der Abend im Adler gelohnt. Meiringen wurde nicht kommunistisch.

Die Rivalen

Am nächsten Morgen stieß der abgeblitzte Junglehrer im Schulhauskorridor noch halb verschlafen und übel gelaunt auf den verhassten Oberlehrer Karl Zenger. Wie es Unruhestifter vom Schlage eines Alfred Gehrings so an sich haben, die nur im Rudel mutig sind und auch nur dort laut heulen können, grüßte er den älteren Kollegen mit hündischer Devotheit und gekünstelter Höflichkeit, wie ein Oberkellner in einem Wiener Kaffeehaus einen habsburgischen Erzherzog. Gehring wartete sogar mit faustdicken Komplimenten und sonst noch würzigem Zierrat und artigen Lobhudeleien auf: Wie zügig Zenger die letzte Gemeindeversammlung, von der Lehrerkonferenz gar nicht zu reden, über die Runden gebracht hätte. Er sei halt eben ein schlauer Fuchs, halte die Zügel

straff in den Händen und wisse, wie der Gemeindeschlitten und der Schulkarren zu lenken seien. Zenger stand breitspurig vor dem Speichellecker und stützte sich auf seinen knorrigen Stock, als müsste er zusätzlichen Halt suchen, um nicht von den windigen Worten seines Kollegen umgeweht zu werden. Der Oberlehrer und Bauer blitzte Alfred Gehring geringschätzig an und maß den beinmageren Heuchler, wie nur ein Viehhändler ein Lebewesen messen und einschätzen, wiegen und werten kann, und meinte schließlich mit verächtlichem Unterton:
«Dass meine Kälber besser rechnen können als meine Schüler, war wohl bloß ein spitziges Witzchen von Ihnen, Herr Gehring, und dass Sie und der neue Pfarrherr mehr Ferien haben möchten, wohl nur, um mir im Heuet und Handel zu helfen?»
Der junge Pauker errötete bis zu seinen dünnen Wädlein hinunter und blieb sprachlos wie ein Stummer am Boden angeklebt stehen, derweil sich der Alte davonmachte und auf den Stockzähnen grinste.

Oberlehrer Karl Zenger humpelte leicht. Ein wild gewordener Stier, den er vor Urzeiten geschlagen haben soll, habe ihn zur Strafe überrannt und ihm ein Bein gebrochen. Es sei als gerechte Sühne des Himmels schlecht zusammengewachsen und fortan steif geblieben. Andere wussten, dass er schon als Krüppel auf die Welt gekommen war. Diejenigen, welche es am besten wussten, nämlich seine erklärten Feinde, ließen nicht locker mit der Behauptung, das alte Schlitzohr habe gar nichts an seinem Bein und tue nur so, damit er keinen Turnunterricht erteilen müsse. Zudem dürfe er mit dem vorgetäuschten Gebrechen, sozusagen legal, einen Stock mit sich führen. Das steife Bein sei für ihn bloß der Waffenschein für das runde Holz. Die ewigen Alleswisser sahen im Stock auch mehr eine folkloristische Waffe als eine Gehhilfe, die er nicht als Stütze, sondern als Schläger für seine Kälber und manchmal sogar Schüler einsetze. Er habe damit auch schon einmal einen jungen Kollegen zur Vernunft gebracht. Daneben trug der Schulmeister und Viehhändler in seiner rechten Sakkotasche immer einen dünnen Strick, den er gut sichtbar heraushängen ließ. Damit binde er jeweils nicht nur Kälber an, sondern auch unflätige Schüler. Jedenfalls kannte jeder Hasler, ob groß oder klein, der einmal im Dorf zur Schule ging, Stock und Strick von Zenger. Kein einziges Herz hätte sich nicht vor diesen unheimlichen Insignien der Macht gefürchtet, die den Schulmeister wie treue Hunde begleiteten, und wäre ihnen nicht ausgewichen wie eben der junge Gehring. Zenger war mehr als ein Lehrer oder Viehhändler. Er war ein Original und gehörte unersetzbar zum Hasli. Wie der wuchtige Föhn vom Susten Herr unter den Winden war, war Zenger Herr unter den Lehrern.

Auch der Kaminfeger und Bauer Laubscher hatte schon mit Zenger zu tun gehabt und von ihm mehr als einmal ein Kalb erstanden. Spaßeshalber meinte Kaminfeger-Heri, wenn Zenger als Viehhändler wieder ins Gespräch kam, besser hunderttausend verseuchte Mäuse im Garten zu haben als ein einziges Kalb von Zenger im Stall. Dieser elende Gauner schlage einem den Lohn fürs Rußen für die nächsten zehn Jahre sowieso glatt auf den Kaufpreis fürs Kalb. Was den Kaminfegermeister indes nicht hinderte, wieder und wieder mit dem durchtriebenen Schlawiner Handel zu treiben. Vielleicht hatte der junge Schulmeister von diesem seltsamen Einvernehmen Wind bekommen und auf dem Buckel von Pascal gleichzeitig beiden Bauern eins auswischen wollen.

Verschiedene Heimwege

Draußen war es immer noch bitter kalt und Schnee rieselte vom Himmel hinunter, als wolle der liebe Gott seine weiße Seele über den Häuptern der Menschenkinder ausbreiten und daran erinnern, dass sie nur einen kleinen Augenblick auf dieser Erde verweilen dürfen und in dieser kurzen Zeit gut zueinander sein sollen.

Wer hat nicht schon alles in diesem engen und doch so weiten, fremden und dennoch so heimischen Tal gelebt, geblüht und gelitten, geliebt und gehasst, Freude bereitet und Unfrieden gesät? Wie manches Kinderherz hat im kalten Schnee schon gespielt und gelacht? Wie mancher Seele ist das frostige Weiß zum Leichentuch geworden? Wer mag sich noch an das übermütige Lachen und die bitteren Tränen jener Menschenkinder erinnern, die einmal hier gelebt haben? An die ersten wackeligen Schrittchen des wirbligen Bübchens? An das beschämte Erröten des verliebten Mädchens? An die bitteren Tränen beim allzu frühen Tod der blühenden Mutter im Kindbett oder an den traurigen Gang der Männer, die den leblosen Vater auf der Bahre aus dem finstern Wald nach Hause getragen hatten? Niemand vermochte sich mehr daran zu erinnern. Oder vielleicht doch? Ist die Erinnerung an das längst verstummte Lachen der glücklichen Braut von damals das Lachen jeder neuen Braut? Die frischen Tränen die Erinnerung an alle einmal an einem Grabe verweinten? Wie viel Leid ist dort im Haslital oben schon verweint und wie viele Freude verlacht worden? Jedes Lachen und jede Träne hat es schon einmal gegeben und wird es immer wieder geben. Die Liebe bleibt dem Menschen genauso treu wie der Hass, weil beides in seinem Urkeim angelegt ist. Einzig wie er später damit umgeht, zeigt, ob er die Größe der Schöpfung verstanden hat oder nicht.

Die Zeugen allen gelebten Lebens mit seinen Freuden und Leiden sind die Grabsteine auf dem Friedhof. An diesen stapfte eben Lehrer Gehring vorbei, missmutig und im Gesicht weißer als der Schnee unter seinen Füßen. Gehrings innere Kälte hatte sein bewegungsloses Antlitz bereits in der Schulstube frostiger gemacht, als es Schnee und Eis draußen vermochten. Wie er so mit steifen Beinen, ungelenkig und überhastet, auf dem Heimweg war, verfärbten sich seine schmalen Lippen ins Blaue und bald lag auch ein frostiger Reif auf seinen Augenbrauen und an seinem kantigen Kinn. Der beißende Schnee nagte an seinen erstarrten Ohren wie ein Hund an einem Knochen und sein inneres Eis fing gleichsam an, seine äußere Gestalt zu umhüllen. Das winterliche Wetter konnte ihn genauso wenig erkälten wie der heiße Ofen in der Schulstube erwärmen. Weder die klirrende Kälte draußen noch die blutende Wunde, die er Pascal zugefügt hatte, konnten ihm etwas anhaben. Er vermochte jeder Kälte und Verletzung Stand zu halten, weil in seiner blutleeren Brust nichts als Eisklumpen steckten. Alfred Gehring war sich in seiner Wohlgefälligkeit auch nie einer Schuld bewusst.

Auf einem anderen Weg und in entgegengesetzter Richtung stampfte Pascal durch den hohen Schnee, bedrückt und fröstelnd, ohne Mut und ohne Ziel, irgendwohin, nur nicht nach Hause zum gelben Haus. Heute Morgen hatte er noch Eltern und ein wohl behütetes Daheim. Jetzt gehörte er niemandem mehr und niemand mehr ihm. Der Wahn der Verlassenheit hatte ihn mit einem Schlag ergriffen. Der blessierte Viertklässler sah auf seinem tief verschneiten Pfad weder gehende noch kommende Spuren, er hatte an Gehrings Schulweihnachten alle verloren, die seiner

Vergangenheit und die seiner Zukunft. Was hätte das verletzte Kind anderes tun sollen, als hoffnungslos und angsterfüllt im hohen Schnee sein Herz ausbluten zu lassen und unsichtbar ins blendende Weiß zu schreiben:
«Warum wurde ich verraten? Wo ist mein Gestern, wo mein Morgen?»
Pascal war noch viel zu jung, um bereits gelernt zu haben, alle verruchten Anfeindungen wie ein weites Kleid zu tragen, das seine Haut nicht berührte. Auf Umwegen und weit abseits vom üblichen Heimweg schleppte sich der geknickte Bub durch den kalten Winter und stand auf einmal, wie von einer unsichtbaren Hand geführt, vor dem Stall seiner Tiere. Er trat in den finsteren, üppigwarmen Raum und legte sich erschöpft und halb erfroren neben seinem Kälblein ins knisternde Stroh. Erst gegen Abend, als es bereits dunkelte, fand der Vater seinen Sohn, verweint im Stroh eingeschlummert. Neben Pascal lag Bäri, mit der Menschlichkeit des treuen Hundes, und bewachte die verzweifelte junge Seele.

Altjahrstage

Im Hause des Kaminfegermeisters war es seit Jahren Brauch, den Heiligen Abend, Weihnachten und Silvester zusammen mit den Angestellten zu feiern. Der Mutter brachten die Altjahrstage immer beträchtliche Mehrarbeit in Küche und Haus, die sie gerne und willig in Kauf nahm, wenn sie nur Freude bereiten konnte. Auch für Pascal bedeuteten diese letzten Tage immer geschäftige Betriebsamkeit, kleinere und größere Geschenke, kurz: Jubel, Trubel, Heiterkeit. Es war ihm seit jeher die schönste Zeit im ganzen Jahr. Doch heuer wollte weder Jubel noch Heiterkeit aufkommen. Sein Weihnachtsfest roch nicht mehr nach Geburt, eher nach Tod. Wie hatte sich Pascal schon seit Wochen auf die Hausmetzgete[1] nach dem Christfest gefreut und erst auf die «Triichelzeit» in der Altjahrswoche. Meistens am Stephanstag, wenn dieser nicht gerade auf einen Sonntag fiel, stand im Hause Laubscher die traditionelle Haus-

[1] Hausschlachtung (in der Regel eines Schweins)/Schlachtfest.

metzgete an. Am gleichen Tage begann im Tal auch die Triichelwoche. Groß und Klein, Jung und Alt vertrieben tagelang und unermüdlich mit ohrenbetäubendem Kuhglocken- und Treichelgeläut, unterstützt von schmetternden Trommelwirbeln, die bösen Geister des alten Jahres aus dem Tal. Der krönende Abschluss der Geisterjagd bildete am letzten Abend schließlich der «Ubersitz». Die Triichler zogen grimmige Larven über, um den letzten noch übrig gebliebenen Kobolden den Garaus zu machen. In jenen turbulenten Tagen verausgabten sich manche Haslitaler oft mehr als das ganze Jahr über bei der Arbeit. In der Silvesternacht blieb ihnen kaum noch genug Kraft, sich aufrecht und wach vom alten Jahr zu verabschieden. Nicht wenige «Ubersitzler» begrüßten das neue schnarchend in ihrem Bett, manche sogar in einem fremden. Alles in allem eine ermüdende, aber heitere und freudvolle Zeit für das sonst so stille Tal, jedes Jahr von neuem, besonders für den Buben vom gelben Haus, doch nicht in diesem Jahr.

Heiligabend

Nach dem Nachtessen am Heiligen Abend, die Mutter kochte Pascals Lieblingsschmaus, Kartoffelstock und Schafsragout, nahm der Vater seinen betrübten Sprössling an der Hand und meinte viel versprechend und lächelnd zu ihm:
«Komm, wir schauen noch in den Stall, bevor das Christkind kommt.»
Erst wenn Ätti Haus und Höflein gut versorgt, die Kühe und das Kälblein, Moritz, die treue Sau, und die Hühner zufrieden wusste, konnte für ihn die Christfeier unter dem Weihnachtsbaum beginnen. In jenen Minuten stieg für den Knaben die Vorfreude jeweils schier ins Unerträgliche. Er wusste, dass beim Zurückkehren aus dem Stall die Kerzen am geschmückten Baum bereits brannten und darunter Geschenke lagen, für Vater und Mutter, Franz, den Bruder des Vaters, und den Jungknecht Markus und die Gesellen. Für ihn vielleicht die schon lange ersehnte Schulmappe aus Leder oder ein warmer Winterpullover oder sogar ein Paar Skis. Wie hatte sich Pascal früher gefreut, vorher noch schnell mit

dem Vater durch den gefrorenen Schnee der gesegneten Nacht zu waten und den Tieren im Stall schöne Weihnachten und frohe Stunden zu wünschen. Hurtig das Kälblein zu streicheln, den treuen Hund zu necken, dem verspielten Kätzchen eine Schale mit frischer Milch und Brotkrumen hinzustellen und den schnuppernden Kaninchen eine mächtige Karotte in den Käfig zu stecken. Der Weihnachtsbub war in diesen Augenblicken so glücklich, dass er am liebsten die ganze Welt an seiner Freude hätte teilhaben lassen wollen, sie reich beschenkt und küssend umarmt hätte. Allen sollte es gut gehen, nicht nur ihm.

Doch heuer ging es ihm schlecht, sehr schlecht sogar. Er fühlte eine immense Leere in seinem Herzen. Sein Mund war trocken wie ein leckes Fass an der prallen Sonne und die Zunge klebte ihm am Gaumen, als wäre sie angeleimt. Sein Bauch schmerzte und im heißen Schädel wirbelten die «Papiereltern» herum. Im Stall sah er weder das Kälblein, noch hörte er den vertraulich grunzenden Moritz. Er roch nicht einmal die vertraute Stallwärme, spürte nicht die schubsende Nase von Bäri, der ihn trösten wollte und gekränkt davontrottete. Die Kaninchen hätten verhungern und das Kätzchen verdursten können und Ätti an seiner Hand tot umfallen. Es waren nicht mehr seine Tiere, es war auch nicht mehr sein Ätti.

In der weihnächtlichen Stube drückte sich Pascal lautlos von einer Ecke in die andere und war froh, dass die ganze Weihnachtsgesellschaft auf die brennenden Kerzen am Baum schaute und nicht auf ihn starrte und keine Fragen stellte. Er war trauriger als traurig, er war hoffnungslos. Ein schweigsamer, einsamer Schatten. Er glich dem kleinen Bruder des Wahnsinns. Ja, die Natur geht ihre eigenen Wege. Sie beschenkt das Kind zwar mit wachsamen Augen und hellhörigen Ohren, aber auch mit einer äußerst empfindlichen und leicht verletzlichen Seele, die gleich einer hauchdünnen Haut vom brutalen Alltag der Erwachsenen noch nicht ledern gegerbt ist und nur allzu schnell einreißt. Sie mag kaum einem Windhäuchlein standzuhalten, geschweige denn einer Explosion, wie sie der Bub in der Schule erlitten hatte.

Sein verändertes Benehmen und seine Niedergeschlagenheit stellten die Eltern natürlich vom ersten Tage an fest. Es beunruhigte sie auch. Pascals heimlich verweinten Leidestränen, die nicht einmal mehr hinunterzurinnen vermochten, sondern auf seinen feurigen Wangen eintrockneten wie seichte Wasserlachen in der Glut der Augustsonne, ließen als sichtbares Zeichen der kindlichen Verzweiflung bloß salzigbittere Ringe auf der Haut zurück. Auch das sahen die Eltern besorgt und dachten zuerst an eine Magenverstimmung oder eine fiebrige Erkältung und flößten ihm sogleich brühheißen Tee ein, von früh bis spät, wie alle Eltern auf der ganzen Welt ihren Kindern, wenn sie kränkeln. Die Gesellen dagegen sahen in der Weinerlichkeit des Viertklässlers eher ein Zeichen der ungeduldigen Vorfreude auf die Festzeit und die Triichelwoche.

Schon ganz anders reagierte da des Kaminfegermeisters Bruder, Franz. Er nahm eigentlich nichts um sich herum so recht wahr, was nicht ihn selber betraf. Weder den geschmückten Weihnachtsbaum in der warmen Wohnstube des gelben Hauses, noch das erbärmliche Seelentief und die Halbmaststimmung seines Neffen. Franz hatte ein eher bescheidenes Gemütsleben. Er war schnell und mit wenig zufrieden und an jenem Heiligen Abend mit sich und der Welt eigentlich im besten Einvernehmen. Pascals Oheim saß steif und unbeweglich mit fast geschlossenen Augen, wie aufgebahrt auf seiner Stabelle, vor dem Weihnachtsbäumchen. Von Zeit zu Zeit nippte er genüsslich an seinem Weinglas, murmelte unverständliche Worte vor sich hin und versank von neuem in seine eigene Welt. Ein fruchtiger Waadtländer reichte aus, ihm Seelenfrieden zu verschaffen und diesen für geraume Zeit aufrechtzuerhalten. Das leere Weinglas in seinen grobschlächtigen und zittrigen Händen bemerkte er augenblicklich, ein blutendes Herz in seiner nächsten Umgebung dagegen kaum. Franzens Heil hing im Wesentlichen von seinem leiblichen Wohl ab. Wenn er genug zu essen und trinken hatte, war er glücklich und grunzte behaglich vor sich hin, beinahe wie Moritz, das treue Schweinchen, vor einem vollen Trog.

Und da hockte auch noch Markus, der Jungknecht, auf der Eckbank. Ihn beschäftigte vornehmlich das Sackmesser[1], das er vom Meister zu

[1] Taschenmesser.

Weihnachten geschenkt bekommen hatte. Er öffnete eine Klinge nach der andern, fuhr mit jeder sachte über den linken Handrücken, um die Schärfe der Schneiden zu prüfen, klappte die Klingen zurück, steckte das Messer befriedigt in die Hosentasche, um es wenige Augenblicke später wieder hervorzukramen, die Klingen erneut zu öffnen und auszuprobieren. Ab und zu schielte er verstohlen und Aufmerksamkeit herbeihüstelnd zur hübschen Ilona hinüber, die seine sehnsüchtigen Blicke bereits auf ihrem Körper spürte, bevor der Jungknecht überhaupt hinschaute. Dann fing sie auch schon an, schamvoll errötend am gestickten Saum ihrer neuen Schürze herumzunesteln, die sie von ihrer Gotte[1], der Meistersfrau, als Christbescherung unter dem Baum vorgefunden hatte.

Mittlerweile packte auch Pascal seine Geschenke aus, abwesend und uninteressiert, als kämen das neue Schuletui und die Dampfmaschine aus einer andern Welt. Dabei hatte er sich beides so sehnlichst gewünscht. Unberührt ließ er auch den Lebkuchen mit dem silbernen Fünfliber[2] seines Götti[3] unter dem Baum liegen. Als himmlische Bescherung empfand der niedergeschlagene Bub dagegen die bloß scherzhaft hingeworfene Bemerkung seiner aufgeräumten Mutter, wenn er etwa das Gefühl habe, krank oder müde zu sein, könne er ohne weiteres schon mal ins Bett gehen. Den schalkhaften Unterton ihrer Worte überhörte er absichtlich. Umso überraschter reagierte die ganze Stube, als Pascal ohne zu murren aufstand, seine sieben Sachen auf dem Boden liegen ließ wie die Hühner den Mist und auf dem kürzesten Weg nach Bettenhausen trottete. Er, der sonst mit keinen sieben Pferden in die Federn zu bringen war, nahm das Späßlein der Mutter für bare Münze und verschwand. Dieses so folgsame Verhalten war nun allerdings neu an ihm und ließ Müeti besorgt aufhorchen, dass es sich keinen schlaueren Rat wusste, als ihm flugs nachzueilen und fürsorglich zu fragen, was denn eigentlich mit ihm los sei und wo der Schuh drücke.

«Ach, nichts»,

wich er scheinheilig aus und log arglistig, um weiteren Fragen den Weg abzuschneiden:

«Ich habe mich bloß erkältet, mir ist kalt und bald wieder heiß, und Kopf-

[1] Gotte: schweizerisch mundartlich für Patin.
[2] Fünffranken-Münze.
[3] Götti: schweizerisch mundartlich für Pate.

weh und vielleicht sogar Fieber habe ich, mir ist schlecht und schwindlig, also gute Nacht.»
Pascal zählte alle Symptome von Krankheiten auf, die er schon selber einmal durchlitten oder deren Namen er irgendwo aufgeschnappt hatte, und ließ eigentlich nur Knochenbrüche aus, die Müeti ohnehin hätte sehen müssen, und verschwand in seinem Zimmer.

Krankenlager und Hausmetzgete

Am nächsten Tag erwachte er tatsächlich mit glänzenden Äuglein und glühendem Körper und zitterte im Fieber wie ein Windspiel in frostiger Bise[1]. Zum ersten Mal in seinem jungen Leben war Pascal froh, krank zu sein. Am liebsten wäre er auf der Stelle tot umgefallen. Die besorgte Mutter stellte ihm heißen Tee mit Honig ans Bett. Nach einer kurzen Weile erschien sie wieder mit einer großen Schüssel eiskaltem Wasser, vermengt mit stechendem Weinessig, und wickelte seine feurigen Füße mit den klatschnassen Essigtüchern ein, dass ihn mehr fror als in den letzten elf Wintern zusammen. Schon am kommenden Morgen war das Fieber fast ganz verschwunden. Doch als der leidende Bub Müeti die knarrende Holztreppe heraufsteigen hörte, rieb er schnell den Fiebermesser am barchetigen[2] Leintuch, dass die Quecksilbersäule auf fast vierzig Grad hinaufschoss und das untröstliche Müeti bestürzt ans Telefon hinunterrannte und den Doktor kommen ließ. Der Schlingel hatte sein Ziel mit dem altbekannten Lausbubentrick erreicht und konnte, ohne als Simulant oder faul zu gelten, im Bett liegen bleiben und der eben losbrechenden Hausmetzgete, sozusagen auf höhere Anordnung hin, fern bleiben. Eine Metzgete ohne Pascal hätte sich noch wenige Tage vorher keine Menschenseele vorstellen können, am allerwenigsten er selber. Nicht einmal der liebe Gott persönlich hätte ihn je davon abhalten können.

[1] Bise: schweizerisch für Nordostwind.
[2] Barchet: schweizerisch für Barchent (gerauter Baumwollstoff).

Zeitig am Morgen, der Hahn hatte noch nicht einmal Weile zum Krähen gehabt, konnte bereits lautes Stimmengewirr vor dem gelben Hause vernommen werden. Der malade Viertklässler schielte zwischen dem dampfenden Teekrug und der eiskalten Essigwasserschüssel durchs vereiste Vorfenster seines Siechenlagers und erspähte unten auf dem Hausplatz Ätti mit den Gesellen einen langen und schweren Eichentrog vom Anhänger des Traktors abladen. Der Störenmetzger stand daneben, ein schnauzbärtiger Hüne aus dem kleinen Bergdorf Brünigen, und beobachtete die Szene wohlgefällig und guckte neugierig umher. Plötzlich knallte er ein mächtiges Brett auf zwei Holzböcke und legte, einem Wundarzt gleich, fein säuberlich geordnet, verschieden lange und breite, spitze und stumpfe Messer, grobe und feine Sägen und sonst noch allerhand Operationsinstrumente darauf. Schließlich behändigte der Koloss den grauenvollen Bolzenschläger und einen bleischweren Eisenhammer und brachte sich für den todbringenden Akt des armen Moritz breitspurig und tiefatmig wie ein Scharfrichter in Stellung. Für den Schlächter bedeutete das Erschießen oder Erschlagen von Tieren was für Vater das Rußen im Winter oder Heuen im Sommer, eine lebensnotwendige Alltäglichkeit, worüber weder diskutiert noch lange philosophiert wurde.

Markus, der Jungknecht, schleppte saubere Schüsseln und Teller herbei, während Johann, der Kaminfegerlehrling, dem Meistergesellen Edgar an die Hand ging und mit ihm eimerweise heißes Wasser herbeitrug, das sie in den mächtigen Holztrog gossen. Arnold, der jüngere Kaminfegergeselle, pickelte verstimmt und demonstrativ fröstelnd das harte Eis vor dem Brunnentrog weg. Er hätte lieber in der warmen Waschküche beim Herrichten der «Ausmetzgete» geholfen, wo er mit der adretten Ilona hätte schäkern können. Sie half ihrer Gotte, der Meistersfrau, Tücher und hinzugekaufte Därme, Gewürze und sonstige Utensilien für die Wursterei bereitzulegen. Das hübsche Ding begehrte die verdrehten Augen Arnolds gar nicht zu sehen, denn seit ein paar Tagen flatterte ihr nur noch Markus, wie ein verirrter Schmetterling, im Kopf herum. Die verliebte Dirn mochte in letzter Zeit bei ihrer Gotte nicht oft genug nachfragen, ob sie nicht da und dort noch gebraucht werden könnte, vor allem in Markus' Nähe. Das Gottenkind wohnte nicht im gelben Haus wie der Jungknecht und die Kaminfegergesellen, sondern bei ihrer Mutter unten im

Dorf und half der Patentante nur gelegentlich aus, wenn viel Arbeit anstand, wie in den Altjahrstagen.

In wenigen Minuten hatte sich der frisch verschneite Platz vor dem Hause in eine veritable Hinrichtungsstätte verwandelt. Bald würde sich das kalte Weiß vom warmen Blute des treuen Moritz rot verfärben. Der stämmige Schlächter und seine wirbligen Helfershelfer in der winterlichen Kälte unten und der siechende Pascal oben in seiner warmen Kammer ahnten, was jetzt kommen würde. Sogar Bäri schnupperte unruhig am mächtigen Eichentrog herum, pinkelte verärgert an einen Holzbock und verschwand schwermütig, Unheil schwanend, im Hausgang.

Seit halben Ewigkeiten wurde am sechsundzwanzigsten Dezember, zur selben frühen Stunde, mit denselben Handbewegungen, derselbe unschuldige Platz vor dem gelben Haus in ein Schlachtfeld verwandelt. War dies getan, trottete der Vater in den Stall, weckte den ahnungslosen und noch friedlich schlummernden Moritz, oder wie das Schweinchen auch immer heißen mochte. Dann tröstete er es, wie ein Geistlicher den Verurteilten, um es wenige Augenblicke später mit ernster Miene und mitleidigem Gemurmel doch aufs Schafott zu geleiten. Der einzige Unterschied zum Verbrecher bestand eigentlich nur darin, dass Moritz nicht wusste, was auf ihn zukam, manchmal vielleicht überhaupt der einzige Unterschied zwischen Mensch und Tier.

Arglos und wohlig grunzend folgte das naive Geschöpflein vertrauensvoll und ergeben seinem Herrn und Meister, in dem es den Henkersknecht überhaupt nicht ahnte. Die Kaminfegergesellen schubsten und jagten den bedauernswerten vierbeinigen Kerl noch zusätzlich mit klatschenden Händen, dass er anfing, unruhig zu werden. Wenige Schritte vor der Richtstätte schien Moritz seine ausweglose Lage doch noch zu erahnen und hob, von seiner urschweinischen Natur getrieben, verzweifelt an zu kreischen und schreien, dass es den bitterkalten Winterhimmel fast zerriss. Er schrie erbärmlich um sein junges und kaum gelebtes Leben. Man hätte Moritz hundert Meter gegen den stürmisch tobenden Föhn hören können, sein erbärmliches Geschrei fuhr Mensch und Tier gleichermaßen durch alle Glieder, Mark und Bein. Schließlich fiel der erlösende Todesschuss. Meistens traf der Koloss von Brünigen beim ersten Mal, was von den mitleidenden Zuschauern aufatmend und mit großer Erleichterung zur Kenntnis genommen wurde. Die tote Sau plumpste wie ein nasser Sack auf die Seite, zuckte noch ein, zwei Mal, um mit halb offenem Maul ihre gequälte Seele endgültig auszuhauchen. Gekonnt stach eine Sekunde später der Schlächter mit einem spitzigen Messer und der gezielten Bewegung eines Toreros in die Halsschlagader des verstummten Tierchens und das herausschießende Blut quoll schäumend in die darunter geschobene Schüssel. Das ausgeblutete Borstentierchen, das Tag für Tag liebevoll gefüttert und mit dem zärtlich wie mit einem Menschenkind gesprochen worden war, wurde zum guten Ende noch in den hölzernen Trog gehievt und im brühend heißen Wasser geschrubbt und entborstet, bis es nach dem makaberen Bade mit glänzender Haut, nackter als nackt, der ganzen Länge nach an mächtigen Fleischhaken am kräftigsten Ast des Nussbaumes aufgehängt wurde und Kopf voran in der kalten Winterbise hin und her baumelte, wie die Totenglocke im Kirchturm von Meiringen bei einer Beerdigung. Zu guter Letzt wurde der liebe Kerl erbarmungslos zersägt, schändlich zerschnitten und durch den Wolf getrieben, bis vom kurz vorher noch gemütlich grunzenden Moritzchen nur noch kleine und große Fleischstücke, einige Knochen und verschieden lange und dicke Würste und die liebe Erinnerung übrig blieben.

Pascal, der gewusst hatte, dass das jährliche Trauerspiel in den nächsten Minuten wieder einmal ablaufen würde, hatte in seinem Zimmer Höllenqualen gelitten. Nicht nur an seiner kranken Seele, sondern genauso körperlich hatte er für den herzenstreuen Moritz gelitten, als wäre er nächstens selber hingemetzelt, zerstückelt und verwurstet worden. Ab und zu waren Mutter oder Vater in sein Zimmer gekommen, hatten heißen Tee oder ein dickes Butterbrot gebracht. Dann hatte sich der Bub schlafend gestellt, bis sich die Zimmertüre jeweils wieder von außen geschlossen hatte. Gegen Mittag verstummten vor dem Hause allmählich die Stimmen. Das Tranchieren, Abwägen und Einpacken der Fleischstücke, das Einsalzen und Wursten fanden in der Waschküche statt. Sie lag im Erdgeschoß gegenüber den Angestelltenzimmern und vor dem Duschenraum der Kaminfeger. Das Parterre roch noch tagelang nach dem toten Moritz, seinen Würsten und Knochen.

Die Ausmetzgete ward alle Male zum heiteren Fest. Es wurde gelacht und geprahlt, gesungen und gewitzelt, als gäbe es im Leben nichts Unbeschwerteres und Fideleres, als ein Schweinchen zu verwursten. Das Filetieren, Wursten und Verpacken in der leicht temperierten Waschküche lag Pascal jeweils besonders und er assistierte mit Leib und Seele. Der Bub drückte sich eigentlich nur vor dem letzten Gang des armen Säuli, vom Stall zum Schlachtplatz, und vor allem vor dem tödlichen Schuss am frühen Morgen, das Tierchen tat ihm unendlich Leid. Hatte es aber einmal seinen Geist aufgegeben, fand er sich damit ab und half mit Leibeskräften bei der weiteren Arbeit mit. Pascal spülte die dicken Därme für die Blutwürste, die mittleren für die Leber- und die dünnen für Bratwürste und Gumpesel[1]. Mit flinker Hand setzte er die Kurbel des Fleischwolfs in Bewegung, als wärs eine ergötzliche Drehorgel auf dem Herbstmarkt, oder ließ sich vom Fleischer oder dem Vater die Kunst des Einsalzens beibringen.

Allein, am heurigen Stephanstag interessierten ihn weder die Blut- noch die Leberwürste, noch das Einsalzen oder die Witze und Angebereien des Schlächters vom Brünig, noch die buhlerischen und brünstigen Sprüche Arnolds oder gar die naiv-einfältigen Kalauer von Johann. Pascal wälzte sich im Bett unruhig von einer Seite auf die andere, achtsam darauf erpicht, sich von niemandem wach erwischen zu lassen. Er begehrte weder die Eltern noch Ilona zu sehen, die alle Augenblicke vorbeischaute und heißen Tee anschleppte, als wäre ein ganzes Spital zu versorgen. Tee mochte Pascal sowieso noch nie leiden, selbst nicht im tiefsten Fieber, und die hingestellten Butterbrote ließ er gelb werden oder streckte sie hinter den Kulissen leise dem Dürbächler[2] zu, der sie mit Heißhunger verschlang, als hätte er seit Tagen nichts mehr zu fressen bekommen. Der Bub hatte nur *einen* Gedanken: die Papiereltern. Er hörte wieder und immer wieder die schmählichen Worte seines vorlauten Klassenkameraden Gottlieb, an der Schulweihnacht, vor ein paar Tagen.

[1] Gumpesel: geräucherte Bauernsalami aus Schweinefleisch.

[2] Der Dürbächler gehört zu den Berner Sennenhunden. Diese laut einem Schweizer Kynologen «schönsten Hunde der Welt» mit ihren langen, gewellten Haaren werden meist «Bäri» genannt. Bäri ist arbeitswillig, energisch und ein sehr guter Wachhund, der sich auch für Zugdienste eignet (Transport der Milchkannen zur Käserei). Er besitzt ein außergewöhnlich gutes Gedächtnis und bringt selbst die störrischsten Kühe dazu, ihm zu gehorchen. Bäri ist unkompliziert, ruhig und sehr anhänglich. Er lernt zwar langsam, doch was er einmal kann, behält er für immer.

Doktor Guts Krankenvisite

Gegen Abend traf Doktor Gut mit seinem schnittigen Porsche auf dem halb aufgeräumten, immer noch blutig verfärbten Hausplatz ein. Die noch vereinzelt herumliegenden Schneidinstrumente seines Kollegen vom Brünig mussten den Chirurgen an seine Lazarettzeit im letzten Weltkrieg erinnert haben. Der Doktor soll sein chirurgisches Handwerk an der russischen Front gelernt und perfektioniert haben. Andere behaupteten zwar, er sei gar nie in Russland gewesen, sondern habe im untergehenden Berlin gewirkt. Wie das auch immer gewesen sein mag, der tüchtige Mediziner beherrschte sein Metier wie weit und breit kein anderer. Die Leute pilgerten von überall her zu ihm und ließen sich vom berühmten Operateur behandeln. Sogar Patienten von Interlaken und Thun, Bern und Luzern, aus Städten, die weit größere Spitäler besaßen als Meiringen, schnitt Doktor Gut einen Kropf oder sonst ein übles Geschwür heraus. Mancher Xanthippe soll er, auf Geheiß des Ehemannes, erfolgreich die Giftdrüse herausoperiert haben und sie danach als friedfertiges Weib dem Angestammten zurückgegeben haben. Daneben beherrschte der schweigsame Sohn Äskulaps auch die allgemeine Medizin.

Jeweils nach der Sprechstunde in seiner Praxis und den Spitalvisiten besuchte er seine bettlägerigen Patienten zu Hause, wie an diesem Tag Pascal. Doktor Gut amtete schon seit Jahren als Hausarzt der Familie Laubscher. Man brauchte ihn zwar nur selten, aber er kam immer, wenn man seiner bedurfte. Er pflegte nie anzuklopfen und stand einfach plötzlich im Krankenzimmer, grüßte kaum hörbar und steuerte gleich auf den Patienten zu. Doktor Gut, ein schwerer Mensch, ein Fleischberg von Mann, trug eine randlose Brille und steckte immer in Schale[1] und Krawatte. Er pflegte noch weniger zu reden als der alte Fahner, Gottliebs Großatt. Zuerst kontrollierte der Doktor Pascals Blutdruck und nahm ihm den Puls ab und stellte erleichtert und verschmitzt fest, dass der Knabe noch lebte. Grinste ihn an und schaute gleichzeitig in seinen Rachen hinunter, dabei drückte der Medizinmann mit einem Holzspatel des Buben Zunge so platt, dass dieser beinahe die wenigen Brotbissen

[1] Schale: schweizerisch mundartlich für Anzug.

vom Morgen wieder hervorgegeben hätte. Darauf meinte Doktor Gut, kurz und viel sagend:
«Hoppla»,
und bat den fast erstickenden und nach Luft ringenden Buben, auch noch ein paar Mal «Aah» hervorzuwürgen, bevor er das eiskalte Stethoskop auf die warme Brust presste und mit Herz und Lunge telefonierte, wie der Arzt scherzend zu vernehmen gab. Schließlich legte er seine mächtige Hand auf den kleinen Brustkorb, spreizte die blutwürstchenförmigen Finger weit auseinander und klopfte mit dem Mittelfinger der andern Hand auf die Blutwürstchen. Am Ende der Untersuchung schaute der routinierte Arzt den angeblich kranken Buben mit halb zugekniffenen Augen an, dass es die Mutter, welche hinter Gut stand, nicht sehen konnte. Zuerst schwieg der Medikus eine halbe Ewigkeit, als müsste er sich Diagnose und Therapie gründlich durch den Kopf gehen lassen, und meinte schließlich, beinahe väterlich und sehr leise, wie es seine Art war, als dürfte es kein Mensch, nicht einmal der Betroffene selber hören:
«Ihr Bub hat sich erkältet, sonst ist sein Körper gesund. Krank ist er an seiner Seele.»
Der gute Doktor Gut kannte Pascal mehr als gut, vielleicht sogar zu gut. Er hatte ihn vor einigen Jahren von einem bösen und hartnäckigen rheumatischen Fieber geheilt. Der Doktor hatte damals im Nebenzimmer zu Pascals Eltern gemeint:
«Wenn es kein Penizillin gäbe, wüsste ich nicht mehr, wie ich dem armen Kind noch helfen könnte.»
Durch den Türspalt hatte der siechende Bub seinerzeit erfahren müssen, wie schlimm es um ihn bestellt war. Heute wäre es ihm mehr als recht gewesen, wenn seine Krankheit noch schlimmer gewesen wäre als jene. In den kritischen Tagen des rheumatischen Fiebers hatte ihn Doktor Gut beinahe täglich besucht und dem schwer kranken Kind nicht selten einen saftigen Apfel oder eine süße Banane mitgebracht. Nach den Penizillinspritzen in den bald arg verstochenen Hintern war der Arzt jeweils noch ein paar Minuten am Bett verweilt und hatte den kleinen Patienten aufgemuntert. Der schweigsame Mediziner war sichtlich stolz, dazumal den Jungen wieder auf die Beine gestellt zu haben, und referierte sogar an Kongressen über die gefährliche Krankheit und den positiven Heilungsverlauf. Pascal verehrte seinen Doktor, trotz den schmerz-

haften Stichen in den Po. Fortan verband die beiden eine Art Seelenverwandtschaft.

Doktor Gut erhob sich nach der Untersuchung, seifte gedankenverloren seine Hände ein, wusch und schrubbte sie, länger als nötig gewesen wäre, in der bereitgestellten Wasserschüssel, die auf der wackligen Kommode stand, und meinte endlich zur Mutter, die ihm ungeduldig wartend das frische Handtuch hingestreckt hatte:
«Ihr Bub hat sich erkältet, es wird schon wieder. Aber sobald er aufstehen mag, möchte ich eine Röntgenaufnahme von seinen Lungen und dem Herz machen.»
Der Mediziner schickte sich an zu gehen, bemerkte aber, dass Frau Laubscher plötzlich bleicher als das barchetige Leintuch im Bett ihres Sohnes aussah, blickte sie an und erahnte sogleich ihre Gedanken:
«Nein, nein, Frau Laubscher, Sie brauchen sich keine Sorgen zu machen. Es geht nur um eine Kontrollaufnahme, wegen der Krankheit von damals, nicht wegen heute. Man hätte sie schon längst einmal machen sollen.»
Mit unendlicher Erleichterung nickte die besorgte Mutter und atmete hörbar auf:
«Aha»,
und tänzelte beruhigt hinter dem Doktor die Treppe hinunter. Pascal wusste sofort, dass der Doktor geschummelt hatte und das Kontrollröntgen nur als fadenscheinige Ausrede vorschob. Der Arzt wollte unter vier Augen mit seinem kleinen Patienten reden, deshalb der durchsichtige Vorwand mit der Aufnahme, dafür musste Pascal nämlich ins Spital und dort hatten die Wände keine Ohren. Doktor Gut hatte schon bei Untersuchungsbeginn gemerkt, dass mit dem Buben etwas Ernsthaftes vorgefallen sein musste, und vermutete die kränkelnde Seele als Verursacherin des körperlichen Übels.

In den nächsten Tagen blieb Pascal kleinlaut. Er verbrachte die meiste Zeit in seinem Zimmer und war zu nichts zu bewegen. Er kümmerte sich nicht einmal mehr um seinen Liebling Bäri, den zottigen Dürbächler, der tagein, tagaus wachend neben dem Krankenlager kauerte und seinen kleinen Herrn von unten herauf mit traurigen Augen treuherzig musterte, von Zeit zu Zeit mit der kaltfeuchten Nase schubste und schließlich mit hängendem Kopf und eingezogenem Schwanz davontrottete, enttäuscht, wie nur menschliche Hunde enttäuscht sein können, wenn sie vom Meister nicht beachtet werden. Pascal futterte kaum mehr als ein Spatz und fiel förmlich aus den Kleidern. Die Kopfschmerzen und das Fieber hatten sich verflüchtigt, aber sein Herz blieb schwer und seine Seele blutete entsetzlich.

Räubergeschichten

Seit Jahren durfte Pascal in den Altjahrstagen seinem Vater beim Rußen helfen. Auf diese Beschäftigung freute sich der Bub fast mehr als auf die Ferien selber. Nicht selten schaute dabei ein Trinkgeld, eine Schokolade oder ein Lebkuchen heraus. Einmal bekam er sogar einen Federhalter in einer farbigen Holzschachtel. Das Reinigen und Ausschlämmen der mächtigen Heizkessel im Dorf sparte Vater immer für die letzten Tage im Jahr auf. Die mächtigen Heizkessel der Schulhäuser, des Spitals und der Zeug- und Gemeindehäuser waren, selbst wenn viel Schnee lag, problemlos zu erreichen, im Gegensatz zu den umliegenden Dörfern in den Tälern, wo meterhohe Schneeverwehungen und manchmal sogar Lawinenniedergänge die Straßen und Wege ungangbar und gefährlich machten oder sogar unterbrachen. Die großen Feuerungen zahlten sich auch besser aus als die engen Kochherde, Öfen und verwinkelten, ellenlangen Ofenrohre in den niedrigen Bauernhäusern, und verschönerten die Jahresbilanz. Wenn Pascal nicht in den finsteren Feuerkammern Ruß und Pech herunterkratzte, legte er auch gerne mit Fleiß und Hingabe im Stall Hand an, beim Melken oder Heurüsten schwebte der Knabe im siebenten Himmel, vor allem, wenn Ätti dazu noch spannende Räubergeschichten zum Besten gab, in denen er furchtlos den bösen Räuber überwältigte, gleich an den nächsten Baum knüpfte und hämisch schmunzelnd den Dorfpolizisten wissen ließ, er könne jetzt den Gauner an diesem oder jenem Ort abholen. Der Landjäger solle aber auf der Hut sein und besser noch ein Dutzend starke Männer mitnehmen, Ätti habe nämlich nicht immer Zeit, den räuberischen Spitzbuben wieder einzufangen, weil er der Polizei erneut entwischt sei. Dabei verzog der Vater siegessicher das Gesicht, schielte mit verkniffenen, halb geschlossenen Augen und erhobenem Haupt nach seinem staunenden Sprössling und, je nach Dramatik des Augenblicks, streckte Ätti noch schnell die Nase schnuppernd in die Luft, als witterte er eben wieder einen Banditen in nächster Nähe.

Pascal wollte jeweils schier der Rücken brechen, vor lauter Stolz über seinen Ätti. Kein Mensch im ganzen weiten Haslital, nicht einmal in der entferntesten Stadt der Welt, hätte an der Wahrheit seiner Räubergeschichten gezweifelt, am allerwenigsten der Sohn. Der ergriffene Knabe schaute in diesen Augenblicken an dem Heldenvater hinauf und forschte verstohlen in dessen verklärtem Antlitz, wo wohl das Geheimnis der übermenschlichen Kühnheit und die göttliche Stärke versteckt sein könnten. Pascals kleine Brust schwoll an und sein kindliches Herz füllte sich mit allem Glück auf Erden und größter Dankbarkeit, den herzhaftesten und besten Vater zu besitzen. Auch der Dorfpolizist wusste seinem furchtlosen Helfer in der Not immer wieder zu danken und grüßte Ätti, wenn dieser im Volkswägelchen an ihm vorbeifuhr, mit der gestreckten Hand am steifen Hutrand und salutierte, als säße im verbeulten Auto nicht Kaminfeger-Heri, sondern der Polizeipräsident höchst persönlich. Ätti erwiderte den Gruß freundlich, nickte bescheiden und lächelnd zurück, ohne langes Aufheben zu machen, eben wie ein echter Held. Der Landjäger musste froh sein, Ätti als Freund und Stütze zu haben. Was hätte er bloß ohne ihn gemacht, fragte sich Pascal immer wieder, wenn er dem Uniformierten im Dorf begegnete. Der Landjäger ähnelte in seiner Dienstkleidung, mit dem übergroßen Sakko und den zu kurzen Hosen, ein wenig dem Polizisten aus dem Kasperletheater und sah eigentlich weniger uniformiert, als eher verkleidet aus. Auf alle Fälle durfte der Gesetzeshüter sicher sein, dass ihm der Kaminfegermeister zu jeder Tages- und Nachtzeit wieder helfen würde, einen Räuber zu fangen. Diesem bedeutenden Umstand wusste sich auch das ganze Dorf verpflichtet und deshalb in Sicherheit, die Nächte waren gerettet und der Schlaf gewährleistet. Auch der des Dorfpolizisten. Diesem lag das Bett ohnehin näher als das Revier und bevor er etwas gegen einen Ganoven unternommen hätte, verdächtigte er lieber zuerst einen unbescholtenen Nachbarn.

Wenn Ätti keine Räubergeschichten mehr zu erzählen wusste, jodelte er mit dem Jungknecht und Pascal, dass jedes echte Alpenherz Heimweh nach seinen ewigen Schneebergen bekam. Zu den Lobliedern über die steilen Felswände und zeitlosen Gletscher, die grünen Matten und schattigen Täler gehörte als äußeres Zeichen der heilen Welt der urchige Brauch des Schwingens. So lehrte Ätti im Heu die Jünglinge auch schwingen. Zug um Zug, vom gefürchteten Kniestich zum heimtückischen Gammen, vom Brienzer zum überraschenden Angriff mit einem rasanten Kurzen. Überraschende Attacken hatten die Jungschwinger hurtig zu parieren und daraufhin ebenso schnell eine Finte vorzutäuschen und wieselflink zu ziehen, bis der Unachtsamere plötzlich auf dem Rücken lag und in den Himmel blinzelte. Der stolze Gewinner streckte dem Unterlegenen etwas blasiert und nicht wenig siegesbewusst die rechte Hand hin und zog ihn auf, wie es der Brauch des ehrbaren Schwingervolkes wollte. Mit der andern Hand wischte er dem Besiegten den Heustaub vom Rücken. Der Verlierer musste sich die Geste des Wegwischens der Schmach ohne Murren und als äußeres Zeichen der Anerkennung des Stärkeren gefallen lassen. Allerdings taten die meisten dies nicht ohne heimlich zu überlegen, nach welchem Schwung sie das nächste Mal das Heu von den Schultern des anderen wegputzen könnten. Doch heuer vermochten weder lockende Trinkgelder beim Rußen noch Räubergeschichten, Jodellieder im Stall oder Kniestiche auf dem Heuboden die kranke Kinderseele zu erheitern.

Der elterliche Betrug

Seit der Schulweihnacht hatte der Bub vom gelben Haus keine Eltern mehr, keine Vergangenheit und noch weniger eine Zukunft. Der Viertklässler fühlte sich betrogen, einsam und verraten. Was gestern noch seine Eltern betraf und damit ihn, hatte von einem Augenblick auf den andern nichts mehr mit Pascal zu tun. Das Schwingen und Jodeln war nichts mehr als eine schmerzhafte Erinnerung, die Räubergeschichten Ättis eine mächtige Lüge, genauso eine Lüge wie seine geliebten Eltern, sein vertrautes Dorf und die hohen Berge. Er gehörte nicht mehr ins Dorf und dieses nicht mehr zu ihm. Dabei hatte er dieses Tal und seine Eltern über alles geliebt und war ein Teil von ihnen und sie von ihm. Das Fühlen um diese Ursächlichkeit und Zusammengehörigkeit hatte Pascal früher stets Rückhalt und das erhabene Gefühl von Sicherheit und Stärke im Augenblick und für die Zukunft gegeben. Die Eltern waren ihm das Rückgrat des Daseins. Sie gaben dem Buben den nötigen Halt und die Kraft, die junge Menschen eigentlich erst lebensfähig macht. Innerhalb von wenigen Sekunden war ihm alles gestohlen worden, mit niederträchtiger Boshaftigkeit und morbidem Hass, stechendem Neid und zerstörerischer Lust, den archetypischen Charaktereigenschaften des menschlichen Wesens. Aus dem strahlend hellen Tag mit leuchtender Weite wurde tiefschwarze Nacht, ohne das geringste Lichtlein und ohne Sicht. Pascals Vergangenheit, Gegenwart und Zukunft hatten sich als ein einziger und jämmerlicher Betrug der Erwachsenenwelt herausgestellt. Gottlieb Fahners naiv-kindliche Worte gaben mit quälender Deutlichkeit und urplötzlich bekannt, dass Pascal gar keine eigenen Eltern hatte und damit auch keine richtige Heimat. Aus dem Reichtum des Habens wurde er in die unendliche Leere des Nichts hinausgeschleudert.

Musste er sich von da an nicht mit dem Recht des unschuldigen Kindes fragen, warum man ihm seine Vergangenheit verschwiegen hatte? War sie so dunkel, dass kein Mensch darüber zu sprechen wagte? Heißt die Wahrheit verschweigen nicht lügen? Kann ein junges Leben überhaupt werden, wenn es auf Schwindel und Trug aufgebaut wird? War nicht in jedem Augenblick damit zu rechnen, dass Pascal plötzlich hinter das Geheimnis kommen könnte? Von außen oder von innen geleitet, oder durch einen dummen Zufall, wie eben eingetreten. Er musste es einmal erfahren oder von selber dahinterkommen. Das war doch abzusehen und hätte jeder ahnen müssen. Warum hatten ihn seine vermeintlichen Eltern nicht zur rechten Zeit und am rechten Ort mit den rechten Worten und Erklärungen über das Mysterium seiner Vergangenheit aufgeklärt und über sein und ihr Schicksal unterwiesen? Waren die großen Erwachsenen zu feige dazu oder nahmen sie absichtlich in Kauf, dass der ahnungslose Bub dereinst verletzt würde? Worin bestünde da der Sinn? Der Sinn für die liebenden Eltern und den anhänglichen Knaben? Oder waren Ätti und Müeti alles andere als feige und schwiegen, sich selber quälend, weil auch sie die volle Wahrheit gar nicht kannten oder nur Teile von ihr und sie dem geliebten Kind keine Halbwahrheiten und noch weniger Lügen oder bloße Vermutungen auftischen wollten. Hatten sie am Ende geschwiegen, in verständlicher Angst verharrend, ihr Söhnchen durch unglücklich gewählte Worte zu verlieren? Fürchteten sie, sich ungeschickt auszudrücken und vielleicht falsch auf sein nicht voraussehbares Verhalten zu reagieren?

Und dann trafen unverhofft naive Worte aus der unschuldigen Seele eines kindlichen Gemütes den arglosen Pascal. Worte, die mit ungestümer Gewalt in das nichts ahnende Herz des Buben eingeschlagen hatten, am Tage von Lehrer Alfred Gehrings Schulweihnacht, in der stillen und heiligen Zeit der Liebe und Hoffnung. Warum musste Pascals behütete Kindheit ausgerechnet in den Tagen der Geburt des Gottessohnes, in den Stunden der ewigen Hoffnung, in Tränen und Verzweiflung auseinanderbrechen? Der einschlagende Blitz löste gleichzeitig eine donnernde Lawine aus, die des Knaben heile Welt unter meterhohem Schnee begrub, ohne ihm die geringste Chance auf Befreiung zu lassen. Frostige Kälte und tödliche Finsternis umhüllten den Buben und drohten ihn elendiglich zu ersticken, ihn, der ein glückliches Kind gewesen war und so gerne gelebt hätte. Er lag nun unter den Trümmern seiner bisherigen Welt begraben und mit ihm seine unbekannte Vergangenheit. Warum wurde er so abscheulich betrogen?

Wo liegen die Gräber der Ahnen?

Tag und Nacht fragte sich Pascal fortan, wo wohl seine leiblichen Eltern wohnen würden und warum er nicht bei ihnen sein konnte. Wo lebten und starben seine Vorfahren, wo standen ihre Häuser, wo lagen ihre Gräber? Eines begriff er augenblicklich, in seinen Adern pulsierte nicht das Blut seiner Meiringer Eltern und in Großvaters und Großmutters Grab auf dem Friedhof hinter der Kirche ruhten nicht seine Ahnen, sondern wildfremde Menschen, die Eltern seiner Papiereltern. Mit jedem Tag, der verging, wurde der Bub verstockter und eigensinniger, verschlossen und renitent, legte nicht selten ein furchtsames Verhalten an den Tag und zog sich zurück. Unter Fremden passte er sich fast überängstlich an, handkehrum versank er in seiner eigenen Welt und stumpfte emotional mehr und mehr ab, mochte nicht mehr reden und lachen, sah und hörte nichts mehr. Die kleinen, teuflischen Worte des vorwitzigen Gottlieb Fahner, provoziert durch den gehässigen Lehrer, durchlöcherten die dünne Haut von Pascals unbeflecktem Gemüte und ließen es schmerzlich bluten.

Seine Seele glich einem verzweigten Baum, von dem Ast um Ast austrocknete und beim geringsten Windstoß abbrach. Nach kurzer Zeit stand bloß noch ein nackter Stamm da, von dem Zelle um Zelle unaufhaltsam zugrunde ging. Ihm war mit einem Mal zu Mute wie dem sterbenden Rehkitz, auf das er vor langer Zeit mit seinem Vater im Sagiwald gestoßen war. Das hilflose Jungtier lag angeschossen in seinem Blute und leckte sich mit erlahmendem Zünglein die tödliche Wunde. Ein frevlerischer Wilderer musste es gedankenlos ins Visier genommen haben, gleich wie Alfred Gehring Pascal. Vielleicht wurde der schändliche Raubschütze bei seiner verwerflichen Tat gestört und musste das Weite suchen, oder er hatte einfach teuflische Lust am Töten oder sarkastische Freude, Leben zu zerstören, wie Lehrer Gehring. Wo war die Mutter des verendenden Tierchens? Hatte sie Angst und rannte in wilder Panik davon, ohne ihr Kind in der Stunde des Todes zu beschnuppern und tröstend zu lecken? Pascals Stoßgebete zum Himmel, sein zärtliches Streicheln und liebevolles Zureden vermochten das todgeweihte Bambi nicht mehr zu retten, es verblutete. Vielleicht begehrte es gar nicht mehr zu leben, weil sich der liebe Gott nicht mehr um ihns kümmerte? Warum ist Gott immer dort, wo er nicht gebraucht wird? Vielleicht ist er gar nicht so allmächtig, wie die Sonntagsschullehrerin immer behauptet hatte, und lässt jetzt auch Pascal verbluten und sterben, wie das Rehkind von damals. Es wäre ihm sogar recht gewesen.
«Papiereltern»,
schoss ihm zum tausendsten Male durch den Kopf. Er besaß nur Papiereltern. Einem spitzigen Dolch gleich drang das unheilvolle Wort wieder und wieder, in jeder Stunde und Minute, tiefer und schmerzlicher in sein Herz. Aus dem einst fröhlichen Buben erwuchs ein aufgewühlter, enttäuschter Jüngling, den die verlogene Erwachsenenwelt in ihrem erbärmlichen Neid und niederträchtigen Hass in die abgrundtiefe Schlucht der Verzweiflung und Angst gestoßen hatte. Nacht für Nacht träumte er denselben Traum: Er stand auf dem Brettersteig über der Aareschlucht, die ihm von Kleinkind auf vertraut war. Er stützte sich auf das Eisengeländer und schaute ins wilde Wasser hinunter. Jählings krachten die

Holzbretter unter seinen Füßen ein, Pascal versuchte sich zu halten, auch das Geländer brach jedoch ein und er stürzte in die finstere Schlucht hinunter, tiefer und tiefer und schneller und schneller. Seine Hände versuchten, irgendwo Halt zu finden, aber griffen immer ins Leere. Seine Stimme schrie entsetzt «Hilfe!» und versagte dann tonlos. Endlich erwachte er schweißgebadet und völlig orientierungslos in seinem Bett. Um ihn herum pechschwarze Nacht.

Wie Blut an den Händen

Der Viertklässler begehrte fortan, für sich zu sein. Er wollte alleine leiden und weinen. Der Buh besaß nicht mehr, was jedes Kind im Dorfe hatte, einen leiblichen Vater und eine leibliche Mutter. Seine richtigen Eltern hätten nicht fragen müssen, was ihn bedrückte. Ihre eigene Natur hätte ihnen gefühlsmäßig Antwort darauf gegeben, was er fühlte und dachte, weil im Kind schließlich genau das gleiche Blut fließt wie in den Adern seiner eigenen Eltern. Aber im Meiringer Ätti und Müeti pulsierte anderes, wildfremdes Blut. Pascal litt, er litt wie alle Kinder der Welt leiden, denen ungeahntes Unrecht widerfährt, gegen das sie sich nicht zu wehren vermögen. Seine weiße, makellose Kinderseele war durch die Niederträchtigkeit der Erwachsenen beschmutzt worden und sein unbeflecktes Blut jählings zum Stocken gebracht. Wäre es da nicht gottgefälliger, bereits als Kind zu sterben und gar nicht erst erwachsen zu werden, ohne Hass und Neid, Macht und Abhängigkeit kennen lernen und ertragen zu müssen? Wollte er überhaupt noch weiterleben? Pascal musste sein ureigenes Wesen ohne Hilfe aus der Erwachsenenwelt in seinem tiefsten Innern selber finden.

Da standen erneut die Worte seines Schulkameraden Gottlieb im Raum. Plötzlich bedeuteten diese weit mehr als nur Papiereltern. Sie bedeuteten Lug und Trug und beleuchteten die schändlichsten Wundmale menschlichen Daseins. Es waren in der weihnächtlichen Schulstube wohl nur die unbedachten Worte eines naiven Kindes gewesen, die jedoch in der Welt der Erwachsenen ihren Ursprung hatten. Scheußliche Worte, die tagtäglich irgendwo auf Gottes Erdboden ein Kind seelisch verstümmeln und die an den Lippen aller Gehrings und Gottliebs kleben wie das Blut an den Händen eines Mörders. Einzig Pascals treue Tiere im Stall und der lichte Wald bei der Burg Resti, das kristallklare Seelein bei Engstlen und der laue Föhn im Tal logen nicht. Sie würden zu allen Zeiten rein und des Buben einzige Verbündete bleiben. Fortan würden der Baum in der Hofstatt und Bäri unter dem Tisch, der Schnee in den Bergen und die Wolken am Himmel die einzig wahren Vertrauten von Pascal sein, wenn er überhaupt noch weiterleben wollte.

Kein Sterbenswörtchen

Seinen Eltern verriet Pascal kein Sterbenswörtchen vom Vorfall an der Schulweihnacht. Er hätte auch gar nicht gewusst wie. Vater und Mutter bemerkten aber die Veränderung an ihrem Bub sehr bald und mit wachsender Besorgnis. Sie vermochten sie jedoch weder zu deuten noch zu erklären und führten sein eigenartiges Verhalten auf die Schulmüdigkeit oder eine allfällige Erkältung zurück. Auch Kinder dürfen dann und wann ihre «Mucken» haben, die mit ihrer körperlichen Entwicklung oder einer Grippe zusammenhängen mögen und nichts, weder mit der Zeit noch der Umgebung, zu tun haben. Im Übrigen hatten die Eltern auch gar keine freie Minute, groß zu spintisieren und zu grübeln. Und Pascal? Hätte er Ätti oder Müeti vielleicht plötzlich fragen sollen:
«Wer seid ihr eigentlich? Woher kommt ihr? Woher komme ich? Wo leben meine richtigen Eltern? Warum kann ich nicht bei ihnen sein? Sind sie schon tot?»
Pascal lagen solche Fragen nach seinen richtigen Ahnen und seiner Vergangenheit auf der Zunge, aber er traute sich nicht, sie zu stellen. Nicht aus Feigheit, sondern er hätte seine geliebten Meiringer Eltern, den guten Vater und die herzliche Mutter, verletzt und gedemütigt. Das konnte und durfte er nicht, dafür liebte sie Pascal zu sehr. Seit der Schulweihnacht vielleicht noch mehr als vorher. Aber auf der andern Seite hatte sich auch ein mächtiges Misstrauen, eine Lüge, in seinem kindlichen Herzen fest-

gefressen. Zweifel und Fragen beschäftigten ihn. Er liebte Ätti und Müeti und hasste sie zugleich. Wie sollte er zwischen Feuer und Wasser atmen können? Er hatte doch keinen Menschen mehr, mit dem er über sich reden konnte. Vielleicht Doktor Gut?

Aus anderem Holz

Schon vor den unseligen Worten Gottliebs war Pascal mehr als einmal aufgefallen, dass er anders war als sein Vater, anders fühlte und reagierte, anders dachte und glaubte als seine Mutter. Aber alle Kinder denken und reagieren von Zeit zu Zeit anders als ihre Eltern, weil sie junge Menschen sind und mit dem Leben noch keine Erfahrung gemacht haben. Sie brauchen sich noch nicht um Arbeit und Geld zu kümmern. Sie werden noch liebevoll umsorgt und Tag und Nacht behütet. Eigentlich haben sie nichts anderes zu tun, als brav zu sein, viel zu essen, tüchtig zu lernen und zu schlafen. Kurz, sie sollen liebe und folgsame Geschöpfe sein. Warum sollten sie das Leben also ab und zu nicht anders sehen als die Erwachsenen?

Erst die Volkszählung des Kaisers Augustus brachte Pascal die ungeahnte Gewissheit, dass er tatsächlich anders war, und erschütterte sein Elternbild in den Grundfesten. Diese Tatsache brachte ihm unverhofft die schicksalhafte Erklärung, warum er nicht seinem Ätti und Müeti glich. Er war eben nicht aus dem gleichen Holz geschnitzt. Erst jetzt wurde ihm bewusst, warum er nicht Vaters wohlgeformte Nase und seine Ohren besaß, und nicht Mutters helle Augen und ihr Gespür hatte. Was Pascal über Jahre gerochen und gehört, gesehen und gefühlt hatte, war bloß abgeschaut, nichts anderes als nachgeahmt, und entsprang gar nicht seinem Ich. Er wurde als keimende Knospe auf einen artfremden Baum aufgepfropft. Aus diesem Triebe würde aber immer nur eine ganz bestimmte Frucht herauswachsen können, nämlich die, welche ursächlich angelegt war, ungeachtet des Stammes, der sie einst ernähren würde. In das Türschloss seiner Seele passte nur ein bestimmter Schlüssel, der seiner leiblichen Eltern. Der seiner Meiringer Eltern ließ sich zwar in sein Schlüsselloch stecken, aber nicht drehen, weil er einen anderen genetischen Bart trug. Wo aber lag der Schlüssel mit dem Abdruck seiner Urzellen? Die Sprache und die Gedanken, sogar das Lachen und Weinen, hatte Pascal von fremden Menschen übernommen und für Eigenes gehalten. Wenn der Bub in Unkenntnis dieser Gegebenheit einfach so weitergelebt hätte, wäre er nie hinter sein ursprüngliches Ich gekommen und hätte nie sein eigenes Leben leben können. Pascals Jahreszeiten hatten nichts mit Meiringen zu tun, sein Frühling nichts mit dem lauen Hasliföhn, der Sommer nichts mit dem Heuet, sein Herbst nichts mit dem Stechen der Placken[1] und der Winter auch nichts mit Schneelawinen.

Der Schulknabe verlor plötzlich jeden Halt. Er wurde von einem Tag auf den andern mit Grenzfragen der menschlichen Bestimmung konfrontiert, die er noch gar nicht verstehen konnte. Und doch fing er an, intuitiv von seinem Innern her getrieben, die geheimnisvollen und auch finsteren Zusammenhänge des menschlichen Schicksals zu erahnen. Bezüge und Verbindungen, Gebote und Verbote der Vorherbestimmung, die er vielleicht erst Jahre später, vielleicht auch nie würde begreifen können, wahrzunehmen. Pascal drängte es unbewusst, entweder hinter die Geheimnisse seiner Vergangenheit und seines augenblicklichen Daseins zu kommen oder dann unterzugehen. Bis zum Tage des heiligen Stalles in Gehrings Schulstube war er am Baum seiner vermeintlichen Eltern gewachsen, scheinbar gleich ihrer Frucht, identisch in Saft und Geschmack, unterschiedslos in Farbe und Form. Bei genauem Hinsehen sah diese Frucht jedoch völlig anders aus, war ganz und gar verschieden in Fleisch und Kern. Es war mit deren Äußerlichkeit wie mit den Kaminfegergesellen. In ihren schwarzen Kleidern und finsteren Rußgesichtern glichen sie einander wie Eier. Gewaschen und in eigenen Kleidern hätten sie ungleichartiger nicht aussehen können.

[1] Placke: schweizerisch für Unkraut mit Pfahlwurzeln.

Die Lösung gleich in seinem Ende zu suchen, schien Pascal in seiner unbeschreiblichen Verzweiflung und grenzenlosen Ungewissheit mehr und mehr der einzige überhaupt noch gangbare Weg zu sein. Er wartete an jenem Silvestertag, bis es Abend wurde, und als es allmählich eindunkelte, verließ er schwermütig und innerlich fröstelnd das gelbe Haus und stapfte durch den gefrorenen Schnee gegen die Aare. Seine Gedanken verfinsterten sich mit jedem Schritt und Tritt und er fragte sich mit Tränen in den Augen: «Warum bin ich eigentlich geboren worden, wenn man mich nicht haben will? Wozu soll ich jetzt noch leben?» Pascals Augen sahen nur noch die Dunkelheit, seine Nase empfand bloß noch geruchlose Kälte und seine Ohren vernahmen einzig die tonlosen Klänge der stummen Nacht. Am Ufer wollte er noch einmal eine kurze Weile in den Schnee sitzen, die Beine anziehen und mit beiden Armen umfassen, den Kopf auf die Schenkel senken und in dieser Haltung des Keimens einen letzten flüchtigen Augenblick verharren, traurig Abschied nehmen und dann vergehen. Pascal saß entrückt da, die schneidende Kälte und die Angst der Verzagtheit waren plötzlich von ihm gewichen. Müdigkeit und Schlaf, die beiden kleineren Geschwister des Todes, lehnten sich zärtlich an seinen steifen Körper und streichelten unaufhörlich seine verwundete Seele. Pascal lauschte dem eisigen Wasser der Aare und hörte die verführerische und sehnsüchtige Stimme der Ewigkeit, doch endlich zu springen.

Hatte er denn überhaupt noch eine andere Wahl, als der flehenden Einladung des Flusses nachzugeben? Müsste er, auf der Suche nach seiner Wahrheit, nicht wenigstens zuerst noch mit Ätti und Müeti reden oder sich vielleicht von ihnen verabschieden? Nur das nicht, sie würden ihn zurückhalten und keine Minute mehr aus den Augen lassen. Also gab es für den verwundeten Buben überhaupt keine andere Freiheit mehr, als sich dem Tode zu stellen. Aber begriff der Jüngling eigentlich, was das bedeutete, oder gehorchte er auf einmal nur noch der Stimme der verletzten Kinderseele, die sich naiv quengelnd gegen das unentrinnbare Schicksal auflehnte? Doch spielte das jetzt noch eine Rolle? Und wenn schon, wem schadete sein vorzeitiger Tod? Warum hatte er Ätti und

Müeti nicht ohne Umschweife, ohne Wenn und Aber am Tage der Schulweihnacht gefragt, wo sein richtiger Vater und seine richtige Mutter denn seien. Nein, das konnte er nicht, er hätte es nie übers Herz gebracht. Pascal hatte seine Eltern immer noch gern, mehr als je zuvor. Sie waren für ihn immer noch ein und alles, er hing seit dem unglücklichen Tage des Verrates noch zärtlicher und mit Sehnsucht und Heimweh an ihnen, deshalb konnte er sie nicht fragen. Er hätte sie nur tief verletzt und ihnen unsagbar weh getan, das wollte und konnte er nicht. Zu gleichen Teilen aber hasste er sie jetzt und verstand nicht, warum sie ihm die Wahrheit nicht gesagt hatten. Ausgerechnet sein Ätti und Müeti, für die jede Lüge eine niederträchtige Sünde bedeutete, hatten ihren Sohn angelogen.

Mit Papiereltern und einer Lüge begehrte Pascal nicht mehr zu leben. An wen hätte er da noch glauben sollen, wem noch vertrauen können? Plötzlich stand Pascal auf und stand nun dicht am eisig kalten Wasser der reißenden Aare. Die unsichtbare Hand des Himmels hatte ihn an den winterlichen Fluss geführt, oder war es bloß Pascals eigener Wille, der lenkte? Wer hatte den alten Huggler vom Sandli letzten Herbst hierher geführt? Zwang ihn die unheilbare Krankheit wirklich unentrinnbar, sein Leben vorzeitig zu beenden? Sein Leichnam wurde nie gefunden. Die Leute vom Dorf behaupteten, dass ihn der Brienzersee erst nach Jahren freigeben würde, vielleicht auch nie, zur Strafe, weil sich der Alte das Leben genommen hatte. Und das junge Mädchen von Willigen, dem Nachbardorf auf der andern Seite der Aare? Die Dirn war noch keine zwanzig, als sie sich vor Jahren mit ihrem ungeborenen Kindlein verzweifelt ins Wasser stürzte, weil das arme Geschöpflein unter ihrem Herzen sonst unehelich auf die Welt gekommen wäre. An den Ufern der Aare wurde schon viel Leid verweint und in ihr schäumendes Nass manches Leben hineingeworfen.

Der Primarschüler stand an der Stelle beim üppigen, jetzt kahlen Strauch, wo ihm Ätti im letzten Spätsommer noch gezeigt hatte, wie die Angel zum Forellenfang richtig ausgeworfen wird. Der Busch hatte mittlerweile seine Blätter abgeworfen, so wie Pascal sein Leben abwerfen wollte. Der aufgelöste Knabe war bereit, sich gleich Vaters Angel ins Wasser zu werfen und im eisig kalten Nass jämmerlich unterzugehen, ohne dass er wie der Fischerhaken an der Schnur zurückgezogen werden könnte. Seine Eltern würden traurig sein, um ihn weinen und klagen, aber

Pascals Tod wäre halt die gerechte Strafe für ihre Lüge. Träne über Träne füllten die hoffnungslosen Augen des lebensmüden Knaben und kullerten wie kleine Perlen in den gefrorenen Schnee. Pascal war zum Untergehen bereit. Allein, die Vorsehung hielt ihn, wie die zarte Schnur die Angel, zurück. Dem todessüchtigen Jüngling wurde auf einmal bewusst, wie sehr er eigentlich die beiden Menschen im gelben Hause, kaum hundert Meter von seinem feuchten Grab entfernt, liebte. Mehr liebte, als er seine leiblichen Eltern je hätte lieben können, und auch Pascal fühlte, dass sie ihn mehr als einen eigenen Sohn gern hatten. Doch er *musste* springen, weil nur der Himmel tragische Probleme zu lösen vermag. Aber vorher wollte er aus Dankbarkeit noch ein allerletztes Mal zum gelben Haus hinüberschauen.

Pascal drehte sich langsam um, hatte die Augen noch immer geschlossen und dachte wehmütig an seine wohl behütete Kindheit. Als er die Augen aufmachte, blickte er unmittelbar in Ättis Gesicht, dieser stand schon geraume Zeit hinter ihm, wie ein guter Geist. Ätti besaß die göttliche Gabe, schweigend beobachten zu können, dahinsegelnde Wolken am Föhnhimmel genauso gut wie ängstliche Gämsen auf den weiten Schneefeldern oder scheue Murmeltiere vor ihren Erdhöhlen, die neugierig die ersten Frühlingsdüfte schnupperten, oder hämmernde Spechte an den Baumstämmen. Weder Gämsen noch Murmeltiere oder Spechte witterten Gefahr oder hörten ihn. Genau gleich ruhig behielt der Vater seinen leidenden Sohn im Auge, schon seit Tagen, hellhörig und mit wachem Sinn, ohne ein Wort zu sagen, als hätte er Pascals trübe Gedanken und Absicht erahnt.

Schon seit Tagen hatte Kaminfegermeister Laubscher die Vermutung gehegt, dass die Veränderung seines Sohnes irgendwie mit der Schulweihnacht zusammenhing. Beim Rußen des großen Kachelofens in der Stube von Glatthards in der Aarmatte war Gretli, eine Mitschülerin von Pascal, ruhelos um den Schornsteinfeger herumgestrichen und hatte mit traurigem Blick vom überraschenden Ausgang der Schulweihnacht erzählt. Zuerst vom lustigen Spiel mit der Volkszählung, dann von den plötzlichen, unverständlichen Worten eines Klassenkameraden über «Papiereltern» und schließlich vom bösen Zusammenputsch des Lehrers mit einem Schüler, ohne dass Gretli dabei Namen genannt hätte. Der schwarze Mann mit dem weißen Herzen, der mit den hellen Sternen am nächtlichen Himmel und den dunklen Tannen im lichten Walde sprechen und ihre Geheimnisse verstehen konnte, erahnte, ohne das Mädchen fragen zu müssen, dass es sich beim Zusammenstoß mit dem Pauker um seinen Sohn handelte. Er spürte auch mit instinktiver Sicherheit, dass es beim erwähnten Klassenkameraden um Gottlieb Fahner und bei den schlimmen Worten von den Papiereltern um das preisgegebene Geheimnis von Pascals Vergangenheit ging, aber er mochte seinen Sohn in den darauf folgenden Tagen genauso wenig um Aufklärung bitten wie dieser ihn.

Ättis Versäumnis

Ätti hatte sich schon lange vorgenommen, mit Pascal über die Vergangenheit zu reden, fand aber weder den nötigen Mut noch die richtige Gelegenheit dazu und hatte auch Bedenken, das heikle Thema überhaupt anzuschneiden. Er wusste überdies gar nicht recht, wo er anfangen sollte und wie die ganze Geschichte am besten zu formulieren gewesen wäre. Worte gehörten nicht zu seiner Stärke und er wusste nur zu gut, dass eine falsche Bemerkung weit mehr Unheil als Gutes anrichten kann, bei Kindern erst recht. Also war äußerste Vorsicht geboten, so sehr, dass er jede Absicht immer wieder vor sich herschob wie ein Pflug eine kleine Erdscholle, bis sie allmählich so mächtig wurde, dass sie überhaupt nicht mehr zu bewegen war, weder vor- noch rückwärts. Es mag üble Geschehnisse geben, die man irgendeinem Menschen ungesehen und ohne Hemmungen geradeheraus ins Gesicht schleudern kann, aber niemals einem Menschen, den man liebt. Je mehr Zeit verstrich, je weniger wusste der Vater, wie und wo und wann er mit seinem Sohne hätte reden sollen. Nun wars zu spät, das Schicksal mochte nicht mehr zuwarten. Von diesem Augenblick an bewachte Ätti seinen geliebten Buben mit Argusaugen und spitzen Ohren, ohne dass es Pascal merkte, genauso wenig, wie die Gämsen und Murmeltiere, die er heimlich belauerte. So folgte Ätti seinem Buben auch an diesem Abend unauffällig zur Aare. In der klirrenden, nächtlichen Dezemberkälte standen sich jetzt Vater und Sohn am Flussufer fragend gegenüber, aber schwiegen. Beide wussten genau, dass

erklärende Worte, von hüben oder drüben, fehl am Platz gewesen wären. Ätti nahm seinen verzweifelten Buben an der Hand und die zwei stapften durch den knirschenden Schnee, jeder die vertraute Hand und Wärme des andern spürend. Als sie beim gelben Haus angelangt waren, meinte Ätti mit kaum hörbaren Worten:
«Komm, Bub, wir gehen noch schnell in den Stall, ich will dir etwas zeigen.»

Die Pflegeeltern

Erst im warmen Stall endete der Weg zur kalten Aare. Als der Vater die Türe aufstieß, schaute sie Bäri, der treue Hund, mit seinen warmen Augen strahlend an. Der Dürbächler lag wach und aufgeräumt da, zufrieden im Stroh, und bewachte ein winziges Kätzchen. Es schlief ruhig und war dicht an seinen zottigen Bauch gekuschelt. Nach einer geraumen Weile tat Ätti einen tiefen Atemzug und flüsterte leise:
«Schau, Bub, die Mutter des Kätzchens ist seit ein paar Tagen spurlos verschwunden. Ich habe das kleine Findelkind vorgestern Abend auf dem Heuboden oben wimmern gehört und ihm frische Milch von Leni, deiner Lieblingskuh, hingestellt und als es genug geläppelt hatte, unserem Bäri in Obhut und Pflege gegeben. Der liebe Kerl hat das Waisenkindlein ohne zu zögern und sofort mit aller Zärtlichkeit und Liebe angenommen. Bäri und Leni sind jetzt die Pflegeeltern des Kätzchens und lieben ihr gemeinsames Kindchen, wie du sehen kannst, und es geht ihm gut und es fühlt sich wohl.»
Pascal stand mit feuchten Augen neben seinem Vater und schaute beschämt auf den treuen Hund und die kleine Katze. Er hatte Vaters Worte und deren Bedeutung verstanden und lächelte nach langen, tristen und trostlosen Tagen wieder einmal, noch verlegen, vor sich hin. Schließlich hob der Jüngling langsam den Kopf und schaute in die lieben Augen Ättis, seines wahrhaftigen Vaters. Ohne ein Wort zu sagen und mit heißen Tränen in den Augen langte Pascal nach der Hand seines Vaters und drückte sie fest, und dieser verstand die wortlose Sprache seines Buben.

Dann trotteten sie gemächlich und schweigend zum gelben Haus hinüber. Es nahm Pascal freudevoll und herzlich ein zweites Mal auf und hieß ihn, leise einzutreten. Beide Männer hockten sich erschöpft auf die Sitzbank des warmen Kachelofens. Die Mutter stopfte am Stubentisch Socken und hätte gerne mehr erfahren, schwieg aber. Sie hatte Vaters Augenspiel sofort entnommen, im Moment besser keine Fragen zu stellen und das Schweigen reden zu lassen. Die glückhafte Stille in der vertrauten Stube war Frage und Antwort genug. Man wusste im gelben Haus in gewissen Momenten zu fragen ohne zu reden und schweigende Antworten zu akzeptieren. Die Mutter schaute ihren verlorenen Sohn mit zärtlichen Blicken an und war glücklich, als er sie scheu anlächelte, als wollte er auch sie um Verzeihung bitten. Das zaghafte Lächeln des Buben war für die Eltern das schönste Geschenk zum neuen Jahr.

Das erwachsene Kind

Zugleich traurig und erleichtert, fröstelnd und schwitzend, träumend und wachend saß der geläuterte Bub eine kurze Weile später in seinem Zimmer am kleinen Tischchen und weinte, halb vor Glück und halb vor Wehmut, lautlos in sich hinein. Unbewusst langte seine Hand nach dem Tagebuch, welchem er, seit er schreiben konnte, Leiden und Freuden anvertraute, und kritzelte seine traurige Geschichte hinein, welche ihm seine blutende Seele diktierte. Von seinen Tränen wurden die Seiten ganz nass und alle Buchstaben verwischten sich, sodass nicht einmal mehr Pascal selber hätte nachlesen können, wie seine Jahreszeiten verlaufen waren und geendet hatten. Aber von diesem Silvestertage an fühlte und wusste er mit aller Deutlichkeit und der Sicherheit des Wiedergeborenen, dass er zu einem völlig neuen, wenn auch dornenreichen Leben ja gesagt hatte. Ein Leben mit unendlichen Höhen und schauderhaften Tiefen, freudigen Erleuchtungen und mächtigsten Zweifeln, von höchstem Glück und widerlichsten Erniedrigungen, gezeichnet von einem ruhelosen Kampf, bald belohnt mit Erfolgen, wenig später vergällt mit Rückschlägen.

Fortan war Pascal entweder ganz oben oder ganz unten, ein Dazwischen gab es für ihn nicht mehr. Dem jungen Menschen war die Kindheit zu früh und zu jäh genommen worden. Er konnte von da an kein kindliches Kind mehr sein, sondern musste ein erwachsenes Kind sein. Aus dem verspielten Buben von gestern wurde von einer Sekunde auf die andere ein nachdenklicher Jüngling. Obschon er sich mit seinem Ätti und Müeti in jener Silvesternacht wiedergefunden hatte, stürzte er in der kommenden Zeit von einer Loyalitätskrise zu seinen Eltern in die andere. War er glücklich, ein behütetes Daheim zu haben und in der gewohnten Umgebung weiterleben zu können, schmerzte doch immer wieder, vor allem wenn er Leuten aus dem Dorfe oder Schulkameraden begegnete, sein Herz so sehr, dass er kaum atmen konnte. In seinem Kopf drehten sich Fragen über Fragen. Zwar ließ allmählich der stärkste Orkan in seinem Gemüte nach, jedoch die Sehnsucht, seine Vergangenheit zu erfahren, hielt unvermindert an und steigerte sich sogar noch von Tag zu Tag. Wie hätte denn ein heranwachsendes Bäumchen ohne eigene Wurzeln im tobenden Sturm des Lebens bestehen können? Wer würde den Drang nach dem Wissen seiner Vergangenheit nicht verstehen können?

Auf einmal hatte die Liebe für Pascal nichts mehr mit dem Körper zu tun, sein Verlangen bedurfte nicht mehr der Umarmung der Mutter oder der warmen Hand des Vaters, die Zuneigung erhob sich irgendwie über seine Sinne hinaus, verlor die Fleischlichkeit und bedurfte fortan nicht einmal mehr der Worte. Der Fluss hatte dem Knaben an jenem Abend die Urform der Liebe zu spüren gegeben und ihm über das Leben und den Tod hinaus die Allmächtigkeit der Ewigkeit gezeigt, als ihn das alle Zeiten kommende und gehende Wasser gerufen hatte. Ohne die dummen Worte Gottlieb Fahners hätte der Bub die ungeheure seelische Verletzung nie erleben und sich vielleicht gar nie finden können. Der nachfolgende Schmerz brachte ihn an den äußersten Rand des Seins. Freilich war der erschütterte Knabe zu diesem Zeitpunkt noch weit davon entfernt, die Urzusammenhänge der ewigen Jahreszeiten von der Geburt bis zum Sterben zu begreifen, aber ein Hauch des ewigen Laufs des Schicksals streichelte im hurtigen Vorbeigehen seine blessierte Seele. Die eiskalte Silvesternacht hatte Pascal ein zweites Mal geboren und er spürte fortan, dass sein neues Leben ganz nahe am Ursein lag und nicht durch ein zufällig ausgesprochenes dummes Wort noch einmal zerstört werden konnte. Doch noch eine ganze Weile flackerte das neue Lebensflämmchen bedenklich schwach und drohte beim geringsten Windhauch auszugehen, wäre da nicht die ewige Stimme des Himmels und der unsichtbare Atem des Vaters gewesen, die ihn anhielten, stark zu sein, zu leben und zu lieben.

Pascals Ankunft in Meiringen

Meiringen war ein eher verschlafenes und eigentlich auch ein wenig enges Dorf, weil es nur gegen Westen hin etwas Weite und Öffnung und damit einen freien Blick in die ferne Welt hinaus gestattete. Aus dieser fernen Welt rollte an einem hellen Maitage ein fast leerer Personenzug gemächlich ratternd im verträumten Bahnhöflein des Tales ein. Im hintersten Wagen, also in der dritten Klasse, saßen ein kleiner Knabe und eine aufgetakelte, ältliche Dame von der Unentgeltlichen Kinderfürsorge des Schweizerischen Gemeinnützigen Frauenvereins. Sie hatte die Aufgabe, das Bübchen dem Ehepaar Laubscher in Pflege zu übergeben. Der schüchterne und verweinte Knabe trug ein graues Mäntelchen und umklammerte mit seinen kleinen Ärmchen einen weichen, abgegriffenen Teddybär. Hermann Laubscher, Kreiskaminfegermeister des Amtsbezirkes Oberhasli, und seine Frau Selina warteten schon länger als eine halbe Stunde und hatten ungeduldig und erwartungsvoll nach dem Zug, der von Interlaken herauf kommen sollte, gespäht. Die Eheleute hatten beim Frauenverein um ein elternloses Kind nachgesucht, das sie in Obhut nehmen wollten, um es später vielleicht zu adoptieren.
«Sie sind sicher Herr und Frau Laubscher»,
mutmaßte die resolute Dame vom Frauenverein bereits, als sie umständlich vom hohen Eisenbahnwagen herunterkletterte und das Kind, wie ein Holzpferdchen an einer Schnur hinter sich her zog. Laubschers, weit und breit die einzigen Menschen auf dem gottverlassenen Bahnhof, nickten eifrig. Eher etwas steif streckte die beinmagere Beamtin endlich ihre knochige Hand zum Gruße hin, fast zaghaft, wie ein Hund seine gebrochene Pfote, und begrüßte das wartende Ehepaar mehr frostig als freund-

lich und räumte im gleichen Atemzug ein, nur wenig Zeit zu haben, da sie mit der nächsten Eisenbahn wieder zurück müsse, wolle sie am gleichen Tag noch in Genf sein, es sei halt eine schrecklich lange Reise. Diese Tatsache mochte wohl auch der Grund für ihre üble Laune gewesen sein. Auf alle Fälle blickte sie gereizt auf den kleinen Buben und übergab der neuen Mutter gleichzeitig ein Köfferchen mit den Habseligkeiten des Kindes und meinte beinahe vorwurfsvoll:
«Er hat auf dem ganzen Weg von Genf bis hierher kein einziges Wort gesprochen und gegessen hat er auch nichts.»
Ein nicht überhörbarer Unterton von Schelte an das Knäblein und auch noch persönliche Kränkung lagen in ihren Worten.
«Sie müssen wissen»,
fuhr sie zielstrebig fort, froh, den ungehorsamen Buben endlich los zu sein,
«der Knabe ist sehr eigensinnig und Sie werden noch Ihre liebe Mühe und Kummer mit ihm haben.»
Die empörte Dame plätscherte dahin wie ein Springbrunnen, ohne das mindeste Gefühl und ohne jede Rücksicht auf das Bübchen zu nehmen, das zwar kein Wort Deutsch verstand, aber immerhin am verächtlichen Gesichtsausdruck und dem abschätzigen Tonfall ihrer Stimme leicht herausspüren konnte, dass sie nicht gut von ihm gesprochen hatte. Unbeirrt dessen plusterte sie sich auf wie eine Henne und ergänzte schulmeisterlich:
«Dazu kommt noch das Problem mit der Sprache, aber wie mir die Fürsorgestelle Genf mitgeteilt hat, soll Frau Laubscher ja Französisch können.»
Auch hier lag wiederum ein überhebliches und zweifelndes Nebengeräusch in der spitzen Bemerkung.
«Aber vielleicht wendet sich alles zum Besten, sonst melden Sie sich, wie brieflich vereinbart, und wir holen ihn wieder ab.»
Ihre bissigen Laute blieben förmlich in der frischen Frühlingsluft des sonnigen Maimorgens stecken. Den Eheleuten Laubscher blieb nichts anderes, als schweigend vor sich hin zu staunen und sich dabei ihre Sache zu denken. Schon bald drehte sich die selbstgefällige Frau auf ihren hohen Absätzen zackig um und blickte ein letztes Mal und vorwurfsvoll auf das abgelieferte Geschöpf. Gekünstelt, einer verwelkten Schauspielerin eines billigen Tingeltangeltheaters ähnlich, wich sie den

fragenden Augen um sich herum aus und verschwand so überhastet wie sie geredet hatte im Zug Richtung Interlaken, als wäre es der letzte in den nächsten Tagen. Der Kaminfegermeister und Kleinbauer und seine Frau waren vom kühlen Auftritt und der nervösen Eile der Begleiterin des kleinen Pascals mehr als nur erstaunt und schauten dem wegfahrenden Zug fassungslos und kopfschüttelnd nach. Sprachlos und ein wenig traurig fasste sich Vater Laubscher als erster und streckte seine verwerkte Hand liebevoll dem Bübchen entgegen. Dieses fing jedoch unverhofft an zu weinen und hauchte, erstickend:
«Je ne veux pas rester ici.» («Ich will nicht hier bleiben.»)
Mit betretener Miene, den Sinn, aber nicht die Worte verstehend, schaute Vater Laubscher seine Frau an, dann das weinende Kind und war froh, als sich die Mutter, geduldig und mit freundlichen Worten, ans plärrende Waisenkind wandte:
«Non, non, mon petit, tu ne dois pas rester ici.» («Nein, nein, mein Kleiner, du musst nicht hier bleiben.»)
Der mütterliche Instinkt der einfachen Frau fand die simpelsten Worte des Verstehens und des Vertrauens und berührte damit unbewusst und zärtlich das verängstigte Herzchen des kleinen Kindes und augenblicklich hörte es auf zu weinen und suchte mit seinen Fingerchen die fürsorgliche Hand der neuen Mutter und hauchte:
«J'ai faim.» («Ich habe Hunger.»)
Die frisch gebackenen Eltern schauten sich erlöst an und strahlten heller als die Maisonne am klarblauen Himmel des Haslitals.

Pascals neues Zuhause

Pascals neues Zuhause lag an der Sandstraße, im östlichen Teil des Dorfes, zwischen Alpbach und dem Sandli, einem winzigen Weiler, wo eine Handvoll Häuser still vor sich hindösten. Hinter dem Sandli lag ein Wald und darin, in ausgewaschenen Felsen versteckt, gurgelte die Aareschlucht, durch die ein schmaler Brettersteig zum Kirchet führte, ein Pass, der Meiringen von Innertkirchen trennte, wie ein mächtiger Damm. Die

Sandstrasse und die geheimnisumwitterte Schlucht wurden aufmerksam vom Plattenstock bewacht. Der Berg verdeckte, einer mächtigen Pyramide ähnlich, die engen und steilen Straßen dahinter, die gegen die Grimsel und den Susten führten, und trotzte dem Föhn, wenn dieser aus den Tälern herausblies und Meiringen fortpusten wollte. Laubschers wohnten in einem gelben Steinhaus, nahe an der Aare. Neben dem Haus, ein kleiner Steinwurf entfernt, lag eine kleine Scheune, mit Stall, Tenne, Wagenschopf und Hühnerhof. Das verschlafene Höflein schlummerte mitten in saftigen Wiesen mit Apfel-, Birn- und Zwetschgenbäumen. Vor dem Stall plätscherte zeitlos und unermüdlich der Brunnentrog einlullend vor sich hin. Er diente als Tränke für die Kühe und Kälber. Man wusch da auch die Milchkessel und Kannen und an heißen Tagen badete sogar Bäri, der treue, schwarzweiß gefleckte Dürbächler, darin.

Bevor die frisch gebackenen Eltern mit ihrem Söhnchen ins gelbe Steinhaus, sein neues Zuhause, eintraten, spazierte der Vater mit dem Kleinen zur Scheune hinüber, um ihn mit den Kühen und Kälbern, Schweinen und Kaninchen, den Hühnern mit ihrem Hahn und der Katze bekannt zu machen. Die Mutter blieb auf halbem Wege stehen und schaute den beiden gedankenverloren nach. Auf einmal erinnerte sie sich, dass der Bub ja noch gar nichts gegessen und beim Bahnhof über Hunger geklagt hatte. Sie rannte, als wäre in der Küche plötzlich Feuer ausgebrochen, ins Haus und strich dem ausgehungerten kleinen Ankömmling ein dickes Butterbrot mit Honig. Der Kaminfegermeister konnte genauso wenig Französisch, wie das Bübchen Deutsch. So bedienten sich beide der Sprache, die auch die Tiere verstehen, und redeten mit den Augen und Händen. Mehr hätten sich die zwei selbst mit tausend Worten nicht sagen können. Das Waisenkind aus Genf trippelte an der Hand seines neuen Vaters zur Scheune und noch ehe sie vor der Stalltüre angekommen waren, hob ein muhendes und brüllendes Begrüßungskonzert der Kühe und Kälber an, weil die Vierbeiner ihren Herrn an Schritt und Tritt kannten, und flugs umklammerten zwei kleine Ärmchen erschreckt und Schutz suchend das linke Bein des Vaters. Selbst die sonst dumm dreinguckenden Hühner hörten auf zu picken und stimmten ein Gegacker an, das nur noch vom Zeter und Mordio des stolzen Hahnes übertönt wurde und den Dürbächler, Bäri, unsanft aus dem dösenden Halbschlaf riss.

Der zottige Vierbeiner trottete neugierig herbei, streckte sich wohlig gähnend und schnupperte am Mäntelchen des kleinen Eindringlings, der sich ängstlich noch dichter an seinen Ätti anschmiegte. Der Vater führte die kleine Hand des Bübchens sachte auf Bäris von der Maisonne erwärmtes Fell und die winzigen und weit auseinander gestreckten Fingerchen kraulten zaghaft in der Haarpracht des zutraulichen Tieres. Kaum ließen die Händchen mit Streicheln nach, schubste ihn eine feuchte Nase und forderte energisch, weiter gestreichelt zu werden, sodass der Kleine, halb vor Angst, halb vor Freude, nur so kreischte. Einzig Tigerli, die getigerte Katze, blieb in respektablem Abstand vor dem überschwänglichen Trio stehen und schien dem Verbrüderungsakt nicht so recht zu trauen. Nach einigem Zögern gewann ihre Neugierde jedoch die Oberhand und sie wagte sich näher und näher heran, bis Bäri knurrte, sie fauchend den Buckel stellte und mit einem jähen Sprung das Weite suchte, um kurz darauf wieder zaghaft heranzuschleichen. Vater Laubschers Vorahnung hatte ihm Recht gegeben, der kleine Bub fasste schon bald Zutrauen zu den Tieren, fast eher als zu den Menschen. Der frisch gebackene Vater blickte gerührt und nachdenklich auf den kleinen Sohn, dann öffnete er die Stalltüre und ließ ihn alleine auf das erst Stunden alte, noch unsicher auf den Beinchen stehende Kälblein zutrippeln. Menschlein und Tierchen schauten sich zaghaft, aber neugierig in die Augen, als wollten sie einander sagen:
«Hab keine Angst vor mir, ich tu dir nichts.»
Auf einmal stand auch die Mutter unter der Stalltüre und staunte nicht wenig über die ungezwungene Vertraulichkeit zwischen Pascal und dem Kälbchen, sodass sie beinahe vergessen hätte, ihm das Butterbrot hinzustrecken. Der Kleine langte zögernd danach, um es schon in der gleichen Sekunde wieder zu vergessen, dafür hatte er jetzt keine Zeit. Die neuen vierbeinigen Freunde machten ihn Hunger und Durst vergessen und er merkte zu spät, dass Bäri an seinem Brot schnupperte. Auf einmal hatte er danach geschnappt und es schmatzend verschlungen. Erschrocken streckte der kleine Bub beide Ärmchen hoch in die Luft hinauf und quietschte, zuerst vor lauter Schreck, dann vor Freude.

Zum ersten Mal seit langem schien er wieder Menschen zu vertrauen und ganz intuitiv auch Tieren. Die zwei fremden Leute neben ihm und die Tierlein hatten Zeit für Pascal, er spürte Wärme und Geborgenheit und sein kindliches Herz jauchzte wieder einmal beglückt. Vielleicht hatten auch seine leiblichen Eltern einmal Zeit für ihn gehabt, aber das musste schon lange her sein. Der Kleine vermochte sich nicht mehr an sie zu erinnern. Der unaufhaltsame Lauf der Zeit verwischt nicht nur die unangenehmen Bilder aus der Erinnerung, er löscht auch die schönen, vielleicht, damit der Mensch ihnen nicht mehr nachtrauern oder sehnsüchtig an sie denken muss. Pascals Mama soll ihr Söhnchen «Bijou» genannt und sehr lieb gehabt haben, so konnten es die Meisterleute in den Briefen des Frauenvereins nachlesen. Und weil die hoffnungslose Mutter den Kleinen so sehr liebte, gab sie ihn aus freien Stücken, der Vernunft und nicht dem Herz gehorchend, nach vielen tausend Wenn und Aber und unzähligen Tränen, zur Adoption frei. Mit der Weggabe zerriss sie das heiligste Band zwischen zwei Menschen für alle Zeiten, das Band zwischen Mutter und Kind. Den endgültigen Verzicht musste sie unterschreiben. Sie würde nie nach ihm suchen dürfen. Ihre mütterlichen Rechte hatte sie ein für alle Male verwirkt. Ihr Fleisch und Blut würde sie nie mehr sehen und hören, nie mehr riechen und spüren. Sie würde nicht einmal erfahren können, ob ihr Söhnchen überhaupt noch am Leben oder gestorben sei. Die arme Mutter musste sich im Klaren gewesen sein, dass es für das Wohlergehen ihres Kindchens nicht nur Liebe brauchte, sondern viel Zeit und Geld. Weil sie nicht an sich, sondern nur an Pascal dachte und des Söhnchens Zukunft ihr oberstes Gebot war und weil sie nicht nur die irdischen, sondern auch die himmlischen Gesetze achtete, trennte sie sich vom Liebsten, was sie besaß, ihrem hilflosen Säugling, wohl wissend, dass sie immer seine leibliche Mutter bleiben, aber nie mehr seinen Atem spüren würde.

Bleibt sie jedoch wirklich seine Mutter, auch wenn sie von ihrem Kind getrennt ist? Ist dieser endgültige Verzicht auf das Söhnchen nicht gleich seinem Tode? Wäre es ihr im Himmel nicht näher als bei fremden Leuten, wo sie sein Schicksal nie erfährt? Sie wüsste wenigstens, wo sein Grab läge und wo sie weinen dürfte. Hat sie die aufkommende heimliche Sehnsucht nach ihm unterschätzt? Was hat ihr die innere Stimme geraten? Hätte sie nicht erahnen müssen, dass jedes Kind leidet, bewusst oder unbewusst, wenn es nicht bei seiner Mama aufwachsen darf? Die armen Kinder begreifen die Trennung von den Eltern nicht. Ihre Seelen sind noch zu unschuldig, um die Probleme der Erwachsenen verstehen zu können. Auch Pascals Mutter mögen diese wehmütigen Gedanken durch den Kopf gegangen sein. Wie desolat muss ihre Lage gewesen sein, dass sie sich von ihrem Söhnchen getrennt hat, wohl nur im Vertrauen, der gütige Himmel werde dem armen Würmchen schon beistehen. Sie wird bedacht haben, dass der Anspruch auf ein Kind nicht nur im juristischen Recht auf das Kind besteht, sondern dass noch ein übergeordneter und weit höherer Grundsatz existiert, nämlich das Wohlergehen des Kindes. Wie unendlich oft wird die Mutter mit dem Kopf ja gesagt und im gleichen Atemzug mit dem Herzen nein geschrieen haben, um sich letztlich doch von ihm zu trennen. Für ein Kind bedeutet Leben nicht bloß Liebe, sondern auch Sicherheit, und erst beide Maximen zusammen bürgen für eine gute Existenz und hoffnungsvolle Zukunft. Wie hätte der Kleine die Überlegungen der Erwachsenenwelt verstehen sollen?

Aber sein Herzchen hat die Tragweite erspürt und seine Äuglein haben sich mit den wehmütigsten Tränen gefüllt, die es gibt, nämlich den Tränen der Trennung. Das unglückliche Bübchen war noch zu klein, um zwischen Gut und Böse zu unterscheiden. Es hatte mit der unheilen Welt noch keine Erfahrungen gemacht und kannte vielleicht erst den Unterschied zwischen süß und sauer, heiß und kalt, weil es sich beim Essen schon einmal den Mund verbrannt hatte oder eine Banane süßer fand als einen Apfel, seine kindliche Erfahrung mit dem Leben beschränkte sich auf kleine Erlebnisse. Wo, wenn nicht bei der Mutter, soll das Kind leben lernen? Hatte Pascals Mama bei der Trennung daran gedacht, dass die Liebe ihres Kindes vorbehaltlos ist, unantastbar und heilig, und dass kein Mensch sie je vergiften darf? Hatte sie sich von ihm getrennt, weil sie ihn ebenso vorbehaltlos geliebt hatte wie er sie und mit dem Verzicht den größten Beweis ihrer Liebe erbringen wollte? Dem hilflosen Kind eine sichere Existenz zu bieten, schien ihr die heiligste Mutterpflicht zu sein. Es mag den Kindern vorbehalten sein, in ihrem späteren Leben die Mutter und ihr Verhalten zu werten, zu verstehen oder als Versagen zu verwerfen.

Wird der kleine Pascal, wenn er einmal erfahren hat, dass ihn seine Mutter weggegeben hat, sie verdammen und hassen oder wird er ihr für ihren damaligen Verzicht sogar danken? Hat die Mama des kleinen Pascals daran gedacht, dass ihr Kindchen die ersten kleinen und großen Freuden und Leiden ohne seine Mutter erleben muss? Wenn es beim Spielen hinfällt oder ihm sein Teddybär entrissen wird, dann weint es und möchte von seiner Mutter liebkost und getröstet werden. Wo ist sie dann? Oder später, wenn es das erste Mal verliebt ist und himmelhoch jauchzend oder zu Tode betrübt darüber reden möchte: Wo ist dann seine Mutter? Wenn es krank ist, ängstlich im Bettchen liegt und Wärme und Geborgenheit sucht: Wo ist sie dann? Konnte sie wollen, dass es verzweifelt und verloren irgendwo auf der Welt alleine und verlassen in sich hinein weint? Sein Herzchen wird sich fürchten und das Gemüt störrisch und vielleicht sogar unzugänglich werden. Nur eine leibliche Mutter spürt, dass ihr Kind jetzt gerade leidet, weil sie es aus dem Äther erfährt. Wenn das Kind einmal denken und überlegen kann, wird es sich fragen: Was war mit meiner Mutter los? Warum hat sie mich überhaupt empfangen, getragen und geboren, wenn sie gar nicht bereit war, mit mir zu leben und zu leiden? Kann Pascals Mutter des Nachts ihr Auge noch schließen, nicht wissend, wo ihr Bübchen steckt, ob krank oder bereits tot? Hat sie nicht unsühnbare Schuld auf sich geladen mit der schmerzlichen Trennung oder ist ihr bereits verziehen?

Ist es nicht ein ungeschriebenes Gesetz der Natur, dass das Kind zur Mutter gehört, schon allein aus der instinktiven Bindung, die im Mutterleib entsteht? Allein die körperliche Mutter hat das Zeichen des wachsenden Lebens in sich wahrgenommen, seine Wärme, seine ersten Bewegungen und den Herzschlag, und gleich ihr hat das keimende Lebewesen die Wärme und den Herzschlag seiner Mutter als erste Zeichen seines Werdens wahrgenommen. Sollte nicht jede Mutter in Demut und Respekt vor der Allmächtigkeit der Schöpfung mit großer Dankbarkeit niederknien und lobpreisen, dass sie Mutter und damit Sonne und Wärme ihres Kindes sein darf? Hatte die Mutter des kleinen Pascals die Urkraft des Werdens und Wachsens, des Seins und Vergehens, welche jede Generation der nächsten weitergibt, nicht erkannt, oder noch unreif, einfach unterschätzt? Oder hat sie in ihrer Größe die Jahreszeiten ihres Söhnchens, seinen Frühling und Sommer, Herbst und Winter erkannt und gerade deshalb das Kind weggegeben? Das unschuldige Büblein, das schon als Säugling auf seine leibliche Mutter verzichten musste und eine Zeitlang nur noch hin und her geschoben wurde, kniete jetzt vor dem Kälbchen im Stall seiner neuen Eltern. Es musste gefühlt haben, dass seine traurige Odyssee, durch Kinderheime und Pflegeplätze, in Meiringen zu Ende war. Pascal vermochte sich nicht mehr an seine Mama zu erinnern und auch nicht an andere Mütter oder Väter. Die ständigen Pflegeplatzwechsel ließen den Kleinen gar keine Bindungen eingehen, an denen er sich hätte festhalten können. Bis zum Tag der Ankunft am verschlafenen Bahnhöflein in Meiringen wurde er von den Menschen nur so hin und her geschoben. Wie ein Bild weitergereicht, zur Ansicht aufgehängt, umgehängt und abgehängt und wieder weitergegeben. An welche starke Wand, an welche warme Stube oder an welche herzliche Mutter hätte er sich da erinnern sollen?

Als Pascal mit der herzlosen Begleiterin des Schweizerischen Gemeinnützigen Frauenvereins im Eisenbahnwagen dritter Klasse aus dem Bahnhof von Genf wegrollte, regnete es in Strömen, als weinte der Himmel zu seinem Abschied. Bei seiner Ankunft im fernen Hasliland jedoch lachte er dem verweinten Waisenkind entgegen und die Sonne über den ewigen Schneebergen begrüßte Pascal mit wohliger Laune und brachte gleich den übermütigen Hasliföhn mit, damit dieser das liebliche Gesichtchen des Bübleins zärtlich streichle und seine letzten Tränchen trockne. Der kleine Pascal kniete im Stroh vor dem Kälblein und kraulte zaghaft in seinem struppigen Fell. Leni, die Kuhmutter, stand daneben, hob gemächlich ihren mächtigen Kopf und muhte laut, als erteilte sie der beginnenden Freundschaft zwischen Tierlein und Menschlein ihren Segen. Der Urinstinkt des Lebens musste dem kleinen Buben in diesem Augenblick leise ins Öhrchen geflüstert haben, dass hier jetzt seine neuen Freunde und sein endgültiges Zuhause seien. Der treue Bäri wedelte mit seinem buschigen Schwanz und schubste Pascal ermunternd mit der feuchten Schnauze:
«Ich bin auch noch hier und bewache euch Tag und Nacht.»
Die neuen Eltern schauten sich beglückt an und der Meister und seine Frau mochten in jenen wortlosen Momenten das Gleiche gedacht haben: Was hätten sie nicht alles für ein eigenes Kind gegeben und dort, wo eines geboren wurde, durfte es nicht bleiben. Was für eine Tragödie musste sich in Genf abgespielt haben, dass sich die Mutter für alle Zeiten

und Ewigkeiten von ihrem leiblichen Kind getrennt und es zur Adoption freigegeben hatte? Wie verzweifelt muss diese Frau gewesen sein, wie bitter ihre Not, dass sie das heilige Band zum Kinde zerrissen hatte. Fortan würden Mutter und Kind entwurzelt und in schmerzlicher Sehnsucht nacheinander leben, unwissend um das Wie und Wann und Wo des andern.

Das Picknick

Als gegen Mittag die Kaminfegergesellen und der Lehrling Johann zum Essen nach Hause kamen, staunten sie nicht schlecht, als alle Türen des gelben Hauses sperrangelweit offen standen und keine Menschenseele zu sehen war. Weder der Mittagstisch war gedeckt, noch schien gekocht zu sein und vom Meister und seiner Frau fehlte jede Spur. Nach langem Suchen und Umherirren entdeckte der Stift[1] seine Lehrleute, vergnügt und zeitvergessen bei der Scheune mit einem fremden Kinde spielend. Johann rannte wie von einer Wespe gestochen zum Haus zurück und teilte seine eigentümliche Beobachtung den Gesellen hämisch grinsend mit. Im Gänsemarsch watschelten die drei schwarzen Männer, die Fäuste bis zu den Ellenbogen in den Hosentaschen versenkt, mit knurrendem Magen und verdrossenen Mienen zum Stall. Als sie der Meister antraben sah, meinte er kurz und bündig:
«Das ist unser neuer Sohn.»
Vor Überraschung blieben sie verdutzt stehen und vergaßen sogar, den Mund zu schließen. Alsbald schickte die Meisterin den Lehrbuben in die Küche, Würste und Käse, Brot und Most zu holen. Da staunte selbst der Vater und lächelte seine Frau verstohlen an. Im Nu wurde aus dem üblichen Mittagstisch mit seiner strengen Sitzordnung im engen und dunklen Esszimmer ein ungezwungenes Picknick auf der frisch gemähten weiten Frühlingswiese, in der hellen Sonne, zusammen mit der miauenden Katze, den gackernden Hühnern und dem knurrenden Hund. Mensch

[1] Stift: schweizerisch mundartlich für Lehrling.

und Tier waren sich einig, noch nie so fein gegessen und getrunken zu haben. Sogar der neue Sohn hatte eine halbe Wurst und ein ganzes Stück Brot verzehrt, wie ein ausgehungertes Knechtlein. Den drei rußigen Kerlen mit den schneeweißen Zähnen traute das fremde Bübchen allerdings noch nicht so recht und versteckte sich bald hinter dem Vater, bald hinter der Mutter, nicht ohne neugierig und schelmisch immer wieder hervorzuschielen. Später als sonst trotteten die drei schwarzen Gesellen wieder zur Arbeit. Jeder mag an seine eigene Kindheit gedacht und seinem eigenen Schicksal nachgehangen haben.

Edgar, der Meistergeselle, war als Verdingbub im Seeland aufgewachsen. Arnold, der zweite Geselle, als Pflegekind bei einer zänkischen Familie im Emmental und Johann, der Stift, in Guttannen bei seinen Großeltern. Einzig Markus, der junge Knecht, hatte bis zum Schulaustritt bei seinen Eltern gelebt, in der nächsten Nähe von Meiringen. Wenige Wochen nach seiner Konfirmation starb die Mutter von ihm und seinen fünf Geschwistern weg und so musste er eine Stelle als Jungknecht annehmen.

Mit den neuen Eltern, den schwarzen Gesellen, Johann, dem Lehrbuben, und dem Knecht lebte Pascal fortan im gelben Haus unter einem Dach. Den wichtigsten Hausgenossen haben wir allerdings noch nicht kennen gelernt. Er heißt Paul und ist eben mit seiner Schulklasse auf dem Maibummel. Bis er nach Hause kommt, haben wir noch ein wenig Zeit, die neuen Eltern Pascals etwas näher kennen zu lernen.

Der Vater

Der Vater oder Meister, wie ihn die Gesellen und der Knecht liebevoll nannten, wäre eigentlich lieber Bauer geworden. Er musste aber den Beruf des Kaminfegers erlernen, damit er das Geschäft seines Vaters einmal übernehmen könnte. Seit vielen Jahren amtete er nun schon als Kaminfeger mit Meisterbrief im weitläufigen Kreis des Oberhasli, wie bereits sein Vater. Dieser und damit der neue «Großatt» von Pascal, wie man im Hasli den Großvater zu nennen pflegt, lag schon seit einem Men-

schenleben auf dem Friedhof und liebte zu seiner Lebzeit den Wein und Schnaps fast mehr als seine kinderreiche Familie und die Arbeit. Seine elf Kinder, Hermann wurde als Zweitletzter geboren, mussten von Kind auf im kleinen Haus und dem Geschäftchen hart zupacken und viel entbehren. Hermanns wenig freudvolle Jugendzeit und das harte Leben, vor allem dann während der beiden Weltkriege, lehrten ihn, bescheiden, dankbar und hilfreich zu sein. Auch seine Mutter war schon lange vor dem zweiten Krieg, eigentlich noch jung, gestorben. Von den elf Kindern folgten ihr die zwei ältesten Knaben und das jüngste Mädchen in kurzen Abständen auf den Gottesacker nach. Mit den Schwestern verstand sich Hermann oder Heri, wie er Tal auf Tal ab genannt wurde, nicht sonderlich gut. Alle, bis auf eine, lebten zwar nicht mehr im Tal, aber mit keiner war auszukommen, ob in der Ferne oder Nähe. Neid und Hass erfüllten ihre missgünstigen und zänkischen Herzen schon von klein auf und erst recht, als sich später die Kaminfegerei unter dem Bruder, allen Unkenrufen zum Trotze, gut anließ und erfreulich gedieh. Das schwarze Geschäftlein wollte unter der Ägide des Vaters nie so recht funktionieren, aber der selige Meister und seine Töchter schoben die Schuld am erbärmlichen Geschäftsgang nicht etwa dem Inhaber in die Schuhe, sondern dem minderwertigen Beruf an und für sich und noch mehr der miserablen Zahlungsmoral der Kunden. Dass akkurat mit dem gleichen Betrieb der Sohn und Bruder guten Erfolg haben und sogar Gewinn herauswirtschaften sollte und sich nach ein paar Jahren sogar ein bescheidenes Haus bauen lassen konnte und den kleinen Hof daneben erwerben, wollte nicht in die verbitterten Köpfe der Schwestern gehen. Den Grund des Erfolges suchten sie nicht etwa im unermüdlichen Einsatz ihres tüchtigen Bruders und noch weniger in der sparsamen Führung des Haushaltes durch seine junge Frau Selina und deren Mithilfe in Stall und Garten, sondern in dunklen Machenschaften und Verschwörungen. Die missgünstigen Ehrabschneiderinnen hielten auch nicht zurück, ihren Bruder und seine Frau, Haus und Hof, wo und wann sie konnten, mit Dreck zu bewerfen. Der Betroffene mochte über das intrigante Geschwätz nur lächeln und ließ die Miesmacherinnen gewähren, was diese noch mehr in Rage und Eifersucht versetzte und grün und gelb werden ließ. Wenn erneut ein Angriff aus dieser Ecke kam, meinte er trocken:
«Wer schlecht über andere redet, ist selber schlecht.»

Wie bereits erwähnt, Hermann wäre lieber Bauer geworden als Kaminfeger. Mit dem Kauf des winzigen Höfleins mit einem Stall und einer Tenne, fruchtigen Obstbäumen und saftigen Wiesen darum herum erfüllte er sich seinen sehnlichsten Wunsch später dann selber. Mit der zusätzlichen Landwirtschaft kam ein ganzer Haufen Mehrarbeit auf die beiden Eheleute zu. Sie nahmen diese indes mit Freude und Elan auf sich, beide hatten schon als Kinder energisch zupacken müssen und auch später scheuten sie die Arbeit nicht. Im Gegenteil, sie wussten ihren Tag einzuteilen und gut zu organisieren. In den kalten Monaten stand die Rußerei im Vordergrund, in den warmen die Landwirtschaft. Feuer und Erde ergänzten sich gut, sodass am Ende des Jahres nicht nur zufriedene Meisterleute und gut genährte Kühe in die Welt hinausschauten, sondern nicht selten auch ein kleiner Profit. Dieser wurde alsbald und klug ins Höflein oder Kaminfegergeschäft investiert oder dann trug die Mutter die Noten, zur Tarnung unauffällig in Zeitungen gewickelt, mit der verklärten Miene einer unschuldigen Jungfrau auf kürzestem Wege zur Bank. So heimlich und verstohlen und mit ängstlich blutleeren Lippen, dass jedem Kind auffallen musste, dass nur ein äußerst wertvoller Schatz unter dem Arm der guten Frau in Zeitungen eingeklemmt sein konnte. Stolz, der Hypothek eine kleine Ecke abgeschlagen zu haben, trat sie dann ohne besagte Papiere, dafür mit einem schamvoll erröteten Gesicht, aus der Geldanstalt auf die Straße hinaus, sichtlich erleichtert, die hart verdienten Franken heil am rechten Orte losgeworden zu sein.

Ferien kannten die Meisterleute nicht, das sei schade für die Zeit und nur etwas für arbeitsscheue Elemente, meinte der Vater zu diesem Thema und damit war es auch schon ausdiskutiert und ad acta gelegt. Seine argwöhnischen Geschwister lagen dagegen auf der faulen Haut und hätten sich lieber alle Finger einzeln ausreißen lassen, als einer Arbeit nachzugehen. Die streitsüchtigen Weiber missgönnten ihrem Bruder selbst nächtliches Zahnweh und freuten sich, wenn ihm ein böser Hagelschlag die Ernte zerschlug oder ein lawinengefährlicher Winter die Wege in die Täler versperrte und er mit seinen Kaminfegern zu Hause bleiben musste. Die Schwestern fanden es geradezu unverschämt rücksichtslos, dass Hermann überhaupt heiratete, anstatt für sie da zu sein und zu sorgen. Die Ausnahme bildete eigentlich nur sein jüngerer und noch einzig am Leben gebliebener Bruder, Franz.

Franz, das Schwarze Schaf

Er war das jüngste Kind der Familie. Die dreizehnköpfige Kaminfegersippe hauste in einer kleinen, aber immerhin eigenen Hütte in Hausen, einem kleinen Weiler am Fuße des üppigen Brünigwaldes, knapp ein halbstündiger Fußmarsch westwärts von Meiringen. Franz, der Nachzügler, wurde von der Mutter und seinen Schwestern verhätschelt und mit seidenen Handschuhen angefasst wie ein kleiner, zerbrechlicher Prinz. Als jüngster Sohn, so wäre es Brauch gewesen, hätte er eigentlich einmal das Kaminfegergeschäftlein übernehmen sollen. Er begann zur Freude des Vaters auch eine Kaminfegerlehre, unterbrach sie jedoch schon nach wenigen Wochen, um sie kurz danach endgültig an den Nagel zu hängen. In der Folge versuchte er sich auch noch als Gärtnerlehrling, um schließlich ein bescheidenes Erdendasein als ungelernter Handlanger und Hilf-mir-schnell in einem Meiringer Baugeschäft zu fristen. Der gescheiterte Berufsmann verehrte seinen Bruder Hermann sichtlich und schaute an ihm hinauf und respektierte auch dessen Frau, hatte aber immer ein wenig und nicht selten auch berechtigten Bammel vor ihr, vor allem wenn er zu tief ins Glas geschaut oder etwas angestellt hatte. Meistens kam seine Schwägerin dahinter, reduzierte als Beistand sein Taschengeld und setzte den heimlichen Säufer auf Wasser. Sonst war Franz ein gutmütiger, wenn auch ein naiver Mensch. Wäre da nicht seine Quartalssauferei gewesen, die ihn im Laufe der Jahre zum eigentlichen schwarzen Schaf der Familie werden ließ.

Zu allem Übel heiratete er, kaum zwanzigjährig und in Sachen Frauen unerfahrener als ein Mönchlein, ein kaum lebenstüchtiges und wie sich bald herausstellen sollte, sogar nymphomanes und verschwenderisches Weibsbild. Sie liebte zwar den Mann, aber nicht den eigenen, und verstand mit dem Geld noch weniger umzugehen als er. Sie verprasste ihm, kaum lag die Lohntüte am Monatsende auf dem Tisch, Franken für Franken und kaufte teure Seidenstrümpfe und modische Schuhe, als wäre sie eine reiche Dame. Blieben noch ein paar Rappen übrig, brachte sie Schokolade und süßes Gebäck nach Hause, anstatt Brot und Käse oder eine Wurst. In punkto Faulheit und hoffärtiger Verschwendung passte sie recht gut zu Franzens Schwestern. In kürzester Zeit hatte sie ihren trotteligen Ehemann mit Kleidereskapaden in ein abgrundtiefes Loch von Schulden geritten und ihn mit Männergeschichten zum Gespött seiner Arbeitskollegen gemacht. Den gehörnten Franz vermochte nur noch der Bruder und seine Schwägerin aus dem Schlamassel zu ziehen. Ab sofort verwaltete und teilte diese den Handlangerlohn ein, damit waren für Franzens Frau die goldenen Eier sicher und unerreichbar verwahrt. Weder ihr Gejammer halfen da noch ihre Drohungen und Verleumdungen gegen das verschwägerte Ehepaar. Eines Tages hatte die Holde genug und machte sich mit einem neuen Liebhaber, bei Nacht und Nebel, aus dem Staube und verschwand für alle Zeiten, wie eine trügerische Fata Morgana bei einbrechender Dunkelheit. Keine Menschenseele soll sie je wieder im Haslital gesehen haben und niemand trauerte ihr nach, am wenigsten ihr Mann. Franz war froh, sie endlich los und wieder frei zu sein. Schon kurze Zeit nach dem unerwarteten Glück, die zwar ab und zu begehrte, aber allzu schwere Last endlich abgeladen zu haben, verguckte sich der wiedergeborene Junggeselle, ähnlich seinem seligen Vater, jedoch endgültig ins Weinglas und lungerte nur noch in den Beizen[1] herum. Er trank weit über den Durst hinaus und schüttete das unheilvolle Nass in sich hinein wie in einen Trichter, bis er nur noch lallen und kaum mehr auf den Beinen stehen konnte. Unverzüglich wurde ihm gekündigt, weil er oft auf der Arbeit fehlte, und wenn er doch noch erschien, bloß halb besoffen seine Kollegen anpöbelte.

Auf Antrag der Fürsorge verfrachtete ihn der Gemeinderat nach wiederholten Warnschüssen schließlich nach Witzwil zur Ausnüchterung, nicht ohne den Nichtsnutz vorher noch zu entmündigen und seinen Bruder, den Kaminfegermeister, als Vormund einzusetzen. Dieser übertrug das Mandat kurzerhand seiner Frau, was bald einmal jedes Kind in der ganzen Talschaft wusste und selbst vom Gemeinderat stillschweigend und mit Kopfnicken gebilligt wurde. Einzig der Betroffene selber rülpste aufbegehrend, aber erfolglos, vor sich hin. Bruder Hermann wusste schon, warum er die Rochade ausführte, und sein überlegter Schachzug ging auf. Franzens Schwägerin Selina konnte sehr bestimmt sein und ließ sich vom Bruder ihres Mannes kein X für ein U oder ein Hemd für eine Hose vormachen, noch glaubte sie seinen tausend Ausreden, wenn er nach den Witzwilferien wieder ins alte Fahrwasser kam und betrunken oder überhaupt nicht zur Arbeit erschien. Ein Donnerwetter und die sofortige Sper-

[1] Beiz, schweiz. für Schenke, Wirtshaus.

rung des Sackgeldes war ihm so sicher wie das Amen in der Kirche. Dann mochte er Besserung schwören und alle Heiligen anrufen wie er wollte, seine Schwägerin ließ sich nicht erweichen. Nach der ersten Ausnüchterungskur in Witzwil wurden die Abstände seiner Abstürze zwar immer länger, dafür wurden diese aber umso heftiger. Die Schwägerin gab so kräftig Gegensteuer und zog die Zügel so energisch an, dass Franz nichts mehr zu lachen hatte, vor allem nach dem zweiten und auch letzten Aufenthalt in der Trinkerheilanstalt.

Fortan war der Handlager auf Gedeih und Verderben von ihr abhängig. Indes, sie war kein Teufel und ließ ihm da und dort auch seine kleinen Freiheiten und Freuden, vor allem das Jassen[1] und Kegeln. Franz hatte zwar neun Jahre die Primarschule besucht, ohne auch nur einen einzigen Tag zu fehlen, musste aber jede Klasse zwei-, wenn nicht dreimal wiederholen, sodass er am Ende seiner schulischen Karriere kaum auf dem intellektuellen Stand eines Viertklässlers konfirmiert wurde. Dafür war er ein brillanter Kegler und noch besserer Jasser und stellte in diesen zwei lebenswichtigen Disziplinen jeden Akademiker und jeden Gemeinderat in den Schatten. Er verstand alle Karten mühelos im Kopf zu behalten, sogar die von vergangenen Spielen, zählte die Punkte am Ende einer Runde schneller als eine Rechenmaschine zusammen und wusste im gleichen Atemzug auch die Summe der Gegner zu sagen. Im täglichen Leben vermochte der arme Kerl vier und vier fast nicht zu addieren, geschweige denn einen Satz in einem Buche zu lesen. War jedoch im Oberhasler ein Kegel- oder Jassabend ausgeschrieben, las er fließender als alle Pfarrer in der ganzen Gemeinde. Da er, von einem Tag auf den andern, keine Frau mehr hatte, die ihm kochte und die Wäsche besorgte, lud ihn seine Schwägerin an den Tisch ins gelbe Haus und wusch auch seine Kleider. So kam es, dass sich im Laufe der Jahre zwischen Schwager und Schwägerin eine Art Hassliebe entwickelte. Saß Franz ein ungerades Mal nicht am Tisch, weil er auswärts auf einer Baustelle arbeitete, vermisste sie ihn bereits, um ihn schon am nächsten Tag wieder energisch zu tadeln, wenn er die Suppe schlürfte. Pascal und Franz bauten sich ein einfühlsames, wenn auch nicht immer unproblematisches Onkel-Neffen-Verhältnis auf. In späteren Jahren steckte Pascal seinem Oheim ab und zu

[1] Kartenspiel.

klammheimlich einen Batzen zu, den Franz, stante pede und auf dem kürzesten Wege, in Wein oder Schnaps verwandelte. Nicht selten kam die Almosenspenderei dann ans Licht und der jugendliche Spender mehr als einmal in einen gravierenden Konflikt zwischen seinem Oheim und den Eltern.

Die Mutter

Pascals neue Mutter haben wir schon recht gut kennen gelernt. Sie kam aus der Ostschweiz und entstammte einer Bauernfamilie, wo sie mit drei Brüdern und einer Schwester aufgewachsen war. Das Mädchen Selina durfte sogar die Sekundarschule besuchen, für eine Lehre reichte das Geld allerdings nicht, zudem war das Erlernen eines Berufes zu jener Zeit das ungeschriebene Vorrecht der Söhne, die später schließlich eine Familie zu ernähren hatten. Also zog das junge Mädchen nach der Schulzeit ins Welschland, um Französisch zu lernen, wo sie in einem Hotel auch noch als Saaltochter[1] angelernt wurde. Anfangs der dreißiger Jahre hätte sie, für eine kurze Saison, im Hotel Rössli in Meiringen aushelfen sollen, es blieb dann aber nicht bei dieser einen Saison. Am Stammtisch der Schwinger im Rössli hatte sie nämlich einen jungen Hasler kennen gelernt und sich in ihn verliebt.

Schließlich machte der Kaminfeger Hermann Laubscher das Föhntal zur neuen Heimat der Ostschweizerin. Schon wenige Monate nach der Hochzeit starb der alte Laubscher und das junge Ehepaar übernahm den weitläufigen Kaminfegerkreis, der fast von Brienz bis zum Susten hinauf reichte. Sie bekamen ein Töchterchen, das aber wenige Tage nach der schweren Geburt schon wieder starb. In der Folge konnten die beiden keine eigenen Kinder mehr bekommen. Die jungen Eheleute trugen das unerklärbare Los zwar mit tiefer Enttäuschung, aber würdig und ohne zu hadern, und widmeten sich fortan voll und ganz ihrem kleinen Kaminfegergeschäft. Die Geschwister der Mutter lebten mit ihren eigenen Familien in der Ostschweiz und sie sahen sich noch gelegentlich an Hoch-

[1] Kellnerin im Speisesaal.

zeiten und Taufen oder bei Beerdigungen. Diese Begegnungen waren zwar selten, aber stets freundlich und wohlwollend, ohne Hass und Neid, nicht wie bei den Geschwistern des Mannes. Trotz der großen Arbeit und Sorgen, vorab in der Zeit des Krieges, als ihr Mann monatelang untätig als Soldat an der Grenze herumstehen musste und zu Hause Berge von Arbeit gewartet hätten, musste die junge Ehefrau praktisch auf sich gestellt Haus und Höflein besorgen und zudem noch das Kaminfegergeschäft betreuen. Aber trotz dieser Schwierigkeiten führten die zwei schaffigen und sparsamen Leutchen eine harmonische und liebevolle Ehe. Das Einzige, worunter beide all die Jahr litten, war ihre Kinderlosigkeit.

Nun ist eben der letzte und wohl auch wichtigste Bewohner des gelben Hauses von seinem Maibummel zurückgekehrt. Paul heißt er und hat vom kleinen Pascal noch keine Ahnung.

Paul

Paul Schulman war ein jüdischer Flüchtlingsbub und lebte schon seit ein paar Jahren bei Laubschers, die ihm herzliche Pflegeeltern geworden waren. Vor dem Hitlerterror wohnte er zusammen mit seinen leiblichen Eltern und einem älteren Bruder in einem prächtigen Barockhaus in der Nähe des Kurfürstendammes in Berlin. Dort besaß sein angesehener Vater ein großes Warenhaus, das schon seit Generationen der Familie Schulman gehörte. Während den fürchterlichen Gräueltaten des Krieges gelang es Vater Laubscher mit viel Mut, großer Beharrlichkeit und der Unterstützung eines Bruders seiner Frau, der damals in Berlin arbeitete, Paul aus Nazideutschland herauszuschmuggeln und an Kindes statt anzunehmen. Am liebsten hätten die Kaminfegerleute das intelligente Berlinerkerlchen adoptiert. Der schmächtige Sohn Isaaks war gut zehn Jahre älter als Pascal und entsetzt, im kleinen Bengel einen neuen Bruder vorgesetzt zu bekommen. Folglich entwickelte sich ein ausgesprochen gespanntes Verhältnis zwischen den neuen Brüdern. Paul konnte mit dem Eindringling aus Genf überhaupt nichts anfangen, nicht nur, weil er seine Sprache nicht verstand, sondern auch, weil er um seine Eltern fürchtete, um Haus und Höflein und überhaupt um alles, was er besaß. Genau genommen war ihm Pascal schon von der ersten Sekunde an zuwider, der Kleine war ihm im Weg.

Vielleicht mochte sich Paul in diesen kurzen Minuten an seinen richtigen Bruder erinnert haben, der auf der Flucht aus dem Hitlerwahnsinn umkam. Dieser arme Bruder sollte nun durch den kleinen Wicht da ersetzt werden. Unmöglich, das durfte und wollte Paul nicht zulassen, und er würde sich seine zweiten Eltern nicht einfach so wegnehmen lassen. Von einem fernen Verwandten, dem als einzigem Schulman die waghalsige Flucht über die Pyrenäen, durch Spanien und halb Portugal nach Amerika das Leben gerettet hatte, hatten die Meisterleute vor einiger Zeit einen Brief bekommen und vernehmen müssen, dass Pauls Eltern wie Tausende von unschuldigen Juden schon vor langer Zeit in Treblinka umgebracht worden seien. Bis heute hatten sie es nicht übers Herz gebracht, die fürchterliche Nachricht ihrem Pflegebuben mitzuteilen, sie wollten den Jüngling, wo er endlich wieder glücklich heranwuchs, nicht erneut in tiefe Seelennot stürzen, am Tod seiner Eltern hätte sich ohnehin nichts mehr geändert.

Seit gut sechs Jahren wohnte Paul im gelben Haus und sprach den Dialekt des Ortes, als wäre dieser ihm in die Wiege gelegt worden. Er war beinmager und aufgeschossen wie eine Stange, hatte tiefschwarze, in der Mitte gescheitelte, glänzende Haare, eine leicht gebogene Nase und mächtig breite Kieferknochen. Als sein Vater bei einem Überfall von Nazischergen auf das schulmansche Geschäft mit seinem jüngeren Sohn die Flucht ergreifen wollte, stolperte Paul so unglücklich auf die Straße hinaus, dass er liegen blieb, und schon traf ihn die Kugel eines braunen Fanatikers aus dem feigen Hinterhalt am Kopf. Das Geschoss war in die rechte Schläfe des gestrauchelten Knaben eingedrungen. Im wilden Durcheinander der wegrennenden Leute gelang es einem Arzt, der ganz in der Nähe eine Praxis betrieb und zufälligerweise am Ort der schändlichen Tat stand, den Verletzten in den nächstgelegenen Hausgang zu schleppen und, als es eindunkelte, in seine Praxis zu tragen. Dort verarztete er das Kind notdürftig und brachte es in der späten Nacht aus der Stadt hinaus, zu Bekannten.

Seit dem Kopfschuss litt Paul, mehr oder weniger täglich, unter stechenden Kopfschmerzen. Da auch seine Augen durch die Schädelverletzung in Mitleidenschaft geraten waren, entwickelte sich in der Folge eine starke Kurzsichtigkeit. Er trug eine Brille, deren Gläser dicker als Flaschenböden waren, und behielt sie nicht selten sogar im Schlaf aufgesetzt. Der Flüchtlingsbub entfaltete sich im gelben Haus trotz seiner schrecklichen Vergangenheit zu einem prächtigen und blitzgescheiten, lieben und dankbaren Pflegesohn, kurz, zu einem gefreuten Kind. Doch mit dem unverhofften Auftauchen des neuen Bruders sah Paul diese Glückseligkeit und seine Vormachtstellung aufs Ärgste bedroht und in akuter Gefahr. Der kleine, fremdsprachige Bub war für ihn nichts anderes als ein Eindringling, dazu war der dreiste Knirps nicht nur um Jahre jünger und kleiner und von unverständlicher Sprache, sondern auch noch ein enorm empfindlicher Fratz. Berührte Paul den widerlichen Bengel ungewollt, so fing dieser schon an zu schreien. Und schlug er ihn absichtlich, was nicht selten zutraf, vor allem natürlich, wenn niemand hinschaute, schrie der Kleine erst recht Zeter und Mordio. Mit Argusaugen überwachte der Ältere von da an jeden Schritt und Tritt des ungeliebten kleinen Bruders. Paul litt tausend Qualen und Ängste und fühlte sich verdrängt und mehr und mehr in die einsame Ecke gestoßen. Der Große fing an zu kämpfen und buhlte gnadenlos um das Recht des Älteren. Er sah nicht nur seinen Frieden, sondern seine ganze Existenz gefährdet. Von Vater und Mutter, den Gesellen und dem Knecht, der Katze und dem Hund glaubte er sich plötzlich im Stich gelassen, minder geliebt und verraten. Das Leben im gelben Haus drehte sich in seinen Augen nur noch um den Kleinen.

Kurz und gut, seit dem unglücklichen Maibummel meinte Paul, Eltern und Haus, Wiesen und sogar die Berge, schlicht und einfach alles, was er besaß, verloren zu haben. Diese Wahnvorstellung verdichtete und steigerte sich in eine handfeste Lebensangst, und Hass und Eifersucht gegen den kleinen Bruder krochen in sein Herz und vergifteten seine Gedanken. Was heißt Gedanken? Paul war gar nicht mehr fähig zu denken. Beim Schreiben oder Lesen zitterten seine Hände oft, wie die eines Trinkers, und bald war ihm heiß, bald kalt. Bei der kleinsten Bewegung schwitzte er, wie beim Heuet im Hochsommer, und wenn er rennen wollte, knickten seine Knie ein, als wären alle Bänder gleichzeitig gerissen, dann pochte sein Herz verzweifelt und im nächsten Augenblick wiederum drohte es gleich auszusetzen. Paul fühlte sich elend und gehetzt, wie damals, auf der Flucht aus Deutschland. Ein unberechenbarer Haufen von schändlichen Verbrechern hatte ihm damals Vater und Mutter und Heimat genommen, das gleiche Schicksal würde er kein zweites Mal über sich ergehen lassen. Und doch war es fast wieder so weit, die Gefahr, die Familie und die vertraute Umgebung ein weiteres Mal zu verlieren, stand bereits vor der Türe. Der einzige Unterschied zu jenen früheren Tagen bestand eigentlich nur darin, dass jetzt das Übel nicht von Schergen kam, sondern von einem kleinen Kobold aus Genf. Die grässlichen Häscher von damals waren zu stark, dem Zwerg jedoch wollte er es zeigen, von ihm würde er sich nichts gefallen lassen, rein gar nichts.

Paul war zum Kampf gerüstet und entschlossen, mit jeder Faser seines Herzens zu kämpfen. Das Paradies seiner Geborgenheit wollte er bis zum Untergang verteidigen. Paul besuchte die Sekundarschule und glänzte als vorzüglicher Schüler. Seine Kurzsichtigkeit machte er mit hingebungsvoller Aufmerksamkeit und überdurchschnittlicher Intelligenz wett. Er war fleißig, lernte schnell und mühelos, und nach der Schule erledigte er ungeheißen seine Aufgaben oder half der Mutter in der Küche oder dem Vater im Stall. Wenn in seinen linkischen Händen beim Abwaschen auch plötzlich ein Teller in Scherben ging oder beim Füttern der Tiere sein Hemdsärmel im Absperrgitter zerriss, zählte doch letztlich nur sein Einsatz und seine ehrliche Freude, helfen zu dürfen. Das änderte sich allerdings nach dem Maibummel schlagartig.

Verletzte Seelen

Von da an wurde für Paul die Schule zum Muss und das Abwaschen zur Qual, der Stall freudlos und die Freizeit mit Kameraden uninteressant. Keine sieben Pferde hätten ihn mehr von zu Hause weggebracht. Wie hätte er den kleinen Störenfried auch nur eine Sekunde aus den Augen verlieren dürfen und am Ende noch unbewacht seinen Eltern überlassen? Hinter dem Rücken von Vater und Mutter ließ Paul den neuen Bruder seine Abneigung spüren. Er verfolgte den Kleinen in alle Ecken und jeden Winkel des Hauses, schlich ihm leise nach, wie eine Katze der Maus, hinter jeden Baum in der Hofstatt und jeden Busch im Garten. Wo Pascal war, lauerte auch schon Paul, an der Mauer beim Hühnerhof oder hinter dem Kachelofen in der Stube, manchmal sogar unter dem Tisch im

Esszimmer. Wenn sie ein ungerades Mal zusammen spielten und der Große sicher sein konnte, gerade von keinem Auge beobachtet und keinem Ohr gehört zu werden, schikanierte er den Kleinen, bis dieser heulte und verdrossen zu Mutter oder Vater rannte. Dann stellte ihm Paul noch schnell ein Bein oder trat ihm mit den Schuhen auf die Fingerchen. Und nicht selten verdeckte das unbarmherzige Schicksal Pauls verwerfliche Taten erst noch, denn die ahnungslose Mutter sprach und verstand mehr schlecht als recht Französisch und der Vater überhaupt nicht, damit blieben die Worte und Hilfeschreie des Kindes ein Buch mit sieben Siegeln. Je mehr der Kleine schrie, desto weniger konnte ihn die Mutter verstehen. Da dem Bub äußerlich nichts fehlte und weder eine Verletzung noch ein Tröpfchen Blut oder ein blauer Fleck zu sehen waren und Paul natürlich tat, als wüsste er von nichts, blieb den Eltern gar nichts anderes übrig, als sich bloß fragend anzuschauen. Der große Bruder nützte die Verlegenheit und tröstete das bedauernswerte Würmchen mit hoher Falsettstimme, dem falschen Organ der eifersüchtigen Menschen, und kraulte dem Brüderchen zärtlich im Haar, gerade so lange wie die erbarmungsvollen Eltern zusahen, und kaum hatten diese sich abgewandt, gab er ihm blitzschnell eine Kopfnuss, um den erneut Aufschreienden, sobald die Eltern wieder hinsahen, mit unschuldiger Miene zu liebkosen.

Keine Menschenseele hätte Paul als Verursacher des ganzen Übels vermutet. Man schrieb die Tränen des neuen Söhnchens dem Heimweh nach den Waisenkindern im letzten Heim in Genf zu. Die neuen Eltern, der große Bruder und das gelbe Haus mit dem Höflein daneben und seinen vielen Tieren mochten dem Bübchen auch noch zu wenig vertraut sein. Wer hätte ihm deshalb ein Tränlein zurück in die Vergangenheit verwehren können? Wie hätten der neue Vater oder die neue Mutter in die leidende Seele des unbekannten Kindes hineinsehen können? Ihnen war das, was man *sein* Familiengefühl oder gar eine Art Sippeninstinkt hätte nennen können, fremd. Die Pflegemutter hatte nie eine Regung dieses Kindes in sich gespürt wie die leibliche Mutter, eine Regung, die wie sphärische Klänge auch nach der Geburt, ähnlich übersinnlichen Meldungen, zwischen mütterlichem und kindlichem Körper hin- und herpendelt und mitteilt, wie es dem einen oder dem andern geht, wo etwas fehlt oder weh tut. Das Wachsen und die Geburt des kleinen Pascal hatten der Pflegemutter weder Leiden noch Freuden gebracht, noch den

archaischen Schmerz der Geburt, welcher nur die leibliche Mutter erleben kann und durch den sie ewig mit ihrem Kinde verbunden sein wird. Das Bübchen war für die neue Mutter einfach plötzlich da, ohne ein gemeinsames Vorher. Sie konnte gar nichts von ihm wissen und es nichts von ihr, weil ihnen das gemeinsame Blut und damit der sippeneigene Spürsinn fehlte. Aber die Pflegemutter besaß ein gutes Herz und den übergeordneten Instinkt der Urmutter, den jedes weibliche Wesen von Anbeginn der Schöpfung in sich trägt. Dieser urmütterliche Trieb, welcher von sich aus und zur rechten Zeit gefühlsmäßig das Richtige tut, bekam das weinende Bübchen nun zu spüren. Die fremde Mutter drückte es zärtlich an sich und ließ es schweigend ihre Wärme und ihren Herzschlag spüren. Der kleine Körper beruhigte sich allmählich und auf einmal hauchte der winzige Mund bei geschlossenen Äuglein, noch halb schlafend und doch schon halb wach und kaum vernehmbar:
«Je veux pas rester ici.» («Ich will nicht hier bleiben.»)
Diese verzweifelten Wörtchen hatte die Pflegemutter noch gut in den Ohren von damals, als sie und ihr Mann den Kleinen am verschlafenen Bahnhof von Meiringen in Empfang genommen hatten. Sie verstand sie aber heute besser und nahm sie gefasster auf als an jenem sonnigen Tage im Mai. Sie erschrak auch nicht mehr so heftig, weil ihr heute der erwachte urmütterliche Instinkt leise zuflüsterte, was sie zu antworten hatte:
«Je t'aime et je t'embrasse, mais si tu ne veux pas, tu ne dois pas rester ici.» («Ich liebe und herze dich, aber wenn du nicht willst, musst du auch nicht bei uns bleiben.»)
Der kleine Pascal war besänftigt, die Liebe der Mutter und seinen Willen bekommen zu haben, und schlummerte ein. Neben dem dösenden kleinen Bruder stand der große sprachlos und neidisch ob der Liebeserklärung der Pflegemutter an Pascal. Paul konnte sie zwar nicht den Worten, aber umso mehr dem Sinn nach verstehen. Er begriff die Welt nicht mehr und verschwand enttäuscht in Richtung seines Zimmers. Der Sekundarschüler hatte von dem, was er anstrebte, just das Gegenteil erreicht, anstatt Mutters Züchtigung für den kleinen Schreihals, ihre Liebkosung. Ein blutendes Kinderherz braucht nicht nur die tröstenden Worte seiner Mutter, wenn es traurig ist, es braucht auch ihre körperliche Nähe, es will sie riechen und ihre Wärme spüren, als läge es wieder in ihrem

geschützten Leib und hörte ihren Herzschlag. Auf das Kind überträgt sich dieser ewige mütterliche Lebensrhythmus als Geborgenheit und Wärme. Können ihn aber auch fremde Mütter haben und übertragen? Sie haben doch nicht wie leibliche die Urwärme der Menschwerdung mit ihrem Kind erlebt.

Die fremde Mutter fühlte auf alle Fälle Erleichterung, das Kindlein besänftigt zu haben. Sie war ratlos gewesen, nicht hinter den wahren Grund der kindlichen Verzweiflung und Tränen gekommen zu sein, und nun froh, keine voreiligen Schlüsse gezogen zu haben, denn nach dem verräterischen Abgang ihres großen Sohnes wusste sie auf einmal genau, wer der Übeltäter war und auch warum. Paul war nichts anderes als eifersüchtig auf die kleine Rotznase. Keine Menschenseele wusste so gut wie sie, dass Paul sein warmes Nest schon einmal verloren und im gelben Haus ein neues gefunden hatte, das er nun verteidigte und niemals bereit war, noch einmal zu verlieren. Als Paul vor wenigen Augenblicken verbittert weggegangen war, hatte sich sein Blick für den Bruchteil einer Sekunde mit demjenigen seiner Mutter gekreuzt, gerade lange genug, dass sie in seinen wässerigen Augen deutlich lesen konnte:
«Ach, jetzt liebt sie nur noch Pascal und mich nicht mehr.»
Aber auch Paul hatte genug Zeit, in ihren lieben Blicken zu lesen:
«Ich liebe euch beide, den Kleinen da in meinen Armen nicht mehr und nicht minder als dich, mein großer Bub. Wie konntest du nur daran zweifeln? Also seid lieb zueinander.»
Die Eltern im gelben Haus waren gute Menschen und hatten das Herz auf dem richtigen Fleck, sie besaßen auch die seltene Gabe, etwas verstehen zu können, ohne stundenlang darüber diskutieren und philosophieren zu müssen. Als der Vater an diesem Abend wegen einer geblähten Kuh später als gewohnt aus dem Stall kam und die beiden Buben schon im Bett steckten, erzählte ihm die Mutter den Vorfall, ohne jedoch weder den einen noch den andern der Söhne zu schelten, sie war sich ihrer Rolle als Vertraute und Vermittlerin beider Knabenseelen bewusst und verstand, sowohl mit Herz wie mit Vernunft damit umzugehen. Ätti hörte ruhig zu und meinte, als Mutter zum guten Ende gekommen war:
«Unsere zwei Buben sind eben wie Bäri und Tigerli, sie wollen halt gleichzeitig und auch gleich lang gekrault werden, also tun wir es!»

Die Zeit heilt alle Wunden

Mit der Zeit, die bekanntlich besser heilt als der beste Arzt, fand sich Paul mit dem neuen Brüderchen und der veränderten Situation allmählich ab. Sein Verstand musste ihm zwar immer wieder diktieren:
«Du musst den kleinen Pascal lieben, ihr seid nun Brüder für alle Tage und Zeiten und müsst euren Eltern Freude bereiten und gut zueinander sein.»
Allein, dann und wann stemmte sich Pauls Herz trotzdem gegen das Diktat des Kopfes. Vor allem, wenn die zwei ungleichen Seelen alleine waren, kam die Eifersucht des Größeren wieder an die Oberfläche, wie ein Korken im Wasser. Doch in welchem menschlichen Gemüt scheint schon alle Tage die Sonne? Ab und zu muss es auch regnen und sogar stürmen, auch in den Gemütern der neuen Brüder. Indes, die sonnigen Stunden nahmen zu und schlechte Launen dürfen Kinder schließlich genauso haben wie Erwachsene.

Nahtlos und geschwind wie die Launen der zwei Buben wechselten auch die Jahreszeiten. Der milde Frühling glitt mit leisen Sohlen unmerklich in den heißen Sommer hinüber, dieser streckte schon bald seine verlangende Hand nach dem bunten Herbst, und kaum schüttelte dieser die farbigen Blätter von den Bäumen, fing es an zu schneien und wurde bitterkalter Winter. Öfter und öfter durfte Pascal jetzt seinen großen Bruder begleiten, entweder ins Dorf oder den verschneiten Wald zur Burgruine Resti hinauf, wo sie nach Wildspuren oder den Verstecken der Hasen und Füchse suchten. Paul brachte dem Kleinen diesen oder jenen Trick oder gar ein kleines Kunststück bei und Pascal fühlte sich im siebenten Himmel. Andere Male trippelte der kleine Bruder hinter dem Großen her ins Dorf hinunter, um Einkäufe für die Mutter zu besorgen oder Salz für die Kühe zu holen. Schlenderten dann zufälligerweise Kameraden von Paul des Weges, hänselten sie ihren Klassenbesten, weil er, anstatt mit ihnen Ski zu fahren, das Baby hüten und wickeln müsse, und keine Sekunde später brannte der Dachstock von Pauls Seele wieder lichterloh und die mühsam zusammengeschmiedete Schicksalsgemeinschaft zwischen den fremden Brüdern brach in sich zusammen wie ein Kartenhaus.

Und schon wieder neigte sich ein Jahr dem Ende entgegen, im kommenden Frühling würde Paul bereits aus der Schule kommen. In seinem

Gesicht sprossen die ersten Bart- und Schnauzhaare, seine Stimme hatte einen tiefen, männlichen Klang angenommen und in wenigen Monaten würde er eine Lehre beim Kreisgeometer des Dorfes antreten. Paul trug nach wie vor seinen ursprünglichen Familiennamen Schulman und war für sich selbst und auf dem Papier auch noch jüdischen Glaubens. Indes, Tal auf Tal ab kannte keine Menschenseele einen semitischen Paul Schulman. Einen Konfirmanden Paul Laubscher dagegen kannten vom Kind bis zum Greis alle. Was seinen Glauben anging, ließen ihn die Pflegeeltern gewähren. Sie waren der Meinung, er solle später einmal, als Erwachsener, selber entscheiden können, in welchem Hause er beten und Zuflucht finden wolle. Auf alle Fälle hatte Paul aus eigenem Willen schon die Kinderlehre und später auch den Unterweisungsunterricht besucht und begehrte, auch an der Konfirmation teilzunehmen, wie alle seine Mitschüler. Er war hochgeschossen und vom Jüngling zum jungen Mann geworden. Immer noch dürr wie eine Bohnenstange und eher schwächlich und auch furchtsam, aber hochintelligent und zielbewusst.

Auf der andern Seite war nun auch Pascal gewachsen, kräftig und bullig, wie ein junges Stierchen, immer noch ein paar Köpfe kleiner als der Neuntklässler. Der jüngere Bruder redete mittlerweile ebenso akzentfrei und fließend den Haslitaler Dialekt wie sein Vater und Paul, als hätte er nie etwas anderes gekannt. Von seiner französischen Muttersprache blieb nichts mehr übrig als vielleicht eine dunkle Erinnerung. Pascal hatte auch gelernt, seinen Platz in Haus und Hof und vor allem bei den Eltern zu verteidigen und zu festigen, aber vor Paul hatte er unverminderten Respekt und immer ein wenig Angst. Verschiedenartiger als die beiden Pflegesöhne waren, hätten Fisch und Vogel nicht sein können. Der Ältere von Natur aus überlegt und eher zurückhaltend, wenn es nicht gerade um den kleinen Bruder ging. Der Jüngere aufbrausend, sich überall vordrängend und bereits als kleines Kind von cholerischem Gemüt. Paul knochenmager, hochgeschossen und introvertiert, fast ein wenig träg. Pascal trotzig und bereits recht vorlaut und angriffslustig. Eigentlich hätten sich so gegenpolige Charaktere eher anziehen als abstoßen müssen, wäre da nicht immer noch die altbekannte Rivalität um die Eltern gewesen. Dass der erhebliche Alters- und Größenunterschied nicht unbedingt erleichternd wirkte, versteht sich von selbst.

Vorbereitungen für das Kalchofenrennen

Weihnachten war schon lange vorbei und fast den ganzen Januar hindurch hatte es geschneit. Alle Jahre fand Mitte Hornung, wie der Monat Februar in Meiringen genannt wurde, im Kalchofen, einem steilen und hügeligen Gelände nahe bei Willigen, einem schattigen Bauerndörflein südlich von Meiringen, ein Skirennen für Schüler statt. Seit Tagen buckelten die Rennfahrer ihre «Latten» mühsam die rutschigen Hänge hinauf und trainierten in jeder freien Minute. Das ganze Tal freute sich auf den Renntag, auch Paul, der zu Weihnachten neue Skier mit Stahlkanten bekommen hatte. Am Abend vor dem sonntäglichen Rennen präparierte er seine Rennlatten. Den Esszimmertisch hatte er vorsorglich mit alten Zeitungen abgedeckt und seine neuen Skier darauf gelegt. Als Erstes feilte Paul die Stahlkanten scharf. Danach trug er flüssigen Wachs auf den Gleitbelag, verrieb und polierte es mit einem dicken Flaschenkorken auf Hochglanz, kratzte Teile davon wieder weg, trug neu auf, verrieb und polierte wieder und vergaß um sich herum alles, vor allem seinen kleinen Bruder, der ihm verstohlen aus der Fensterecke zuschaute und natürlich auch gerne mitgeholfen hätte.

Paul war in seinem Element und nichts und niemand durfte ihn stören. Seine dicken Brillengläser klebten sozusagen auf seinen Abfahrtsbrettern. Damit er noch schneller vorankam, feilte und wachste er den zweiten Ski gleichzeitig. Mit der rechten Hand stutzte er die Kanten zurecht und mit der linken rührte er gegen die Hand das siedende Wachs im Pfännchen des Spiritusbrenners. Selbstvergessen schuftete er, wie ein Akkordarbeiter, ohne auch nur ein einziges Mal aufzuschauen und noch weniger vom kleinen Bruder Notiz zu nehmen. Dieser verfolgte mit zunehmendem Interesse, aber immer noch aus respektabler Distanz, die Machenschaften des Älteren, liebäugelte mehr und mehr mit den Wachsblöcken und Feilen, die zerstreut und ohne im Moment gebraucht zu werden auf dem Tisch herumlagen. Auf einmal versuchte der Knirps kurz entschlossen, nach der nächstbesten Feile zu greifen, berührte dabei ungewollt das glühende Wachspfännchen, verbrannte sich die Fingerchen und schrie alsbald Zeter und Mordio, dass Paul wie vom Blitz getroffen zusammenfuhr und vor lauter Schreck mit der linken Hand den Spiritusbrenner umwarf. Das siedende Wachs ergoss sich wie ein Lavastrom über die Zeitungen, die umgestürzte Flamme entzündete das Papier samt Wachs und bald stand das halbe Esszimmer in züngelnden Flammen. Zum Glück und wie vom Himmel gerufen, trat im gleichen Augenblick der Vater ein. Er wollte eigentlich nur schnell nach seinen beiden Buben schauen, weil es im Esszimmer so verdächtig ruhig gewesen war. Der Kaminfeger, der Fachmann par excellence in Sachen Feuer und Flammen, erkannte die kritische Lage sofort und warf augenblicklich nasse Küchentücher über den Brand. Das Flammenmeer erstickte und übrig blieben beißender Rauch und stechender Gestank. Vom kleinen Pascal war nichts mehr zu sehen, noch zu hören. Weder der Vater noch Paul hatten in der Hitze des Gefechtes bemerkt, dass der kleine Unhold die Hektik ausgenützt und sich rasend schnell aus dem Staub gemacht hatte.

Vor lauter Furcht hatte sich der verdatterte Bub sogar in den Kleidern ins Bett gelegt und stellte sich nun schlafend, als die Mutter wenige Sekunden später ins Zimmerchen trat. Sie hieß den Brandstifter die wachsverklebten Kleider ausziehen und den beiden großen Männern im Esszimmer noch gute Nacht wünschen, dabei solle er aber nicht vergessen, sich bei Paul und dem Vater zu entschuldigen, und dann auf kürzestem Wege nach Bettenhausen gehen. Als der reuige Lausebengel, zaghaft und mit aufgesetzter Unschuldsmiene, ängstlich durch die verglaste Türe ins Esszimmer schielte, staunte er nicht schlecht, dass sich kein Mensch um ihn kümmerte, ja ihn nicht einmal bemerkte. Der Vater hatte gar keine Zeit aufzuschauen, denn jetzt präparierte er höchstpersönlich Pauls Latten. Als altbewährter Abfahrer kannte er natürlich jeden Trick und Kniff des Skiwachsens und wusste, wie der letzte Schliff anzubringen war. Mit dem Vater zu werkeln bedeutete für Paul alle Seligkeit auf Erden. Der Jüngling strahlte wie die Sonne über Afrika und blinzelte ab und zu nach der Esszimmertür, verschmitzt lachend, weil er nämlich dahinter den kleinen, eifersüchtigen Bruder vermutete. Nicht ganz zu Unrecht. Bei näherem Hinschauen waren tatsächlich dessen plattgedrückte Nasenlöcher an der Glasscheibe der Türe zu entdecken. Sie klebten bewegungslos wie Saugnäpfe eines kleinen Tintenfisches am Glas. Paul war jedoch so glücklich über seine schönen Skier, dass er dem harmlosen Schlitzohr schon lange verziehen hatte. Vaters Wachsbelag glänzte wie ein Spiegel und hatte die Bretter zu veritablen Rennskiern gemacht. Paul

konnte sich im Belag spiegeln und staunte wie ein Clochard, dessen Brücke sich über Nacht in eine komfortable Wohnung verwandelt hatte. Der Neuntklässler konnte seine Augen kaum mehr von den Brettern lösen und war wie verzückt. Der ungelenkige Konfirmand wäre schon längst gerne eine Sportskanone gewesen. Erst als rassiger Abfahrer oder Schwinger galt man etwas bei den Mitschülern und erst recht bei den Mädchen, viel mehr als ein gescheiter Rechner oder kluger Aufsatzschreiber. Paul starrte eine ganze Weile versunken auf die Latten und sah sich schon als umjubelten Sieger durchs Ziel flitzen. Die Klassenmädchen winkten ihm verstohlen zu und die Kameraden hoben ihn grölend auf die Schultern. Erst als ihn der Vater mit beiden Händen sachte von hinten anfasste und schüttelte, erwachte der Phantast.
«Komm zu dir, Bub, du hast noch nicht gewonnen, das Rennen ist erst morgen»,
mahnte der Vater den Träumer. Der mutmaßliche Sieger des morgigen Rennens dankte seinem Helfer und Retter mit überschwänglichen Worten. Paul war sehr glücklich. Noch einmal drückte der Kurzsichtige seine massigen Brillengläser auf den spiegelglatten Rennbelag, um sich zu vergewissern, doch nicht etwa geträumt zu haben, und behändigte dann seine Abfahrtskier. Beim Weggehen küsste er sogar das Brüderchen, das eifersüchtig hinter der Glastüre hervorlugte, schelmisch und aufgeräumt auf die Stirne, nicht ohne ihm hinterher wieselflink noch eine zärtliche Kopfnuss zu reiben. Ein heiteres Liedchen anstimmend, meinte Paul mit kühnem Stolz und geschwellter Brust:
«Ich gehe jetzt schlafen, ich habe wichtige Stunden vor mir»,
und verschwand ins Erdgeschoss hinunter, wo sein Zimmer neben dem der Gesellen lag.

Pauls Renntag

Ein strahlend schöner und bissig kalter Sonntagmorgen begrüßte Pauls Renntag. Feiner Pulverschnee hatte über Nacht die Wiesen und Bäume wie Lebkuchen überzuckert. Die Spatzen lamentierten schon seit dem frühen Morgen auf den Fenstersimsen vor dem Esszimmer, das immer noch nach verbranntem Wachs roch. Die armen Vögel fanden kaum noch Futter. Der frische Schnee hatte auch das letzte Stückchen Rinde auf den kahlen Baumästen zugedeckt. Nun reklamierten sie und begehrten zu fressen. Scharenweise segelten die gefiederten Tierchen vor den vereisten Fenstern auf und ab, als hätte es sich herumgesprochen, dass in harten Zeiten beim gelben Haus Nüsse und Sonnenblumenkerne hingestreut würden.

Auch die Gesellen saßen hungrig und bereits fein säuberlich herausgeputzt auf den Stabellen und warteten auf das sonntägliche Frühstück. Die schwarzen Männer trugen an jenem Sonntag weiße Hemden, Arnold sogar eine Krawatte und Johann hatte seine struppigen Haare pomadisiert, gescheitelt und glattgekämmt, dass sie nur so glänzten. Am feiertäglichen Morgentisch herrschte immer eine gelöste Stimmung. Man konnte sich Zeit nehmen, schmatzen und schwatzen und über die sonntäglichen Vorhaben plaudern. Da gab es keine Hetze, wie an Werktagen. Edgar, der Meistergeselle, wollte zum Skilaufen an den Hasliberg fahren. Der Stift hatte mit Kollegen abgemacht, sie wollten das Dorf unsicher machen, wie er mit seinen dummschlauen Augen verkniffen blinzelnd verriet. Arnold war da schon ganz anders und zu höheren Genüssen geboren, er hatte ein Schäferstündchen mit einer Serviertochter[1] in Aussicht, er war seit eh und je ein Schürzenjäger und hinter jedem Rock her. Die Meisterin schnitt in der Küche den fein duftenden Butterzopf auf, trug Käse und Butter, Honig und Konfitüre ins Esszimmer. Dann verschwand sie rasch wieder, um noch schnell Kaffee aufzubrühen, denn sie hatte Ätti und Markus die Treppe heraufstolpern gehört. Endlich traten die beiden Küher[2] ins Esszimmer, zufrieden und lächelnd. Das Vieh war versorgt, gesund und munter, und alle Mannen hungrig. Die einen vom

[1] Kellnerin.
[2] Küher: schweizerisch für Kuhhirte.

gelangweilten Warten, die andern vom Hirten[1]. Nach wenigen Sekunden übertünchte der frische und würzige Kaffee den Wachsgeruch vom Vorabend und Mutters Butterzopf ließ den Männern das Wasser im Mund zusammenlaufen. Einzig der Rennfahrer fehlte noch.
«Ist Paul noch nicht aufgestanden? Hat ihn niemand geweckt? Muss er nicht in die Konfirmationspredigt, und was ist mit seinem Rennen?»,
wollte der Vater in einem ungewohnten Fragenschwall verwundert, aber heiter grinsend wissen.
«Er stehe von selber auf. Man brauche ihn nicht zu wecken, hat er gestern beim ins Bettgehen noch gesagt. Er wird wohl noch an seinen Brettern herumlaborieren. Er wird schon kommen, schließlich ist er kein kleines Kind mehr»,
ließ sich die Mutter aus der Küche versöhnlich vernehmen.

Nach einer guten Viertelstunde war von Paul immer noch nichts zu sehen und zu hören. Der Vater erhob sich, schon ein klein wenig verärgert, schlurfte in die Stube und klopfte mit den gespannten Fingerknöcheln energisch auf den tannigen Fußboden, unter dem Pauls Zimmer lag.
«Aus den Federn! Das Frühstück steht schon lange auf dem Tisch. Was ist mit der Predigt und dem Kalchofenrennen?»
Das gelbe Steinhaus mit seinen hauchdünnen Holzböden war so ringhörig, dass ein Tauber die energischen Worte zuunterst im Keller gehört hätte, nur Paul nicht. Von unten kam keine Antwort. Dem Vater riss der Geduldsfaden und er stiefelte erbost ins Erdgeschoss hinunter. Wenige Augenblicke später hörte man ihn nach oben kommen und in der Küche hob ein geheimnisvolles Flüstern zwischen Vater und Mutter an. So gut man sich am Frühstückstisch auch die Ohren spitzte, zu verstehen gab es nichts, aber der Tonlage und Hektik des Gesprächs nach musste unten etwas Schlimmes geschehen sein. Als Erster raunte der Meistergeselle halblaut und mit ungeduldiger Stimme vor sich hin:
«Da stimmt doch etwas nicht»,
und starrte verwirrt in die Tischrunde hinein. Auf einmal war aus der Küche ersticktes Weinen zu vernehmen. Die Meisterfrau schluchzte. Dann schnäuzte sich der Vater die Nase und man hatte den Eindruck, dass auch er verhalten flennte. Die Männer am Esszimmertisch wussten nicht mehr

[1] Hirten: den Stall machen.

wohin schauen und schüttelten ratlos den Kopf. Einer nach dem andern äugte verstohlen bald durch die Glastüre in die Küche hinaus, bald auf den kleinen Pascal, als wüssten Türe oder Knirps eine Antwort. Aber dieser spielte selbstvergessen mit seiner gefleckten Holzkuh, als ginge ihn die ganze Geschichte nichts an.

Etwas völlig Unerwartetes musste im Parterre vorgefallen sein. Wie immer, wenn Menschen etwas nicht genau wissen, trotzen sie besonderen Umständen oder Lauten oder auch dem bloßen Schweigen die stille Ahnung ab, etwas Unmoralisches oder gar ein Verbrechen sei geschehen, und beginnen zu mutmaßen und frei zu erfinden. Das Weinen der Meisterleute bedeutete solche besonderen Umstände und Laute. Es war etwas Ernsthaftes vorgefallen, etwas, worüber man nicht redete, um es geheim zu halten oder nicht wahrhaben zu müssen, und schon bald versuchten die ungeduldigen Männer im Esszimmer, aus dem wenig Erspähten und noch weniger Erlauschten eins und eins zusammenzuzählen, und gelangten zum Schluss, dass etwas ganz Außerordentliches im Zimmer unten passiert sein musste, vielleicht etwas Verbotenes oder sogar eine Schandtat. Das einzig Gewisse an ihren Mutmaßungen war letztlich nur die Tatsache, dass die Ungewissheit bestehen blieb oder gar noch zunahm, und in ihr vermag kein Mensch zu leben, genauso wenig wie der Fisch auf dem Trockenen, und die neugierigen Gesellen noch minder. Das Gesellenzimmer im Parterre unten lag Türe an Türe neben dem von Paul, bloß abgetrennt durch eine dünne Holzwand, durch die jeder Atemzug, jeder stille Traum des Zimmernachbarn ohne Anstrengung belauscht werden konnte. Selbst Heimlichkeiten, die nachts dem Kopfkissen anvertraut wurden, wusste am nächsten Morgen der von nebenan. Aber die Kaminfeger hatten nichts Ungewöhnliches oder gar Verdächtiges gehört, somit konnte ein Einbruch oder gar ein Verbrechen ausgeschlossen werden. Bliebe eigentlich nur noch die Flucht, aber warum hätte Paul fliehen sollen?

Niemand am Frühstückstisch traute sich mehr, sich zu rühren, man gab sich alle Mühe, möglichst leise zu atmen, und sogar der sonst vorlaute Stift mit seinen dummen Sprüchen hockte stumm, wie ein Gespenst, unverrückbarer als ein Scheinwesen aus Granit, auf seiner knarrenden Stabelle und wagte kaum mehr aufzublicken. Draußen, auf dem mittleren Fenstersims, hob urplötzlich ein Heidenspektakel an. Die bislang friedlich pickenden Spatzen kreischten und jammerten aufgebracht und stoben auf einmal wirr durcheinander in alle Richtungen davon. Wenige Augenblicke später landete eine mächtige, pechschwarze Krähe auf dem Sims und klopfte mit ihrem harten Schnabel angsterregend gegen die Fensterscheibe, als begehrte sie Einlass. Mit dem unheimlichen Federtier im frostigen Wintermorgen draußen verbreitete sich auch drinnen im geheizten Esszimmer jählings lähmende Furcht und eisige Kälte, als wären soeben alle Fenster im Hause gleichzeitig geöffnet worden. Die Männer äugten gebannt zum gefürchigen Ungeheuer hinaus und bemerkten gar nicht, dass der Meister unter die Türe getreten war. Er stand da, weiß wie eine Kreide, und suchte mit bebenden Lippen nach Worten, nach Worten des Entsetzens, nach Worten einer Erklärung, aber seine Stimme versagte kläglich, wieder und wieder. Er sah mit einem Mal um Jahre gealtert aus, stand da vor seinen wartenden Leuten, ohne Kraft in den Beinen und mit engatmiger Brust, einem Tattergreis ähnlich, und versuchte, sich erneut zu erklären.

Aus dem kleinen Büro hinten im Gang hörte man unterdessen die Mutter telefonieren, aber kein Wort war zu verstehen, und kaum hatte sie eingehängt, bog auch schon Doktor Guts Auto ins Sträßchen zum gelben Hause ein. Der Blitzbesuch des Hausarztes versprach wenig Gutes, aber löste nun den Gesellen das Rätsel und ließ ihre erstickende Ungewissheit verfliegen. Paul musste in der Nacht erkrankt sein, sicher sehr schwer. Denn für einen kleinen Husten, eine Grippe oder ein wenig Fieber ließ man den Doktor nicht kommen, und schon gar nicht notfallmäßig. Der Neuntklässler war also über Nacht leidend geworden. Wen wunderte es? Wie oft hatte die Mutter in der letzten Zeit den zarten Buben rügen müssen, wenn dieser verschwitzt und außer Atem, bis auf die Knochen durchnässt und frierend vom Skifahren nach Hause gekommen war? Er, der beinmagere Konfirmand, welcher der Nässe und Kälte nichts als dünne Haut und Knochen entgegenzuhalten hatte. Nun hatte er die Strafe für seine Unvernünftigkeit und lag tief im Bett, mit Fieber und Husten, vielleicht sogar mit einer Lungenentzündung, und musste am Ende sogar noch ins Krankenhaus. Ausgerechnet Paul, der die Spitalluft mit ihrem allgegenwärtigen Äthergeschmack nicht ausstehen konnte, den beim bloßen Anblick einer Krankenschwester Schwindelanfälle übermannten, der in tiefe Ohnmacht fiel, wenn er nur schon das Wort Doktor

hörte. Und das Kalchofenrennen? Es würde ohne ihn stattfinden müssen, den Sieg würde er einmal mehr verpassen und im nächsten Jahr konnte er nicht mehr starten, weil er dann längst konfirmiert sein und in der Lehre stecken würde. Jede Seele im Esszimmer meinte schon, Mutters mahnende Stimme zu hören:
«So kommt es eben, wenn man unvernünftig ist und nicht gehorchen will, zu wenig anzieht und kaum etwas isst. Ja, wer nicht hören will, muss fühlen und nun hat Paul die Strafe.»
Der schmalbrüstige Sekundarschüler musste also eine böse Lungenentzündung aufgelesen haben, das war nun jedem Kopf im gelben Hause klar. Woran hätte er sonst leiden sollen, wieso hätte man sonst den Doktor notfallmäßig rufen müssen? Im Grunde genommen war Paul ja eigentlich nie ernsthaft krank gewesen, trotz seiner Schmächtigkeit, mit Ausnahme vielleicht seiner Kopfschmerzen. Alles in allem sonst ein gesunder Bub, und jetzt plötzlich diese fürchterlichen Lungengeschichten, wie schnell doch ein kerngesunder, junger Mensch nur krank werden kann! Gestern Abend werkelte er noch mit dem Vater an seinen Brettern herum, wohlauf und fidel, und freute sich mit jeder Faser seines Herzens auf die Abfahrt im Kalchofen. Wie hatte er beim Gute-Nacht-Sagen in stolzem Übermut dem kleinen Bruder noch blitzschnell verstohlen eine zarte Kopfnuss gerieben, nicht eine schmerzhafte wie sonst, eher eine liebkosende, und nun lag der bitterarme Kerl mit hohem Fieber, elend und fast bewusstlos im Bett. Zunehmende Bedrücktheit überflutete den sonntäglichen Frühstückstisch, an dem schon lange kein Mensch mehr ans Essen dachte, und je länger man nicht klaren Bescheid von den Meisterleuten bekam, desto lähmender wurde die Ungewissheit. Zweifel schlichen sich aufs Neue ein, ob es am Ende doch keine Lungenentzündung war, sondern etwas noch viel Schlimmeres. Selbst der kleine Pascal hatte nun seine gescheckte Holzkuh neben den Teller gelegt und war mucksmäuschenstill geworden. Nicht, weil ihn die Ungewissheit über Pauls Schicksal oder dessen mutmaßliches Leiden geplagt hätten, ihn störte vielmehr die ungewohnte und geradezu unheimliche Ruhe der Tafelrunde. Die Sprachlosigkeit und die bedrückten Mienen ließen seinen kindlichen Spieltrieb verfliegen. Keiner der Männer mochte plaudern oder angeben wie sonst, sie wichen einander sogar gegenseitig mit den Blicken aus. Edgar, der Meistergeselle und Bedächtigste unter

Vaters Angestellten, drehte sich nichts ahnend zum Fenster, vor dem wenige Augenblicke vorher noch der grausig schwarze Vogel mit dem gelben Schnabel an die Scheibe gehämmert hatte, und meinte plötzlich erstarrend:
«Der Pfarrer kommt.»
Der Meister stand immer noch unter der Türe und musste sich bei den Worten seines Meistergesellen am Steinrahmen stützen, als hätte ihn unvermittelt ein harter Schlag auf den Kopf getroffen und in die Knie gezwungen. Taumelnd hauchte er mit erstickender Stimme:
«Unser Paul ist tot.»

Das alte Weib

Knapp eine Stunde später traf ein schwarz gekleidetes, ausgemergeltes und runzeliges altes Weib im gelben Haus ein. Die hohlwangige Alte stellte einen geflochtenen Weidenkorb mit verschiedenen Leichenbitterutensilien auf den Küchentisch und verlangte warmes Wasser, Seife und Handtücher. Mutter gab ihr wortlos, worum sie bat. Das betagte Weibsstück hatte seit ihrem Eintritt ins Trauerhaus ohne Unterbruch geschwatzt, mit penetrant kreischendem und heiserem Organ, als hätte sie zerrissene oder mindestens ausgeleierte Stimmbänder. Sie kam kaum dazu, Atem zu holen, und von Zeit zu Zeit verfärbten sich ihre beinahe blutleeren Lippen ins Bläuliche, sodass sie doch eine kurze Weile innehalten musste, um tief durchzuatmen. Hatte sie wieder Sauerstoff, redete es ihr erneut, und sie sprudelte gleich einer gurgelnden Quelle im Schlamm. Ihre fleischlosen Finger umfassten alsbald die Henkelgriffe des Korbes, wie die Tentakel eines Tintenfisches die felsigen Kanten eines Riffs, dann drückte sie ihre knochige Brust gegen die aufgestapelten Tücher, damit diese nicht herunterfielen, und verließ mit schleppendem Gang die Küche, nicht ohne nach jedem Schritt stehen zu bleiben, zu hüsteln oder irgendetwas zu gackern. Unter der Türe des Treppenhauses, das ins Parterre hinunterführte, holte sie noch einmal tief Luft, als ginge sie nicht ins Erdgeschoss hinunter, sondern für eine ganz Weile unter Wasser, und

meinte fast erstickend, aber laut schulmeisterlich belehrend, dass es das ganze Haus hörte:
«Tote müssen sauber sein, sonst kommen sie nicht in den Himmel.»
Ein unverhoffter Tritt in den Bauch hätte die Eltern weniger schockiert und minder geschmerzt als die taktlose Bemerkung der Leichenbitterin. Die Gesellen und der Stift, die mit gespitzten Ohren und langen Hälsen vom Esszimmer her mitgelauscht hatten, saßen nun noch steifer auf ihren knarrenden Holzstühlen, wie hingestellte Bronzeabgüsse, und guckten noch eine Spur verlegener und ausdrucksloser in den Morgen hinaus. Sie konnten die Welt einfach nicht mehr verstehen, genauso wenig wie der Meister und seine Frau. Sie begriffen auch nicht die unfeine Äußerung der greisen Alten und noch viel weniger den sinnlosen Tod des blühenden Jünglings. Die scheußlichen Worte des Weibes machten indes allen klar, dass niemand nur einen bösen Traum geträumt hatte, sondern jeder auf der tragischen Bühne der Wirklichkeit stand. Der Tod Pauls, die Unsinnigkeit, dieses junge Licht auszulöschen, ehe es richtig zu leuchten begonnen hatte, hätten nicht einmal die gläubigsten Seelen im Tal begreifen können, geschweige denn die einfachen Menschen im gelben Haus. Hinter seinen Mauern fing fast jedes Herz an, mit dem Schicksal zu hadern, und verfluchte im Stillen sogar ein wenig die Schöpfung.

Die Leichenbesuche

Der unerwartete Tod Pauls lähmte das Denken und Handeln im ganzen Haus und Höflein, und ehe der Himmel selbst die Trauerbotschaft vernommen hatte, wusste es schon das ganze Hasliland vom See unten bis hinauf zum Susten, vom Kind bis zum Greis. In den kommenden Tagen schauten unzählig viele Leute von überall her ins gelbe Haus oder schielten neugierig von der Straße herüber. Junge Menschen und alte, bekannte und weniger bekannte Gesichter, Einheimische und Auswärtige, Männer und Frauen und sogar Kinder klopften an die Eichentüre des Trauerhauses. Man kondolierte, brachte Blumen und Kränze oder auch nur gute Worte. Eine kleine Handvoll nicht sehr weltgewandter Leichenbesucher verwechselte den Begriff der «Kondolation» mit dem der «Gratulation», nicht ohne minder am Leid der Familie Anteil zu nehmen als jene, welche den richtigen kannten, aber den Vorfall gar nicht so ernst nahmen, wie sie vorgaben. Wieder andere trösteten den kleinen Bruder des Verstorbenen oder standen einfach bedrückt und schweigend im Weg.

Am letzten Tag vor der Beerdigung gab es ein Kommen und Gehen wie auf einem Jahrmarkt. Pascal passte dieser lebhafte Betrieb. Mehr und mehr wurde er in den Mittelpunkt gerückt und wusste sich darin nicht schlecht zu sonnen. Man kümmerte sich um den Kleinen. Hier wurde ihm gut zugeredet, dort drückten andere ihr Erbarmen mit niedergeschlagenen Augen und eingesaugten Wangen aus, wieder andere schwiegen einfach und wiegten den Kopf hin und her, wie Weizenhalme ihre Ähren im sanften Wind, und drückten Pascal stumm einen Batzen in die Fingerchen. Ein paar Leute versuchten, den Knirps sogar auf die Arme zu hieven, was allerdings kaum gelang, denn zum einen brachte er bereits ein respektables Gewicht auf die Waage und zum andern wehrte er sich wie ein kleines Teufelchen, das nicht begehrte, auf den Schoß genommen und am Ende noch abgeknutscht zu werden. Fremde Leute hatten ihn gar nicht anzufassen und ein Schoßkindchen war er schon lange nicht mehr. Die Besucher ließen das zappelige Bürschchen dann schnell wieder zu Boden gleiten, stemmten sich peinerfüllt und verlegen errötend die Faust ins verrenkte Kreuz und streckten ihm zum Troste schließlich ein mehr oder weniger großes Geldstück zu, je nach aufgelesenem Rückenweh. Am liebsten mochte Pascal jene, die schwiegen und ihn weder mit billigen Worten noch mit flauen Streicheleien abspeisten, sondern ihm einfach etwas hinstreckten, ein Stück Schokolade oder ein paar Rappen. So gesehen hatte auch das Brüderchen etwas von den mitfühlenden Menschen und ihrer Anteilnahme an Pauls Tod, der ihn eigentlich gar nicht heftig berührte, ganz im Gegenteil. Seit der mächtige Bruder nicht mehr lebte, hatten die Eltern nur noch Pascal und Zeit für ihn und er brauchte Ätti und Müeti mit niemandem mehr zu teilen.

Ein letzter Kuss

Am Beerdigungstage, kurz nach zehn Uhr morgens, stand bereits das halbe Dorf auf dem Platz vor dem gelben Hause oder wartete auf dem Weglein zur Sandstraße hin auf die Leiche. Alle Leute waren schwarz gekleidet und standen bitterernst herum, mit versteinerten, bleichen Mienen, welche vorzüglich zu den dunklen Kleidern im Kontrast standen und gut zur finsteren Stimmung passten. Die Leichengäste hatten sich geräuschlos versammelt, einem gespenstischen Haufen pechschwarzer Raben gleich, und äugten verstohlen auf jede kleinste Bewegung beim Kaminfegerhaus, um ja nichts zu verpassen, nur ab und zu war das Knittern eines Mantels oder das Knirschen eines Schuhs im gefrorenen Schnee zu vernehmen. Kurz bevor der Sarg aus dem Totenzimmer herausgetragen wurde, hastete die knochige Leichenbitterin auf den kleinen Pascal zu, langte gierig nach seinem Händchen und krächzte außer Atem und mit beißender Stimme:
«Komm, Bübchen, komm und sage deinem großen Bruder noch Adieu.»
Ihre spitzigen Finger bohrten sich unsanft wie die Krallen eines Bergadlers in das rechte Ärmchen des verdatterten Knaben und schleiften ihn, einer Beute ähnlich, in die dunkel verhängte Todeskammer. Der Kleine schrie aus vollster Kehle Zeter und Mordio, dass es ihm schier die Augen aus den Höhlen presste und die Tränen nur so über die feurigen Bäckchen hinunterliefen. Allein, kein Mensch hörte sein Wehklagen oder sah den üblen Spuk. Vater und Mutter waren mit dem Pfarrer und seinen letzten Anweisungen über den Ablauf der Trauerfeier beschäftigt und die Tanten und Onkels, die händeschüttelnd und gesprächig herumstanden, hatten weder Zeit noch Augen oder Ohren für ihn. Die Frauen hatten genug zu tun mit Schwatzen, als würde es nach der Beerdigung für alle Zeiten verboten werden. Sie tuschelten hinter vorgehaltener Hand über die leidgeprüften Eltern oder noch ergiebiger über die eigenartigen Hüte der anderen weiblichen Trauergäste, während die Männer kaum nach links und rechts schauten und über Hypothekarzinsen und neue Automobile philosophierten. Die übrigen Leichengänger waren gottversunken mit dem Zählen der Kränze beschäftigt oder belauschten unauffällig die Gespräche des Nachbarn. Wie hätte da jemand Pascals Not bemerken können?

In der Sterbekammer lag Paul, in einem schlichten Fichtensarg aufgebahrt, die Hände über der Brust gefaltet. Zwischen seinen steifen Daumen steckte eine weiße Rose, der letzte Gruß seiner Schulklasse. Die Blume steckte in den erkalteten Fingern wie in einer kleinen, fragilen Solifleur[1]. Gut, dass Paul sie nicht selber sehen konnte. Er mochte nämlich keine Blumen, und Rosen schon gar nicht. Vater meinte einmal, dass dies mit ihrem starken Duft zusammenhängen könnte, dieser würde sein stetes Kopfweh vielleicht noch verstärken. Vielleicht lag das Geheimnis der Blumenaversion aber auch in Pauls frühester Jugend, in seiner überstürzten Flucht aus Nazideutschland. Vielleicht erinnerte ihn der süße Duft der Rosen an seine leiblichen Eltern oder den Bruder Michael, an seine Vaterstadt Berlin oder sonst an einen geliebten Ort seiner Kindheit. Vielleicht hatte ihm der Geruch von Rosen immer wieder das schmerzhafte Damals hervorgeholt, das er schon lange Zeit vergessen meinte und ihm jedes Mal schmerzliche Erinnerungen wachrief, wie dies auch längst verklungene Melodien von früher oft vermögen. In den erkalteten Fingern des toten Jünglings steckte nun also so eine ungeliebte Rose und mit ihr das Geheimnis um ihren süß-schmerzlichen Duft. Lebenden bringen Düfte aus dem Damals, von einem Gebäck oder frisch gemähtem Gras, verschwommene Sehnsüchte und Erinnerungen an das Elternhaus zurück und machen sie wehmütig, ohne dass sie eigentlich wissen, warum. Ein Geruch, den man schon lange vergessen meinte und dem man später unverhofft wieder begegnet, hat das Gehirn für alle Zeiten unauslöschlich aufbewahrt. Ein solcher Geruch war für Paul vielleicht der süße Duft der Rose, den er möglicherweise auf der Flucht vor dem braunen Terror einmal in die Nase bekommen hatte und der seither immer diese schreckliche Vergangenheit wachrief und den armen Knaben stets an jene schlimmen Augenblicke mahnte und ihm längst entschwundene Bilder und Gefühle verschwommen ins Gedächtnis zurückholte, die ihm dann augenblicklich arge Schmerzen bereiteten, deren genaue Zusammenhänge er zwar nicht mehr orten und zeiten konnte, aber die ihn unendlich traurig stimmten. Der tote Neuntklässler im schlichten Tannensarg würde jetzt die weiße Rose mit ihrem geheimnisvollen Duft ins kühle Grab mitnehmen, damit würden Rose und

[1] Solifleur: Vase für eine einzige Blume.

Duft ein ewiges Rätsel bleiben, genauso ein Rätsel wie sein unerwarteter Tod.

Jetzt war es endgültig zu spät, Paul nach der Blume und ihrem Geheimnis zu fragen. Was früher hätte gefragt werden sollen, war nun ein für alle Mal zu spät zu fragen, weil im Augenblicke des Sterbens die immer schweigende Ewigkeit mit der Stunde null beginnt und kein Mensch den Tod je etwas fragen kann. Der blasse Konfirmand mit der weißen Blume lag nun da im Totenschrein, morgen schon würde er in der gefrorenen Erde liegen und übermorgen bereits in der Blütenpracht des erwachenden Frühlings schweben, um bald schon freudig in den Sommer hinüberzuwandern, zu keimen und Früchte zu tragen, sie gereift dem Herbst darzureichen und sich erneut zum winterlichen Sterben bereit zu machen. Fortan würde es für Paul im Kreislauf der Ewigkeit immer wieder Frühling werden und immer wieder würde er unenträtselt sterben, um in allen Jahreszeiten der kommenden Jahrtausende wieder zu erwachen, erneut zu werden und zu wachsen, kurze Zeit zu sein und wieder zu sterben um erneut den Kreislauf der Ewigkeit anzutreten. Auf Pauls geschlossenen Augen lag seine dickglasige Drahtbrille, so wie er sie oft zum Schlafen getragen hatte. Durch die massigen Gläser sahen seine wächsernen Augendeckel aus wie ein Stück Haut unter einem Mikroskop.

Neben Pascal duckte sich die schrullige Leichenbitterin wie eine Katze und schubste den verängstigten Kleinen vor sich her, gleich einer gefangenen Maus. Auf einmal stieß sie ihn gegen den offenen Sarg und hieß ihn, den Verblichenen zum Abschied auf die Stirne zu küssen. Pascal stemmte sich, wild um sich schlagend und in bittere Tränen aufgelöst, gegen die Alte und den aufgebahrten toten Bruder, vor dem er sich noch viel mehr fürchtete als vor dem lebenden. Als die ungelenke Hexe schnell den Buben mit beiden Händen von hinten gegen den Schrein schubsen wollte, um Pascal noch näher ans totenstarre, erkaltete Gesicht heranzudrängen und ihn eine klitzekleine Sekunde aus den Krallen ließ, stürmte das Bübchen wieselschnell aus dem Leichenzimmer und stürzte Hals über Kopf durch den Gang über die Treppe hinaus ins Freie und quietschte hundertmal erbärmlicher als der arme Moritz vor seiner Hinrichtung am Stephanstag. Erschrocken drehte sich der Vater um und konnte den daherfliegenden Wirbelwind gerade noch mit offenen Armen auffangen.

Beinahe wären beide hingefallen. Der gütige Himmel nahm dem erschrockenen Vater die gewaltige Last der Bestrafung der Alten ab und züchtigte sie gleich selbst. Die Hexe hatte nämlich versucht, dem flüchtenden Kind nachzueilen, dabei verfing sich ihr wallender Rock im Gestänge des Treppengeländers und stoppte sie dermaßen brüsk, dass ihr ganzes Gewand der Länge nach aufriss. Die Fliehkraft tat ein Übriges und ließ die alte Schrulle in die nahe gelegene Fensternische sausen. Benommen blieb sie einen kurzen Moment liegen, dann fuchtelte sie wild mit den Armen und Händen um sich, wetterte und verwünschte den unerzogenen Bengel in allen Tonlagen, als im gleichen Augenblick vier Männer den Sarg aus der Todeskammer bedächtig an der grollenden Frau vorbeitrugen und auf dem Hausplatz sachte auf die bereitgestellte Bahre legten. Wie auf ein unsichtbares Kommando zogen die herumstehenden Männer ihre Hüte und senkten ihr entblößtes Haupt dem toten Jüngling achtungsvoll entgegen, während die Frauen ihren Tränen freien Lauf ließen. Da und dort versuchte ein weißes Schnupftuch, die nassen Augen zu trocknen. Der alte Pfarrer Schneeberger stellte sich breitspurig vor den Sarg und sprach das Leichengebet. Als der geistliche Herr das Amen gesprochen hatte und den Hut wieder aufsetzte, war es den Trägern Zeichen, sich an die Holmen der Bahre zu stellen und den Sarg sachte zu heben, als ertrüge der Leichnam nicht die geringste Erschütterung.

Pauls letzter Gang

Allmählich setzte sich der traurige Menschenzug mit gemächlichen und kaum hörbaren Schritten in Bewegung. Vorab, mit kurzem und beinahe wippendem Gang, die Schulkameraden. Sie marschierten in Zweierkolonnen, in den Händen Blumenschalen, Sträuße und Kränze. Ihnen folgten die Mädchen, schwebend wie Engel auf leisen Sohlen, es waren akkurat dieselben, welche Paul bei einem Abfahrtssieg verstohlen zugewinkt hätten. Jedes hielt eine weiße Rose in der Hand und hatte verweinte Augen. Hinter ihnen kam der Sarg und dahinter Vater und Mutter und zwischen ihnen, an ihren Händen, Pascal, der kleine Bruder des Toten.

Links und rechts säumten unzählige Menschen Pauls letzten Weg. Die Männer nickten dem toten Buben und den Eltern ehrfürchtig und mit barem Haupte zu, dieser oder jener senkte den Blick tiefer und tiefer, je näher der Sarg herankam, aber immerhin nicht so tief, dass man ihn nicht mehr erkannt hätte. Man begehrte doch nicht ungesehen an einer Beerdigung gewesen zu sein. Der Tote, dem die Ehre zwar zukam, hatte nichts mehr davon, anders war es mit dem Leid[1], in diesem Falle den Eltern Pauls, diese hatten noch sehende Augen. Schließlich machte der lange Weg – die Leute waren zum Teil in der frostigen Schneekälte von recht weit her gekommen – hungrig, und wer nicht gesehen wird, kann auch nicht zum Leichenessen eingeladen werden, also zeigt man sich. Die meisten Frauen trugen schwarze Kopftücher, die ihre Gesichter schamvoll verhüllten. Sie warteten am Straßenrand hinter ihren Männern, nicht etwa, weil sie diese an Höhe überragt hätten, sondern weil es im Haslital so der Brauch war. Schließlich ist der liebe Gott auch ein Mann und steht vor der Frau. Nach dem die Mannen von links und rechts, hinten und vorne in den Trauerzug eingeschwenkt waren, verharrten die Frauen noch ein kurzes Anstandsweilchen am Wegrand, nestelten noch verlegen am Kleid oder Hut herum oder kramten ein Taschentuch hervor, um endlich in den stillen Konvoi einzuschwenken. Das halbe Tal begleitete den armen Paul auf seinem letzten Gang.

Eine «schöne Leiche»

Im Sinne des Dorfes war und hatte Paul eine «schöne Leiche», sogar eine wunderschöne. Es waren außerordentlich viele Leute gekommen und Blumen und Kränze gab es in Hülle und Fülle. Man meint mit einer «schönen Leiche» nicht etwa den Leichnam selber, sondern seinen letzten Gang, sein Begräbnis, die Anzahl Blumen und Kränze, und vor allem das Leichenmahl. Indirekt sagt die Schönheit der Leiche alles über den Verblichenen aus. Je reicher und gütiger derselbe im Leben war, desto mehr

[1] Leid: Dialektausdruck für die Leidtragenden.

Leute begleiten ihn dereinst auf seinem letzten Wege und desto mehr Blumen und Kränze werden dem Sarg vorangetragen. Bei extrem schönen Leichen gibt es sogar Kränze mit Schleifen und wenigstens eine, häufiger mehrere Vereinsfahnen mit einem riesigen Trauerflor, der beinahe die ganze Fahne umhüllt, aber gerade noch so viel frei lässt, dass der Name des Vereines gut erkannt werden kann. Bei außerordentlichen und extrem schönen Leichen spielte auch noch die Dorfmusik, das allerdings nur, wenn es sich um einen erwachsenen Menschen handelte. Sie blies während des traurigen Ganges durchs Dorf einen noch tristeren Marsch und verabschiedete den Dahingerafften am offenen Grabe mit dem «Kameraden». Dieser altehrwürdige Trauermarsch, «Ich hatt' einen Kameraden», musste daher immer griffbereit sein und wurde für alle Eventualitäten jede Woche fleißig geübt. Da das Übungslokal der Dorfmusik seit Menschengedenken an der Kirchgasse lag, also am Schulweg vieler Kinder, kannte das halbe Dorf die Melodie bereits von klein auf. Kind und Greis wussten ihn in allen Tonlagen und einige sogar mit Schlenkern zu singen, derweil ihn die Zahnlosen nur noch summten, daher tönte es an einem offenen Grabe nicht selten fast wie vor einem Bienenstock.

Pauls Leiche war nun nicht nur sehr schön, sondern auch noch außerordentlich traurig, was nicht etwa dasselbe bedeutet. Es gab ausnehmend viele Leute und eine ganze Menge Blumen und Kränze, sogar solche mit Schleifen, einzig die Dorfmusik fehlte, weil es sich beim Toten um ein Kind handelte. Dafür herrschte eine besonders bedrückte Stimmung und unsagbare Trauer, wohl weil ein blühender Jüngling gehen musste. Aber vielleicht kamen auch so viele Menschen, weil der Vater als Kaminfegermeister im ganzen Tal bekannt und beliebt war. Er sah in jedes Haus und jeden Winkel, kannte deren Leute und ihr Schicksal in- und auswendig und sie ihn und damit auch das Los des nunmehr seligen Paul. Jeder Mensch, der mit dem Kaminfegermeister zu tun hatte, und das waren alle, denn rußen lassen musste jeder von Gesetzes wegen, kannte Hermann Laubscher und damit seine Familie. Die Leute von der Grimsel bis zum Susten, vom Brünig bis zur großen Scheidegg und von da bis fast hinunter zum Brienzersee, kannten Kaminfeger-Heri. Er war im Tal geboren und aufgewachsen und somit einer von ihnen. Weit mehr als diese zufällige Tatsache zeichnete ihn jedoch seine Hilfsbereitschaft und Bescheidenheit aus. Der Kreismeister war nicht nur zuverläßig und freundlich, er war auch ehrlich und wahrhaft voller Tugend. Es mag durchaus sein, dass nur deshalb so viele Leute an die Beerdigung seines Sohnes kamen, weil sie dem schwarzen Mann für seine Freundschaft und Treue danken wollten. Wer vermag schon in die Seelen dieser Bergmenschen hineinzusehen? Oder vielleicht war die Anteilnahme so erheblich, weil ein ganz junger Mensch begraben wurde, was von Natur aus weniger häufig vorkommt. Ein junger Mann stirbt seltener als ein alter und ein Kind fast nie. Hier wurde nun ein Schulkind zu Grabe getragen, ein Menschlein, das noch gar nicht recht gelebt hatte, da musste man doch dabei sein.

Der schwarze Menschenzug schlängelte, wie der gefürchige Tatzelwurm aus der finsteren Aareschlucht mit seinen tausend Füßen, gemächlich wallend durchs Dorf, auf demselben Weg, den Paul neun Jahre lang zur Schule gegangen war. Schlag zwölf erreichte der Trauerzug unter dem Geläute der Totenglocke den Gottesacker hinter der Kirche. Vor der Stein und Bein gefrorenen Gruft legten die Bahrenträger den Sarg auf zwei kräftige Seile, während der Sigrist[1] die Kränze und Blumen neben dem Grab aufstapelte und der Pfarrer mit einem Totengebet die Bestattung einleitete.

Pauls gutes Leben

Die Totenglocke hatte aufgehört zu läuten, ihr Memento mori war verklungen. Langsam ließen die Träger den Sarg in die gähnende Leere hinuntergleiten. Die Trauerfamilie stand jetzt zuvorderst am Grabe, Pascal immer noch zwischen Vater und Mutter eingeklemmt, die ihm seine kleinen Händchen beinahe blutleer drückten, als wollten sie still und schweigend kundtun:

«Aber wenigstens du bist uns geblieben, du bleibst bei uns, dich geben wir nicht.»

Kein Auge blieb trocken und es gab keine Kehle, die nicht beengt geschluckt und gewürgt hätte. Als Pauls Mitschüler, anstatt mit ihm kon-

[1] Sigrist: schweizerisch für Küster, Mesner.

firmiert zu werden, ein letztes Lied zum ewigen Abschied anstimmten, brachten die Knaben und Mädchen vor lauter Schnäuzen und Schluchzen und Husten kaum einen anständigen Ton hervor. Nach der pfarrherrlichen Grabpredigt schlenderten die Trauergäste schweigend zum Trauergottesdienst in die Kirche hinunter. Die meisten Leute merkten eigentlich erst auf dem Weg dorthin, wie bitter kalt es draußen war, schüttelten sich dankbar alle Glieder, als sie endlich in die Wärme sitzen durften, und nahmen selbst die unbequemen Bänke des göttlichen Hauses gerne in Kauf.

Die Eltern mit ihrem kleinen Sohn und den engsten Verwandten begleitete der Sigrist zur vordersten Sitzreihe, dort hatte das Leid Platz zu nehmen, dort hatte man die beste Sicht auf die mächtige Orgel und das uralte, steinerne Taufbecken. Es waren sozusagen die Logenplätze im göttlichen Theater von Meiringen. Pascal kannte die Kirche. Die Eltern waren nicht, wie man zu sagen pflegt, praktizierende Christen, aber gläubige Menschen, die ihr Verhältnis zu Gott nicht in der Kirche demonstrieren mussten. Vaters Betorte lagen im Wald oder auf den Bergen und sein himmlischer Gesprächspartner war der See an Engstlen oder ein Tierchen im Stall. Hin und wieder besuchten auch die Meisterleute eine Sonntagspredigt und nahmen die beiden Buben mit. Noch während die letzten Trauergäste im überfüllten Gotteshaus Platz suchten, hob die Orgel dröhnend mit der «ewigen Ehre des Himmels» an und der Organist intonierte mit solcher Hingabe und aller Lautstärke, dass fast der Verputz von den heiligen Mauern abgefallen wäre. Paul, der zwar ausgesprochen unmusikalisch war und seit einer kurzen halben Stunde einsam in seinem kalten Grabe ruhte, pfiff oder summte manchmal diese Melodie. Der Pfarrer musste es von den Eltern erfahren haben und baute das hehre Lied in seine Abschiedspredigt ein und schon brach Müeti wieder in haltloses Schluchzen aus, dass sich der kleine Pascal verängstigt in die Seite Ättis presste und fragend von einem Elternteil zum andern schaute. Nach dem klangvollen Spiel begann der geistliche Herr sein Adieu mit den vielsagenden Worten:
«Der Herr ist mein Hirte, mir wird nichts mangeln.»
Dann erzählte der Gottesdiener aus dem kurzen Leben des verstorbenen Buben und malte sein trauriges Schicksal aus. Redete vom schrecklichen Krieg in Deutschland, dem Paul nur dank Vater und Mutter Laubscher hatte entrinnen können, und übrig geblieben sei eigentlich bloß eine ge-

fährliche Schussverletzung am Kopf, die nun zu einer Hirnblutung und schließlich zum Tode des hoffnungsvollen Lebens geführt habe. Der Pfarrer strich wieder und wieder heraus, dass der geliebte Verstorbene trotz allem ein gutes und erfülltes Leben gehabt habe, was keiner so richtig begriff. Mehr als einmal betonte der Pfarrer, dass es unzähligen Kindern in Nazideutschland viel schlechter gegangen sei als Paul und dass der Mensch für alles, auch für sein Schicksal, dankbar sein müsse und nicht hadern dürfe. Dass es in jener schrecklichen Zeit auch Kinder gegeben hatte, denen es bedeutend besser gegangen war als Paul, erwähnte der Mann der Kirche nicht. Offenbar gelingt es den Pastoren besser, ihren Schäflein das Jenseits mit schlechten als mit guten Botschaften schmackhaft zu machen. Wie dem auch sei, hienieden sollte es dem Menschen nicht zu wohl werden, sonst verlöre das Jenseits an Attraktivität und die pfarrherrlichen Archen stünden mit gestrichenen Segeln auf den himmlischen Meeren. Die alten Frauen lauschten andächtig und blieben an seinen Worten kleben, wie dicke Fliegen am warmen Kuhmist, dann hoben sie mit leicht verdrehtem Haupt ihre verzückten Augen, in denen nur noch das Weiße zu sehen war, erwartungsvoll gegen das hohe Deckengewölbe des Gotteshauses, in der Hoffnung, dass sich dieses bald öffnen würde und sie gnadenvoll in den Himmel auffahren lasse, derweil diejenigen, welchen es bis jetzt im Diesseits gar nicht so übel gegangen war, ob ihrem beinahe sündhaften Glück fast ein wenig irritiert und mit schlechtem Gewissen beschämt auf den Boden guckten.

Der Gottesmann rühmte nun Vater und Mutter Laubscher, dass sie gute und liebevolle Eltern gewesen wären, und dass sich Paul in seiner neuen Familie und Umgebung, dem Dorfe und der Schule glücklich gefühlt habe. Wie fleißig er gelernt und immer seine Aufgaben gemacht hätte und zu den Besten in der Klasse gehört habe und wie zärtlich er an seinem lieben, kleinen Bruder Pascal gehangen sei, der ihn abgöttisch verehrt und mit jeder Faser seines winzigen Herzchens geliebt hätte. Pfarrherren lügen nie, sie dürfen gar nicht lügen, das käme einer standesethischen Verfehlung gleich. Kirchendiener sind nur ab und zu ein wenig kognitiv dissonant, deshalb ist es ihnen auch gegeben, Tatsachen bis zur Unkenntlichkeit zu verzerren, wie dies sonst nur Politiker vermögen. Wer bis zum überschwänglichen Lob des alten Pfarrer Schneeberger die Tränen noch zurückhalten konnte, musste ihnen spätestens jetzt freien Lauf lassen.

Einzig der kleine Pascal auf der vordersten harten Holzbank wusste die pastoralen Worte noch nicht so recht zu würdigen, was wohl eher an seinem noch jugendlichen Alter gelegen haben mochte als am Prediger. Dass man über Tote nur gut sprechen darf, konnte der kleine Knirps damals noch gar nicht wissen. Die geistlichen Worte waren im Raum verhallt und die Orgel hatte zum Schluss der Trauerpredigt noch einmal das hohe Gewölbe erzittern lassen. Auch die Tränen versiegten nach und nach und trockneten auf den Bäcklein der Schulkameradinnen von Paul mit weißlichen Salzrändern ein. In den Opferstöcken bei den Ausgängen klingelten die Münzen und wuschen den großzügigen Spendern auch die letzten dunklen Fleckchen von der Seele weg. Die Trauerfamilie und einige geladene Gäste bewegten sich verhaltenen Ganges und fröstelnd Richtung Adler. Es war immer noch klirrend kalt und hatte wieder zu schneien begonnen, als wollte der Himmel das tiefschwarze Loch von Pauls offenem Grab mit seiner weißen Pracht erhellen und vor dem endgültigen Zuschütten segnen. Je näher das Wirtshaus kam, desto schneller wurden die Schritte der Gäste, die einen mochte die Kälte, die andern der Hunger getrieben haben.

Das Leichenessen

Am Leichenessen oben im geräumigen Adlersaal kondolierten einige Trauergäste noch einmal, manche zum zweiten und ganz Eifrige sogar schon zum dritten Mal. Sie rühmten den toten Buben über alles, wie gut und lieb er doch gewesen und wie unbegreiflich es sei, so jung sterben zu müssen. Manch ein Auge füllte sich wieder mit einer Träne, was allerdings niemanden hinderte, beim Essen und Trinken mit beiden Händen zuzugreifen, noch ehe sich das Leid an den Tisch gesetzt hatte. Hier und dort verschwand auch schon ein Stückchen Fleisch oder ein Wurstzipfel von der Bernerplatte[1] heimlich in einer Tasche unter dem Tisch.

[1] Bernerplatte: Gericht mit geräuchertem und gesottenem Fleisch, Speck und Zungenwurst auf Bohnen und/oder Sauerkraut und gekochten Kartoffeln.

Den Gästen schmeckte das Leichenmahl, bei dem sie sich rasch von der frostigen Kälte im Freien erholten, ausgezeichnet und binnen kurzem meldete der gesättigte Magen dem Kopf seine Behaglichkeit, die der rote Waadtländer noch wohliger machte, sodass bereits wieder gelacht und Augenblicke später Witze erzählt wurden. Mit oder ohne Lachen, mit oder ohne Witze war Paul tot und begraben. Nichts konnte daran etwas ändern und das Leben hatte weiterzugehen. Warum also traurig und nicht heiter? Manch ein Bergler hat erlebt, dass die gramvollsten Beerdigungen oft in die ausgelassensten Feste ausarteten. Vielleicht weil die Todestrauer der siamesische Zwilling des Lebensglückes ist und man manchmal gar nicht recht erkennt, welcher von beiden Zwillingen einem gerade zuschaut, und ob man eigentlich traurig oder glücklich sein, weinen oder lachen soll. Im Saal oben wurde es zunehmend lauter und lauter. Der Hunger war gestillt, der Durst gelöscht, die Kühe und Kinder gerühmt und auch der Kaffee schon getrunken. Die Männer hatten ihn ordentlich mit Schnaps verdünnt, derweil sich die Frauen hinter den zuckerigen Apfelkuchen machten, als hätten sie vorher nur die Suppe gehabt und danach die Bernerplatte glatt übersprungen. Nach und nach brach man nun aber auf, zuerst die Auswärtigen mit den weitesten Heimwegen, dann die Freunde und Bekannten vom Tal, schließlich die vom Dorf, und zuletzt löste sich der Tisch der Trauerfamilie auf.

Bei der Verabschiedung wurde den Meisterleuten noch einmal gedankt für das Essen und Trinken und sonst noch für Allerlei und einige dankten in ihrer Überschwänglichkeit sogar für einen schönen Tag, den sie erleben durften, während andere meinten, sich auch für einen kranken Freund oder eine Bekannte entschuldigen zu müssen, die zwar auch hätten kommen wollen, aber nicht gekonnt, weil schlecht zu Fuß oder bettlägerig. Indes, diese Abwesenheiten wären dem Leid erst gar nicht aufgefallen, hätte der übereifrige Freund nicht davon angefangen. Viele Menschen müssen halt immer reden, Wichtiges oder Unwichtiges, Passendes und Unpassendes, zu jeder Zeit und Unzeit. Es entwischt ihnen einfach so, wie einem alten Ackergaul ein Windstoß, selbst wenn er bloß steht und nicht arbeiten muss. Männlein und Weiblein begaben sich mit vollen Bäuchen und einige mit vernebelten Köpfen heiter schwankend auf den Heimweg. Beim Händedruck entschuldigte Nachbar Hofer aus dem Steindli seine Frau, die bald ins Kindbett komme, und kaum war er von der Leichenfeier zu Hause, schrie auch schon sein frisch geborener Sohn in den kalten Wintertag hinaus, als hätte der erste Bub zuerst dem zweiten Platz machen müssen.

Die Leute aus den Tälern, ob arm oder reich, ob Mann oder Frau, hatten von Kind auf gelernt, mit Geburt und Tod von Mensch und Tier umzugehen wie mit Tag und Nacht. Die unbestechlichen Launen der Berge und die heimtückischen Winter, aber auch die grünen Wiesen und die reine Alpenwelt formten die Menschen im Haslital mehr als die Sonne und die Sterne und lehrten den echten Bergler, mit seiner Familie, den Tieren und der Natur im Einklang zu leben und sich willig dem unentrinnbaren Schicksal zu ergeben. Schon früh mussten nicht wenige Buben und Mädchen im Hasli dem Tod als einem Teil ihres Daseins gegenübertreten. Wenn der kranke Vater eines Morgens nicht mehr aufwachte oder ein Bruder vom Holzen im Wald auf der Bahre nach Hause getragen wurde, dann füllten sich die Äuglein der Kinder mit Tränen, die gleichen Augen, die vor Glück strahlten, wenn die Mutter einem Brüderchen oder Schwesterchen das Leben schenkte. Wie vermochte auch Pascal bereits zu strahlen, wenn im Stall ein Kälblein auf die Welt kam, und wie verzweifelt schlich er herum, wenn am Stephanstag Moritz, das treue Säulein, geschlachtet wurde. Aus dem ewigen Kreislauf von Kommen und Gehen wurde kein Tabu gemacht, man stellte sich dem einen wie dem andern. Geburt und Tod waren Vertraute wie der Tag und die Nacht und doch fürchtete sich jedes Kind vor der lautlosen Nacht mehr als vor dem lärmenden Tag und mehr vor den regungslosen Toten als den Lebenden. Vielleicht weil die Stille der Nacht und die Ruhe des Todes den eigenen Herzschlag als mahnendes Zeichen der Vergänglichkeit besser hören lässt und jede Seele unbewusst an die eigene Vergänglichkeit erinnert.

Zum Alltag zurück

Der Alltag mit der Arbeit in Haus und Stall und der Kaminfegerei ließen Paul zwar nicht vergessen, aber lenkten immerhin ein wenig von den tränenerfüllten Minuten und bangen Stunden der letzten Tage ab. Erst in einer kleinen Ruhepause oder beim Essen kehrte die schmerzliche Erinnerung an ihn zurück. Im Esszimmer wurde der Platz des verstorbenen Sohnes lange Zeit leer gehalten, als müsste er jeden Moment aus der Schule oder von einem Ausflug zurück an den Esstisch kommen. Der Vater pflegte oben zu sitzen, die Mutter rechts von ihm, daneben Pascal, und links vom Hausherrn saß eben Paul, dann kamen die Gesellen, Markus, der Knecht, und Franz, Ättis Bruder. Der Stuhl links neben dem Vater blieb nun also frei. Wenn Paul ein ungerades Mal nicht zu Hause gewesen war, weil er auf der Schulreise oder im Konfirmationslager weilte, war jeweils schnell ein Geselle oder sogar Pascal nachgerutscht. Es hatte zur unendlichen Ehre gereicht, neben dem Meister zu sitzen. Doch jetzt war in jedem Tischgenossen eine heilige Scheu erwacht, den Stuhl des Toten zu belegen, als hätte jeder Angst, dort seinem Geist zu begegnen. Als die Stabelle auch nach Wochen noch unbesetzt blieb, fragte Pascal eines Tages die Mutter:
«Kommt Paul eigentlich nie mehr nach Hause, isst er jetzt nur noch im Himmel?»
Die Eltern staunten und schauten sich fragend an, während Edgar das Brot im Mund stecken blieb, als wäre es eine spitzige Fischgräte, und sogar Franz murmelte etwas Unverständliches mit vollem Mund vor sich hin.
«Nein, Pascal, Paul kommt nicht mehr. Unser Paul kommt nie mehr.»
Der kleine Knirps stutzte, dass sein mächtiger Bruder nie mehr nach Hause kommen würde, und fing seit jenem Tage an, seinen Lieblingsfeind stärker und stärker zu vermissen. Pascal hatte sich offenbar doch langsam an Paul und seine Art gewöhnt, oder war längst Liebe entstanden zwischen den beiden so unterschiedlichen Brüdern, die weit über die bloße Gewöhnung hinausging und sie unbewusst verband?

Auf alle Fälle war Pascal fortan Hahn im Korb und gedieh zu einem prächtigen und fröhlichen Buben, derweil die Jahre nur so dahinflogen und er bereits eingeschult und ein tüchtiger Eleve wurde. Er rechnete fürs Leben gerne, schrieb ernste und lustige Aufsätze und auf dem Pausenplatz war er kecker als die meisten seiner Klassenkameraden und schon bald ein gefürchteter Schwingerbub.

Im Tal war es Brauch, ja sogar fast ein ungeschriebenes Gesetz, dass der Sohn dereinst in die Stapfen des Vaters trat. Die steilen Felsen und wilden Bäche, der Schnee und die Sonne, aber auch der launige Föhn und das enge Land selber formten die Menschen mehr, als sie wahrhaben wollten. Die Welt der Berge eichte ihren Körper und seine Bewegungen, aber auch ihre Arbeit, ihren Geist und ihr Denken. Nicht nur die Hände und der Gang, auch die Art zu schauen und zu sprechen, verrieten den Beruf und das Ansinnen dieser Menschen. So war es Brauch, dass der Bauernsohn den Hof übernahm. Der Nachkomme des Schuhhändlers lernte die Sohlerei und führte das Geschäft. Und der Sprössling des Doktors studierte Medizin und kehrte als promovierter Arzt ins Tal zurück, wo er die väterliche Praxis übernahm. Die ganz alten Familien des Amtsbezirkes mit ihren hauseigenen Traditionen formten bereits von frühesten Kindsbeinen an die Zukunft ihrer Söhne und Töchter und wo noch irgendwelche Zweifel bestanden, wehte ihnen der ewige Ahnendünkel noch mehr als die reine Bergluft der vertrauten Heimat dynastischen Hochmut ins Gesicht und die gut genährte Einbildung verlieh ihnen, mehr noch als die würzige Erde selber, fast etwas wie ewige Standfestigkeit, die nicht einmal mehr das wilde Wasser vom tosenden Reichenbachfall wegzuspülen vermochte. Warum sollte da nicht das lebenswichtige Feuer und die ernährende Erdscholle zum Lebensinhalt des Sohnes vom gelben Haus werden? Was lag da näher, als Kaminfeger und Bauer zu werden? Es entsprach der Familie, der Tradition und zudem noch Vaters längst gehegtem Wunsch.

Entsagung für alle Zeiten

Es war in den Sommerferien. Pascals Klassenkameraden tummelten sich auf der Wiese der Badeanstalt, die neben dem Sommerland des gelben Hauses lag. Die Knaben grölten übermütig und spielten Fußball oder stürzten sich vom Springturm kreischend ins kühle Nass, derweil Pascal auf der Wiese daneben Heu wenden musste. Mit ausgetrocknetem Mund und juckendem Heustaub zwischen Leibchen[1] und verschwitzter Haut werkelte er in der prallen Sonne, bratend wie eine Grillwurst. Immerfort schielte er neiderfüllt zum Spielplatz des Schwimmbades hinüber, während seine faulenzenden Kameraden ihrerseits eifersüchtig zu ihm herüberäugten. Der eine oder andere, der zu Hause weder Hof noch Land noch Tiere besaß, hätte liebend gerne und ohne zu murren mit Pascal getauscht und dieser mit jenem. Wonach der Kaminfegersohn keine Lust hatte, verlangten seine Kameraden und was diese besaßen, wollte Pascal. Der magere Ziegenkäse bei Hofers mundete dem Kaminfegerspross seit Jahren besser als der fette der eigenen Kühe, welchen die wenig begüterten Nachbarn nicht einmal an Weihnachten aufzutischen vermochten. Auf alle Fälle gelobte der Kaminfeger- und Bauernsohn an jenem unsagbar brütenden Sommertage bei allem, was ihm heilig war, später alles zu werden, nur nicht Schornsteinfeger und Landwirt. Nie und nimmer würde er als Erwachsener je wieder einen Heurechen, eine Mistgabel oder gar einen Rußbesen und noch viel weniger ein Scharreisen in die Hände nehmen. Doch kaum hatte Pascal verbittert den heimlichen Schwur geleistet, nagte auch schon das schlechte Gewissen an ihm, wie eine gierige Maus am Speck. Der garstige Eid schien Pascal nun doch nichts anderes als pure Undankbarkeit seinen guten Eltern gegenüber. Und im gleichen Moment schämte er sich in Grund und Boden hinein und war heilfroh, dass niemand seine erbärmlichen Gedanken hören oder ihm ansehen konnte, und augenblicklich war er wieder bereit, dem Ballspiel und Baden für alle Zeiten und Ewigkeiten zu entsagen, wie ein Mönch dem nackten Weibe, und halt in der brütenden Sonne zu heuen und zu schwitzen.

[1] Leibchen: schweizerisch für Unterhemd.

Der wackelige Schwur

Der endlos heiße Sommer ging endlich vorüber und mit ihm auch die Schulferien und das Heuen. Der Unterricht hatte wieder begonnen, aber nur für ein paar Wochen, denn schon bald wieder hellten die Herbstferien die Gemüter der Kinder und noch mehr die der Schulmeister auf.

In den Herbstferien hatte Pascal den Acker hinter der Scheune zu räumen und für die Wintersaat vorzubereiten. Zuerst verbrannte er die dürren Kartoffelstauden, wobei der ätzende Rauch der Motthaufen ihm dermaßen stark in die Nase stach, zehnmal beißender als frisch geriebener Meerrettich, dass ihm die Augen überliefen und er sodann kaum mehr die gepflügten Erdschollen ausmachen konnte, in die er stinkigen Mist zu schütten hatte, und prompt stiegen in seinem Kopf auch schon die Verwünschungen vom Heuet wieder auf und schlichen um den Verzagten herum wie heiße Katzen. Das Herz des Buben begann heftiger zu pochen und seine Augen schielten argwöhnisch Richtung Schlosswald, wo er seine Kameraden im würzigen Herbstlaub herumlungern oder bei der Burgruine Resti am spielerischen Zusammennageln von Baumhütten wusste. Und er? Er bauerte wieder einmal und spielte mit wenig Herz und noch minder Seele verdrossen den Landwirt. Mit tränenden Augen und tropfender Nase, verstopften Ohren und spröden Lippen stand er zwischen den qualmenden Brandherden, den übel riechenden Misthaufen und stinkenden Jauchepfützchen in den Maulwurfhügeln der grauen Erdentierchen, die diesen den letzten Garaus machen sollten. Mit wunden Händen musste er zähe Placken ausreißen und beinahe jede nachstechen, so lang und drahtig waren ihre Wurzeln und kräftiger im Boden verankert als zehnwurzelige Backenzähne im Kieferknochen. Am liebsten hätte er die Stechgabel in eine Scholle geschmissen und wäre in den Wald gelaufen. Nach und nach fing auch sein Gelöbnis vom Sommer an zu wanken und hätte er nicht augenblicklich der sehnsüchtig lockenden Burgruine Resti den Rücken gekehrt, wäre er rückfällig geworden und dem verlockenden Ruf des Herbstwaldes gefolgt. Pascal senkte betrübt den Blick auf die letzten paar herumliegenden Kartoffelstauden, als er plötzlich auf dem Boden eine ängstlich davonrennende Feldmaus entdeckte.

Einzig das Mausen gefiel dem Knaben noch. Für jede gefangene Maus bezahlte ihm der Gemeindemauser, je nach Fülle und Gewicht des Pelztierchens, fünf bis zehn Rappen. Seit knapp einem halben Jahr belieferte Pascal den Alten mit Mäusen und schon nach kurzer Zeit hatte sich zwischen dem offiziellen Dorfmauser und seinem neuen Gehilfen ein regelrechtes Arbeitsverhältnis entwickelt. Neben dem Mausen hatte der Alte aber noch eine zweite Leidenschaft, das Warten. Wenn es sonnte, wartete er auf Regen und am Morgen auf den Feierabend. Jede äußerliche Anstrengung hielt er sich seit jungen Jahren vom Leibe. Nicht einmal sein Warten gestaltete er aktiv. Weder das Warten auf die Mäuse noch auf seinen Lohn. Er blieb zeitlebens passiv, wie ein Gelähmter. Er hatte auch das ganze Leben lang auf eine Frau gewartet, diese hätte einfach kommen sollen, zielstrebig und unaufhaltsam. Die Nacht kam und auch jeder Morgen, nur eine Frau kam nie, so blieb der amtlich beeidete Mauser der Gemeinde halt alleine. Dafür kam ein neuer Gehilfe, der Primarschüler Pascal Laubscher. Fortan fing der Jüngere Maus für Maus und verdiente Rappen um Rappen, derweil der Ältere im Hirschen oder Adler wartete, einen Römer um den andern genoss und Franken um Franken ausgab.

Jeweils schon lange bevor es dunkelte, zog es den Altmeister in die Beizen, wo er bei einem Glas Burgunder oder Bordeaux wartete, bis es Feierabend wurde. Er trank den Wein nicht etwa aus eigenem Antrieb heraus, sondern er kurte damit, sozusagen auf ärztlichen Rat hin. Der tiefere Grund der Einverleibung dieses Medikamentes lag in seinen Beinen. Sie schwollen nämlich gegen Abend regelmäßig an und plagten ihn dann mit Schmerzen. Während des sanften Nachtschlafes, meinte der weißhaarige Mauser aufklärend, ziehe der junge Burgunder das Wasser aus den Gliedern und hernach vertreibe der alte Bordeaux noch die qualvolle Pein. Warum hätte er sonst am Morgen schlanke Füßchen, wie eine Ballerina? Es sei doch fast nicht zu glauben, dass ihm am Abend die Stiefel viel zu eng und am Morgen dann regelmäßig massiv zu weit seien. Die Argumente des greisen Mausers leuchteten jedem ein und vermochten selbst die größten Zweifler zu überzeugen und kein irdisches Geschöpf hätte sie widerlegen können, am wenigsten der Weinhändler des

Dorfes. Selber mausen mochte der Alte allerdings nicht mehr so recht, eben wegen seinen Beinen, die gerade in letzter Zeit zusehends mehr Feuchtigkeit aus dem Boden gesogen hätten als früher, und er fürchtete schon, dass plötzlich die Zugkraft der zwei hochgepriesenen Franzosen nachlassen könnte. Der Dorfmauser brachte seine Gesichtspunkte und Erklärungen am Stammtisch, vor allem im Kreuz, immer würdig und bedächtig vor und sprach sehr langsam, fast so gemächlich wie er zu arbeiten pflegte. Der greise Philosoph wiederholte seine Worte oft und untermauerte sie mit einem leichten Kopfnicken, als würde so die Ziehkraft des Weines noch verstärkt. Diese konnte er nicht hoch genug loben und nicht wenige der Stammtischler mit aufgelaufenen Beinen und sogar der Kreuzwirt selber folgten seiner Therapie, sodass immer ein guter Halber auf dem Tisch stand und seine Leidensgenossen dem bejahrten Mauser immer wieder ein volles Glas hinschoben. So kam es eben, dass man den guten Tierfänger immer seltener auf den nassfeuchten Wiesen antraf, dafür umso häufiger im Kreuz oder Hirschen. Seinem neuen Gehilfen passte das nicht schlecht. Dieser entwickelte sogar rasch ein ausgeklügeltes Fangkonzept, das er von zwei angeworbenen Mitschülern, Sandmeier Peter und Feldmann Werner, gegen ein geringes Entgelt in Form einer Glasmarmel oder einem farbigen Holzpfeil überwachen ließ. Je intensiver der geplagte Altjäger der grauen Erdentierchen in den trockenen Wirtschaften kurte, desto mehr blühte Pascals Mausergeschäft und lohnte seinen tüchtigen Einsatz mit beachtlichen Einnahmen, sodass der junge Geschäftsmann schon bald zu einem respektablen kleinen Vermögen kam, das er auf dem Herbstmarkt sogleich anlegen wollte.

Geschäfte auf dem Herbstmarkt

Beim billigen Jakob erstand sich Pascal als Erstes das lang ersehnte Sackmesser mit mehreren Klingen, einer kleinen Säge und Feile, das er schon am letzten Markt bewundert hatte. Am Stand daneben löschte er sich auch gleich den quälenden Durst mit Süßmost, doch nun fing sein Magen derart zu knurren an, dass der Jungunternehmer kurzerhand zum Pferdemetzger auf die andere Straßenseite hinüberwechselte und sich eine geräucherte Kümmelwurst und zwei fast schwarz geröstete Brötchen erstand. Beides verzehrte er genüsslich schmatzend auf der Treppe vor dem Konsumladen. Der Jungmauser war mit sich, seinem florierenden Geschäft, den feinen Würsten und dem Most und eigentlich der ganzen übrigen Welt in bestem Einklang. An und für sich hatte er ursprünglich die Absicht gehabt, sein ganzes Vermögen, bis auf den letzten Rappen, im Geschäft anzulegen. Investitionen, wie Mausefallen mit stärkerer Spannkraft und ein Stecheisen mit geschliffener Spitze zum Ertasten der Gänge der lieben grauen Tierchen in der Erde, wären dringend notwendig gewesen, wären ihm da eben nicht Hunger und Durst in die Quere gekommen, die alles Übrige übermannten. Als der gesättigte Geschäftsmann hinter einer uneinsichtlichen Hausecke rasch und verstohlen die übrig gebliebene Barschaft zählte, stellte er mit Erleichterung fest, dass ihm noch ein paar Franken übrig geblieben waren, die er nun doch noch ganz in sein Geschäft stecken wollte, vor allem in Mausefallen. Mit dem Stecheisen könnte er noch ein paar Monate warten, da er ja auch noch Lohnnaturalien, sozusagen eiserne Salärreserven für seine Handlanger, bitter nötig hatte. Gemächlich wie ein erfahrener Einkäufer nach rechts und links spähend, klopfte Pascal nun Stand für Stand und Auslage für Auslage ab und erkundigte sich bald hier über diesen, bald dort über jenen Gegenstand. Bevor er zu den dringend notwendigen Mausefallen kam, prüfte er eine Taschenlampe, erwog, seine alte vielleicht zu ersetzen, und legte sie schließlich wieder hin. Der junge Käufer ließ sich nichts aufschwatzen, ungeachtet der günstigen Angebote. Da waren aber auch die geschulten und gierigen Augen der Marktfahrer und diese hatten natürlich sofort und ohne Zweifel erkannt, dass da ein vermögender, junger Kunde ins Netz gehen könnte. Die Händler traten alsdann vor ihre überfüllten Auslagen, maßen mit Wohlgefallen den blutjungen Herrn von oben bis unten und bewunderten lautstark seinen stattlichen Wuchs, seinen kühnen Blick und seine kräftigen Schultern und wollten gar nicht recht glauben, dass er erst in die vierte Klasse gehe.

Vor allem der kleinwüchsige, schmächtige Feilscher am Stand vor dem Eckhaus zeigte sich verwundert über die Größe und Reife des potentiellen Kunden und meinte, seinen Augen nicht trauen zu können, als er sich vor den Primarschüler stellte und diesen nur um wenige Zentimeter überragte. Der verschlagene Kerl sperrte seinen riesigen, fast zahnlosen Mund so weit auf, dass dieser vom pechschwarzen Schnauz wie von einem romanischen Torbogen eingerahmt wurde. Dann fing der Händler mit den Nasenlöchern an zu vibrieren, wie ein Pferd mit den Nüstern, und rühmte Pascal im Allgemeinen und seine schon starken Hände und seine gescheite Stirn im Besonderen. Pascals Hände taten es ihm besonders an und der schlaue Fuchs meinte unversehens, dass diese kräftigen Pranken sicher schon zupacken könnten wie die eines Zwanzigjährigen oder noch Älteren. Und was diese geschickten Finger erst im Winter zustande brächten, in seinen warm gefütterten und äußerst günstigen Fausthandschuhen, wäre gar nicht auszudenken. Der geschmeichelte junge Herr, der das dumme Geschwätz des Alten für bare Münze nahm, stellte seine Brust heraus, wie der Hahn den Kamm unter seinen Hühnern aufstellt. Vom plumpen Kompliment sichtbar geehrt, stülpte er den rechten Fäustling über und fühlte das kuschelig warme Fell. Der junge Mauser fand, dass der freundliche Händler eigentlich gar nicht so Unrecht hatte, schaute stolz auf seine starken Hände und betrachtete in einem kleinen, runden Spiegelchen, das in der Auslage hing, mit einem Auge verstohlen, aber nicht wenig selbstbewusst, seine hohe Stirn. Auch da lag der Alte völlig richtig. Zum freundlichen Dank für die netten Schmeicheleien meinte Pascal natürlich nun, auch des Händlers Handschuhe rühmen zu müssen. Das war vielleicht sein Fehler, denn nun nagelte der Feilscher den Buben langsam fest. Der schlaue Fuchs hinter dem Stand hatte die aufkeimende Kauflust erkannt und tat kund:

«Besser wären allerdings …»,

er langte blitzschnell in eine Holzkiste,

«… diese Fingerhandschuhe hier.»

Sie seien zwar ein wenig teurer, dafür bedeutend wärmer und hundertmal handlicher als Fäustlinge, zu tragen wie eine zweite Haut. Pascal konnte nicht mehr widerstehen, probierte, kaufte, zahlte und trottete davon.

Am nächsten Stand hingen Hosenträger in allen erdenklichen Farben und Größen, für alle Jahreszeiten und jeden Gemütszustand. Die dicke Frau hinter der berstenden Auslage beobachtete ruhig und unauffällig den interessierten Knaben. Unbeweglich und unsichtbar wartete sie hinter den herunterhängenden Hosenträgern und Halstüchern, Seilen und Pfannen, Körben und Kleidern, Schirmen und Besen, gut platziert und getarnt wie eine Spinne am Rand ihres Netzes. Sie ließ den neugierigen Jungkunden in aller Ruhe Gegenstand für Gegenstand anschauen und prüfen. Die Händlerschlauheit sagte ihr, dass mit dem Essen der Appetit schon komme und in der Fülle der angebotenen Waren sich bestimmt etwas finde, was nach genügend langem Betrachten plötzlich das unwiderstehliche Bedürfnis zum Kaufe wecken würde. Sie wusste genau, dass spätestens wenn der Interessierte anfing, Gegenstände abzuhängen, um sie genauer zu betrachten, der Verkauf quasi perfekt war. Die alte Spinne brachte sich langsam in Position und machte sich zum Fang bereit. Pascal hatte sie noch nicht bemerkt und ein paar Hosenträger abgehängt und sie an die Schlüsselbeine gedrückt, von wo aus sie beinahe bis über den Schritt hinunter baumelten, also ein mächtiges Stück zu lang waren. Das hatte er zwar schon selber vor dem Abhängen gesehen, aber sie trotzdem vom Haken genommen. Einfach so, mehr aus Verlegenheit oder langer Weile oder einfach, weil dieser Handgriff an einem Jahrmarkt gang und gäbe war. Ja, es war Brauch, etwas abzuhängen und näher anzuschauen. Auch sein Vater pflegte eine Ware, die ihn interessierte, in die Hände zu nehmen, zu drehen und zu schütteln, zu strecken und zu drücken, darauf zu klopfen oder gegen das Licht zu halten, auch wenn er gar keine Absicht zum Kaufe hatte, doch der Vater war dann auch Manns genug, nein zu sagen und die Dinge wieder hinzulegen, wo sie hingehörten, und sich entschlossen aus dem klebrigen Fangnetz der Händler zu befreien. Lobhudeleien über ihn oder Anpreisungen der Ware änderten seinen Entschluss genauso wenig wie das verärgerte Fluchen der Anbieter über die unwillige Käuferschaft oder das Gejammer über den schlechten Geschäftsgang oder eine fast verhungernde Familie zu Hause. Allein, dieses dezidierte Verhalten betraf den Vater und nicht den

Sohn vom gelben Haus. Pascal vernahm plötzlich eine überaus freundliche Stimme hinter der herunterhängenden Ware des Standes:
«So, junger Mann, gehts gut, laufen die Geschäfte?»
Sanft und gezielt hatte die dicke Spinne Pascal angeschlichen und entzog ihm mit weicher Hand und schalkhaft lächelnd die Hosenträger.
«Junge und tüchtige Menschen wie du tragen doch heutzutage keine Hosenträger mehr»,
meinte sie und klaubte einen Ledergurt aus der Auslage hervor.
«Ein Ledergurt muss es sein, junger Mann, ein Ledergurt»,
meinte die redegewandte Marktfrau.
«Freilich, Hosenträger sind etwas billiger, a b e r …»
Die Alte dehnte das «aber» wie ein Gummiband meterlang in die Weite und wiederholte es noch ein paar Mal und noch viel ausgedehnter als zuvor.
«Hosenträger hängen doch die Hosen am Körper nur auf, wie einen schlappen Sack. Ein feiner Ledergurt dagegen, wie dieses echte, preisgünstige Stück, teilt deine flotte Statur in einen kräftigen Oberkörper und einen sportlichen Unterkörper und macht aus dir doch erst den schicken Mann, der du eigentlich bist.»
Erst bei der Schießbude vor dem Hotel Kreuz realisierte Pascal eigentlich richtig, dass er einen ledernen Gurt gekauft und in der Hand hatte, dafür fast kein Geld mehr in den Hosentaschen. Hatte er vor wenigen Augenblicken mit den Fingern noch genüsslich, selbstsicher und mit Stolz in seinen harten Münzen wühlen können, so rannen jetzt bloß noch ein paar leichte Rappen durch seine Fingerspitzen, dabei wollte er doch tüchtig in sein Geschäft investieren. Verstohlen an eine Wand gedrückt, tastete er wie ein Blinder die wenigen Geldstückchen im rechten Hosensack nach Dicke und Umfang ab, um sein Vermögen abzuschätzen, ohne dass es die halbe Welt sehen konnte, im anderen Sack herrschte schon seit geraumer Zeit Ebbe. Es mochten noch drei oder vier Franken sein und die wollte er nun endgültig in seinem Geschäft anlegen. Eigentlich hatte er auch dem Vater noch eine Kernseife und der Mutter einen Pfannenblätz[1] kaufen wollen, als Weihnachtsgeschenk, doch diese Käufe mussten nun vertagt werden, zum einen dauerte es noch eine Weile bis

[1] Pfannenblätz: schweizerisch für Topflappen.

Weihnachten und zum andern könnte er allenfalls selber etwas basteln. Schließlich deckte sich der Viertklässler noch kurz entschlossen und weit in die Zukunft blickend mit verschieden Glasmarmeln ein. Diese waren als eiserne Lohnreserven für seine Gehilfen vorgesehen: kleine und einfarbige für magere Mäuse, größere und mehrfarbige für dickere Tiere. Für den Fall, dass Pascal sein Mausereigeschäft noch ausbauen und im Zuge der Erweiterung sogar weibliche Mitarbeiter einstellen würde, erstand er noch Farbstifte. Mit einem verschmitzten Lächeln auf den Stockzähnen dachte er dabei vor allem an Irene. Irene, ein wirbliger Blondschopf, ein oder zwei Jahre jünger als er, sie wohnte mit ihren Eltern und dem jüngeren Bruder im Hotel Kreuz. Ihr Vater, der Wirt, war ein glühender Anhänger der gemeindemauserschen Entwässerungstheorie und betrieb diese auch mit immensem Eifer und großer Zuverlässigkeit.

Gar nicht selten hatte Pascal seine Mäuse hinter dem Kreuz abzuliefern. Das ersparte dem Gemeindemauser, der drinnen kurte, einen längeren Weg zum Übergabeort und gab Pascal gleichzeitig die Gelegenheit, ganz zufällig und heimlich vielleicht Irene zu sehen. Sie gefiel ihm seit Ewigkeiten und der Jungunternehmer hätte sie schon lange gerne zum Schatz gehabt, brachte aber den nötigen Mut nicht auf, sie zu fragen. Manchmal hatte er den Eindruck, dass der kecke Blondschopf seine verstohlenen Blicke auf ihrem Körper spürte, ohne ihn überhaupt zu sehen. Dann wurde Pascal rot bis über beide Ohren und schloss daraus, dass auch sie ihn mochte.

Völlig abgebrannt und mit leeren Hosensäcken, dafür vollen Tragtaschen, machte er sich auf den Heimweg. Für Vaters Kernseife und Mutters Pfannenblätz hatte das Geld nicht mehr gereicht. Auf dem Weg Richtung Steindli sinnierte der Jungunternehmer ohne Unterlass, was letztlich notwendiger gewesen wäre, die Seife oder der Gurt, und ob er die Farbstifte nicht doch etwas übereilt gekauft habe. Kurz bevor er ins Sträßchen zum gelben Haus einbog, überzeugte ihn von all seinen Käufen eigentlich nur noch das Sackmesser. Das Geschäft mit den Handschuhen und erst recht das mit dem Ledergurt hatten sich der zahnlose Zwerg und die dicke Spinne mit plumpen Schmeicheleien regelrecht erschlichen und Pascal war prompt darauf hereingefallen. Jetzt begriff er zum ersten Mal in seinem jungen Leben die Worte des Vaters, welcher

dieser immer wieder zu Arnold, dem zweiten und recht leichtfertigen Gesellen, sagte:
«Geld verdienen ist keine Kunst, es zu halten, die schwerste.»
Diese Binsenwahrheit traf ins Schwarze und seit dem Herbstmarkt nicht mehr nur auf den verschwenderischen Kaminfegergesellen Arnold, sondern ebenso sehr auf den Mausergesellen Pascal. Er hatte sich von den Händlern regelrecht erweichen und mit gezielten Schmeicheleien erwischen lassen. Das ärgerte ihn gewaltig und er war enttäuscht über sich. Mehr und mehr fühlte er sich arglistig hintergangen und schwor, sich nie mehr im Leben Schmeicheleien anzuhören oder ihnen sogar zu erliegen, und schon gar nicht, wenn er dafür noch Geld bezahlen musste. Seine nachmittägliche Marktstimmung sank auf ein Jahrestief, er hätte sich die Zehen einzeln ausreißen können und er beschloss kurzerhand, die Käufe, ohne sie ein weiteres Mal anzuschauen, sofort zu versorgen und ebenso schnell zu vergessen. Überhaupt würde er in Zukunft nie mehr auf einen Jahrmarkt gehen, weder im Herbst noch im Frühling, damit wären alle Gefahren aus dem Weg geräumt und jede Kaufversuchung gleich im Keim erstickt. So glaubte er, der Versuchung am ehesten entgegentreten zu können.

Die Versöhnung mit sich selbst

Pascals rechte Hand langte unwillkürlich tastend in den Hosensack und spürte auf einmal die fein polierte Oberfläche des mehrklingigen Sackmessers, seinem ersten Kauf an diesem Nachmittag. Fast zärtlich streichelten die Fingerspitzen den glatten Metallrücken und heimliche Freude loderte wieder auf und stieg langsam in sein angeschlagenes Herz. Er konnte nun doch sehen, dass wenigstens dieser Kauf, ungeachtet aller übrigen Erwerbungen, eigentlich recht gut war. Der Viertklässler rieb polierend an seiner gesunkenen Stimmung herum, gleich einer Putzfrau an verschmierten Fensterscheiben, und kam zum selbstkritischen Schluss, vielleicht doch ein wenig zu hart mit sich ins Gericht gegangen zu sein. Zunehmend beschwichtigte Pascal seine innere Stimme, die ihm kategorisch von allen zukünftigen Marktbesuchen abriet, und drückte ihren unsichtbaren Warnfinger kräftig nach unten.

Er könnte ja im Frühling nur als Zuschauer hingehen, sozusagen als stiller Beobachter des Marktgeschehens und nicht als Käufer. Kurz und gut, er würde hingehen, aber ohne Geld in den Taschen, somit nichts kaufen können und unnötigen Plunder schon gar nicht. Der geläuterte Schüler hatte unverhofft das Ei des Kolumbus gefunden und seine Laune wechselte wieder ins Plus. Er packte nun doch noch jede einzelne Erwerbung aus und begutachtete sie genüsslich, drehte und maß sie und fand, alles in allem gar nicht so schlecht eingekauft zu haben und im nächsten Frühling vielleicht doch etwas Geld mitzunehmen, nicht viel, nur ein paar Rappen oder zwei, drei Franken, denn günstige Gelegenheiten gibt es immer wieder. Was tun, wenn kein Geld im Beutel ist: sich am Ende die Chance des Jahres gar entgehen lassen müssen? Der Gestrafte wäre er. Pascal beäugte zuerst die Glasmarmeln, sortierte sie fein säuberlich nach ihrer Größe, fragte sich nach ihrer Bewertung bezüglich der Mäuse und gelangte zum Schluss, dass er angesichts der momentan prekären Geldlage zukünftig die Mäuse nicht mehr einzeln, sondern nur noch paarweise abgelten wollte. Für ein Paar kleine Mäuse würde er eine kleine Kugel bezahlen, für ein dickes Paar eine große Kugel. Mit der Entlöhnung der allfälligen weiblichen Angestellten wollte er nach dem gleichen Prinzip vorgehen, anstelle der Glaskugeln jedoch Farbstifte einsetzen. Da er davon aber nur *eine* Größe gekauft hatte, beschloss er, durch Entzweisägen aus einem Buntstift zwei zu machen. Einen halben gäbe es demnach für ein geringes Mäusepaar, einen ganzen für ein kräftiges. Auch diese Investition schien ihm gerechtfertigt, selbst wenn er die Stifte im Augenblick nicht einsetzen konnte, da er noch gar keine weiblichen Angestellten hatte, aber wenigstens war für die Zukunft vorausblickend gesorgt. Der rote Ledergurt war ihm im Moment noch zu lang, doch dieses Problem würde die Zeit von selbst lösen. Problematischer schien der Umstand, dass an seinen Hosen gar keine Gurtschlaufen angenäht waren, darauf hatte er beim Kauf nicht geachtet. Vielleicht gäbe der Gurt ein Weihnachtsgeschenk für den Vater, ihm würde er jedoch vermutlich zu kurz sein. Fraglich war zudem, ob Ätti überhaupt gewillt wäre, einen leuchtend roten Gurt zu tragen. Mehr und mehr entpuppte sich dieser heikle Gegenstand endgültig als klare Fehlinvestition, was

Pascal auch einsah und was ihn mächtig wurmte. Zu allem Übel mit dem unglücklichen Gurt musste der Bub vom gelben Haus zu seinem Leidwesen auch noch feststellen, dass er zwei ungleiche Handschuhe eingepackt hatte. Die Marktstimmung drehte augenblicklich wieder ins Minus. Möglicherweise hatte ihn der großmaulige und zahnlose Händler absichtlich hereingelegt. Vielleicht hatte er aber die Handschuhe nur verwechselt und den Irrtum selber gar nicht bemerkt, also nichts wie los und zurück ins Dorf. Der kleinwüchsige Händler war schon am Einpacken und Aufladen, als Pascal außer Atem an seinen halb abgebrochenen Stand herantrat:
«Ich habe zwei falsche Handschuhe gekauft»,
versuchte er, ohne Luft zu holen und in einem Atemzug, zu sagen, als ihn der Händler auch schon freundlich angrinste und gelassen meinte:
«Ich habe es auch bemerkt und bin dir nachgeeilt, aber du warst schon über alle Berge. Es ist anständig von dir, dass du zurückgekommen bist. Du hättest die zwei ungleichen Handschuhe zur Not zwar tragen können, aber ich das falsche Paar nicht mehr verkaufen.»
Mit dem zufriedensten Lächeln der Welt stellte das kleine Männlein die passenden Handkleider zusammen und streckte sie dem Schüler hin, dabei meinte er versöhnlich und hüstelnd:
«Weil du so ein anständiger Bursche bist, schenke ich dir diesen echten, roten Ledergurt»,
und drückte dem Jüngling das knallrote Lederding mit strahlendem Gesicht in die Hände. Der Alte schaute neugierig auf den Viertklässler und wollte sich die Freude der Überraschung des Knirpses über das unerwartete Geschenk nicht entgehen lassen. Er konnte überhaupt nicht begreifen, warum ihm der Bub vor Glück nicht augenblicklich in die Arme fiel, statt dessen mit halb offenem Mund sprachlos wie geohrfeigt dastand und sich einen Moment lang gar nicht mehr bewegen konnte. Verwundert, unverhofft sogar zwei rote und unpassende Ledergürtel nun sein Eigentum nennen zu können und darüber hinaus glückloser Besitzer von Hosen ohne Gurtschlaufen zu sein, trottete Pascal nach Hause. Er versteckte die Einkäufe in seinem Tresor, einer alten, buntbemalten Bretzelbüchse, die er einmal von der Mutter bekommen hatte und die er seither im Senkloch[1]

[1] Senkloch: schweizerisch für Einlaufschacht für Abwässer.

beim Brunnen vor dem Elternhaus versteckt hatte. Darin lagen alle seine Kronjuwelen, mit denen er auch einen kleinen Handel aufgezogen hatte und Tauschgeschäfte betrieb: Abziehbilder aus der Sonntagsschule, kleine farbige Fotos von bekannten Fußballern aus Kaugummipackungen, ein kleiner Bergkristall und ein defekter Metallwurfpfeil, ein altes Metzgermesser und einige Fischerhaken. Zu diesen Kleinodien legte er jetzt auch die Buntstifte, Glasperlen und die zwei roten Ledergürtel. Die Fingerhandschuhe wollte er in seinem Zimmer verstauen und das Sackmesser behielt er gleich im Hosensack.

Pascals Berufswahl

Wie bereits dargelegt, blühte Pascals Mauserei, sie war weniger dreckig als das Rußen und brauchte auch nicht so viel Kraft wie das Heuladen im Sommer oder das Ausreißen von Placken im Herbst. Der erfolgreiche Jungmauser sah sich eigentlich schon als offiziellen Nachfolger des Gemeindemausers. Sein Ätti, der es mit so viel Schinderei in Haus und Hof und der Kaminfegerei nicht weiter gebracht hatte, tat ihm nur noch Leid. Da wollte er schon lieber Dorfmauser werden. Was war plötzlich geschehen? Schon während dem Nachtessen am letzten Sonntagabend vor dem Beginn der Winterschule reifte Pascals unabänderlicher Entschluss zur vollen Blüte heran, wie ein Zahnabszess in der Wärme des nächtlichen Kopfkissens, Gemeindemauser von Meiringen zu werden. Der Primarschüler hatte nämlich beim Nachtessen mitanhören müssen, wie Vater und Mutter geschäftliche Probleme wälzten, fast stritten und am liebsten den ganzen Bettel mitsamt der Kaminfegerei und der Landwirtschaft hingeschmissen hätten und ausgewandert wären.
«Ich glaube, wir müssen Lehrer Gehring für das Rußen nun doch betreiben, er bezahlt einfach nicht, oder soll ich ihn noch einmal mahnen? Was meinst du, Ätti?»
Sie stieß sanft Ätti in die Seite. Lehrer Gehring war stets ein säumiger Zahler. Natürlich gab es auch noch andere, die immer wieder gemahnt werden mussten, doch Gehring hätte die Angelegenheit in Ordnung brin-

gen können. Er bezog einen guten Lohn, wohnte in einer billigen Lehrerwohnung und hatte nur für seine Frau und zwei Kinder zu sorgen. Daneben verdiente er noch ein gutes Stück Geld mit Nachhilfestunden. Wenn Gehring nicht bezahlte, meinte die Mutter vorwurfsvoll und verärgert, sei es einfach schlechter Wille, Neid oder versteckte Rache an ihrem Bub.

«Was meinst du, Ätti?»

Er reagierte immer noch nicht und Mutter stieß ihn ein zweites Mal, allerdings nicht mehr so sanft, in die Seite und schüttelte ihn energisch, wie Bäri, den Hund, wenn dieser etwas ausgefressen hatte.

«Ja, es ist ein Übel mit diesen schlechten Zahlern»,

meinte der Vater geistesabwesend und hängte sogleich erwachend an:

«Wenn der Mauser Huggler nicht bezahlt, kann ich das noch begreifen, aber Lehrer Gehring ...»

Mit einem Ruck wollte der Bub aufmucksen, als er das Wort «Mauser» hörte, doch zog er es vor zu schweigen, denn bereits kam ihm die Mutter, ohne zu wollen, zu Hilfe:

«Huggler könnte auch zahlen, wenn er nicht jeden Rappen versaufen würde, dieser elende Süffel!»

Sie hatte den Nagel auf den Kopf getroffen und die Mauserei als hochlöbliche Existenz gerettet. Die Schuld lag nicht an der Mauserei, sondern am Manne dahinter. Pascal musste unwillkürlich an das Schicksal seines Großvaters denken, das er zwar nur vom Hörensagen kannte, aber immerhin gab es da deutliche Parallelen zum Gemeindemauser von Meiringen. Die Zahlungsmoral vieler Kaminfegerkunden war in der Tat miserabel. Nicht wenige beglichen ihre Schulden erst nach Wochen oder Monaten und einige, wie Gehring, gar erst nach Jahren. Wenn sie dann die Rechnungen endlich bezahlten, schickten sie erst noch zu wenig und machten Skontoabzüge, die überhaupt nicht mehr gerechtfertigt waren. Pascal hörte mit langen Ohren und glänzenden Augen zu, freute sich insgeheim sogar über die Schwierigkeiten in der Kaminfegerei und kroch fast in den Vater hinein, als dieser auch noch das Thema der schlechten Ernte und Probleme in der Landwirtschaft aufs Tapet brachte. Mehr und mehr schubsten die trüben Aussichten in der Kaminfegerei und im Stall den jungen Bengel unbeabsichtigt in die Vorstellung, dass ihm mit der Mauserei dereinst alle Vorzüge des Lebens sicher sein würden.

Nachdem der Vater seine üble Existenz als Kaminfegermeister ausgeweint hatte, begann er auch noch als Bauer zu lamentieren. Seufzte über das Hagelwetter vom Spätsommer, das von einer Minute auf die andere das ganze schöne und reife Obst erbarmungslos zerschlagen hatte, dass nicht einmal mehr die Schweine davon fressen wollten. Und wie das so ist, das eine ergibt das andere. Der Bauer unterstützte jammernd den Kaminfeger und dieser den Bauern und im weinerlichen Duett vereint fanden sich beide und steigerten sich mit der vokalen Unterstützung der Mutter in eine regelrechte Wehklage-Arie erster Gattung, was sonst eigentlich weder der Natur des Vaters noch der Mutter entsprach. Und weils vereint so wohl tat und geteiltes Leid halbes Leid ist, holten der Landwirt und der Schornsteinfeger auch noch den Winter zu Hilfe. Dieser war ausnehmend kalt und lange gewesen, weshalb Heu hatte hinzugekauft werden müssen, und im Frühjahr hatten trotzdem nur bis auf die Knochen abgemagerte, kraftlose Tiere im Stall gestanden, die aussahen wie ausgemergelte Eremiten. Die aufgedunsenen Euter hatten an den Bäuchen der Kühe heruntergebaumelt wie Schellen an den Armen der Triichler[1] in der Altjahrswoche und die fettlose Haut hatte gleich einer abgefingerten Tapete auf den Skeletten der armen Stallbewohner geklebt und war so schrecklich schmerzempfindlich geworden, dass die armen Tierchen kaum mehr Vaters Blick darauf ertragen hatten. Gab es da ein elenderes Übel auf der weiten Welt, als Kaminfegermeister und Bauer zu sein? Dagegen entpuppte sich die Mauserei mehr und mehr zur einzig sicheren und allein selig machenden Zukunft auf Erden überhaupt, also würde Pascal Mauser werden, dabei ließ kein Ruß die Augen anschwellen oder die Lungen verteeren. Man sah auch nicht aus wie ein schwarzer Teufel. Und war der liebe Gott dem Kaminfeger ein ungerades Mal hörig, passte es dem Bauern nicht, bescherte er letzterem einen warmen Winter, lamentierte der schwarze Mann und regnete es den halben Sommer, ließen beide den Kopf hängen.

Der ewige Himmel mochte tun und lassen, was er wollte, er tat akkurat und immer das Falsche. Nur gut, dass der Herr des gelben Hauses nicht selber ins kosmische Geschehen eingreifen konnte, Bauer und Kamin-

[1] Triichler (von Triichle/Treichle: große Kuhglocke): vertreiben mit Kuhglocken das alte Jahr.

feger wären beide untergegangen. Die irdische Rechnung wäre nie mehr aufgegangen, denn im Winter hätte es besser Sommer, im Frühling schon Herbst sein sollen und bei Regen hätte es besser gesonnt. Würden im Chor der Jammernden auch noch die Ärzte und Schreiner des Dorfes mitgesungen haben, hätte es den einen zu viele, den andern zu wenig Tote gegeben. Im Grunde genommen waren alle vier Berufe schlecht, mit Ausnahme der Mauserei. Dass jeder Beruf mit Problemen, nur jeweils in andern Farben und Tonlagen, zu kämpfen hat, konnte der angehende Dorfmauser von Meiringen damals noch nicht wissen. Das elterliche Gejammer des Abends gipfelte in der ernüchternden Feststellung, dass Edgar, der Meistergeselle, für längere Zeit ausfallen würde, da seine Frau ins Kindbett kam und er sie und das Neugeborene zu Hause pflegen musste, bis die Mutter wieder auf den Beinen stand. Und Markus, der Jungknecht, hatte sich beim Schwingen am letzten Wochenende eine Bänderzerrung geholt und humpelte seither wie ein Beinamputierter an einem Stock herum und traute sich kaum mehr, auf den rechten Fuß abzustehen. Er schlich im Stall nur noch von einer Ecke in die andere, aber immerhin war er zur Arbeit erschienen, Edgar dagegen blieb einfach zu Hause, als hätte keine Stundenfrau gefunden werden können, aber die müsste er bezahlen, also blieb er besser zu Hause, er hatte ja den Lohn.

Renatchen

Edgars Frau hatte damals eine schwere Geburt zu überstehen, die ihr Ehegatte eigentlich nur wegen seinem übertriebenen Geiz und der krankhaften Sparsamkeit zu verantworten hatte. Seit kurzem wohnte der Meistergeselle mit seiner hochschwangeren Frau im Schrändli, einem unscheinbaren Flecken Erde gegen den Hasliberg hinauf. Dort oben hausten außer Edgar nur verirrte Hasen und kranke Füchse. Es gab auf dem Schrändli, hatte man einmal den steilen Weg hinauf schadlos und ohne wesentlichen Absturz geschafft, zwar ein paar sonnige Hänge und eine Handvoll schiefer Häuser, deren Miete fast nichts kostete, dafür gab es auch keinen elektrischen Strom und nicht einmal fließendes Wasser im

Haus. Die Hütten waren seit Jahren unbewohnt, kaum zu heizen und halb verfault und viel zu abgelegen. Dort hinauf hatte der knauserige Edgar seine junge Frau verbannt.

Eines schönen Tages im Herbst, als die Wehen vor dem Termin einsetzten, arbeitete ihr Mann in Guttannen, eine kleine Weltreise von seinem Wohnort entfernt. Ein Wanderer, der sich in der gottverlassenen Gegend verirrt haben musste, spazierte zufällig am windschiefen Häuschen Edgar Bodmers vorbei und vernahm die qualvollen Hilferufe der werdenden Mutter. Er sah nach, erkannte augenblicklich den Ernst der Lage und alarmierte den Arbeitgeber ihres Mannes, von dem er wusste, dass er ein Auto hatte. Der Kaminfegermeister konnte nach wenigen Minuten in der Heizung des Sekundarschulhauses im Dorf unten aufgestöbert werden und bald holperte er mit dem alten Volkswagen, im schwarzen Rußgewand und mit einer Hebamme in blütenweißer Schürze und Haube an seiner Seite den ungängigen Weg ins Schrändli hinauf. Als der schwarze Mann und die weiße Frau mit der Stöhnenden wenig später ins Tal hinunterkurvten, verstärkten sich die Wehen allmählich und die Intervalle verkürzten sich beängstigend schnell. Plötzlich sprang die Fruchtblase und wenige Meter vor dem Spital hatte es auf einmal vier Menschen im kleinen, verbeulten Volkswägelchen des Kaminfegers vom Haslital. Es war ein Mädchen, das gesund und munter im rußigen Auto auf die Welt gekommen war, und kaum da, auch schon schrie wie am Spieß. Vermutlich hatte der kleine Wurm als Erstes in seinem Leben den schwarzen Mann auf dem Sitz vor sich gesehen, worüber es so heftig erschrocken sein musste, dass es lauthals zu schreien anfing. Edgar, der stolze Vater, behauptete, seine kleine Tochter schon im fernen Guttannen gehört zu haben. Der jungen Mutter ging es weniger gut als dem Kindchen, sie hatte eine Unmenge Blut verloren und erholte sich nur mühsam vom nicht alltäglichen Kindbett. Der Meistergeselle musste für eine lange Zeit zu Hause bleiben und für die geschwächte Wöchnerin und das winzige Renatchen sorgen. Er soll es jedoch mit Bravour, geheiltem Geiz und unendlicher Fürsorge über die Bühne gebracht haben.

Mittlerweile hantierte die Meisterfrau wieder in der Küche. Die Jammerei der Eltern war vorüber. Pascal blieb noch am Tisch sitzen und hing seinen Mauserträumen nach. Auch der Vater saß weiter still und versunken auf seiner Stabelle und sinnierte vor sich hin. Als die Mutter wieder ins Esszimmer trat und ihm eine frische Schale Milchkaffee hinstellte, meinte er, halb abwesend:
«Ja, ja, wenn unser treues Volkswägelchen reden könnte.»
Er schaute seine verwunderte Frau treuherzig an, wie ein Windspiel[1] seine Herrin, und versank wieder in seine Grübeleien. Die Meisterin kannte ihren Mann und ließ ihn gewähren. Ätti mochte in jenen Augenblicken noch einmal die Geburt des kleinen Renatchen erlebt haben und dachte wohl gleichzeitig auch ans kleine Vreneli Kummer auf Geißholz und an den Sonntag vor vier Wochen. Man sah, dass ihn etwas beschäftigte, die Mutter schwieg aber und auch Pascal blieb ruhig. Sie wussten, dass Vater schon reden würde, wenn er es für angebracht hielte. Ab und zu braucht der Mensch Raum und Zeit, ohne Worte und Bewegungen, einfach Ruhe, um sich seine Gedanken zu machen, Gedanken über sich und die Familie, die Gegenwart und Zukunft, Gott und die Menschen.

Wer Ätti kannte, wusste, dass er jetzt das Esszimmer verlassen und in die aufziehende Dämmerung hinauswandern würde. Wohin, würden sie später vielleicht erfahren, wenn er geläutert zurückgekommen wäre. Vaters gutes Herz pochte rascher und Wehmut trübte den Glanz seiner lieben Augen, derweil seine Gedanken durch die Herbstnacht nach Geißholz segelten, einem unberührten, kleinen Nest auf der Schattenseite des Tales, wo sie in der Stube des Bauern Franz Kummer landeten. Der Kaminfegermeister reinigte dort den mächtigen Kachelofen, mit dem das ganze Haus beheizt wurde. Der Bergler stand neben ihm und klagte, dass sein Jüngstes, das Vreneli, seit Tagen kränkle und der Doktor es am liebsten ins Inselspital nach Bern zur exakten Abklärung und Beobachtung eingewiesen hätte. Der Bauer seufzte tief und blickte traurig und verzweifelt zum Kaminfegmeister. Auch seine Frau lag im Bett und klagte seit

[1] Windspiel: kleiner Windhund.

Wochen über zunehmende Kopfschmerzen und erbrach dauernd. Zudem hatte sie heftige Schwindelanfälle, die sie kaum mehr auf den Beinen stehen ließen. In diesem erbärmlichen Zustande konnte die Bäuerin doch nicht mit dem kranken Säugling nach Bern fahren. Mit zusammengepressten Lippen fügte Kummer hinzu, nicht ohne dass ein winzig kleines Nebelchen von Neid mitgekrochen wäre:
«Ja, Heri, du hast gut lachen, seit du mein Land und meine Scheune gekauft hast. Ich hätte beides nicht geben und selber ins Dorf hinunterziehen sollen, dann wären meine Kranken näher beim Spital und vielleicht auch näher beim Fried …»
Beim letzten Wort erstickte Kummers Stimme ganz hinten in der Kehle. Der Kaminfeger spürte, dass der Bergler das ungesagte Wörtchen, kaum auf der Zunge, bereits mit Schaudern bereute. Indes, Kummer stand zu seiner Verzweiflung. Er wusste kaum noch ein oder aus. In der niedrigen Bauernstube auf Geißholz roch es plötzlich nach Sterblichkeit. Der Kaminfegermeister schwieg betroffen, er wusste nur zu gut, was ein verzweifelter Mund redet, wenn ihm das Herz schwer und voller Sorgen ist, wenn die suchenden Augen nur noch finstere Schatten erkennen und hinter jeder verschlossenen Türe die erschreckende Gestalt des Todes ahnen, die ohne anzuklopfen auf einmal ins Zimmer tritt, schnell um sich schaut und unverhofft mit seinen knochigen Fingern auf ein Kindchen zeigt oder der Mutter winkt oder dem Vater auf die Schulter tippt. Der Knochenmann war auch schon im gelben Haus zu Gast gewesen. Beim ersten Besuch, am helllichten Tage, hatte er auf das Töchterchen, Alice, gezeigt und beim zweiten, in der stillen Nacht, leise nach Paul gerufen.

Mit den vom Pfeifenrauchen braun verfärbten, bärenstarken Zähnen entkorkte Kummer nun eine Enzianflasche und beide Männer taten einen tüchtigen Schluck daraus. Der Kaminfeger hatte sich als Erster wieder gefasst und dankte seinem Gegenüber für den Trank. Eigentlich galt der Dank nicht dem Schluck Schnaps, sondern der vertraulichen Geste, aus der gleichen Flasche zu trinken. Ein Ritual, das nur miteinander vertraute Männer kennen, wenn sie, ohne den Ausguss abzuwischen, aus der gleichen Flasche trinken. Dieser Männerakt hat weder mit Sinnlichkeit noch Geschlechtlichkeit zu tun, sondern er ist die unverblümte Offenbarung ihrer Freundschaft und das äußerliche Zeichen der Achtung und des Vertrauens, ein sichtbares Manifest des höchsten Respekts füreinander. Der

Kaminfegermeister klopfte seinem verzweifelten Gegenüber vertrauensvoll auf die Schulter, schaute ihm in die Augen und sagte vorausahnend: *«Wenn Not am Mann ist, deine Frau oder das Vreneli zum Doktor oder ins Spital müssen, komme ich sie mit dem Auto holen, gib mir Bescheid und zögere nicht, ich komme.»*
Der Bergbauer streckte dem Kaminfeger seine mächtige Hand hin zum Abschiedsgruß und nickte schweigend, er hatte verstanden. Die zwei verschiedenartigen Hände drückten sich fest, eine Art gegenseitiger Segen zwischen der schwarzen und der weißen Hand. Der Kaminfegermeister trat wie betäubt aus der finsteren Stube in den strahlenden Nachmittag hinaus, von den Sorgen Kummers überwältigt und sich bewusst, dass wohl jeder Erdenbürger sein Kreuz zu tragen habe, ob in der Familie oder im Beruf, und jeder glaubt doch immer, seine Last sei die schwerste. Was sollte da noch übrig bleiben als die unerschütterliche Hoffnung, das Kreuz möge eines Tages leichter werden. Kummers Vreneli war knapp ein Jahr alt. Ein hübsches und blauäugiges, hellblondes Ankermädchen[1]. Seit einigen Tagen bekundete es zunehmend Mühe mit der Atmung. Oft schnappte es ohne erkennbares Vorzeichen plötzlich nach Luft, einem Fischchen gleich, das aus dem Wasser gesprungen und im Trockenen gelandet war und nun zu ersticken drohte. Dann keuchte das kleine Kindlein und seine Lippen verschmälerten sich, liefen bläulich an und ein verkrampfter Hustenanfall setzte ein, der das hilflose Herzchen fast umzubringen drohte. Doktor Gut diagnostizierte nach dem letzten Anfall einen angeborenen Herzfehler und riet dringend zur Operation, die allerdings nicht ohne Risiko sei.

Der Kaminfeger und der Bauer kannten sich seit einer halben Ewigkeit. Sie wurden schon zusammen konfirmiert und standen einander später als gefürchtete Schwinger gegenüber. Aber seit sie einander das erste Mal das Sägemehl vom Rücken gewischt hatten, verband sie eine tiefe Freundschaft und sie halfen sich, wo und wann sie nur konnten. Der Kaminfeger sah nicht nur in die Stuben der Bauern im Haslital, sondern auch in ihre Ställe, und schon mehr als einmal konnte er seinem Freund Kummer eine gute Milchkuh vermitteln und dieser ihm seinerseits ein

[1] Albert Anker (1831–1910): Schweizer Maler; malte alltägliche Szenen und Menschen, insbesondere Porträts, aus dem schweizerischen Bauernleben.

kräftiges Kalb oder eine gute Sau verkaufen. Und hätte man an diesem hellen Herbsttage in den finstern Kamin in Kummers Küche hinaufgeschaut, so hätte man womöglich noch Hammen[1] oder Würste von Moritz im Rauch hängen sehen. Es mochte also kaum verwundern, dass sich Heri um seinen Freund kümmerte wie um einen Bruder.

Am Sonntag vor vier Wochen, schon früh am Morgen, rief Vrenelis Vater aufgeregt an und bat mit zittriger und gefährlich leiser Stimme den Freund, sein Kindchen zu holen. Seine Frau liege tief im Bett, aber eine Verwandte, die Krankenschwester sei, würde mitfahren. Vreneli müsse jetzt auf schnellstem Weg ins Inselspital, bevor es zu spät sei.

«Ich komme sofort»,

schrie der Kaminfeger aufgeregt in die Sprechmuschel des Telefonhörers und rannte die Treppe hinunter. Eine kleine Minute später heulte der Motor des geduldigen Volkswägelchens auf und es brauste Richtung Geißholz davon. Auf der Fahrt nach Bern saß auf dem Rücksitz die Krankenschwester, wie vor einiger Zeit Renatlis Hebamme. Sie wiegte das kranke Vreneli liebevoll in den Armen und redete ihm gut zu. Einen Steinwurf vor Thun tippte die Schwester dem Chauffeur auf die Schulter und bat ihn anzuhalten. Dieser bog sachte auf den nächstgelegenen Abstellplatz, bremste das treue Gefährt gefühlvoll ab und drehte sich nach hinten zur Schwester und dem kleinen Vreneli um. In den Augen der Frau entdeckte er nur noch Tränen, derweil sein Herz stockte und seine Stimme versagte. Vreneli hatte plötzlich für immer aufgehört zu atmen. – Seine kurze Visite auf Erden ist auf einem kleinen, leuchtenden Marmorstein hinter der Kirche von Meiringen festgehalten. In den hauchdünnen schwarzen Lettern der Trauer, die ein Engelein mit einem kleinen Pinselchen auf den hellen Stein der Hoffnung geschrieben hat, steht: «Vreneli». Zwischen den kleinen Zeilen kann seine Geschichte noch heute nachgelesen werden. Es ist die Geschichte vom ewigen Werden und Vergehen.

Auf einmal riss die schrille Hausglocke die drei Träumenden am Esszimmertisch des gelben Hauses in die Gegenwart zurück. Markus, der Knecht, stand unten im Treppenhaus und schrie aus voller Kehle durchs ganze Haus, der Meister solle sofort kommen, Lenis Kalb käme, das Köpf-

[1] Hamme: schweizerischer Ausdruck für Schinken, besonders als Ganzes, mit dem Knochen.

chen schaue schon heraus. Eine schwache Stunde später rieb Pascal das neugeworfene Kälblein mit Stroh trocken und der Vater goss Leni roten Wein mit aufgeschlagenen Eiern ein, während Markus auf seinen Stock gestützt frisches Stroh unter Mutter und Kind streute.

Albtraum über eine gigantische Nase

Wenig später lag Pascal oben in seinem Zimmer im warmen Bett. Das kuriose Gespräch zwischen Vater und Mutter wollte ihm nicht mehr aus dem Kopf gehen. Und erst Vaters stille Gedanken, worüber mochte er wohl sinniert haben? War es den Eltern wirklich Ernst, den ganzen Bettel hinzuwerfen? Hatten sie ernsthaft im Sinn, die Rußerei und Bauerei an den Nagel zu hängen und etwa auszuwandern? Ätti und Müeti, die sich Tag für Tag abgerackert hatten und mit jeder Faser an Haus, Höflein und Tal hingen, wollten plötzlich aufgeben und wegziehen? Pascal konnte noch nicht wissen, dass sich Erwachsene ab und zu Luft verschaffen müssen und einem Überdruss erst mit Jammern und Schimpfen, Hadern und Fluchen Herr werden. Wenn der gröbste Druck dann abgelassen ist, geht es ihnen gleich wieder besser, die Probleme schrumpfen wie Ballone, in die plötzlich jemand hineinsticht, und die Welt sieht bald wieder freundlicher aus. Pascal konnte auch nicht ahnen, dass der Vater gar nicht mehr an Edgars Arbeitsausfall und die Schwingerverletzung von Markus dachte, auch nicht an das verhagelte Obst und den schlechten Winter. Wie hätte Pascal erraten sollen, dass Ätti an Renatchen und Vreneli dachte und dass sich Vater und Mutter vorher gar nicht eigentlich gestritten hatten? Sie kannten einander zu gut, um nicht zu wissen, dass es bei jeder «Kropfleereten»[1] etwas rustikal zu und her ging und sie noch jedes Mal heil daraus herausgefunden hatten und zufrieden und dankbar waren, ein Haus und Höflein zu haben, und auch weiterhin gerne tun wollten, was sie schon immer taten, selbst wenn hin und wieder etwas nicht ganz nach Plan lief. Da der Mensch bekanntlich nicht Gedanken

[1] Der Chropfláäre: Das Herz leeren, dem Ärger oder Kummer freien Lauf lassen.

lesen kann und ein kleiner Bub wie Pascal noch minder und somit auch nur auf das reagieren kann, was er hört und sieht, war für ihn klar, aus dem elterlichen Disput nichts anderes herausgehört zu haben, als dass ein Kaminfegergeschäft nie und das Bauern noch weniger rentiere und immer nur Probleme mit sich bringe. Hier mit den Angestellten, dort mit dem Wetter. An jedem neuen Arbeitstag muss der Meister sorgenvoll zur Türe hinblicken und froh sein, wenn alle Gesellen erscheinen. Der Bauer muss jede Minute bekümmert in den gelben Himmel hinaufschauen, in der Angst, dass Hagel kommen könnte, der ihm die ganze Ernte zerschlüge. Der Ruin wäre dann nur noch eine Frage der Zeit. Die Furcht wird dem Meister wie dem Bauern zur steten Gefährtin des Tages.

Als Pascal endlich einschlummerte und von den Mausefallen und den grauen Erdentierchen zu träumen anfing, vernahm er plötzlich wieder die gedämpfte Stimme seines Vaters, die an das Gespräch am Esszimmertisch anknüpfte und von der Rußerei als einem Hungerberuf sprach, der zu wenig bringe zum Leben und nicht genug wenig zum Sterben, und dass auch die Landwirtschaft bald nur noch die Tiere ernähre und den Bauern mitsamt Familie darben lasse. Der hin- und hergerissene Bub richtete seine träumenden Augen hilfesuchend zur Decke, entdeckte weit oben in den Wolken den alten Gemeindemauser und war froh, sich für dessen Nachfolge entschieden zu haben. Mit Wohlgefallen sah er an seinem älteren Kollegen hinauf und erblickte dessen vom Wein furchig geäderte, gigantische Nase. Den alten Mauser quälten keine Geldsorgen. Die Gemeinde zahlte pünktlich und gut. Das wusste Pascal zwar nicht genau, aber er nahm es bereitwillig an. Den greisen Gemeindemauser plagten auch keine Probleme mit Gesellen, die nicht zur Arbeit kamen. Und Mäuse und damit Verdienst gab es immer, dafür hatte der liebe Gott gesorgt, selbst bei schlechtem Wetter, wenn es Katzen hagelte[1], gab es Mäuse in Hülle und Fülle. Was die gichtigen Gelenke und das Wasser in den Beinen betraf, das sich der Alte auf den nassen Wiesen im Laufe der Jahre geholt hatte, war es seine Schuld. Er hätte Gummistiefel und wärmere Kleider tragen sollen. Was seine Nase anging, die war wirklich zu mächtig, die war gigantisch. Den Huggler vom Feldli kannte kein Mensch, aber die riesige Nase jedes Kind. Die Natur hatte bei ihm vermutlich zuerst mit dieser begonnen

[1] Katzen hageln: schweizerisch für stark regnen.

und in allem Übermut zu viel Fleisch gebraucht, dass nur noch wenig für den restlichen Körper und fast nichts mehr für den Kopf und das Gesicht übrig blieb. Auch an seinen Augen musste die Schöpfung gespart haben. Sie waren zu klein geraten und erinnerten an die Äuglein der Schermäuse. Die Sehkügelchen bewegten sich in den weiten, knochigen Augenhöhlen wie zwei winzige Glasmarmeln in leeren Schulzimmern.

Plötzlich sah Pascal seine enttäuschten Eltern und sich selber unten am Esszimmertisch sitzen, still und unverrückbar wie Mumien. Der Tisch schien ihm nicht stattlich und mächtig wie sonst, sondern klein und niedrig. Auch der Raum war geschrumpft, eng und ohne Luft zum Atmen. Mit verklärten Augen saßen die drei da und blickten weit über den Plattenstock hinaus, hinaus in die Unendlichkeit des nächtlichen Sternenhimmels, oder waren die Blicke doch nur auf die Endlichkeit ihrer leidenden Seelen und schmerzenden Herzen gerichtet? Auf alle Fälle wurde kein Wort gesprochen und Vater, Mutter und Sohn hingen phantasierend ihren Gedanken nach.

Auf einmal hockte Pascal aber nicht mehr im Esszimmer, sondern in seinem Klassenzimmer. Neben ihm saß nicht mehr Müeti, aber jetzt Gottlieb Fahner und spielte mit kleinen und großen Glaskugeln. Er ließ eine nach der andern ins Tintenfässchen, das oben im Pult versenkt lag, plumpsen und fischte sie wieder heraus, dabei verschmierte er sich die Hände und Kleider mit Tinte, die sich plötzlich rot verfärbte und aussah wie Blut. Im Raum wimmelte es auf einmal von lauter Mäusen und die Mädchen fingen an zu kreischen, wie eine Schar vertriebener Spatzen. Pascal rief seinen Gehilfen Peter und Werner, den grauen Tierchen nachzurennen und sie einzufangen. Doch diese stützten sich auf einen Gehstock und grinsten zuerst nur über Pascal, bis sie beide schließlich in schallendes Gelächter ausbrachen. Ganz hinten in der Zimmerecke stand der betagte Gemeindemauser und zeigte mit seiner gigantischen Nase, wie mit einem Finger, unablässig gegen das vorderste Fenster des Schulzimmers. Seine blutleeren Lippen bewegten sich und versuchten, etwas zu sagen. Vor dem Fenster an der frischen Luft entdeckte Pascal schwarze Gestalten, die dort in der Luft hingen, Fledermäusen gleich, und als er genau hinsah, erblickte er in den dunklen Figuren seine Eltern und die Gesellen, die Einlass begehrten. Pascal wollte aufstehen und ihnen das Fenster öffnen, aber er wurde von einer Hand zurückgehalten. Sie gehörte Lehrer Gehring, der in der andern Hand den geöffneten Schulrodel hielt und anfing, laut vorzulesen:

[1] schalldurchlässig/dünnwandig

«Hier steht geschrieben, dass du nicht mehr in die Schule kommen darfst. Ich will dich hier nie mehr sehen, bleib fortan zu Hause!»
Vater und Mutter und die Gesellen verfolgten das Spektakel, aber konnten Pascal nicht helfen, weil sie ausgeschlossen waren, und seine Schulkameraden, Peter Sandmeier, Werner Feldmann und Gottlieb Fahner, lachten immer lauter, voller Hohn und mit dummschlauer Verachtung in die Schulstube hinaus. Auch der Feldmauser hinten im Zimmer grinste. Auf einmal wuchs aus seiner gigantischen Nase ein rußschwarzer Kuhschwanz heraus. Der pechige Schwanz peitschte wild um sich herum und schlug Gehring ins Gesicht. Der Boden unter Pascals Füßen gab nach und er stürzte in die Tiefe, fiel tiefer und tiefer, schneller und schneller und endlich erwachte er schweißgebadet und völlig verwirrt in seinem Bett, um ihn die finstere Nacht und nebenan, aus dem ringhörigen[1] Elternschlafzimmer, hörte er den Vater friedlich schnarchen. Pascal konnte nicht mehr einschlafen und blieb halbwach liegen. Da sah er auf einmal seinen Bruder Paul, ganz deutlich vor seinen Augen. Er wachste und polierte seine Skilatten und legte sie in einen Holzsarg. Doch plötzlich lag der Bruder selber darin, mit geschlossenen Augen und aufgesetzter Brille und einer weißen Rose in den Fingern. Hinter dem Totenschrein, in der finstersten Ecke des Zimmers, lauerte Ätti, wie aus dem Nichts aufgetaucht, gleich wie damals an der Aare, als Pascal ins Wasser wollte, und nahm den Buben an der Hand.

Am nächsten Morgen war Pascal fast nicht wach zu bringen, sein Herz und seine Seele hatten wieder einmal die ganze Nacht schmerzlich geblutet.

Seelischer Zusammenbruch

Wenn Sorgen das Leben verfinstern, läuft wenigstens die Zeit weiter. Sie alleine vermag ein todbringendes Gerinnsel in der Seele aufzulösen, damit der Gemütssaft wieder in den Körper hinausströmen kann, wie das ernährende Regenwasser nach einer langen Trockenperiode in die verdorrte Erde. Das Gerinnsel, das Pascals Seele verstopft hatte, hieß Gehring, und Gottlieb Fahners dumme Worte hatten sein Gemüt verbrannt.

Der Kaminfegerbub begehrte fortan nicht mehr, zur Schule zu gehen, nicht mehr, Laubhütten zu bauen mit den Kameraden. Auch Mäuse wollte er keine mehr fangen und heuen und Plackenstechen noch weniger. Pascal wurde von Tag zu Tag ernster und zog sich mehr und mehr zurück. Er ließ die Schulaufgaben liegen und holte sich dafür in der Gemeindebibliothek Bücher, die er in seinem Zimmer versteckte und in der Nacht unter der Bettdecke und im Licht der Taschenlampe gierig verschlang. Alles, was ihm zwischen die Finger kam, wurde gelesen. Manche Zeile konnte er noch nicht verstehen, andere waren wie für ihn geschrieben. Wenn er im Bett lag und nicht gerade las, sinnierte er vor sich hin und fast keine Nacht ging vorüber, ohne dass er nicht schlecht und böse geträumt oder Angst gehabt hätte. Pascal hatte in so kurzer Zeit so viel gelitten, dass er dereinst sündigen könnte, so viel er wollte, der liebe Gott hatte ihn schon zum Voraus bestraft. Die Volkszählung des Kaisers Augustus hatte das Gemüt des Buben zertrümmert wie eine Explosion ein Flugzeug in der Luft, und es lagen nur noch Trümmer der Seele herum. Da es für seelische Erschütterungen nur ein allmähliches und sehr langsames Vergessen und keine sofortige Wunderheilung gibt, konnte für Pascal einzig die Zeit Arzt und Helfer sein. Aber die Zeit hatte es nicht eilig, weil sie eben die Zeit ist und Zeit hat. Der Mensch mag sehnen und bangen so lange er will, die Zeit beeindruckt das nicht. Auf der steilen Treppe hinauf zur Heilung gibt es viele Stufen zu überwinden und je höher gestiegen werden soll, desto müder werden die Beine und schwächer der Atem, und desto länger braucht es zur Genesung.

Die Schule wurde Pascal zum Muss. Glänzte er früher mit flüssigen Aufsätzen, Rechenkünsten und farbenfrohen Zeichnungen, so brillierte er jetzt mit Konzentrationsschwächen und Lernblockaden, Angstzuständen und Aggressionen gegen den Lehrer und seine Mitschüler. Niemand konnte ihm helfen, weder Vater noch Mutter, da er sich niemandem mehr offenbarte, er traute auch niemandem mehr. Er musste das traumatische Erlebnis selber verarbeiten. Mehr und mehr scherte Pascal in der Schule aus und begehrte auf, nicht aus Frechheit, sondern aus verletztem Stolz und zum Selbstschutz. Pascal fing an, sich zu verteidigen, noch ehe er angegriffen wurde, und störte damit den Unterricht. Nun hatte er auch starke Arme und schnelle Beine bekommen und ließ sich von der aufgezogenen Hand Gehrings nicht mehr so schnell beeindrucken. Er zog sogar selber auf, was den schmächtigen Lehrer einen Schritt zurückweichen ließ. Pascals Psyche hatte auf das Schockerlebnis mit einem seelischen Zusammenbruch reagiert, er wurde nicht nur aggressiv, sondern auch chaotisch, inszenierte laufend Schlägereien auf dem Pausenplatz und brach einem Siebentklässler bei einer Rauferei sogar einen Arm. In seinen Zeichnungen herrschten fortan dunkle Farben und von seinen Bergen stürzten mächtige Lawinen herunter und begruben das ganze Dorf und alle Menschen darunter. Am Rande seines Zeichenblattes hatte er Särge und Grabsteine hingekritzelt.

Er zog sich immer mehr zurück und verbrachte Stunden und Tage allein in seinem Zimmer, selbst wenn unter freiem Himmel die Sonne schien und es Mensch und Tier an allen Fasern hinauszog. Er las oder lag auf dem Bett und träumte mit offenen Augen vor sich hin, versunken in der eigenen Welt. Seine schulischen Leistungen brachen vollständig ein, Lehrer Gehring beachtete ihn kaum mehr und ließ ihn mehr und mehr links liegen. Pascal durfte keine Aufsätze mehr vorlesen und wurde auch in den Rechenspielen nicht mehr aufgerufen. Einzig im Turnen brillierte er, stieß die Kugel am weitesten, stemmte schwerste Gewichte, und beim Völkerballspiel zielte er mehr als einmal auf den verhassten Pauker, der als Schiedsrichter am Rand des Spielfeldes stand und eilig wegspringen musste. Aber auch die Kameraden fürchteten seine Hammerschüsse und wichen ihnen aus. Jeder war froh, in seiner Mannschaft mitspielen zu dürfen, um nicht auch noch abgeknallt zu werden. Und langsam kündigte sich schon die nächste Katastrophe an.

Die Sekundarschulprüfung

Es ging um die Sekundarschule. Lehrer Gehring hatte den Eltern schon in der vierten und erst recht in der fünften Klasse geraten, den Buben erst gar nicht ins Examen zu schicken, da er nicht die geringste Chance eines Erfolges sah. Wenn Pascals Zeugnisse früher nur so von Sechsern strotzten, reichte es im letzten nicht einmal mehr im Handwerken zur Bestnote, von den andern Fächern ganz zu schweigen. Nicht etwa, weil er mit

Hammer und Nagel plötzlich weniger flink umgegangen wäre, sondern weil er einfach nicht mehr machte, was man ihn hieß, und bloß noch tat, was ihm passte. Pascal war durchs Band ein renitenter Knabe geworden und bockte wie ein sturer Esel. Im Turnunterricht fand er die Freiübungen ein lächerliches Weibergehopse und blieb einfach stehen, da mochte Gehring wettern, wie er wollte, Pascal lachte ihn bloß aus. Verwies ihn der Pädagoge aus der Stunde, riskierte er, durch faule Sprüche des Kaminfegersohnes vor der ganzen Klasse lächerlich gemacht zu werden, und so ließ er den Bengel einfach stehen. Um das schulmeisterliche Gesicht nicht ganz zu verlieren, «verprügelte» der Pauker seinen ungeliebten Schüler fast jeden Tag mit Strafaufgaben und Nachsitzen oder anderen gehringschen Schikanen.

Das Examen für die Aufnahme in die Sekundarschule fand jeweils im Frühjahr statt. Wer etwas galt im Dorfe oder etwas Anständiges werden wollte, musste Eleve dieser elitären Schule sein. Dem so genannt normalen Kind, wie der Tochter des Gemeindepräsidenten oder dem Sohn des Doktors, gelang der Sprung in die Sekundarschule in aller Regel von der vierten Klasse aus, dem minder normalen Kind erst von der fünften und dem dummen nie. Die Sekundarschule spaltete das friedvolle Dorf seit Ewigkeiten in gescheite und beschränkte Einwohner. Das Schisma der Gemeindeintelligenz spaltete die Bevölkerung aber auch in gesellschaftlicher Hinsicht, in wertvolle und weniger wertvolle Menschen. Freunde oder Freundinnen aus der Primarschulzeit verkehrten als Sekundarschüler und auch später nicht mehr miteinander, genauso wenig wie deren Familien, ungeachtet, ob man nebeneinander, über- oder untereinander wohnte. Die Sekundarschüler stellten fortan das auserwählte Volk dar, sozusagen das Maß aller Dinge im Hasli, während die Primarler das biedere Fußvolk blieben.

Trotz allen Widerwärtigkeiten bemühte sich Pascal, Mitglied dieser elitären Institution zu werden, sogar zweimal. Ein erstes Mal in diesem und ein zweites im darauf folgenden Jahr, allerdings mit dem relativ kurzlebigen Erfolg, dass er im Ganzen gesehen nur zwei Tage seines Lebens, nämlich an den Prüfungstagen, Sekundarschüler des Amtes Oberhasli war, die restliche Zeit verbrachte Pascal nach wie vor in der Primarschule. Aber nicht genug mit der betrüblichen Schmach des zweimaligen Scheiterns im Examen. Das unabänderliche Los wollte es, dass Lehrer

Gehring auch noch in der sechsten Primarklasse sein Lehrer blieb, weil er in jenem Frühling zum so genannten Oberlehrer und gleichzeitig stellvertretenden Vorsteher der Schule befördert wurde. Mit diesem neuen Amt hatte er die Sechstklässler zu übernehmen, mit andern Worten die Schüler, welche entweder zum zweiten Mal in der Sekundarschulprüfung durchgefallen waren wie Pascal, oder solche, die wegen ungenügender Leistungen quasi vom wohllöblichen Sekundarschüler wieder zum banalen Primarler zurückgestutzt wurden, überdies gab es noch einen oder zwei, die sitzen geblieben waren. Das schlechte Verhältnis zwischen Gehring und Pascal konnte somit ohne Unterbruch weiterwachsen, was prompt dazu führte, dass der Schüler noch eine Spur renitenter und der Pauker noch eine Spur perfider wurde, günstigste Voraussetzungen für die nächste Katastrophe.

Chorgesang

Am ersten Samstag im neuen Schuljahr, in der letzten Schulstunde von elf bis zwölf Uhr, fand das so genannte Chorsingen der Oberstufe statt. Der Chor wurde normalerweise von Oberlehrer Zenger geleitet. Da Zenger an diesem Samstag nicht abkömmlich war und als Viehhändler auf einem Kuhmarkt punkten musste, übernahm sein frisch ernannter Stellvertreter bereitwillig den Taktstock. Seit der Beförderung trug Lehrer Gehring, sozusagen als äußeres Zeichen seiner neuen Würde und Macht, eine randlose Brille und betrat an jenem Samstag, nach der letzten Pause, breitspurig den Singsaal. Die Fünftklässler saßen zuvorderst, dahinter die älteren Schüler, streng nach ihren Klassen geordnet und fein säuberlich nach Mädchen und Knaben getrennt. Zuhinterst, auf Holzpodesten, jene Knaben, die im Stimmumbruch waren. Unter diesen hockte auch Pascal. Da die Jünglinge mit ihren brechenden oder bereits gebrochenen Stimmen nur noch Misstöne im erlauchten Chor produzierten, waren sie vom aktiven Gesang dispensiert. Zum Zwecke der musikalischen Weiterbildung und Erziehung hatten sie jedoch als aufmerksame Zuhörer wenigstens im Raum gegenwärtig zu sein. Sie durften ihr Ohr an den melodiösen Künsten der Jüngern schulen, aber hatten zu schweigen und sich auch sonst ruhig zu verhalten. Nur das Lesen war ihnen gestattet.

Da Pascal in der Pause mit irgendeinem Kameraden gebalgt und keine Zeit gehabt hatte, sein Pausenbrot zu essen, holte er dies im Singsaal, hinten auf seinem Stuhl, ein Buch lesend, nach. Wo der verhasste Schüler auch immer verweilen mochte, spähten auch Gehrings Augen hin und entdeckten sogleich den schmatzenden Lieblingsfeind. Erzürnt ob dessen Dreistigkeit, sich während der hehren Gesänge seiner Mitschüler kulinarischen Genüssen hinzugeben, zitierte der Pauker den Ahnungslosen nach vorne und verpasste ihm kurzerhand eine saftige Ohrfeige. Dabei traf die Hand des Erziehers unglücklicherweise nicht das Ohr, das diese ihrem Namen nach eigentlich hätte treffen sollen, sondern die Nase des Buben. Das Unheilvolle daran war, dass Pascal eben diese Nase am letzten Jungschwingertag vor einer Woche gebrochen hatte und sie noch schrecklich weh tat und natürlich noch erheblich mehr, als Gehrings Hand darauf landete. Von der stechenden Pein übermannt, schlug Pascal ebenso unbesonnen zurück und traf Gehrings neue Brille, die nach einem ausgedehnten Höhenflug auf dem harten Steinboden landete. Mehr aus Schrecken denn wegen Pascals Schlag, kam Gehring zu Fall, fuchtelte fallend wild um sich und verwünschte den kräftigen Jungschwinger mit bösen Flüchen. Worauf dieser die randlose Brille seines Peinigers, zum Gaudi des ganzen Singsaales und zum Leid des Pädagogen, zertrampelte. Pascal zermalmte das optische Gerät mit der rechten Schuhspitze, als wäre es eine widerliche, dicke Spinne. Nach vollbrachter Tat trottete er unter stillem Applaus der Schüler aus dem Singsaal hinaus und schlenderte auf Umwegen nach Hause. Im gelben Haus angekommen, ließ er den leidigen Vorfall auf sich beruhen und erwähnte ihn am Mittagstisch mit keinem Wort.

Am nächsten Tag, einem Sonntag, kannte bereits das halbe Oberhasli die Ohrfeigengeschichte und dichtete dieses und jenes noch hinzu. Pascals Lager behauptete, Gehring hätte ihm die Nase bis zur Unkenntlichkeit zertrümmert und werde deshalb vermutlich in Ketten gelegt oder sogar des Landes verwiesen. Gehrings Seite dagegen wusste, dass der arme Pauker seither nichts mehr sehe, weil ihm der jugendliche Wüstling die Augen herausgeschlagen habe, der jugendliche Unhold werde nun aufs Rad geflochten und dann von der Schule gewiesen. Nichtsdestotrotz wurde Pascal am Sonntag, als er auf dem Sportplatz erschien, wo eben die Fußballelf von Meiringen gegen den FC Rothorn spielte, wie ein trojanischer Held gefeiert. Die Kameraden umringten und bewunderten ihn, als wäre er Schwingerkönig geworden, und die Mädchen tuschelten dicht an seinem Wege in jungfräulicher Verzückung und lächelten ihm halb schamhaft, halb provozierend zu. Die erwachsenen Meiringer grinsten verstohlen auf den Stockzähnen und nicht wenige wären stolz gewesen, selber einen solchen Sohn zu haben, freilich ohne es öffentlich zuzugeben. Die Mütter dagegen riefen ihre verliebten Töchter aus Pascals Nähe zurück und begriffen nicht, was es an diesem unverschämten Kerl anzuhimmeln gab.

Am nächsten Schultag regnete es für Pascal trotz wolkenlosem Himmel in Strömen. Der Montag wurde zu seinem Karfreitag. Als der Kaminfegerbub das Schulhaus betrat, stand Pontius Pilatus bereits an Ort und Stelle, in der erschreckenden Gestalt des Schulvorstehers, Oberlehrers und Viehhändlers Karl Zenger. Dieser atmete breitbrüstig und sah aus wie ein grimmiger Stier. Der Alte stützte sich auf seinen Gehstock, das gewaltige Insignum seiner Macht. Der Stock war ihm, was Königen das Zepter. Aus der rechten Sakkotasche des Schulmeisters lugte verschlagen und unheimlich blinzelnd sein Kalberstrick hervor, bereit, den missratenen Schüler am nächsten Ast aufzuhängen. Aus der linken Tasche dagegen äugte ein rot-weiß kariertes Nastuch hervor, als möchte es sagen:

«Pascal, ich trockne dir dann die letzten Tränen ab, bevor sie dich aufknüpfen.»

Das Herz stockte dem Buben beim Anblick des gefürchteten Wuchses des Schulvorstehers und drohte beinahe stehen zu bleiben. Schon brüllte ihn Zenger an und hob den harten Holzstock, als wolle er den Knaben gleich an Ort und Stelle erschlagen. Zengers gewaltige Hiebe hatten schon Generationen von Schülern über sich ergehen lassen müssen. Die rohe Stimme des Oberlehrers befahl dem gestrigen Helden von Troja barsch, ihm ins Lehrerzimmer zu folgen. Der Schulvorsteher humpelte voraus und der erbärmliche Sünder hintennach. Links und rechts säumten die Mitschüler Pascals Karfreitagsweg, ängstlich schweigend und mit weit aufgerissenen Augen. Nicht einer, der ihn gestern noch gefeiert hatte, lachte mehr oder umjubelte ihn. Die Verehrer vom Palmsonntag trauten sich nicht einmal mehr, ihn anzuschauen. Alle blickten weg, auf den Boden oder mit dummschlauen Augen in den frühen Morgen hinaus. Jene, die den Schwingerbuben am lautesten unterstützt hatten und seine Tat nicht hoch genug lobpreisen konnten, standen auch jetzt wieder zuvorderst, aber heute gegen ihn und lästerten und schimpften mit erhobener Faust. Sie gönnten ihrem Kameraden den Spießrutenlauf von Herzen und wären gerne mit ihrem ganzen Gewicht noch an sein Kreuz gehangen und hätten ihm am liebsten noch ein Bein gestellt oder die Faust ins Gesicht geschlagen.

Wer im Lebensfensterchen ein wenig zu weit hinauslehnt, wie Pascal, bekommt leicht das Übergewicht und fällt hinaus, vor allem, wenn noch ein wenig nachgestoßen wird. Leute, die etwas außerhalb der Norm stehen, sind ihr ganzes Leben lang von freundlichen Feinden und herzlichen Neidern umgeben. Das musste auch Pascal an seinem Karfreitag bitter erfahren. Die Jubelstimmung war in Rachestimmung umgeschlagen. Kein einziger Schulkamerad hätte für ihn auch nur einen kleinen Finger gekrümmt. Die Menschen des Palmsonntags sind eben auch immer die des Karfreitags und säumen den Palmen- wie den Dornenweg des Nachbars, wie lästige Wespen eine reife Frucht. Führt der Weg des Menschen nach oben, weichen die allgegenwärtigen Neidhammel verhalten in hintere Reihen zurück und warten stumm, bis sich die Wegrichtung des Kommenden ändert und wieder nach unten zeigt, um sich im rechten Moment wieder in die vorderste Reihe zu drängen, wo sie sich näher am Absturz des Mitmenschen ergötzen können.

Im Lehrerzimmer, auf dessen Eingangstüre der viel sagende Name

Konferenzzimmer hingemalt war, musste Pascal den leidigen Zwischenfall im Chorsingen genau schildern. Als er bei seinem Gegenschlag angelangt war, drehte ihm Zenger plötzlich den Rücken und Pascal meinte, ihn hämisch grinsen zu hören, dann meinte der Schüler kleinlaut:
«Wenn mich Herr Gehring nicht auf die gebrochene Nase getroffen hätte, würde ich sicher nicht zurückgeschlagen haben, aber es schmerzte so höllisch, dass ich gar nicht anders konnte.»
Der Vorsteher drehte sich wieder dem Buben zu und befahl ihm, die Hand hinzuhalten, welche den Lehrer malträtiert hatte. Und da prasselte auch schon Zengers Gehstock auf den hingestreckten Handrücken nieder, dass Pascal nur noch die Sterne sah.
«Und jetzt zeig den Fuß, mit dem du die Brille zerstampft hast»,
fuhr Zenger energisch fort und schon sauste die Stockspitze auf die Schuhnase des Sünders hinunter und augenblicklich mimte Pascal Höllenschmerzen, dabei spürte er den Schlag kaum, weil die Schuhe aus dickem Leder bestanden und erst noch eine solide Metallnase trugen. Darauf meinte der grobschlächtige Oberlehrer und Viehhändler, allmählich versöhnlicher werdend:
«Zu meiner Zeit hätte man einem Knaben wie dir die streitsüchtigen Körperteile glatt abgeschnitten, im Übrigen will ich von dir in der nächsten Zeit nichts mehr hören.»
Zenger legte eine gekünstelte Pause ein, kniff seine verschlagenen Augen zusammen, derweil Pascal weitere Stockhiebe erwartete. Der schulmeisterliche Peiniger trat ganz nahe an den Schüler heran und fragte im Flüsterton:
«Doch, etwas möchte ich von dir noch hören.»
Pascal wartete angespannt und schielte mit dem einen Auge auf den gefürchteten Stock, mit dem andern nach dem günstigsten Fluchtweg, als der Viehhändler mit gedämpfter Stimme fortfuhr:
«Wer hat denn nun gewonnen?»
Pascal konnte mit der zweischneidigen Frage nichts anfangen, er wusste gar nicht, worauf Zenger eigentlich hinaus wollte. Vielleicht auf den unseligen Kampf mit Lehrer Gehring im Chorsingen oder die soeben erduldete Strafe, also auf den erlebten Palmsonntag oder den heutigen Karfreitag. Der Schüler blieb verdutzt stehen in der Meinung, der schlaue Oberlehrer könnte ihm eine Fangfrage gestellt haben, also hieß es erst

recht aufpassen. Als von Pascal keine Antwort zu vernehmen war, blinzelte der Alte hinterhältig, wie das bei Viehhändlern so gang und gäbe ist, und meinte zum Schluss:
«Ich wollte eigentlich nur noch wissen, ob du den Bubenschwinget trotz deiner gebrochenen Nase gewonnen hast.»
Pascal bejahte kaum hörbar und schickte sich an, das Lehrerzimmer schleunigst zu verlassen, als ihm Zenger im Weggehen verhalten, aber gut verständlich nachrief:
«Gut so, aber sag deinem Vater noch, ich hätte ihm einen guten Jährling.»

Gehrings Antrag an die Schulkommission

Gehring wurde am nächsten Tag vom Schulvorsteher Zenger über die erfolgte Züchtigung des ungeliebten Schülers informiert. Der gekränkte Junglehrer war indes nicht bereit, dieses Thema damit sang- und klanglos abzuhaken. Er traute seinem älteren Kollegen auch nicht recht und war deshalb nicht sicher, ob dieser den Bengel wirklich bestraft hatte oder es nur behauptete, und gelangte daher mit einem schriftlichen Antrag an die Schulkommission, sie möge den Schüler Pascal in die Förderklasse versetzen. In der Förderklasse oder Spezialklasse, wie sie auch genannt wurde, saßen die geistig zurückgebliebenen Kinder der Gemeinde, eine kleine Handvoll, die weder lesen noch schreiben und zum Teil auch nicht recht sprechen konnte, es bestand auch wenig Aussicht, dass sie es einmal lernten. Mit diesen bedauernswerten Geschöpfen zeichnete man den lieben langen Tag oder spazierte, wenn es nicht gerade hagelte oder fürchterlich schneite, denn sonst wären sie an der frischen Luft auch noch körperlich krank geworden.

In der Primarschulkommission, die bereits in den nächsten Tagen das Traktandum Pascal zu behandeln hatte, saßen neben den fünf von der Gemeinde gewählten Vertretern von Amtes wegen der Vorsteher der Schule, Oberlehrer Zenger, und Doktor Gut, der Schularzt. Als Präsident des erlauchten Gremiums amtete der Holzhändler, assistiert von vier weiteren Herren, die zum Teil auch im Gemeinderat, in der Bäuertgemeinde oder wenigstens im Kirchenausschuss schalteten und walteten, wie es ihnen beliebte, und somit quasi das Wetter im Dorf bestimmten. Diese fünf allmächtigen Kronen der Schöpfung, als heilige Einheit vereint, ähnlich den Fingern an einer Hand, ließen es im Tal entweder schneien oder regnen oder hatten es eben in den Händen, Schüler hinauf oder hinunter, in seltenen Fällen sogar in die Spezialklasse zu befördern. Lehrer Gehring, der neue Stellvertreter des Vorstehers, führte normalerweise das Protokoll der Sitzungen, hatte jedoch beim Traktandum «Pascal», auf Ansuchen Zengers, als Partei und Ankläger in den Ausstand zu treten. Das ahnte der Junglehrer zum Voraus und reicherte deshalb sein schriftliches Gesuch um Versetzung des verhassten Schülers mit allen möglichen und unmöglichen schulmeisterlichen Allüren und Schikanen an.

Der Holzwarenfabrikant als Präsident der Kommission ließ Oberlehrer Zenger den Vorfall im Chorsingen schildern, obschon ihn jedes Mitglied bereits in- und auswendig kannte. Nach der kurzen Darlegung der Geschichte las der Vorsitzende nunmehr den offiziellen Versetzungsantrag des malträtierten Lehrers vor. Gehring bat die Schulkommission, den rüpelhaften Schüler so schnell wie möglich aus seiner Klasse zu entfernen, damit der reguläre Schulbetrieb wieder gewährleistet sei. In seiner Klasse sei durch Pascal der Respekt verloren gegangen und es herrsche eine geistige Heimatlosigkeit und Verunsicherung. Überdies sei der besagte Bube auch gottlos, was bereits vor Zeiten, nämlich an der Schulweihnacht in der vierten Klasse, deutlich zum Ausdruck gekommen sei. Pascal sei innerlich verdorben wie ein fauler Apfel und stecke nur noch die gesunden an. Da die Adoptiveltern mit der Erziehung ihres Pflegekindes ganz offensichtlich überfordert seien, müsse nun von Amtes wegen der Riegel geschoben werden. Das Ziel seiner Intervention sei die Wiederherstellung der Stabilität und Sicherheit in seiner Klasse, die mit dem rüpelhaften Schüler, der völlig unnahbar, unfolgsam und aufwieglerisch sei, nicht mehr gewährleistet sei. Er mache nur noch, was er wolle, und gefährde bloß noch das Fortkommen der Mitschüler. Pascal habe weder ein gefühlsmäßiges Empfinden, noch sei er bildungsfähig und störe de facto sogar die intellektuelle und emotionale Entwicklung der andern, damit könne keine ausgeglichene Beziehung zur Klasse und dem Lehrer aufgebaut werden. Pascal brauche praktisch eine individuelle Betreuung und dies würde ihn, als Lehrer, viel zu stark in Anspruch nehmen

und für die Übrigen hätte er dann zu wenig Zeit. Eine Einzelbetreuung mit genügend Zeit gäbe es nur in der Förderklasse, dort könne der Selbstheilungsprozess des schwierigen Knaben am ehesten unterstützt und sein psychisches und physisches Gleichgewicht wieder gefunden werden. Der Fabrikant legte den verlesenen Brief mit einem tiefen Seufzer auf den Tisch, als hätte er eben eine Augustrede hinter sich gebracht, und wartete auf den Applaus der Zuhörer.
«So, meine Herren, Sie haben nun gehört, dass weder an diesem Buben noch an seinen Pflegeeltern etwas Gutes ist. Ich frage Sie jetzt um Ihre Meinung.»
Der Holzhändler schaute in die schweigende Runde und gab das Wort zuerst dem Baumeister Bartolini. Der ehemalige Sohn des Südens schwieg zuerst, als müsste er nachdenken, dann blickte er von einem Kommissionsmitglied zum andern und entnahm ihrem betretenen Schweigen Zustimmung. Er nickte zufrieden und wandte sich an den Präsidenten:
«Ich unterstütze den Antrag.»
Diese Antwort war zu erwarten gewesen. Jeder im Raum wusste auch um die Beweggründe dafür, von denen sogleich noch die Rede sein wird. Zu opponieren traute sich indes keiner. Erstens ging es niemanden etwas an, es war Bartolinis Problem und zweitens wollte man es mit dem vermögenden Geschäftsmann nicht verderben. Um wenigstens verschwommen angedeutet zu haben, dass man theoretisch nicht nur des Baumeisters Meinung sein könnte, sondern eigentlich den Buben auch hätte anhören sollen, dies aber bloß dachte und nicht ernsthaft in die Tat umzusetzen bereit war, schauten sich die Herren stumm und damit nichts sagend an. Das unerwartete Schweigen irritierte den Unternehmer nun doch ein wenig, sodass er sich leicht enttäuscht zur Bemerkung verleiten ließ:
«Der Armbrecher muss nun einmal bestraft werden.»
Pascal hatte nämlich seinen Sohn, den zwei Jahre älteren Antonio, vor geraumer Zeit arg verdroschen und ihm dabei angeblich den linken Arm gebrochen. Der hinterhältige Baumeistersohn hatte versucht, Pascals Fahrrad zu «stechen», und sich dummerweise dabei vom Schwingerbub erwischen lassen, deshalb verprügelte ihn dieser kurzerhand. Bei der Keilerei stürzte der Ältere so unglücklich auf einen Randstein des Pausenplatzes, dass er den Arm brach. Dass der Sprössling des Unternehmers Pascals Rad stechen wollte, erwähnte Papa natürlich nicht, aber jeder im

Sitzungszimmer wusste davon, das ganze Dorf wusste es. Man redete damals vom Armbruch wie von einem Gottesgericht.

Der Holzhändler nahm des Baumeisters Urteil mit Wohlgefallen entgegen und ließ seine Augen zum nächsten Richter wandern, zum Kommissionsmitglied Lehmann, dem Gemeinderat und Eisenhändler. Diesem passte es schon lange nicht mehr, dass Kaminfeger-Heri angefangen hatte, Kochherdplatten zu verkaufen, die er selber im Angebot hatte und auf denen er seit Heris Handel mit ähnlichen Platten sitzen blieb. Also nickte auch Gemeinderat und Neidhammel Lehmann zustimmend. Nun kam die Reihe an den Garagisten. Der Autohändler bekundete sein Einverständnis schon, ehe er überhaupt richtig gefragt wurde. Mit Pascals menschlicher Zurückstufung konnte er gleich zwei Fliegen auf einen Schlag treffen, den Vater und den Sohn. Der Kaminfeger hatte bei der Konkurrenz einen Volkswagen gekauft, anstatt bei ihm einen neuen Ford, und mit dem Versetzen des Sohnes vom unteren ins obere Schulhaus, wo neben den elitären Sekundarschülern im dunkelsten Schulzimmer auf die Nordseite hinaus auch noch die schwächsten Schüler des ganzen Tales untergebracht waren, wusste der Garagist den Bengel zudem endlich aus dem Umfeld seiner Tochter gezogen. Brigitte, das wohl behütete Töchterchen, saß zwar erst in der vierten Primarklasse, aber himmelte den älteren Schwingerbuben bereits an und wusste zu Hause nur noch von seinem Mut und seiner Kraft zu berichten. Die geheime Liebelei war indes weder Pascal noch sonst jemandem bekannt, außer eben Brigitte selber und ihrem gebeutelten Vater. Wenige Minuten später zollte auch noch das letzte Kommissionsmitglied, Prokurist Längenacker, dem Antrag Gehring Beifall. Sein Sohn hatte am letzten Kalchofenrennen den ersten Platz dem Kaminfegersohn abtreten müssen, nachdem er lange die Abfahrt mit der Bestzeit angeführt hatte und von den Eltern bereits heimlich als Sieger gefeiert worden war, bis Pascal mit einer noch schnelleren Zeit das Ziel passierte. Die fünf Männer schlugen nun alle im gleichen Takt, wie damals die Pendeluhren in der Wirtsstube des Adlers nach der Gemeindeversammlung und der hitzigen Debatte über die Löhne der Lehrer und Pfarrherren. Man war wieder einmal dem Gesetz der gekoppelten Schwingung unterlegen.

Einzig Zenger und der Doktor sahen den Knaben in einem anderen Licht. So hob in den nächsten Minuten hinter der verschlossenen Türe des

Sitzungszimmers ein Argumentieren und Diskutieren der beiden Anwälte von Pascal an, dass der eingeschlagene Rhythmus der fünf Pendeluhren im Konferenzraum allmählich, aber sicher, durcheinander geriet und nach und nach in den Takt des Doktors und Oberlehrers umschwenkte. Dank den beiden Verteidigern und deren Plädoyers konnte Pascal schließlich in der Primarschule bleiben. Doktor Gut und der Schulvorsteher sahen des Knaben Veränderung als logische Folge des Schocks, den er an besagter Schulweihnacht erlitten, und der ihn völlig aus der Bahn geworfen hatte. Geradezu als lächerliche Ironie des Schicksals interpretierten die beiden Männer den Umstand, dass nun ausgerechnet Lehrer Gehring, der den ganzen Aufruhr eigentlich verursacht hatte, als Ankläger auftrat. Streng genommen und bei Lichte betrachtet gehöre dieser zur Rechenschaft gezogen und nicht der Bub. Beschämt blickten die fünf Rächer auf den Boden hinunter oder an die Zimmerdecke hinauf, und einer nach dem andern fing an, den armen Buben plötzlich zu verstehen, und in langsam einsetzendem Gleichtakt hob ein Rühmen und Loben an, er sei vorher ja wirklich ein gefreuter Bub gewesen und einen besseren Schüler hätte es schon lange nicht mehr gegeben. Man war sich auf einmal einig, dass Pascal bloß eine faire Chance und genügend Zeit bekommen müsse, dann ergäbe sich alles Weitere schon von selber. Als sich die Männer zur späten Stunde die Hand reichten, waren sie sich im Klaren, dass nicht Pascal bestraft werden sollte, sondern der Lehrer in die Schranken zu weisen sei. Zenger kam die vornehme Aufgabe zu, die Schranken aufzustellen, was dieser am liebsten noch in der gleichen Stunde getan hätte.

Der Beschluss der Schulkommission verbreitete sich im Dorf schneller als ein Brand im ausgetrockneten Wald bei starkem Föhn. Die Schulkameraden umjubelten ihren Schwingerhelden wieder und die Mütter schätzten es fortan, ihre Töchter in Pascals Nähe zu entdecken. Lehrer Gehring aber versuchte kein einziges Mal mehr, seinen ungeliebten Schüler zu maßregeln, und dieser ordnete sich langsam wieder in die Klasse ein, machte seine Aufgaben und verbesserte die Noten von Mal zu Mal. Seine ausgetrocknete Seele hatte angefangen, neuen Lebenssaft aufzusaugen, die Krusten seiner verhärteten Gefühle fielen allmählich ab wie Schuppen von den Haaren und seine Ängste flogen hinauf zu den Bergen und weit darüber hinaus.

Die Rechnung ohne den Wirt gemacht

Die Zeit flog nur so dahin und die Jahreszeiten reichten sich immer schneller die Hand. Der Frühling schien rascher vorüberzugehen als sonst und ließ den Sommer willig ins Land ziehen und dieser wiederum mochte kaum warten, bis er vom Herbst abgelöst wurde, und schon bald schneite es. Es war ein richtiger Stafettenlauf zwischen den Jahren und Pascal. In seinem Gesicht sprossen die ersten Schnauzhaare und ab und zu träumte er auch schon von einem Mädchen. Er war zu einem starken und nicht minder energischen Jüngling herangewachsen und war bereits im zweitletzten Schuljahr. Zu Gehring und dessen schulmeisterlichen Eskapaden und Schikanen hatte er bereits mehr als zwei Jahre Abstand. Der Unterricht bereitete ihm wieder Spaß und er hatte seine Mitschüler, einen nach dem andern, überholt und avancierte wieder zum Klassenbesten, wie seinerzeit vor der ominösen Volkszählung des Kaisers Augustus. Der Gemeindemauser mit der langen Nase und seinen Weinkuren lag schon geraume Zeit auf dem Friedhof und Pascal hatte der Mauserei endgültig den Rücken gekehrt und sah seine Zukunft nur noch in der praktischen Mechanik. Allmählich drängte auch die Zeit, sich ernsthaft mit der beruflichen Zukunft zu beschäftigen. Für Ätti war klar, dass sein Sohn Kaminfeger und Bauer werden und später das Geschäft und Höflein übernehmen und sein heiliges Erbe weitertragen würde, wie dereinst auch Pascals Sohn und dessen Sohn, bis es entweder kein Feuer mehr geben würde oder die Welt untergegangen wäre. Der Sprössling seinerseits wusste ebenso klar, dass er mit Sicherheit nicht Schornsteinfeger und noch weniger Bauer werden würde. Pascal hatte im Laufe der letzten Zeit besonderes Geschick mit Maschinen entwickelt, mit Vaters Motormäher und Volkswägelchen ebenso wie mit Mutters Staubsauger und Nähmaschine. Er wusste den halben Motor des Autos auseinander zu nehmen, zu reinigen und wieder korrekt einzubauen, reparierte ebenso geschickt Mutters Fruchtpresse, installierte elektrische Leitungen, soweit das Auge reichte, und sah sich als den geborenen Maschinenbauer oder Mechaniker. Allein, der ehrgeizige Jüngling hatte die Rechnung ohne den Wirt gemacht und dieser Wirt hieß Ätti und hatte ebenso konkrete Pläne geschmiedet wie der Sohn und auch bereits Fährten gelegt.

Das Ende einer guten Laune

Es war an einem Samstagabend im Frühherbst. Mutter hatte eben den Tisch fürs Nachtessen fertig gedeckt und wartete auf ihre Männer. Das würzige Emd[1] lag seit Tagen auf dem Heuboden, das Spätobst war saftig, süß und versprach, reichlichen und köstlichen Most zu geben. Die Alp hatte die Kühe gut genährt und gesund zurückgegeben und an der «Teileten»[2] hatte es reichlich Butter und Käse gegeben. Auch Moritz war kugelrund und grunzte wohlig in seinem Stall vor sich hin. Selbst die späten Bohnen im Gärtchen vor dem gelben Hause platzten aus allen Nähten. Alles in allem ein reiches und gottgefälliges Jahr für den Bauern wie für den Kaminfegermeister, denn auch die Rußerei der neuen Heizungen in den gemeindeeigenen Häusern lohnte sich besser als die der alten, engen und schwer zugänglichen Kessel von früher. Also, ein gesegnetes Jahr für den schwarzen wie den weißen Mann. Sogar die Zinsen für das Haus und Heimetli konnten vor dem Termin und erst noch mit einer anständigen Amortisation bezahlt werden. Was gibt es Wohlgefälligeres auf Gottes Erden als eine profitable Kaminfegerei und einen gesunden Stall voll milchiger Kühe und einer fetten Sau, der vom Hühnerhof legefreudige Hennen zugackern? Ätti hatte nachgelesen, dass der hundertjährige Kalender ihm einen schneearmen, aber frostigen Winter prophezeite, und darüber freute sich nun nicht nur der Bauer, sondern auch der Kaminfeger. Man durfte also mit sich, dem Boden und dem Himmel gleichermaßen zufrieden sein. Das mag materialistisch tönen, aber allein mit Geld sind fällige Schulden zu bezahlen und Lebensmittel zu kaufen. Der junge Mensch glaubt vielleicht in seiner ungestümen Sturm-und-Drang-Zeit, wenn er noch Kraft hat, Berge zu versetzen, Geld sei nicht so wichtig, aber das Alter wird ihn dann eines Besseren belehren. Mit wenig Geld läuft später nicht viel, mit keinem Geld gar nichts. Von guten Worten und einem Vergeltsgott wollen weder Banken noch Bäcker existieren.

Und bald saß man friedlich, bei bester Laune, am Esszimmertisch. Bäri, der Hund, schubste unter dem Tisch jeden ans Bein und wurde des Bettelns nicht müde, bis er sich endlich unter der langen Bank hinstreckte.

[1] Emd: schweizerisch für Grummet (zweites Heu).
[2] Teilete (= Chästeilet): Verteilung der Alpkäse, verbunden mit einem Volksfest.

Der Vater entkorkte einen trockenen Waadtländer, was selten genug vorkam, während Pascal überlegte, ob er sich zuerst ein währschaftes Stück geräucherte Hamme in den Teller legen oder doch besser mit einer würzigen Scheibe Alpkäse anfangen sollte. Auf dem Esszimmertisch türmten sich Esswaren, die für ein halbes Regiment gereicht hätten, und kein Magen brauchte Angst zu haben, hungrig vom Tisch gehen zu müssen. Manch einem Bauch hätte weniger besser getan. Die Gesellen und der Knecht waren bald fertig mit dem Essen und einer nach dem andern zwängte sich hinter dem Tisch hervor, um keine Sekunde mehr als nötig für den samstäglichen Ausgang zu verlieren. Der Meister schenkte sich und der Mutter noch ein Glas ein, prostete ihr und dem Sohn, den Einzigen von der üppigen Tafelrunde noch übrig Gebliebenen, zu und strahlte gut gelaunt, als wollte er sagen:

«Es geht uns eigentlich recht gut. Wir sind nicht arm und nicht reich, gerade so recht. Wir leben gut, haben eigenen Boden unter den Füßen und den Frieden im Haus und der Familie.»

Er stellte sein Glas genüsslich auf den Tisch, hielt inne und nickte selbstvergessen vor sich hin, dann orakelte er:

«Das wird auch in Zukunft so sein.»

Ätti schaute seinem Sohn am anderen Tischende fest in die Augen und fuhr selbstsicher fort:

«Wenn du einmal Kaminfeger wirst und später die Meisterprüfung bestehst, wird es auch für dich aufgehen, und wenn ich dann nicht mehr mag oder unter der Erde liege, übernimmst du den Kreis und ...»

Weiter kam der Vater nicht, denn Pascal fiel ihm laut und unbeherrscht ins Wort:

«Ich will aber nicht Kaminfeger werden und Bauer noch weniger, das weißt du genau. Ich werde Mechaniker.»

Augenblicklich trat betretene Stille ein. Vaters Gesicht versteinerte. Die Mutter schaute verlegen unter den Tisch und hieß den Hund, doch still zu sein, derweil sich das arme Tierchen gar nicht gerührt hatte. Pascal hatte überaus heftig und cholerisch reagiert und bereute auch schon sein impulsives Aufbrausen, aber nicht, seine Meinung dargelegt zu haben. Nun spielte er verlegen mit dem Essbesteck herum und beobachtete den enttäuschten Vater aus gesenkten und halb geschlossenen, gefährlich blitzenden Augen, bereit zum Sprung, wie eine Wildkatze. Ätti saß wie entseelt auf seiner Stabelle und schien zu ahnen, dass auch im gelben Hause die Nachfolgefrage zum archetypischen Problem zwischen alter und neuer Generation werden könnte. Eine Streitigkeit, die im ewigen Gegensatz des Sohnes zum Vater wurzelt und oft eigentlich nur das Problem des Vaters und nicht des Sohnes ist. Der erfahrene und vorausblickende alte Vater will doch immer nur das Beste für seinen Sprössling, aber dieser schwärmerische und unreife junge Mensch will seinen eigenen Weg gehen. Damit wird nicht der Sohn, sondern der Vater zum tragischen Helden.

Kaminfegermeister Seiler

Doch so rasch warf der Meiringer Kreiskaminfegermeister und Landwirt die Flinte nicht ins Korn, sondern rappelte sich ächzend vom Tiefschlag seines Sohnes wieder auf.
«Du könntest bei Meister Seiler im Frühling übers Jahr die Lehre anfangen. Er hat mir bereits zugesagt. Du könntest auch dort wohnen und essen.»
Pascal kam sich vor wie ein Stück Vieh, das verkauft und geschlachtet werden sollte. Man meinte, mit ihm tun und lassen zu können, was einem gerade so passte. Vielleicht wäre einer der nächsten väterlichen Schachzüge die Verkoppelung der Kaminfegerkinder und damit die Zusammenlegung der beiden Meisterkreise gewesen: Seilers Tochter Seria mit dem jungen Laubscher. Der Haslikreis mit dem Nachbarkreis, die altbewährte Heiratspolitik der Bauern und Könige. Der Kuhhandel der zwei Berufskollegen, welche sonst eher eine ambivalente Freundschaft verband, war minutiös ausgeklügelt und eingefädelt. Pascal kannte den alten Seiler und dessen Anhang. Ab und zu besuchten sich die Kaminfegermeister. Bei Speis und Trank wurde dann die Kaminfegerei durchgenommen, üblicherweise in jedem Detail bis hinunter zur Anschaffung des kleinsten Rußkratzers. Je nach Laune und Föhnlage kamen auch die Kinder und deren Zukunft daran, aber bereits nach wenigen Sekunden landeten die Meister wieder beim alten Thema, der Rußerei und dem schlechten oder guten Gang des Geschäftes, je nachdem. Beide Männer spielten immer mit gezinkten Karten und ließen sich nicht vom andern ins Spiel schauen.

So konnte ruhig über- oder untertrieben, gejammert oder angegeben werden. Die Angeberei einerseits und die Klagerei andererseits hatten allerdings ein deutlich erkennbares Gesicht, denn beide Meister wussten haargenau, wies dem andern ging. Jeder fand des andern Kreis größer, einträglicher, weniger weitläufig, mit willigeren Zahlern besiedelt und besser als alle Kreise der Kollegen im Unterland. Jeder Außenstehende hätte sich des Eindrucks nicht erwehren können, diese beiden Kaminfegereien im engen und felsigen Oberland seien eigentlich nur Hungertröge und deren Schlecker daran arme Schlucker und alle andern Kaminfeger in der übrigen Schweiz wären tausendmal besser dran.

Heiterer gings freilich zu und her, wenn die Meister miteinander einen Jass klopften oder gemeinsam eine Versammlung des Berufsverbandes besuchten, was nicht selten in ein feuchtfröhliches Fest ausartete. Manchmal durften die Söhne sogar mitgehen, vor allem, wenn diese schon älter waren und in die Fußspuren des Vaters zu treten beabsichtigten. Waren die Sprösslinge nach dem offiziellen Teil der Versammlung dann zugegen, hob ein Rühmen und Übertreiben der Väter an, dass es einem fast schwindlig wurde. Es gab keine besseren Söhne, weder gescheitere noch fleißigere, als die ihren. Buken diese jungen Herren später dann dunklere, kleinere oder überhaupt keine Brötchen mehr im Sinne ihrer Väter, versanken diese in tiefes Schweigen und erwähnten den vermeintlichen Kaminfegernachwuchs mit keiner Silbe mehr. Der eine oder andere Vater rechtfertigte den Absprung seines Sohnes mit Lungenproblemen, die wegen des staubigen Rußes plötzlich aufgetreten waren, oder offenen Händen von den ätzenden Schlemmmitteln. Dass dem einen oder anderen Sohn der Kaminfegerberuf einfach nicht zugesagt und er viel lieber einen andern erlernt hätte, verschwiegen die verletzten und bockbeinigen Väter geflissentlich. Wer von ihrer Generation hätte das schon verstanden? Ist doch der eingefleischte Berufsmann von seinem Metier und noch mehr von seinen Ansichten so überzeugt, dass er nur Vorteile in ihnen sieht, selbst wenn er sie an den Haaren herbeidichten muss.

Pascal erstarrte vor Schrecken. Ausgerechnet zu Seiler. Nie und nimmer würde er zu diesem in die Lehre gehen! Der Bub war von seiner heftigen Gegenwehr und seinem Ungehorsam gegenüber dem Vater selber überrascht und spähte hilfesuchend zur Mutter. Pascal wusste Bescheid über den alten, hemmungslosen Seiler. Es war nämlich weit herum bekannt, dass der schwarze Mann vom unteren Kreis nicht unbedingt ein arbeitswütiger Schornsteinfeger war, dafür ein geiler Bock, der jeder Serviertochter gerne unter den Rock langte. Daher hatte sich Frau Seiler im Laufe der Zeit von ihrem Mann angewidert abgewandt und sich zuerst an der Bibel berauscht, um kurze Zeit später, trunken von den frommen Sprüchen, in einer obskuren Sekte zu landen. Die bigotte Hausfrau sublimierte so ihr fleischliches Problem ins Überirdische und wurde eine fanatische Sektiererin. Sie brachte es ab und zu sogar zustande, die ganze Familie inklusive ihrem Alten in den ominösen Betverein mitzuschleppen. Nicht etwa, dass gegen ehrlich gemeinte Glaubensgemeinschaften etwas einzuwenden wäre, aber bei der seilerschen handelte es sich eher um einen obskuren Schwärmerverein. Bloß dessen Heil brachte nach Meinung der aktiven Mitglieder Erlösung und Frieden auf Erden und im Himmel. Alle übrigen Menschen auf dem weiten Globus mussten trostlos zugrunde gehen oder konnten bestenfalls in einem bösen Irrtum weiterleben, aber beim Jüngsten Gericht kämen selbst diese armen Tröpfe ganz schlecht weg, was ohne Zweifel ein einleuchtendes Argument war, diesem heiligen Club beizutreten.

Die beiden Seilersöhne, etliche Jahre älter als Pascal, fristeten ihr irdisches Dasein als lustlose Kaminfegergesellen unter der Fuchtel ihres herrschsüchtigen Vaters. Der ältere der Brüder wäre gerne Schreiner, der jüngere Bäcker geworden, was der Alte aber nicht zuließ. Am Schluss blieben sie mutlose und gehemmte Kerle, der eine unförmig, klein und dick, der andere baumlang und knochendürr. Sie erinnerten ein wenig an Don Quixote und Sancho Pansa, nur dass ihnen jeder Pfiff fehlte. Dazu litten sie unter der bigotten Mutter nicht viel weniger als unter ihrem weibersüchtigen Vater. Je älter sie wurden, desto mehr entwickelten sie sich zu erbärmlichen Waschlappen, ohne eigene Meinung, ohne jede Rasse und Klasse. Die beiden Brüder hätten äußerlich kaum unterschiedlicher sein können, derweil sie sich innerlich glichen wie eineiige Zwillinge, deshalb zeigten sie wohl auch in Sachen Kaminfegerei harmonische Einigkeit, nämlich im Widerwillen dagegen. Ihrem herrischen Vater gehorchten sie nicht wie liebende Söhne, sondern wie devote Hunde, die dauernd Angst vor Schlägen hatten. Der Alte machte mit seinen Söhnen, was er wollte, und sie ließen es über sich ergehen gleich einer Gottesstrafe und verarmten von Tag zu Tag mehr an Seele und Geist. Der Jüngere stotterte gewaltig und brachte kaum mehr zwei zusammenhängende Worte verständlich über die Lippen, als hätte er einen Knoten in der Zunge, während der Ältere schon beim bloßen Atmen zitterte und ins Schwitzen kam.

In dieser kuriosen Familie lebte als jüngstes Kind wie gesagt auch noch eine Tochter mit Namen Seria. Sie war drei oder vier Jahre älter als Pascal. Seria war vom Schicksal hart geschlagen, sie war nicht nur nicht schön, sie war auch noch halb blind, wie ihre Mutter. Böse Dorfzungen behaupteten, der Alte hätte seine Tochter im Suff gezeugt. Mit dem Gebrechen habe der liebe Gott dann den Säufer bestrafen wollen und aus lauter Verzweiflung sei die Meisterin damals dem Bibelverein beigetreten, seither lasse sie den Mann überhaupt nicht mehr an sich heran. Seria trug eine schwarze Hornbrille mit kreisrunden Gläsern, dick wie Flaschenböden, gleich denen des seligen Paul, dem jüdischen Pflegebuben. Bereits als Neuntklässlerin kleidete sich das Mädchen in Grau, manchmal sogar Schwarz, und gab sich damit das Aussehen einer ältlichen Jungfer. Wenn sie Pascal durch die dicken Brillengläser anschaute, erschienen ihre Augen mächtig groß, wie die einer Kuh. Kaum hatte Seria die Schule hinter sich gebracht, amtete sie schon im Bibelverein ihrer Mutter als Sonntagsschullehrerin. Von da an schwebte sie, einer Heiligen gleich, mit gefalteten Händen durch die weltlichen Räume ihres elterlichen Hauses, dass jeden in ihrer Nähe das Gefühl von Schande und Sünde überkam. Den jungen Meiringer hatte sie einmal, als er mit dem Vater zu Seilers auf Besuch gekommen war, während der Begrüßung stürmisch in eine Ecke ihres Zimmers bugsiert. Als der damals kaum Dreizehnjährige, ohne zu begreifen, verstört stehen geblieben war, hatte sie argwöhnisch auf ihn herabgeschaut, als hätte er mit seiner dümmlichen Trägheit, die ihn nicht einmal merken ließ, dass er sie hätte berühren sollen, den Boden unter ihren Füßen entweiht. Sie gab sich ganz als eine Überirdische, war aber doch aus warmem Fleisch und wallendem Blut. Seither fröstelte es Pascal in ihrer Nähe.

Im Hause dieser sonderbaren Familie mit scheinheiligen Weibern, phlegmatischen Söhnen und einem Lüstling als Vater sollte Pascal drei lange Jahre als Lehrling leben, essen und schlafen, unaufhaltsam mit heiligen Sprüchen bombardiert, von der Lebensunlust der Söhne angesteckt und vom Meister als billige Arbeitskraft ausgenutzt, und am Abend womöglich noch mit den Frauen in die Sekte rennen, die Augen verdre-

hen und Halleluja singen. Nie und nimmer, dann eher zur Mauserei zurück! Pascals Augen blitzten feurig und gefährlich leise flüsterte er:
«Nein, Ätti, ich gehe nicht zu Meister Seiler in die Lehre.»
Der Vater staunte nicht schlecht ob des bestimmten Tones und blickte fassungslos auf seinen Sohn. Dessen offener Widerstand und Bestimmtheit zeigten ihm unmissverständlich, dass Pascal kein kleiner Bub mehr war, für den er ihn immer noch hielt, wie das Väter zeitlebens mit ihren Sprösslingen zu tun pflegen. Da saß ein junger Mann vor ihm, mit Barthaaren, einer gebrochenen Stimme und einer eigenen Meinung. Seine Widerrede schätzte der Vater zwar nicht, aber der Mut beeindruckte ihn doch irgendwie. Vielleicht mochte Ätti in diesem Augenblick sogar daran gedacht haben, dass auch er zu seiner Zeit nicht immer tat, was sein Vater verlangt hatte. Pascal wollte nicht undankbar oder aufwieglerisch sein. Er gehorchte einfach der Stimme seines eigenen Blutes, die außer ihm niemand im Esszimmer hören konnte.

Der enttäuschte Kaminfegermeister rappelte sich mühsam hoch, wie ein angeschossener Feldherr. Auch der Sohn erhob sich und stellte sich vor seinen Vater. Pascal überragte ihn um fast einen halben Kopf. Eigentlich erst in diesem Moment realisierte Ätti den gut sichtbaren Größenunterschied. Stehend begehrte er nicht mehr, mit seinem Sohn zu debattieren, der Größenunterschied stellte für ihn psychologisch eine zu ungünstige Ausgangslage dar, die jeder Kleine kennt, wenn er fortwährend zum Gegner hinaufschauen muss und dieser erst noch viel jünger und unerfahrener ist. Der Herr des Hauses setzte sich wieder auf seinen Holzstuhl, zog gleichzeitig Pascal auf den Sitz daneben und versuchte nun, auf gleicher Augenhöhe die verfahrene Situation noch einmal in den Griff zu bekommen. So schnell wollte er nicht aufgeben. Doch bevor der Vater richtig loslegen konnte, nahm ihm Pascal auch schon wieder den aufkommenden Wind aus den Segeln:
«Ätti, du hast mich immer gelehrt, aufrichtig und ehrlich zu sein im Leben. Nun will ich ehrlich sein, aber nicht nur mit dir und Mutter. Ich will auch aufrichtig sein mit mir und eben darum will ich nicht Kaminfeger und auch nicht Bauer werden und nun kannst du mich …»
Der Bub hielt inne, beherrschte sich und ließ das letzte Wort unausgesprochen, dann sah er herausfordernd zu seinem schweigenden Vater.
«Ich will Mechaniker werden.»

Mit aufgerissenen Augen starrte ihn Ätti an, als sähe er plötzlich einen brennenden Dornbusch, wie der alte Moses. Vaters Sprachlosigkeit und Verwunderung ermunterten den Jüngling und sogleich hakte er nach:
«Ich begehre doch nicht, lungenkrank zu werden und vom Morgen bis am Abend in diesen rußigen und staubigen Kleidern zu stecken. Ich will auch nicht heuen und Jauche führen und noch weniger Placken stechen. Ich will Maschinen bauen und reparieren und sie zum Funktionieren bringen.»
Die Mutter hatte die ganze Zeit über geschwiegen, aber nur mit Worten, mit ihrer Haltung und ihren Augen stand sie dagegen ganz auf der Seite des Sohnes. Das bemerkte auch ihr Mann. Der Meister musste allmählich einsehen, dass immer weniger Fleisch an seinem Knochen war und mit autoritärem Diktat schon gar nichts mehr zu erreichen war, im Gegenteil. Er hatte während der Auseinandersetzung feurige Blitze in den Augen des Buben festgestellt, unbekannte und gefährliche Blitze, die er noch nie gesehen hatte, die ihm fremd waren und wohl von Pascals Vater stammen mussten. Pascal lebte nun schon mehr als zehn Jahre im gelben Haus und hatte wohl den Geruch und die Sprache seiner neuen Eltern angenommen, aber in seinen Adern floss nicht ihr Blut. In ihnen floss das eigene, das seiner Vorfahren, das ihn leitete und dem er zu gehorchen hatte. Dieses Blut und nicht das der Umgebung würde sein Leben und seine Zukunft bestimmen. Der Vater schien dies in den sprühenden Funken seines Buben unbewusst entdeckt zu haben. Aber der gute, liebe Ätti tat sich unendlich schwer, so jählings aus dem Alltag hinausgeworfen zu werden. Er saß in sich zusammengesunken unbeweglich am Tisch, vor den Scherben seiner zerbrochenen Welt und wusste nicht recht, wie er sie wieder zusammenleimen konnte. Schließlich meinte er mit unbeabsichtigt gekünstelter und belehrender Stimme, noch ein letztes Mal sich aufbäumend:
«Du weißt doch ganz genau, dass du als Primarschüler nicht die geringste Chance hast, eine Mechanikerlehre anzutreten.»
Er hätte allerdings viel lieber ins Esszimmer hinausgeschrieen:
«Es geht nicht, weil ich nicht will»,
aber er behielt die heiklen Worte auf der Zunge und hütete sich wohlweislich, noch einmal mit nackten Fingern ins Wespennest zu langen. Der Bub spürte allmählich Vaters nachlassenden Widerstand, wie Bäri, der treue Hund, ein herannahendes Gewitter, lange bevor es zu blitzen und donnern beginnt.

«Doch, Ätti, es geht. Es geht, weil ich will. Sag doch endlich ja!», flehte Pascal mit erregter Stimme. Allmählich taute der Kaminfegermeister und Bauer auf. Sein Eis fing an zu brechen, zuerst nur am Rande und in kleinen Stücken, langsam, aber doch sicher. Allmählich resignierte er, freilich nicht ohne den berühmten elterlichen Warnfinger hoch in die Luft zu strecken:
«Aber nicht, dass du uns später einmal Vorwürfe machst, wenn du es nicht schaffst!»
Erst jetzt schaltete sich die Mutter aktiv ins Geschehen ein. Sie kannte ihren Mann und seine Halsstarrigkeit seit Ewigkeiten, sie wusste auch, dass jeglicher Widerstand am Anfang zwecklos war und sein loderndes Feuer nur zusätzlich schüren würde. Müeti pflegte in solchen Momenten geduldig zu warten, bis er sein Pulver verschossen hatte. War das Magazin einmal leer, bedurfte es nur noch einer Handvoll geschickter Finten und Ätti akzeptierte nach und nach die Bedingungen für einen Waffenstillstand oder sogar den Frieden. Vor allem, wenn die Mutter im Spiel war, ließ er mit sich reden. Sie hatte in solchen Augenblicken etwas von der unbeschadeten Jeanne d'Arc nach gewonnener Schlacht, aber ließ den Vater ihren Sieg nie spüren. Im Hinblick auf einen allfälligen Erfolg hatte sie ihre Friedensstrategie bereits vorbereitet. Versöhnlich meinte die Mutter nach einem längeren Schweigen zu ihren beiden Männern, ohne den einen oder andern zu treten oder zu bevorzugen:
«Wir wollen doch noch Hermann, meinen Bruder, um Rat fragen.»
Etwas verlegen fügte sie leise an:
«Er und Tante Ilse kommen übernächsten Sonntag zu uns auf Besuch.»
Ätti stutzte und schaute zur Mutter, diese zum Sohn und jener überrascht zu beiden Eltern. Plötzlich musste den zwei Mannen gleichzeitig, derselbe Gedanke durch den Kopf gefahren sein: Wieder einmal typisch Mutter! Sie hatte vorausahnend dem Schicksal ein wenig nachgeholfen und den Zeiger der Uhr schon etwas vorgeschoben. Nach einer kurzen Pause des allgemeinen Staunens huschte Ätti ein Lächeln übers Gesicht und im Nu brachen alle drei Menschen im Esszimmer des gelben Hauses in schallendes Gelächter aus, dass ihnen die Tränen nur so über die Wangen herunterkugelten. Pascal ahnte, dankbar und zufrieden, gewonnen zu haben, und umarmte seine guten Eltern.

Verwandte

Hermann, der jüngste Bruder der Mutter, und dessen Gattin Ilse wohnten seit einigen Jahren in Bern. Bis zum Kriegsbeginn lebte das kinderlose Ehepaar in Berlin, der Heimatstadt der Tante, wo der Onkel für eine Schweizer Firma tätig war. Das wohlbetuchte Gespann wurde zum Leidwesen der Gemahlin und zur Freude des Ehemannes, als sich Hitler anfing breit zu machen, in die Schweiz zurückbeordert. Darüber war Tante Ilse nicht sehr glücklich, nicht etwa, dass sie mit dem braunen Verbrecher geliebäugelt hätte, aber sie war Deutsche durch und durch und wollte einfach nicht wahrhaben, dass das zivilisierte und heilige Deutschland auf Abwege geraten war. Für sie gab es außer Berlin keinen Ort auf der ganzen weiten Welt, wo es sich gelohnt hätte zu leben. Der Erdball bestand für die Tante aus West- und Ostberlin und noch ein wenig aus Nord- und Südberlin. Diese göttliche Stadt überzog ein Stück ewiger Himmel, wie ein mächtiges Zelt, der Berliner Himmel, und sonst gab es für sie nichts mehr. In der Bundeshauptstadt Bern, wo die beiden seither Hof hielten, sah sie bloß ein kleines Beamtenstädtchen und in Meiringen gar nur ein unbedeutendes Bauerndorf in den steilen Bergen und folglich abseits von jeder Kultur und Zivilisation. Die Bewohner des Haslitales waren für sie so etwas wie Urmenschen, die gerade angefangen hatten, aufrecht zu gehen, und in ihrem Schwager, dem Kaminfegermeister und Bauern, sah die Dame von Welt eigentlich nur ein grobschlächtiges, bloß menschenähnliches Lebewesen, dessen eigenartigen Dialekt sie noch viel weniger verstehen konnte als dessen Ansichten.

Seit der Rückkehr in die Schweiz saß der angesehene Onkel in der Direktionsetage der Bern-Lötschberg-Simplon-Bahn. Pascal kannte den beinmageren und halbglatzigen, kleinen Onkel nur in Krawatte und Anzug. Er trug Schuhe, die mehr glänzten als alle Spiegel im gelben Haus, und die vornehme Tante mit makelloser Frisur, rot lackierten Fingernägeln und auserlesenen Kleidern trug an den Armen Goldreifen und an den feingliedrigen Fingern Brillantringe. In den vornehmen Kreisen der Tante reichte man sich zum Gruße nicht nur die Hand, man küsste sich auch noch. Tante Ilse versuchte, diesen Brauch auch im gelben Haus einzuführen. Beim Schwager biss sie allerdings auf Granit. Einzig Pascal konnte sie als kleinen Buben damit vergewaltigen. So gab es beim Aufkreuzen der noblen Gesellschaft für den Knaben immer nasse Küsse und rot abgezeichnete Lippen auf den Bäcklein. Das passte dem Bauernbub natürlich nicht. In Tat und Wahrheit schämte er sich sogar. Im Laufe der Zeit brachte er dann heraus, wie den schmatzenden Küssen und Umarmungen am einfachsten zu entfliehen war: Er brauchte die liebe Tante nur in den Stallkleidern zu empfangen. Der dezente Geruch von Kühen und Schweinen hielt die Berlinerin auf sichere Distanz, sie begnügte sich dann nur noch mit einem verhaltenen und gezierten Winken in Richtung Duftwolke und jeder körperliche Kontakt entfiel wie von selbst. Sonst aber mochte Pascal seine Verwandten aus der Stadt gut, auch wenn sie aus einer völlig anderen Welt kamen. Sie wussten abenteuerliche Geschichten zu erzählen, vom Krieg und den schrecklichen Verbrechen Hitlers und seinen gottlosen Schergen, oder sie erzählten von den vornehmen Boulevards und mächtigen Parkanlagen, Palästen und Schlössern in und um Berlin und Potsdam, den riesengroßen Warenhäusern und den Tausenden von Menschen, die dort ein- und ausgingen wie Ameisen und sich dann im Gewimmel der anonymen Weltstadt wieder verloren.

An besagtem Sonntag, kurz vor Mittag, war es dann wieder einmal so weit. Die Wohnstube und das Esszimmer hatte Mutter schon vor Tagen herausgeputzt, die Böden gewichst, frische Vorhänge aufgehängt, und auf dem Stubentisch träumten Herbstblumen aus dem Garten still vor sich hin. In der Küche duftete es schon am Morgen früh nach Schweinsbraten, Gemüse und Kartoffelstock. Die Hausherrin war eine ausgezeichnete Köchin und wusste aus dem bescheidenen Angebot des Gartens und Stalls geradezu lukullische Mahlzeiten zu bereiten. In Pascals Kopf kreisten schwarze Gedanken. Dunkle Angst wechselte mit lichter Hoffnung. Wie immer in bangen Augenblicken legte zuerst die Zuversicht eine Kugel in die eine Waagschale, wenige Sekunden später dann die Sorge eine ebenso schwere in die andere. Beim geringsten Lufthäuchlein segelte dann bald dieser Arm der Schicksalswaage und bald jener mehr oder weniger nach unten. So kämpfte in Pascals Herzen die Hoffnung mit der Zuversicht einen recht ausgeglichenen Kampf. «Wie wird wohl der weise Onkel auf die Idee mit der Mechanikerlehre reagieren?», fragte sich Pascal. Des Jünglings Leben hing jetzt nur noch von Onkel Hermann ab, dieser spielte das Zünglein an der Waage.

Pascal hielt sich im Esszimmer auf und starrte gebannt durch die Fensterscheibe auf das Sträßchen hinunter, auf dem in Kürze die schwere Limousine aus der Stadt aufkreuzen sollte. Und wieder sah sich der Knabe bald als Lehrling in einem blauen, bald als Lehrling in einem rußigen Übergewand, bald mit einer Feile, bald mit einem staubigen Besen in der Hand. Pascal war überzeugt, dass eigentlich nichts mehr schief gehen dürfte, wenn in den nächsten Augenblicken auch der Himmel noch ein wenig an ihn denken würde. Und wenn der liebe Gott gerade keine Zeit hatte? Wenn er gerade mit einem andern Buben, vielleicht in Afrika, beschäftigt war, konnte er natürlich nicht auch noch im gelben Haus zum Rechten schauen. Mit dem Zuspätkommen oder gar der Abwesenheit Gottes würde Onkel Hermanns Einfluss erneut alleinigen und damit sozusagen himmlischen Charakter annehmen. Pascal wusste von früher, dass der liebe Gott nicht immer dort ist, wo er gerade gebraucht wird. Wie käme es sonst zu Kriegen, Katastrophen und getöteten Kindern? Schon wuchs der Onkel aus der Stadt wieder zum Allmächtigen heran. Der Städter besaß einen gewissen irdischen Einfluss und hätte sicher auch mehr Zeit als der liebe Gott. Was würde dem Buben die göttliche Fürsorge schon bringen, wenn sie wegen einem Kind in Afrika zu spät käme? Allmählich stieg der Kampf zwischen dem Onkel und dem lieben Gott in die letzte Runde. Das Hin und Her der Gefühle war kaum mehr zu ertragen. Sollte das göttliche oder onkelsche Schicksal obsiegen? Endlich stieß die Mutter den erlösenden Schrei in den föhnigen Sonntag hinaus:
«Sie kommen, sie kommen!»
Der schwere Wagen parkierte fast lautlos vor dem Haus. Wenige Augenblicke später entstiegen der Onkel und die Tante vornehm, wie ein Fürstenpaar, dem noblen Gefährt. Nach den traditionellen Küssen wurde der hohe Besuch aus der Stadt in die einfache, aber blitzsaubere Bauernstube geführt. Unter der Last des zu erwartenden Urteils des Onkels schien sich das biedere Gesicht des Raumes angstvoll zu verziehen und in das eines dunklen Gerichtszimmers zu verwandeln. Pascal trug aus kusstechnischen Gründen und nicht aus innerem Antrieb an diesem heiligen Tag ein weißes Hemd, die Sonntagshosen und roch nach Badesalz wie eine Haremsdame. Nach den nassen Küssen der Tante, die der Bub ohne Schaden an Körper oder Seele überstand, setzte sich die Gesellschaft feierlich an den

Stubentisch und ohne Umschweife kam Onkel Hermann auch schon zur Sache und eröffnete damit die Gerichtsverhandlung. Er verwies zuerst auf das Schriftstück seiner Schwester Selina, wie er Müeti vornehm nannte, und kam auch gleich auf das Kernproblem zu sprechen: die Mechanikerlehre. Ungeduldig, wie ein junger Rohrspatz, rutschte Pascal auf seinem Stuhl hin und her. Der Onkel ließ sich nicht stören und legte wortgewandt und weltmännisch seine Ansichten in der heiklen Frage auf den Tisch:

«Die Mechanikerlehre finde ich an und für sich eine gute Idee. Das hat Zukunft.»

Der Neffe wäre seinem Oheim am liebsten um den Hals gefallen, hielt sich aber abwartend zurück. Nach der Tonlage der Stimme aus Bern und dem «An-und-für-sich» lag noch ein «Aber» in der Luft. Das beliebte Wörtchen kam denn auch prompt:

«Aber, ich habe letzte Woche noch mit unserem Werkstattchef gesprochen und ...»

Gemächlich und überlegend dehnte der Städter seine geheimnisvollen Worte in die Länge und fixierte mit den Augen jeden der angespannt lauschenden Zuhörer abwechslungsweise und einzeln und legte mehr als einmal, völlig unnötig, eine Pause ein. Damit verschaffte sich der mächtige Herr alle Aufmerksamkeit auf Erden und erst noch das bedingungslose Gehör seines kritischen Schwagers. Mit der philosophischen Weitsicht und ernsthaften Darlegung der Dinge erntete der feine Herr die Bewunderung der ganzen Tafelrunde. Der Mann von Welt hatte augenblicklich alle und alles im Griff, sogar den argwöhnischen Kaminfegermeister und Bauern. Jener starrte, beinahe ohne zu atmen, auf den Sprechenden und horchte seinen Worten, als säße er mitten in der Bergpredigt, derweil sich die Meisterin, nicht ohne Stolz, im hellen Lichte ihres gescheiten Bruders sonnte. Der würdige Herr aus Bern hätte sagen können was er gewollt hätte, der Glaube seiner Schwester an ihn war beinahe so unerschütterlich und sicher wie das Amen in der Kirche. Immer wieder legte der Oheim eine kleine, geschickte Kunstpause ein und rieb sich am Kinn oder der Stirn, als müsste er überlegen, bevor er wieder etwas Intelligentes in die Welt setzte. In Tat und Wahrheit wollte er nur herausbekommen, wer von den hingebungsvoll Lauschenden ihn als erster ungehalten bitten würde, doch endlich mit seinen Ausführungen weiterzufahren. Sohn und Mutter, Vater und Tante lagen im Banne des Mannes gefangen, wie Fliegen im klebrigen Netz der Spinne. Alle hingen ganz ergeben an seinen Lippen.

«Wie gesagt, habe ich bereits mit dem Werkstattchef Kontakt aufgenommen»,

wiederholte sich der Onkel noch einmal und fuhr dann gnädig fort:

«Schwester Selina hat mich Euer Problem ja schon lange und brieflich wissen lassen.»

Ätti und Pascal äugten zur Mutter, diese nickte wohlwollend und lächelte, während der Vater und der Sohn ein weiteres Mal gedacht haben mochten: Typisch Mutter! Ohne je ein Sterbenswörtchen zu erwähnen, hatte sie die heikle Situation schon lange erkannt, abgewogen und beurteilt und schließlich ohne großes Aufsehen gehandelt. Sie kannte ihren Mann und gerade darum mochte sie ihm auch nichts vom Brief gesagt haben. Sie ließ ihn immer zuerst «gar werden» und stellte ihn dann einfach vor vollendete Tatsachen.

«Und, und? Fahr doch endlich fort! Was hat dieser Werkstattchef gemeint?»,

drängte nun auch der neugierig gewordene Vater.

«Er hat mir keine großen Hoffnungen gemacht»,

erwiderte der Schwestermann spontan und selber ein wenig indigniert. Betroffenes Schweigen in der ganzen Runde. Betretene Gesichter und ein unsagbar enttäuschter Pascal.

«Warum? Warum? Er kennt mich doch gar nicht»,

wehrte sich Pascal aufbäumend, als wäre ihm ein Dolch hinterlistig in den Rücken gebohrt worden. Augenblicklich fing Pascals verwundete Seele wieder an zu schmerzen und blutete, wie damals an der Schulweihnacht, als ihm zum ersten Mal seine hauchdünne Gefühlshaut brutal zerrissen wurde. Der Onkel erkannte die Pein seines Neffen.

«Zur Aufnahmeprüfung kann nur gehen, wer Sekundarschulbildung hat»,

erläuterte der Verwandte nun halblaut die Lage und wiederholte mit lang gezogenen Worten, als möchte er sie damit fett unterstreichen:

«Die Sekundarschule ist das Problem. Die Sekundarschule.»

Er hatte nicht Unrecht. Pascal erinnerte sich wieder an den nasskalten Märzsamstag, an dem seine Eltern bereits den zweiten Brief bekommen hatten, dass er die Sekundarprüfung erneut nicht geschafft habe. Als die

Mutter nach dem zweiten Scheitern im Examen den Sekundarschulvorsteher Wyss fragte, wo es denn am Ende gefehlt habe, meinte dieser lakonisch und fast ein wenig höhnisch:
«Es hat nicht nur am Ende gefehlt, es hat auch am Anfang und in der Mitte gefehlt.»
Es habe eigentlich überall gefehlt. Schließlich tröstete er die enttäuschte Mutter, dass ein mittelmäßiger Primarschüler alleweil besser sei als ein schlechter Sekundarler, und sie sich damit nun abfinden müsse. Offenbar fehlte Pascal auch bei der Wiederholung der Prüfung nicht nur ein winzig kleines Viertelpünktchen, wie manche Eltern den Durchfall ihres Sprösslings oft beschönigend herunterspielen. Beim Kaminfegerbuben fehlte ein ganzer Korb voll Viertelpünktchen. Die Examensblamage wäre vermeidbar gewesen, wenn die Eltern auf Lehrer Gehring gehört und Pascal erst gar nicht ins Examen geschickt hätten. Natürlich kannte auch der Onkel aus der Stadt, selber ein ehemaliger Spitzensekundarschüler, die Prüfungsgeschichten seines Neffen und meinte vor sich hinmurmelnd, als hätte er erraten, was Pascal soeben durch den Kopf gegangen war:
«Ja, man hätte halt damals mehr lernen und sich besser auf die Sekundarschulprüfung vorbereiten müssen. Jetzt kommt die Quittung.»
Der mit diesen Worten freundlich bedachte Jüngling brauste ungehalten auf. Je älter Pascal geworden war, desto deutlicher drückte jetzt auch sein cholerischer Charakter durch. In letzter Zeit steigerte er sich manchmal sogar in richtige Unbeherrschtheiten hinein und sagte Worte, die er eine klitzekleine Sekunde später schwer bereute. So auch in jenem Augenblick:
«Onkel Hermann, das ist doch geradezu Unsinn, was du da eben von dir gegeben hast, und Schnee von gestern.»
Die Mutter blitzte ihren unbeherrschten Sohn an, ohne einen Laut von sich zu geben, und dieser schwieg augenblicklich und schämte sich insgeheim. Eigentlich hatte der Onkel Recht. Wenn er damals gebüffelt und weniger getrotzt hätte, wäre alles anders gekommen. Handkehrum, wer denkt als Viert- oder Fünftklässler schon an die berufliche Zukunft, die ja noch meilenweit in der Ferne liegt? Wie im Film tauchte plötzlich das weihnächtlich geschmückte Schulzimmer der vierten Primarklasse vor Pascals Augen auf und er meinte sogar, die Stimme von Gottlieb Fahner wieder zu hören:
«Er hat nur Papiereltern.»

Mit jenen unseligen Worten, die wie ein tödliches Gift wirkten, fingen eigentlich seine ganzen Schwierigkeiten in der Schule und im Leben an.

Aber jetzt an jenem Sonntag, Jahre später, stand Pascal vor seiner beruflichen Zukunft und ohne Sekundarschulbildung bedeutete das offensichtlich, vor dem Nichts zu stehen. Zuletzt müsste er wirklich noch froh und dankbar sein, wenigstens Kaminfeger zu werden. Hatten am Ende all die heiligen Gemeindeauguren von damals und der hinterhältige Lehrer Gehring doch Recht? Hatten sich Doktor Gut und Oberlehrer Zenger am Ende bloß getäuscht? Die Söhne und Töchter der Schulkommissionsmitglieder, Gemeinde- und Kirchenräte und die Sprösslinge der bessern Familien vom Tal bestanden die Sekundarschulprüfung ohne Wenn und Aber und mit Bravour. Schon deren Eltern hatten schließlich die erlauchte Schule besucht. Warum sollte das bei ihren Kindern anders sein? Nach dem Sekundarschulexamen existierten im Dorf nur noch Dumme und Gescheite. Das irdische Schisma würde dereinst erst auf dem Friedhof wieder aufgehoben. Wie demütigend muss es doch für die ehrwürdigen Gebeine eines Sekundarschülers sein, einmal neben den maroden Knochen eines Primarlers oder gar Hilfsklässlers vermodern zu müssen.

Onkel Hermann betrachtete seinen nachdenklichen Neffen fragend und ein wenig verblüfft und wollte sich für seine unpassenden Worte eigentlich entschuldigen, als Pascal aus seinem Vergangenheitstraum erwachte und unvermittelt meinte:

«Ich werde trotzdem eine Mechanikerlehre absolvieren, und wenn zuerst alle Gletscher im Haslital schmelzen müssten …»

Onkel Hermann und Tante Ilse hatten noch keine Gelegenheit gehabt, das cholerische Ungestüm und den unbeugsamen Willen ihres Neffen aus der Nähe kennen zu lernen, und staunten nicht schlecht über dessen Entschlossenheit. Plötzlich ließ sich die Stimme aus der Stadt wieder vernehmen:

«Es gäbe da vielleicht einen Weg …»

Wie auf ein unsichtbares Kommando wandten sich alle Köpfe zum Onkel, welcher die staunenden und fragenden Augen genoss, wie ein Zauberer nach einem gelungenen Trick. Dann meinte er, seelisch wieder aufgewärmt, zur Tischrunde:

«Ihr müsst den Buben aus der Primarschule nehmen und ihn im letzten Jahr in eine Privatschule stecken. Vielleicht wird er dann zu einer Lehrlingsprüfung zugelassen.»

Pascal leuchtete wie zehn Sonnen über Afrika. Sogar der Vater nickte verheißungsvoll und die Mutter lächelte zufrieden und himmelte erneut ihren gescheiten Bruder an wie ein Kind den erleuchteten Weihnachtsbaum. In der bäurischen Stube des gelben Hauses war man sich im Laufe dieses Sonntages einig geworden, nicht mehr einen kleinen und naiven Buben vor sich zu haben, sondern einen jungen Mann, der genau wusste, was er wollte. Die Häutung Pascals vom Kind zum jungen Mann erlebten nicht nur die vornehmen Gäste aus Bern, sondern auch der Vater und die Mutter. Aber was würde die neue Haut ertragen müssen?

Abschied

Im nächsten August war es dann soweit. Pascal verließ sein vertrautes Heimatdorf. Sein neuer Weg führte ins Landschulheim Oberried in Belp. Bereits Tage und Wochen vorher bereiteten ihn seine Eltern mit unzähligen wohl gemeinten Ratschlägen, Hinweisen und Ermutigungen, mit Kummer und Hoffnung, auf den unentrinnbaren Tag und neuen Lebensabschnitt vor. Und je näher der Abreisetag heranrückte, desto traurigfreudiger wurde der Landbub. Tage und sogar Wochen vorher hatte er angefangen, sich zu verabschieden. Mit Wehmut und heimlichen Tränen in den Augen winkte er seiner heilen und vertrauten Umgebung Ade. Schlenderte noch ein letztes Mal zu seiner Laubhütte im sonnendurchfluteten Hochsommerwald, sog noch einmal den würzigherben Geruch des moosigen Waldbodens ein. Rannte über die Wiesen und Felder, als müsste er seinen Mäusen Adieu zurufen. Voller Unruhe kehrte er dann zum Stall zurück, streichelte das helle Kaninchen, streckte dem schwarzen eine Karotte hin und tätschelte das struppige Kälbchen. Schaute sehnsüchtig in die Kronen der Obst tragenden Bäume in der Hofstatt und zum vertrauten und geliebten gelben Haus hinüber. Maß das kleine Heimetli mit seinem steinernen Brunnentrog und lauschte dem gurgelnden Wasser, das ihm ein Lied zum Abschied sang. In jeder Ecke und jedem Winkel lag ein kleines Geheimnis oder einer seiner kindlichen Wünsche verborgen und wartete nun vergebens auf Erfüllung. «Auf Wiedersehen», schrie er übermütig und weinend dem lauen Hasliföhn zu, «auf Wiedersehen» den unwegsamen Alpen, die betrübt auf ihn herunterschauten. «Auf bald» den braunen Kühen oben auf dem Sommersäß[1] und auch den ewigen Schneebergen. Hoffnungsvoll fieberte der Jüngling mit einem lachenden Auge dem Neuen entgegen und mit einem weinenden trauerte er, die geliebte Stätte seiner holden Kindheit für immer verlassen zu müssen. Unter Tränen drückte er den Kaminfegergesellen und dem Knecht Markus und dem Stift die Hand und fragte sich heimlich, ob er sie je wieder einmal sehen würde. Vielleicht würden sie ihn schon bald vergessen haben, wie ihn auch der tosende Reichenbachfall bald vergessen haben und nie mehr für ihn rauschen würde. Ach, wäre er doch ein kleiner Bub geblieben! Warum musste er groß und erwachsen werden und von seinen geliebten Eltern wegziehen? Warum bloß musste er in die Fremde, in die unbekannte Welt hinausgehen, wo er keinen Menschen mehr kannte, wo es keine Wiesen und keine Berge gab? Warum war er damals nicht ins Wasser gegangen? Er müsste jetzt nicht wegziehen und mit gebrochenem Herzen Abschied nehmen. Abschied vielleicht für alle Zeiten und Ewigkeiten. Wieder würde er alleine und einsam sein, wie schon einmal.

In der letzten Nacht, vor der Abreise nach Belp, erschien ihm das Knabeninternat Oberried im Traum. Er kannte es vom Prospekt und Beschrieb her ein wenig. Pascal sah seine neuen Lehrer und Mitschüler. Er stand mutterseelenallein vor dem mächtigen Gebäude der Schule. Es hatte keine eigentlichen Fenster, sondern nur kleine Öffnungen, die fast unter dem Dach lagen und vergittert waren, unerklimmbar hoch oben, eher Schießscharten als Fenster, wie in der Burgruine Resti. Durch sie hätte sich nicht einmal ein winziger Kinderkörper ins Freie zwängen können. Plötzlich entdeckte sich Pascal hinter so einer Öffnung, er war eingesperrt. Im Freien segelten die Lehrer des Landschulheims auf und ab. Sie trugen aber gar keine Kleider, sondern pechschwarze Federn. Von Zeit zu Zeit krallten sich die menschenvogelähnlichen Wesen an den Simsen der Luken fest und pickten mit ihren scharfen Schnäbeln gierig nach den Schülern, die wie Körner verstreut dahinter lagen. Pascal versuchte, den mächtigen Schnäbeln und Krallen zu entrinnen, aber war gar nicht mehr imstande, sich zu bewegen. Er blieb wie gelähmt auf dem Boden stehen.

[1] Sommersäß: schweizerisch für Sommerbergweide.

Dicser gab plötzlich krachend nach und er stürzte in die Tiefe. Sank tiefer und tiefer, mit zunehmender Geschwindigkeit, bis ihn ein Riesenvogel mit feurigen Krallen ergriff und ihn wegtrug. Im Flug blähte sich der Vogel zu einem ungeheuerlichen Monstrum auf. Dann riss er den Schnabel auf und begann kreischend zu lachen. Auf einmal hatte Pascal selber Flügel und konnte fliegen. Dabei sah er ins Gesicht des Riesenvogels neben sich, es war das des Gesellen Edgar.

Schweißgebadet und gerädert erwachte Pascal und lag auf dem tannigen Boden in seinem kleinen Zimmer. Er konnte nicht mehr einschlafen. Bis er schließlich das vertraute Klopfen der Mutter und ihre weiche Stimme hörte:
«Steh auf, Bub, heute gehts nach Belp.»

Lange Fahrt

Das alte, mattschwarze und verbeulte Volkswägelchen begehrte an jenem frühen Augustmorgen nicht so recht anzuspringen und Pascal hoffte schon auf eine göttliche Fügung, nicht nach Belp fahren zu müssen. Allein, er rechnete wieder einmal zu wenig mit der hartnäckigen Ausdauer seines Vaters. Trotz heimlichem Flehen sprang der Motor hustend an und besiegelte endgültig das unentrinnbare Schicksal des Achtklässlers. Auf der langen Fahrt über Interlaken und Thun, durchs Gürbetal hinab bis nach Belp, ließ der Jüngling die frohen Bäume, lachenden Wiesen und winkenden Berge links und rechts liegen und sah weder den Brienzer- noch den Thunersee. Seine Augen blickten nach innen und erspähten bloß schwarze Krähen und fratzenhafte Gesichter und seine Ohren vernahmen nur Hohngelächter. Auf der ganzen, langen Reise wollte kein richtiges Gespräch aufkommen. Der Kaminfegermeister und Bauersmann kämpfte mit den tiefen Schlaglöchern vom frostigen Winter in den Straßen, in Interlaken und Thun mit dem ungewohnt starken Stadtverkehr, während die Mutter, die hinten im Auto saß, ohne sich eine Pause zu gönnen, im voll gestopften Koffer ihres Sprösslings wühlte. Dann und wann stellte sie mit einem jähen Aufschrei, dass Vater und

Sohn fast zu Tode erschraken, fest, doch ein Paar Socken oder Unterhosen, ein Leibchen oder Taschentuch, vergessen zu haben, obschon sie während der letzten halben Nacht den Inhalt wenigstens fünfmal ausgeleert, kontrolliert und wieder verstaut hatte. Während Ätti kleinlaut mit der Technik und der Straße und Müeti mit den Habseligkeiten im Koffer rang, kämpfte Pascal mit dem langsam aufkommenden Heimweh. Da rumpelte das kleine Wägelchen auch schon an der Ortstafel «Belp» vorbei. Als hätte die unschuldige Ortstafel auf das treue Gefährt geschossen und es mitsamt seinem Inhalt schwer beschädigt, meinte der Bub, auf der Stelle sterben zu müssen.
«Belp, Belp»,
hauchte er mit ausgetrocknetem Mund, sodass der erschrockene Vater ungestüm und mit beiden Füßen gleichzeitig auf das kleine Bremspedal trat und beinahe den Fußboden des Autos durchgetreten hätte. Augenblicklich stand das keuchende Benzinrösslein bockstill und die Mutter schrie entsetzt auf:
«Ätti, pass doch auf!»
Das betagte Auto stotterte kurz, ächzte und starb ab, wie eine abgeschossene Gämse. Vater hatte in aller Aufregung vergessen den Gang herauszunehmen und war von der Kupplung getreten. Sechs feuchte Augen starrten gelähmt, wie geblendete Hasen, auf die dicken Lettern der weißen Ortstafel. Die schwarzen Buchstaben auf dem hellen Hintergrund mit dem noch schwärzeren Rand darum erinnerten Pascal an eine Todesanzeige im «Oberhasler» und unbemerkt kollerten große Tränen über seine feurig heißen Wangen. Auch die Augen von Ätti und Müeti füllten sich mit Tränen. Mutter fasste sich als Erste wieder und orakelte, an ihrem Hut herumnestelnd:
«Hier, ganz in der Nähe, muss das Landschulheim sein.»
Sie klaubte umständlich den Prospekt, den das Sekretariat der Schule geschickt hatte, aus der Handtasche und las:
«Nach der Ortstafel dreihundert Meter geradeaus, dann links.»
Vater ließ das Motorchen wieder aufheulen und drückte unerbärmlich aufs Gaspedal. Plötzlich wollte die Mutter wissen, ob und vor allem wie stark sich der Bub eigentlich aufs Landschulheim freue. Erstaunt und entgeistert vernahm sie aus dem Sitz vor ihr nur leises Flennen und versuchte, ihrer Verlegenheitsfrage schnell etwas Erbaulicheres anzuhän-

gen, hielt aber sogleich inne, da sich Ätti mit einem lautstarken Himmeldonnerwetter meldete:

«Jetzt habe ich mich, wegen eurem Gestürm, auch noch verfahren!»

Das schwarze Wägelchen holperte einige Meter zurück, schwenkte nach links ab und schnaufte keuchend durch die Schatten spendende Allee hinauf in den Schulhof des Landschulheimes Oberried. Neben dem runden Weiher mit dem plätschernden Springbrunnen blieb das müde Gefährt quietschend stehen. Der Vater zog mit ungelenken Fingern seine Krawatte nach und Mutter drehte ihren abgegriffenen Hut auf Begrüßung, während sich das Söhnlein tiefer und tiefer in den ausgesessenen Autositz hineindrückte, als könnte es darin unsichtbar verschwinden. Die Oberländer waren die ersten Ankömmlinge und fragten sich bald verwirrt, ob sie nun viel zu früh oder am Ende schon viel zu spät seien.

Noble Welt

Ein älterer, kleiner Herr mit einer dicken Hornbrille und einer glänzenden Glatze grinste den Eingetroffenen schon von weitem entgegen und kam auf das Auto zu. Er bestaunte zuerst das verbeulte und staubige Gefährt, dann nickte er, rieb sich am Kinn und begrüßte schließlich grinsend die Eltern, die sich mit steifen Beinen aus dem engen Auto herausgezwängt hatten und augenblicklich den Willkommensgruß freundlich erwiderten.

«Nach dem Dialekt zu schließen, müssen Sie die Meiringer sein. Hatten Sie eine angenehme Fahrt?»

Ohne auf eine Antwort zu warten, äugte das wirblige Männlein durch die schmutzige Autoscheibe ins Innere zum neuen Schüler.

«Will der junge Mann da nicht aussteigen?»

Er lachte übers ganze Gesicht und wandte sich gleich wieder den Eltern zu.

«Übrigens, ich bin Herr Leder, verantwortlich für die Administration der Schule und heiße Sie im Namen der Direktion hier im Landschulheim Oberried in Belp aufs herzlichste willkommen.»

Seine Stimme schwoll vornehm an, gewichtig wie die eines Festredners am ersten August. Jetzt kroch auch der Bub aus dem Auto heraus, mit eingezogenem Kopf einem geschlagenen Hunde gleich, der aus der Hundehütte, in die er sich aus Angst vor Schlägen verkrochen hat, herauskommt. Ein zweiter, ebenso fein gekleideter und grau melierter Herr mit wackeligem Bauch steuerte auf die Ankömmlinge zu.
«Das ist Herr Doktor Schübelin»,
ließ sich Herr Leder erklärend vernehmen.
«Der Herr Doktor wird morgen ihren Sohn examinieren und in die Klasse einteilen.»
Beide Männer nickten den Eltern und dem Sprössling wohlwollend und gnädig zu, wie Landesfürsten ihren Untertanen. Pascals naive Kinderseele hatte Mühe zu verstehen, warum das Landschulheim ausgerechnet einen Arzt brauchte, um ihn zu examinieren und in die entsprechende Klasse einzuteilen. Der Oberländerbub fühlte sich in der Tat schlecht, seine Lippen klebten aneinander wie zusammengekleistert, in seinem Kopf hämmerte es, stärker als auf dem Amboss Großvater Fahners beim Alpbach oben, und Pascal fühlte sich weiß Gott elend, aber einen Doktor brauchte er trotzdem nicht. Pascal schaute von der Seite her verstohlen zum vermeintlichen Mediziner mit dem wackeligen Bäuchlein und sah plötzlich den treuen, alten Doktor Gut, den würdigen Arzt vom Heimatdorf, vor sich. Er trug einen weißen Arztkittel, hatte das Stethoskop um den Hals gehängt und in der Hand eine Spritze. Für den Buben der Alpenwelt war ein Doktor halt eben noch ein wirklicher Doktor und damit ein Arzt.

Allmählich füllte sich der Hof des Landschulheims mit teuren und glänzenden Limousinen von nah und fern, sogar aus Deutschland und Schweden. Das matte und schmutzige Volkswägelchen des Kaminfegermeisters aus dem Berner Oberland wurde von den polierten Nobelkarossen der Direktoren und Fabrikanten aus der großen, noblen Welt wie ein exotisches Vögelchen umringt. Das verwetterte Dingelchen tat Auge und Seele weh. Es nahm sich bescheiden und klein aus, wie ein verängstigtes Jungkätzchen unter ausgewachsenen Löwen und Tigern. Neben, hinter und vor ihm protzten schwere Mercedes, mit Chrom verzierte Cadillacs, schnittige Porsches und elegante Jaguars. In wenigen Minuten hatte sich der still vor sich hinträumende, sommerliche Schulhof in einen veritablen Wagenpark verwandelt und glich einem Autosalon von internationaler Bedeutung. So verschieden wie die Automobile in Form und Farbe, Größe und Eleganz, so unterschiedlich waren auch die Menschen, die ihnen entstiegen. Der geräumige Hof vor dem Schulgebäude wurde zum Rummelplatz verschiedenartigster Nationen.

Alte und Neue

Eingeweihte vermochten auf den ersten Blick alte Schüler von neuen zu unterscheiden. Letztere verdrückten sich schüchtern hinter ihren Eltern oder Autos, oder standen traurig und verloren herum. Einige zeichneten mit den Schuhspitzen Kreise in den staubigen Kies und versenkten ihre blutleeren Fäuste verlegen in den Hosentaschen, sie wagten kaum aufzuschauen. Die Alten begafften die Frischen, manchmal sogar etwas abschätzig, von der Seite her und trotteten stolz über den Hof, als hätten sie nie unter dem Abschied von den Eltern oder dem trauten Zuhause gelitten. Da und dort wurde auch schon wieder gezankt. Manch einer schlenderte großkopfig ins mächtige Schulgebäude hinein, um nach wenigen Sekunden noch wichtiger tuend wieder in den sonnigen Augustnachmittag hinauszutreten. Die Alten kannten bereits die Welt des Landschulheims. Sie wussten Bescheid über Erlaubtes und Verbotenes, sie waren vertraut mit den unumstößlichen Spielregeln des Zusammenlebens dieser schicksalhaft zusammengewürfelten Bubenschar. Die Eingesessenen hatten die Stärken und Schwächen voneinander bereits erlebt. Hier streckte einer unverblümt die verderbliche Hand des Neides aus, während dort einer mit Tränen in den Augen verstohlen und sehnsüchtig nach Liebe schielte. Ein richtiger kleiner Staat im Großen.

Die saloppe Bezeichnung «Alter» hatte natürlich nichts mit dem effektiven Lebensalter des Zöglings zu tun, nur mit der Dauer seines Aufenthaltes im Institut. Die jüngsten Eleven waren kaum neun, die ältesten über siebzehn Jahre alt. Der große Haufen zwischen zwölf und sechzehn. Vereinzelt waren sie schon als ganz kleine Knirpse eingetreten, weil ihre Eltern keine Zeit mehr für sie hatten, getrennt voneinander lebten oder schon gestorben waren. Andere waren aus der normalen Schule rausgeflogen, weil sie ungenügende Noten hatten oder weil sie sich widerspenstig aufführten, oder sie waren ins Landschulheim gekommen, weil sie die Aufnahmeprüfung in die Sekundarschule nicht bestanden hatten. So gesehen hatten fast alle Landschulheimler, ob alt ob neu, irgendwo «eine Ecke ab». Die bekannten Schüler fanden sich im Schulhof augenblicklich wieder, plauderten vertraut miteinander, lachten zu zweit, zu dritt oder im Häuflein und bespöttelten die fremden Ankömmlinge, vor allem, wenn diesen beim Abschied von den Eltern Tränen aus den Augen herunterkollerten.

Der eine oder andere Alte musterte diesen oder jenen Neuling aus respektabler Entfernung und hätte sich gerne genähert, um etwas zu erfahren, aber traute sich nicht, weil ihn seine Kameraden argwöhnisch beobachteten und zum Verräter gestempelt und verfluchend aus ihrer Mitte ausgeschlossen hätten. Vielleicht hatte er im ungewohnten Gesicht ein gewinnendes Lächeln entdeckt, vielleicht ahnte er in ihm einen Freund, weil der Fremde stattlich und stark, schön und intelligent oder einfach anders war als all die andern. Vielleicht hatte er sich aber auch ganz bewusst von einem fremden Jüngling abgewandt, aus Furcht vor dem ungewohnten Antlitz, in dem er einen Widersacher zu entdecken glaubte, vielleicht sogar einen Feind oder zumindest einen hinterhältigen Eindringling, der die gewachsene Rangordnung der Buben im Landschulheim durcheinander bringen könnte. In Pascals Herz kam schmerzliche Beklemmung auf. Die Alten waren ihm genauso fremd wie die Neuen und er entdeckte beim Herumspähen nur unvertraute Häuser und unbekannte Wege. Er mochte sich auf die Zehenspitzen stellen, so oft und wo er wollte, Schneeberge sah er keine und auch der lauwarme Föhn streichelte nicht mehr in seinen Haaren, ja selbst Ätti und Müeti hatten in dieser fremden Welt eine andere Gestalt und einen ungewohnten Gang angenommen, redeten und husteten anders als zu Hause. Bald würden sie mit dem vertrauten Wägelchen wegfahren und das letzte Stückchen Heimat mitnehmen. Pascals Seele stieß unhörbar Schreie der Verzweiflung aus und Tränen stiegen in seine Augen. Würde er je wieder glücklich sein, wie in seinem geliebten Dorf im Haslital?

Allmählich mischten sich nun auch die Lehrer unter die bunte Menschenschar im Schulhof, grüßten da und dort bekannte Gesichter, redeten da mit einer Mutter, dort mit einem Vater, lachten erfreut oder schwiegen beklommen, nickten da einem lachenden Schüler freundlich zu, dort ermunternd einem weinenden. Ein gegenseitiges Mustern und Abtasten setzte ein, ab und zu ein unterdrücktes, kaum vernehmbares Schluchzen eines Neuen mit aufkommendem Heimweh oder ein schallendes Gelächter, wenn einem Schüler der schwere Koffer aus den Händen glitt und auf dem Kiesboden scheppernd aufsprang und ein leises, verzweifeltes Fluchen hinterher zu vernehmen war.

Der Direktor

Auf einmal wurde es still im Hof. Das Lachen und Grölen der Buben verstummte. Die Gespräche der Eltern nahmen einen Flüsterton, hinter vorgehaltener Hand, an. Die Alten wussten, was kommen würde, und die Neuen suchten gespannt das Geheimnis der plötzlichen Stille mit gestreckten Hälsen, gestielten Augen und langen Ohren zu ergründen. Ein baumlanger alter Herr, mager wie ein Hering, mit einer dünnrandigen Drahtbrille und schütterem weißem Haar, in hellgrauem Anzug, stellte sich würdevoll vor die versammelte Menge und nickte ihr wohlwollend zu, wie der alte Moses seinem Volk. Neben Pascals Mutter wusste eine vornehme, mit teurem Schmuck behangene Dame zu berichten, dass dies der Direktor der Schule, Doktor Huber, sei und die Frau hinter ihm seine Gemahlin. Der bleiche Sprössling der noblen Dame räusperte sich, wie ein kleiner Spatz im trockenen Herbstlaub, und meinte vorlaut:
«Das ist Johnny.»
«Sei still, Ueli!»,
schalt die Frau von Welt ihr naseweises Söhnchen.
«So redet man nicht vom Direktor, sei still, sonst …»
Weiter vermochte sie ihren hohlwangigen Jungen nicht mehr zu maßregeln, da der Direktor bereits mit seiner Begrüßung anhob, zuerst die Eltern willkommen hieß, dann die alten Schüler und schließlich die neuen. Nach ein paar aufmunternden Worten, nicht ohne einige Male auf die Qualität und Außerordentlichkeit der Schule hinzuweisen, meinte er schließlich:

«Ich möchte die Eltern der neu eintretenden Schüler nun höflich bitten, mit ihren Herren Söhnen auf die Zimmer zu gehen, die Betten zu beziehen und die Kleider und Schuhe einzuräumen.»
Die Meiringer vernahmen von der feinen Dame auch noch, dass der Direktor ein Doktor sei, und zwar einer der Philosophie. Da wurde dem Jüngling aus den Bergen unvermittelt klar, dass die zwei Doktoren, die er innerhalb einer winzigen halben Stunde kennen gelernt hatte, nichts mit Spital oder Tabletten und noch viel weniger mit Spritzen zu tun haben konnten. Ätti ließ sich von den vielen Titeln und noblen Leuten nicht im Geringsten beirren, packte den abgegriffenen Koffer seines Sprösslings und hieß Sohn und Mutter ihm folgen. Im Gänsemarsch watschelte man Richtung Eingang und dort dem Strom der anderen Eltern und Schüler nach zu den Schlafsälen, die ein junger Lehrer, mit Namen Hänni, dienstbeflissen zuwies.
«Wenn Sie etwas wissen möchten oder benötigen, fragen Sie mich ungeniert, ich stehe Ihnen jederzeit und gerne zur Verfügung»,
meinte der junge Pauker leutselig zu den vorbeirauschenden kleinen und großen Menschen und verschwand im Dormitorium.

Das grosse Dormitorium

Das Dormitorium lag zuhinterst, links vom weiten Gang. Es schaute mit zwei hohen Fenstern, als wären dies seine wachsamen Augen, auf den Schulhof hinaus. Dieser Schlafsaal beherbergte seit Ewigkeiten drei alte und zwei neue Schüler. Der junge Lehrer wies dem Meiringer ein Fensterbett zu und meinte schalkhaft, dass ein Oberländer einen Platz an der frischen Luft sicher besser verkrafte als ein Städter. Neben der Liege stand ein zweiteiliger, weiß überpinselter Tannenschrank, den sich je zwei Zimmergenossen zu teilen hatten. Als Nachttisch diente ein Stuhl.
«Wenn du deinen Schrank eingeräumt hast, komme ich ihn kontrollieren»,
wandte sich der Lehrer aufmunternd an Pascal und kehrte sich sogleich dem zweiten Neuen im Dormitorium zu. Der stand verloren neben seinen Eltern und starrte hilflos ins Leere. Er hieß Pierre-Alain, ein hoch-

geschossener, magerer Fabrikantensohn aus Biel. Er bekam das Bett hinter Pascal, links vom Eingang, das so genannte Türbett, und vom zweiteiligen Tannenschrank die linke Hälfte zugewiesen. Der Sohn des Industriellen war gut ein Jahr älter als der Kaminfegerbub. Pierre-Alain betrachtete entgeistert sein bescheidenes Schlaflager, suchte hilfesuchend die Augen seiner grazilen Frau Mama und die seines riesigen Papas. Dieser absolvierte eben einen Generalstabskurs und steckte in der Uniform eines Obersten der Artillerie. Monsieur Schneider war ein Welscher wie er im Buche steht, durch und durch, und dazu ein Koloss von Mensch. In seiner Uniform glich er einem Feldherrn der «Grande Armée». Er stand da, mächtig und breitspurig fest auf dem Boden, wie eine dorische Marmorsäule, während an seinen starken Armen zwei überfüllte Koffern baumelten, die beinahe aus den Nähten platzten. Sie hingen leicht schwingend herunter, ähnlich schweren Kirchenglocken. Die zierliche Gemahlin daneben, eine vornehme und gertenschlanke Dame, schien zerbrechlich wie eine Weihnachtskugel. Sie trug eine feine Krokodilledertasche am abgewinkelten Arm. Neben ihr wippte der Sohn von einem Bein aufs andere. Der junge Herr war schon beinahe so groß wie sein Papa. In der linken Hand trug er eine elegante Sporttasche und mit der rechten drückte er verlegen am Griff des herausragenden Tennisschlägers herum. Der entsetzte Herrensohn mochte wohl im Moment überlegt haben, wo und wie er am besten seine zahlreichen Hosen, Hemden und Pullover, Schuhe und Sportutensilien in seiner biederen Schrankhälfte verstauen könnte. An seinem entgeisterten Gesichtsausdruck war leicht abzulesen, dass er an andere Raumverhältnisse gewohnt war. Die Schneiders besaßen seit Generationen eine Uhrzeigerfabrik in Fleurier, wohnten aber in der Stadt, an der Rue d'Argent in Biel. Pascal erkannte die Not des verwöhnten Städters und bot ihm die drei unteren Tablare in seinem Schrankteil an, die er mit seinen wenigen Habseligkeiten ohnehin nicht füllen konnte. Pierre-Alain beäugte den Wohltäter misstrauisch, errötete bis unter die Haarwurzeln und wandte sich fragend an seine Mama, kaum hörbar lispelnd:
«Qu'est-ce qu'il a dit, maman?» («Was hat er gesagt, Mutter?»)
Obschon der Bieler bilinguer[1] Zunge war, konnte er mit Pascals Ober-

[1] «Bilingue» (französisch = zweisprachig) werden in der Schweiz Leute genannt, die sowohl französischer wie deutscher Muttersprache sind.

länderdialekt genauso wenig anfangen wie dieser mit dem Französisch seines welschen Zimmergenossen. Der junge Schneider glühte, wie ein angefachtes Holzscheit, und wusste nicht mehr recht, wohin schauen, bis ihm ein verkrampftes Lächeln entglitt, dabei schnitt er eine so erbärmliche Grimasse, ähnlich einem Schimpansen, dass nicht nur seine Mutter, sondern bald das ganze Dormitorium unverhofft in ein schallendes Gelächter ausbrach. Das Eis zwischen den verschiedenen Eltern und Zöglingen fing langsam an zu schmelzen. Obschon außer Pierre-Alain, seiner Mutter und Pascal eigentlich niemand so recht wusste, warum und worüber so losgeprustet wurde, tat das herzhafte Schieflachen allen befreiend gut, insbesondere den beiden Neuen.

Selbst der dickliche Bub mit seinem eiförmigen Kopf und feistem Gesicht, in dem zwei lebhafte Äuglein, wie schwarze Pünktchen, hin und her zitterten, wieherte los. Das Eigesicht gehörte einem so genannt Alten. Er hieß Manfred und stammte aus dem Emmentalischen. Der Signauer hatte sich bis dahin, wie abwartend, an eine Fensterwand des Zimmers gedrückt und schien dort angeklebt, wie eine Mücke am Fliegenfänger. Missmutig und kritisch hatte der Dickliche das Treiben der beiden Neuen beobachtet. Sein Vater besaß einen großen Müllereibetrieb und stand als mächtig vergrößertes Abbild neben ihm, dahinter kaum sichtbar die Mutter. Der Müllermeister war schon seit geraumer Zeit ungeduldig von einem Fuß auf den andern getreten, vielleicht aus langer Weile oder weil er sich nicht dafür hielt, in der feinen Gesellschaft der Fabrikantenfamilie etwas zu sagen oder sich zu bewegen. Jetzt kam aber auch Schwung in seine Masse und er lachte so gelöst und mit seinem ganzen Körper mit, dass sein großer Bauch, wie ein gewaltiger Pudding, hin und her wackelte und ihm beinahe der Strohhut aus den mächtigen Pranken gefallen wäre.

Einzig der schmächtige und kleine, bleiche und zarte Junge mit einem Gesichtchen wie Milch und Honig stand unbeweglich in der Zimmerecke zum Gang hin vor seinem Bett und verzog keine Miene, auch er war ein Alter. Das schmalbrüstige Bübchen schien sich eher über die Lachsalven in seinem Schlafsaal zu ärgern, als dass er mitgegrinst hätte. Es stand alleine da. Seine Mama, die mit Schmuck behängte Dame vom Schulhof, welche den Oberländern zugeflüstert hatte, dass der Direktor ein Doktor der Philosophie sei, hatte nur noch schnell Zeit gehabt, ihr einziges Kind vor die Türe seines Dormitoriums zu stellen, bevor sie wieder überhastet in ihrem schnittigen Porsche davonbrauste. Sie führte in Bern mit ihrem Mann zusammen eine der größten Papeterien[1] und besaß sonst noch eine Menge anderer Geschäfte. Der fein gescheitelte Stadtjunge beobachtete unentwegt, wie eine neugierige Maus, mit halb verkniffenen Äuglein jede Bewegung und jeden Schritt und Tritt der neuen Kameraden. Von Zeit zu Zeit notierte er etwas in einem kleinen, roten Heftchen, dann näherte er sich dem Oberländer, dann dem Welschen, als müsste er die Neuen im Namen der Direktion für die Schule mustern. Schließlich kreiste das Jüngelchen sogar um die amüsierten Eltern, nickte ihnen altklug zu oder schüttelte missbilligend sein kleines Köpflein, ähnlich einem unmütigen Pony während seiner Dressurnummer. Zwei-, dreimal verließ er den Saal, um wenige Sekunden später mit noch ernsterer Miene wieder zu erscheinen. Er hieß, wie bereits kurz erwähnt, Ueli und lebte schon seit Jahren im Landschulheim, zusammengezählt wohl schon länger als bei seinen Eltern. Der schmächtige Ueli war ein geborener Eigenbrötler. Er pflegte überall herumzuspionieren, wie ein Detektiv, was ihm von den Mitschülern auch schon früh den Übernamen Sherlock Holmes eintrug. So unscheinbar und zerbrechlich sein Äußeres auch schien, so allmächtig war seine detektivische Präsenz. Er war zwar nie auffindbar, aber immer allgegenwärtig, wie die Aura eines gefürchigen Geistes.

Das fünfte Bett an der Stirnwand des großen Dormitoriums gehörte einem kränklichen Knaben aus der Ostschweiz, der noch in einer Lungenklinik lag und erst in einer Woche erwartet wurde, wie der Signauer Müllersbub zu berichten wusste.

Während die Mütter der Neuen die Hemden, Hosen, Socken und Handtücher fein säuberlich in den Schränken verstauten, guckten die Väter gelangweilt und gähnend zum Fenster hinaus. Ab und zu erteilten sie ihren Sprösslingen wohl gemeinte Ratschläge, wie das Väter so an sich haben. Sie ermahnten ihre Nachkommenschaft zu Gehorsam und Fleiß, während die Mütter um regelmäßige Post baten. Endlich lagen die Kleider auf den Tablaren der Holzschränke und der Abschied rückte näher und näher.

Die aufsteigenden Tränen drohten langsam die Blicke zu trüben und manch einer rieb sich plötzlich ein wenig beschämt in den Augen, als

[1] Schreibwarengeschäft.

hätte ihm ein Windstoß jählings feinen Sandstaub hineingeweht. Nur nicht heulen, schwor sich jeder. Keiner begehrte, die mädchenhafte Schande wässeriger Augen auf sich zu nehmen, aber jeder hätte viel darum gegeben, im Moment eine kleine Göre zu sein, um herzhaft losheulen zu dürfen. Ein rechter Knabe weint nicht und ein Schwingerbub noch viel weniger, das hatte Pascal zu Hause tausendmal gehört, schon von ganz klein auf. Tränen waren die Insignien für Weichlinge und rührige Frauen, aber nicht für starke Männer. Für den großen Jungen aus dem Oberland wären sie eine Schandtat gewesen und im gelben Haus beinahe so tabu wie ein nackter Körper eines Erwachsenen oder ein Diebstahl, ein uneheliches Kind oder ein Konkurs oder gar ein Mord. Und Schandtaten hatte es in Meiringen nicht zu geben, weil es sie einfach nicht geben durfte. Gab es sie doch einmal, wurden sie totgeschwiegen oder nur heimlich und im Dunkeln von Lästermäulern erwähnt und jeder, der verstohlen mitlauschte, bekam das schlechteste Gewissen der Welt, als hätte er den Frevel eben selber begangen. Diese bösen Zungen waren dann ganz leise, kaum hörbar, und nahmen jedem Mithörer das heilige Versprechen ab, keiner Menschenseele je etwas zu verraten, am allerwenigsten den Namen des Schmähers. Man begehrte zwar zu tratschen und lästern und Menschen unbedacht zu verreißen und sogar ins Unglück zu stoßen, aber nicht dazuzustehen.

Wenige Augenblicke später begleitete Pascal Ätti und Müeti mit einem schrecklich flauen Gefühl im Magen zum verbeulten Volkswägelchen in den sommerlichen Hof hinunter. Der Bub trug seinen leeren Koffer wehmütig in den Händen, als läge darin seine abgestülpte Haut der Kindheit. Wenigstens diese sollten seine geliebten Eltern mit nach Hause nehmen, als schmerzhafte Erinnerung an ihn. Pascal war froh, dass der Vater plötzlich auf eine rasche Heimreise drängte, da auch ihn der Abschied vom Sohne zu plagen anfing und Tränen aufzusteigen drohten. Als das geliebte Benzinrösslein mit seinem wohl vertrauten Geratter die Schatten spendende Allee hinunterröchelte und kurz darauf nach rechts abbog, um in Richtung Oberland zu entschwinden, kollerten dem zurückgelassenen Sohn der Berge riesige Tränen über die feurig heißen Wangen.

Allmählich leerte sich der Schulhof. Die schweren Limousinen entschwanden in alle Himmelsrichtungen, bis auf eine. Es war ein überlanger, schwarzer Mercedes, der später angekommen sein musste. Breitspurig, wie ein Hochseekreuzer, stand das vornehme Gefährt nun alleine, schwer und mächtig mitten auf dem Schulhof, als hätte es alle andern Autos um sich herum vertrieben. Die vorderen Sitze trennte eine elektrisch herablassbare, dunkle Scheibe ab und zwischen dem trennenden Glas und der hinteren Sitzbank hätte ein Rind bequem liegen können. Das Interieur war mit ganz hellem Leder ausgekleidet. Der Benzinriese trug Berliner Nummernschilder und auf der Fahrertüre protzten zwei reich verzierte Wappen. Eines mit einem Fabeltier und goldenen Talern, das andere mit einem dunkelgelben Adler. Dieser erinnerte den Meiringerbuben an die Flagge seines Tales mit dem Hasliadler.

Da tauchte auch schon das Heimatdorf vor seinen feuchten Augen auf, verschwommen das liebe gelbe Haus mit seinen wilden Reben, deren Blätter schon bald die Farben des Herbstes annehmen würden. Pascals innerer Blick wanderte betrübt vom Elternhaus zum Heimetli[1] hinüber und schon vernahmen seine Ohren den gurgelnden Brunnen, der ihm ein wehmütiges Liedchen sang, und aus weiter Ferne winkte ihm das schneebedeckte Wetterhorn mit tristem Lächeln entgegen. Es neigte sich zu den felsigen Engelhörnern und dem tosenden Reichenbachfall hinunter, als wollte es seine ewigen Nachbarn fragen: «Was tut unser Bub da unten, so weit weg von uns und unserem Tal?» Und erneut stürzten riesige Tränenbäche unaufhaltsam aus des Knaben Augen, sodass er den auftauchenden Schatten am Boden vor sich gar nicht bemerkte. Das keimende Heimweh hatte die neue Umgebung und die fremden Menschen verdrängt, Pascal sah und hörte nichts mehr um sich herum und wäre am liebsten die Allee hinuntergerannt, rechts abgebogen und dem Oberland entgegengeflogen.

Hinter dem Schatten verbarg sich ein Mann, der plötzlich vor dem Buben stand. Die unbekannte Gestalt trug kurz geschnittene, aufstehende

[1] (kleines) Heimwesen, Bauerngut.

Haare. Der Haarschnitt ähnelte einer Schrubbbürste, die auf dem Rücken lag, wie sie von Kaminfegern gebraucht wird, um den Ruß am Boden zusammenzuwischen. Hinter dem schlanken, langen Mann mit dem Bürstenschnitt guckte eine noch dünnere und etwas kleinere Gestalt hervor.
«Mein Name ist Max Huber, man nennt mich einfach ‹Herr Max›, und das ist meine Frau, ‹Frau Ursula›»,
stellte der Mann sich und die Gestalt hinter ihm freundlich lächelnd vor. Ritterlich und nobel übersah Herr Max die Krokodilstränen, die sich der angesprochene Jüngling rasch und beschämt mit dem Handrücken abwischte.
«Du wirst sehen, auch bei uns hier im Unterland ist es schön. Es wird dir gefallen und bei gutem Wetter, vor allem wenn es föhnig ist, wie heute, kann man vom Hügel da oben …»,
er zeigte mit der rechten Hand gegen die Gloriette[1] hinauf, die oberhalb des Schulgebäudes wie ein kleines Lusttempelchen am dunkelgrünen Hang klebte und verschlafen zum Internat hinunterblinzelte,
«… von der Gloriette aus kannst du in der Ferne sogar deine Berge sehen.»
Als hätten den Knaben mit den tröstlichen Worten gleichzeitig ein Nest voller Wespen gestochen, rannte er Hals über Kopf durch den Schulhof, dass die Kieselsteine nur so herumspritzten, zur Treppe gegen den Hang und neben dem Schulgebäude auf dem schmalen Wege hinauf zur Gloriette. Herr Max war der ältere Sohn des Direktors und ebenso wie dieser und der jüngere Sohn Lehrer im Landschulheim. Der Mann mit dem schwarzen Bürstenschnitt war amüsiert bei seiner Frau stehen geblieben und mit sich und seinem psychologischen Ablenkungsmanöver sichtlich zufrieden. Auf einmal legte er seine feingliedrigen Finger an den Mund, formte einen Trichter und rief dem Davonstürmenden nach:
«Um fünf Uhr ist Besammlung im Studiensaal!»

[1] Gloriette: französisch für Sommerlaube, (Garten-)Häuschen.

Der Studiensaal

Der Studiensaal füllte sich nach und nach. Zuerst nahmen die alten Schüler vorwitzig und selbstherrlich ihre gewohnten Plätze ein, während sich die Neuen unschlüssig und scheu herumdrückten oder ohne ein Wort zu sagen den Wänden entlang schlichen, bis sie verloren in irgendeiner Ecke stehen blieben und von den Alten hämisch begafft und bespöttelt wurden. Herr Max hielt die Neuen an, auf den frei gebliebenen Stühlen Platz zu nehmen. Nun traten auch die Lehrer ein. Der Sohn des Direktors stellte jeden mit Namen und Unterrichtsfach vor. Kurz darauf kreuzte der baumlange und beinmagere Direktor selber auf. Mit der Würde eines Staatsmannes schwebte er beinahe geräuschlos durch den Gang des Studiensaals zur Wandtafel. Bei jedem Schritt wippte er leicht schwingend, wie ein Uhrenpendel. Der vornehme alte Herr schaute nach rechts und links und nickte dann seinen Zöglingen freundlich zu. Mit schon fast ein wenig heiserer, aber bestimmter Stimme hob er zum Gruße an und alsbald verstummte auch der letzte Schwätzer. Ab und zu gab es noch ein Stuhlrücken, ein verdrücktes Husten oder gedämpftes Lachen. Schließlich Stille, wie in einer Kirche.

Der Direktor des Landschulheims und Doktor der Philosophie hieß die gut fünfzig Knaben und Jünglinge noch einmal willkommen. In seine Begrüßungsansprache verpackte er auch gleich die Philosophie der Schule und betonte, dass die obersten Gebote Zucht, Anstand, Ehrlichkeit und Fleiß seien. Dann legte er den Eleven ans Herz, dass die Schule viel Geld koste und man den Eltern einzig mit guten Leistungen, anständigem Benehmen und braver Ordnung danken könne. Im Landschulheim werde aber nicht nur der Geist geschult, sondern ebenso sehr der Körper. Das Maß aller Dinge sei:

«Mens sana in corpore sano»,

was für den Nichtlateiner so viel heiße wie: Nur in einem gesunden Körper vermöge ein gesunder Geist zu wohnen. Stets nach dieser Devise wolle und solle man im Landschulheim Oberried leben und gedeihen. Die Maxime, Geist und Körper gesund und rein zu halten, erlaube daher weder Zigaretten noch Alkohol, und Mädchen schon gar nicht. Ein Nichtbefolgen dieser Grundsätze hätte unweigerlich und diskussionslos die

«Exclusio cum Infamia» aus der Schule zur Folge. Diese kompromisslose Drohung mochte die jungen Menschen im Studiensaal in Erstaunen versetzt haben, aber wahrscheinlich erstaunte sie noch mehr, dass der alte und beinahe blutleere Köper des Direktors seinen Marathonmonolog einfach so hinlegen konnte, ohne einmal richtig Luft zu holen. Ja, es sprudelte aus dem Munde des alten Weisen geradezu heraus wie aus einem nimmer versiegenden Jungbrunnen. Das vermochte selbst die jüngsten Eleven zu beeindrucken, auch wenn sie den tieferen Sinn der Worte noch nicht ganz begriffen, sondern nur dem roten Faden nach erahnten. Auf alle Fälle fuhr der Doktor der Philosophie unbeirrt weiter und vermeldete, dass man sich nach dem Unterricht bei Spiel und Sport, wenn immer möglich an der frischen Luft, ertüchtigen solle. Dazu diene nicht zuletzt an jedem Morgen vor dem Frühstück, im Sommer und Winter, bei Sonne und Regen, das Frühturnen im Schulhof. Der bekömmlichste Nährboden für einen fitten Körper und heilen Geist sei das Oberried und man solle stolz darauf sein, dort Schüler sein zu dürfen, aber dennoch bescheiden bleiben.

«Also, liebe Schüler, merkt euch noch einmal und immer und immer wieder: ‹Mens sana in corpore sano›.»

Endlich holte er Luft, atmete tief durch und meinte sogleich verschmitzt und restlos erholt zu seiner schweigenden Bubenschar, als wäre er eben aus einem erfrischenden Bade im Meer gestiegen:

«Nun haben wir zusammen philosophiert und das wird noch oft der Fall sein in diesem Haus.»

Die Grabesstille im Raum war dem betagten Philosophen Zustimmung genug und er nickte zufrieden und auch ein wenig selbstgefällig in den Studiensaal hinaus. Dann erläuterte er den eigentlichen Wochenablauf im Oberried:

«Am Tage sollt ihr tüchtig lernen und gründlich die Aufgaben machen und nach den Mahlzeiten und dem Studiensaal …»

Der direktorale Monolog und die eintönige Stimme schläferten allmählich den halben Saal ein und nicht wenige hielt bloß noch der Kampf gegen das Einnicken wach. Vor dem lauschenden Pascal saß ein strohblonder, hochgeschossener Jüngling. Er trug den Namen Göran Lendenlust und stammte aus Schweden. Göran hatte die ganze Zeit über uninteressiert und demonstrativ abwesend zum Fenster hinausgeschaut. Der gut ge-

wachsene, bereits siebzehnjährige Lendenlust lebte bereits seit vier Jahren im Landschulheim. Er hatte eigentlich weder Freunde noch Feinde, auch kein Interesse an der Schule und noch weniger an Sport oder Spiel. Der Schwede war träge, aber dennoch aufmüpfig wie zehn Revolutionäre zusammen. Am liebsten blätterte der frühreife Blondschopf verstohlen in farbigen Magazinen mit nackten Mädchen. Während den direktoralen Worten murmelte er unaufhörlich vor sich hin, halblaut und missmutig, sodass man ihn zwar nicht verstand, aber immerhin laut genug, dass es ungemein störte, was natürlich auch der Direktor merkte. Doktor Huber oder «Johnny», wie er nicht ohne Respekt von den alten Schülern liebevoll genannt wurde, kannte seine Pappenheimer, unter denen Göran Lendenlust mit klarem Abstand an erster Stelle stand. «Johnny» ließ sich vom rüpelhaften Benehmen des Jünglings weder aus der Ruhe noch aus der Fassung bringen und fuhr unbeirrt und etwas schlitzohrig fort:
«Unsere alten Schüler wissen ja bereits, wie es hier zu und her geht. Nur Göran Lendenlust weiß es natürlich noch nicht, er wird es auch nie kapieren, obschon er doch schon vier Jahre bei uns ist.»
Der Direktor schaute mit stechenden Blicken auf den errötenden Ruhestörer und fuhr fort:
«Der Tag beginnt um sechs Uhr früh mit dem Aufstehen und Frühturnen, nicht wahr Herr Leeenden-luuust? Dann geht ihr euch waschen und kommt zum Frühstück. Vor jeder Mahlzeit findet eine Hände- und Kleiderkontrolle statt. Man soll gewaschen und in sauberen Kleidern an den Tisch treten, nicht wahr Göőö-raaan?»
Über hundert Augen richteten sich plötzlich auf Göran, der beschämt auf den Boden starrte, was ihn allerdings nicht daran hinderte, leise weiterzumaulen.

Der blonde Schwede war kein Knabe mehr. Er sah auch schon aus wie ein richtiger junger Mann und trug einen flaumigen Schnauz. Sein Kinn bedeckten Bartstoppeln und er sprach mit einer männlich tiefen Stimme. Der große Blonde schien sich in der unbekümmerten Knabenschar nicht mehr wohl zu fühlen. Der Siebzehnjährige gab sich auch betont älter, als er eigentlich war. In seinen jüngeren Klassenkameraden sah er nur ahnungslose, naive Knaben und in den noch kleineren Oberriedern bloß einen Haufen einfältiger Spielkinder, die er einfach links liegen ließ. Mit Folgsamen oder gar Strebern hatte er nichts gemein. Sie waren ihm zuwider und geradezu ein Dorn im Auge. Genauso zuwider war ihm auch das Leben im Landschulheim mit seinem Frühturnen und Sport, und das Büffeln und die Aufgaben erst recht. Alles war ihm zu anstrengend und in seinen Augen überflüssig. Der militärische Drill und Gehorsam widersprach seinem Innersten genauso stark wie seiner Lebensanschauung. Die Einordnung in die Wohngemeinschaft der Buben beseelte ihn noch weniger als das Schuhputzen oder der Küchendienst. Einige Schüler munkelten sogar, dass er schon Mädchen geküsst und Bier getrunken habe, vom Zigarettenrauchen ganz zu schweigen. Beweisen konnte es zwar keiner, aber gehört haben wollten es fast alle. Zu den Kameraden in seiner Klasse unterhielt Göran wie gesagt wenig, zu den übrigen Landschulheimlern überhaupt keinen Kontakt. Er bekundete allergrößte Mühe, sich innerhalb der vorgezeichneten Bahn des Internats zu bewegen. Er führte sein eigenes Leben, in das er keinen hineinsehen und schon gar nicht eindringen ließ. Lendenlust kreiste, wie ein einsames Elektron, auf der äußersten Hülle des Landschulheims, kaum noch vom Kern angezogen und jeden Moment bereit, aus der Bahn zu fliegen.

Der Direktor redete immer noch, quirlig wie ein Jüngling, weise wie ein Greis. Pascal musterte unentwegt den seltsamen Jungen aus dem Norden, der im Pult vor ihm auf dem Stuhl hin und her schaukelte. Es war dem Oberländer nicht entgangen, dass der Blondschopf immer wieder neugierig und fragend zu ihm nach hinten geschielt hatte. Die jüngeren Schüler glaubten, der blonde Schwede sei mutiger als ein Löwe, während die mittleren Eleven mehr einen schlauen Fuchs in ihm sahen und die älteren überzeugt waren, dass er bloß ein gerissener und fauler Hund sei, ein wenig hinterlistig und verlogen. Aber allen imponierte mächtig, dass er ein Mädchen unten im Dorf hatte. Den Jüngsten machte es Eindruck, weil es streng verboten war, und den Älteren, weil auch sie gerne eines gehabt hätten, aber den Mut dazu nicht aufbrachten. Im stickigen Studiensaal befahl und dozierte, gebot und verbot immer noch die Stimme des Direktors an den abwesenden, jugendlichen Ohren vorbei:

«Wenn ihr mit sauberen Händen und Kleidern am Tisch steht, besinnt ihr euch still, erst dann sagt die Aufsicht, wann ihr euch setzen könnt, und wann gegessen und vom Tisch gegangen wird. – Habt ihr noch Fragen?»

Der Direktor schaute erst gar nicht auf. Erstens wusste er aus Erfahrung, dass keine Fragen gestellt würden, und zweitens waren mehr oder weniger alle Knaben mit ihren Gedanken aus dem Studiensaal hinaus in die weite Welt geflogen oder bereits eingeschlummert. Doch der Alte gab nicht auf. Mit fast jugendlichem Elan hob er noch einmal an:

«Am Abend, von halb sechs Uhr bis sieben, werden im Studiensaal die Aufgaben gemacht, natürlich unter Aufsicht eines Lehrers. Dann findet das Nachtessen statt und bis zum Lichterlöschen könnt ihr lesen und spielen oder den Eltern schreiben. Nachtruhe ist für die Kleinen ...»,

der Herr Direktor korrigierte sich augenblicklich,

«ich meine natürlich für die Jüngsten, dann und dann, für die Mittleren ...»

Je länger die magistrale Einführung wurde, desto müder wurde nun auch der Direktor selber, sodass seine Stimme schließlich doch schleppend wurde, und er endlich meinte:

«Wir gehen jetzt zum Nachtessen und treffen uns morgen Abend wieder zur Besprechung der Wochenenden.»

In der Tat, am nächsten Abend saß die ganze Schülerschar erneut im Studiensaal und hörte sich die Regeln und Order, Gebote und Verbote, die Erlaubnisse und Befehle des Direktors ein weiteres Mal an. Nur Göran Lendenlust fehlte. Er hatte sich am Nachmittag mit einem Schüler gestritten und saß nun im Arrest. Eigentlich weniger zur Strafe für die Balgerei, als mehr zum Schutze der andern und nicht zuletzt des Direktors selber. Auf alle Fälle war am zweiten Abend im Studiensaal Ruhe und Ordnung und der weise Altmeister konnte zum Schluss, nicht ohne noch einmal mahnend zu gebieten und zu verbieten, festhalten:

«Merkt euch noch einmal und für alle Ewigkeiten: Kein Schüler darf je das Landschulheim ohne Erlaubnis verlassen und Mädchen sind das tödlichste Gift für jeden Oberrieder.»
Die Schüler drängte es augenblicklich zum Studiensaal hinaus, als könnten die schweren Ge- und Verbote nur noch im Freien an der frischen Luft verdaut werden. Draußen war es noch fast eine Stunde hell, bevor dann auch die Schüler der oberen Klassen ins Bett mussten.

Frankyboy

Die beiden Letzten, die aus dem Studiersaal hinaustrotteten, waren Pascal und der bleiche Detektiv. Der schmächtige Sherlock Holmes äugte in jede Ecke und jeden Winkel, als suchte er jemanden, dann lispelte er geheimnisvoll und halblaut zu Pascal:
«Gestern ist Frankyboy aus Berlin angekommen, aber ich habe ihn noch nicht gesehen. Gestern nicht und heute nicht. Wo mag er bloß stecken?»
Was Uelis verschlüsselte Bemerkung bedeuten sollte, konnte der Neuling aus dem Oberland nicht wissen, dass hinter der Person des Berliners etwas Spezielles, ja sogar Geheimnisvolles stecken musste, schwante ihm jedoch bereits jetzt. Er hielt aber mit neugierigen Fragen zurück und dachte nicht daran, den zarten Bernerknaben auszuquetschen, obschon dieser liebend gerne Auskunft gegeben hätte und geradezu darauf wartete, sein Wissen an den Mann bringen zu können. Dennoch folgte der Meiringer nicht ohne Neugier dem Milchgesicht und schließlich einem passablen Strom weiterer Schüler in Richtung Schlaftrakt. Vor dem mittleren Dreierzimmer im oberen Gang der älteren Eleven hing eine ganze Traube alter Oberrieder an der Türe und starrte gebannt ins Innere des Raumes, als sähen sie Aladin mit seiner Wunderlampe.

Frank Schöntaler oder Frankyboy, wie er genannt wurde, war erst am späteren Nachmittag des gestrigen Tages im überlangen Mercedes mit Chauffeur und seiner Frau Mama aus Berlin eingetroffen und durfte in der ersten Nacht noch in Bern im Grandhotel Schweizerhof übernachten. Frank war beinahe so groß wie Oberst Schneider, der Uhrzeigerfabrikant aus Biel. Der deutsche Koloss überragte alle seine Klassenkameraden um einen guten Kopf und war schwabbelig dick: ein mächtiger Fleischhaufen mit speckigen Fingern, kleinen Blutwürstchen ähnlich, und abgekauten Fingernägeln. Der Berliner trug sein glänzend pechschwarzes Haar fein pomadisiert und in der Mitte gescheitelt und hätte vom Platz weg den Zirkusdirektor in einem billigen Tingeltangeltheater darstellen können. Sein Vater lebte schon lange nicht mehr und die gnädige Frau, wie seine Mutter von der Schulleitung und den Lehrern ehrfürchtig genannt wurde, führte in Berlin die Großmetzgerei ihres Mannes und deren unzählige Filialen weiter. Die schöntalerschen Niederlassungen fand man in allen größeren Städten Deutschlands, sogar in Amerika und Australien soll es welche gegeben haben.

Man tuschelte im Landschulheim, dass die Familie unermesslich reich sei, reicher als die Königin von England. Frank Wilhelm Rudolf Schöntaler hieß der Sohn Preußens mit vollem Namen. Es fehlte bloß noch das «von und zu» vor seinem Familiennamen und man hätte ihn glatt in die Erbfolge der deutschen Kronanwärter eingereiht, so majestätisch nahmen sich seine königlichen Vornamen aus. Frank Wilhelm Rudolfs Erscheinungsbild war mindestens so imposant und rätselhaft wie die Wappen an der Autotüre der grandiosen Familienlimousine: links das Familienwappen der Schöntaler, rechts ein Wappen mit einer Krone und dem deutschen Reichsadler. Warum der bekrönte Adler neben dem Familienwappen aufgemalt war, wusste niemand. Kein Mensch hielt sich dafür, Frank zu fragen. Nicht einmal der kleine Detektiv brachte es heraus. Der Einfachheit halber nahm man verwandtschaftliche Bande zum ehemaligen deutschen Kaiserhaus an. Vielleicht war einer der schöntalerschen Vorfahren als uneheliches Hohenzollernkind geboren und hinter dem bürgerlichen Namen versteckt worden. Allerhand Mären in dieser Richtung wurden zum Besten gegeben. Einige Schüler dichteten Frank auch noch verwandtschaftliche Beziehungen zum britischen Königshaus an, aus der Zeit der Queen Viktoria.

Allein, Frank hatte wenig Königliches an sich und Kaiserliches noch viel minder. Er war in Tat und Wahrheit ein einfältiger und saftloser junger Mensch, zudem etwas dümmlich in Wort und Gedanken, linkisch in der Tat und noch mehr in den Bewegungen. Der schwerfällige und «teigige» Frank besaß aber sonst buchstäblich alles, was es an irdischen

Schätzen zu besitzen gab. Er ließ sich in seiner naiven Art auch von jedem Landschulheimler ausnehmen und nach Strich und Faden hinters Licht führen, und das nicht einmal ungern. Der lethargische Großmetzgerssohn kaufte sich seine Freunde im Oberried mit allerhand Geschenken und Einladungen. Wenn Frankyboy etwas haben wollte, brauchte er nur seiner Mama zu schreiben, in dringenden Fällen zu telefonieren, und der Wunsch wurde prompt erfüllt. Sei es ein Plattenspieler, ein Radio oder Schlittschuhe, alles wurde sofort und in bester Qualität und teuerster Ausführung ins Landschulheim geschickt. Der kleine Große besaß alles, was für gutes Geld gekauft werden konnte. Ihm fehlte bloß Zuneigung und Liebe, eine eigene Meinung und ein ehrlicher Freund. Der Berliner Millionärssohn lebte im Oberried eigentlich in ständiger Angst. Er fürchtete sich vor der Schule und den Klassenkameraden und Lehrern genauso wie vor Donner und Blitz während eines heftigen Gewitters, selbst vor der Nacht hatte er Bammel. Wenn Schöntaler aus den Schulferien zurückgereist kam, verteilte er Geschenke, großzügiger als der Weihnachtsmann. Nicht nur die Lehrer, beinahe jeder Schüler wurde beschert, mit einer Schallplatte oder einem Sportleibchen, einem Schreibetui oder einem Kugelschreiber. Die Neuen erkaufte er sich gleich am ersten Tag, wenn er sie erspähte, mit Konserven oder Würsten aus seiner Großmetzgerei, die er stapelweise in seinem Schrank oder Schulpult verstaut hatte. Seine vermeintlichen Freunde nahmen die Geschenke hämisch grinsend entgegen, schüttelten Frankyboy auch schmeichelnd und lobend die Hand, klopften ihm auf die Schulter und rühmten ihn in allen Tonlagen und der arme und schwabbelige, rührselige und schmalzige Frank war flattiert und schwebte im siebenten Himmel. Ein wahrhaft bizarres Schauspiel, das sich im Landschulheim nach jeden Ferien abspielte! Die Bescherten dankten lächelnd, aber bereits im Weggehen tuschelten sie hinter seinem Rücken und spöttelten über den großtuerischen Spinner aus Berlin und wurden nicht müde, ihn lächerlich zu machen. Nicht einmal das hinderte den Gelackmeierten jedoch, mit seinen luxuriösen Allüren weiterhin verschwenderisch umzugehen. Er brauchte das einfach.

Am ersten Morgen wurden die Neuen in die verschiedenen Klassen eingeteilt. Schon am Frühstückstisch debattierte Pascal mit seinem welschen Zimmergenossen Pierre-Alain, wer wohl weshalb in welche Klasse käme, während der Sohn der Berge zum ersten Mal in seinem Leben Porridge hinunterwürgte und daran fast zu ersticken glaubte. Das Geschlabber wollte ihm nicht so recht schmecken, wohl eher weil er den Haferbrei in der dargereichten Form nicht kannte und getreu seiner Herkunft reagierte: Was der Bauer nicht kennt, das frisst er nicht. Pascal wurde für den Rest des Schuljahres noch in die achte Primarklasse gesteckt, in der auch Frank – übrigens schon zum zweiten Mal – residierte. Kaum hatte er Pascal in seinem Schulzimmer wahrgenommen, saß der Berliner Riese auch schon neben ihm, ohne groß zu fragen, und blieb den Rest des Jahres auch dort sitzen, als wäre er angekettet.

In den ersten Schultagen beschnupperten sich die neuen Schüler wie neugierige Hunde und erste, scheue Kontakte und Kameradschaften kamen zustande, bald schon abgelöst von stillen Aversionen, die sich aber oft ebenso schnell wieder verflüchtigten wie die voreiligen Treueschwüre. Man kannte sich halt noch zu wenig gut und hatte vielleicht überschnell oder gar verblendet einen Bund mit oder gegen einen Kameraden geschlossen.

Später keimten erste Freundschaften, aber weniger aus gegenseitigem Respekt oder wegen löblichen Charaktereigenschaften als mehr aus Achtung vor sportlichen Leistungen oder unterhalterischen Talenten. Trickreiche Fußballer und schnelle Läufer oder talentierte Gitarrenspieler standen weit höher im Kurs als kluge Rechner oder bleiche Aufsatzschreiber. Am schwächsten gehandelt wurden die Lateiner. Pascal stand dagegen gleich vom ersten Tag an am höchsten im Kurs. Seine Kraft und schwingerischen Künste galten schon bald als sichere Anlage für eine sorglose Freundschaft. Für die Bekanntmachung dieser rustikalen Begabungen des Bauernbuben hatte der rührige Detektiv schon in den ersten Tagen gesorgt. Entsprechend umringt und begehrt, gesucht und gehandelt wurde der Kaminfegersohn, obschon er davon gar nichts bemerkte. Man näherte sich ihm noch mit furchtsamer Zurückhaltung, versuchte indes, möglichst oft in seiner Nähe zu sein und sich positiv bemerkbar zu machen. Die meisten Jünglinge, vor allem die Städter, meinten, Meiringen liege zuoberst auf einer Alp, und glaubten sogar, erraten zu haben, dass nur die ewigen Schneeberge einen Menschen vom Schlag und der Kraft Pascals hervorbringen könnten. Nach wenigen Tagen duckte sich auch das letzte Großmaul in seiner Gegenwart und suchte seine Nähe oder wenigstens seine Fürsprache. Der Schwinger schien das beste Schutzschild. In dieser Hinsicht waren die neuen Schulkameraden nicht besser und nicht schlechter als jene von Meiringen.

Das leere Bett

Im großen Schlafsaal stand seit Pascals Ankunft ein Bett leer. Es gehörte, wie schon dargelegt, einem kränklichen Schüler aus der Ostschweiz, der seit drei Jahren im Landschulheim lebte, aber mehr als die halbe Zeit davon in irgendeinem Spital oder Sanatorium Heilung von seinem schweren Asthmaleiden suchte. Eines Abends, vor dem Lichterlöschen, teilte Salvisberg, ein junger Lehrer, den zwei alten und neuen Bewohnern des Dormitoriums mit, dass der kranke Rolf endgültig in ein Sanatorium eingewiesen worden sei und nicht mehr ins Oberried zurückkomme. Die vier Kameraden sollten sich überlegen, wen sie gerne als neuen Zimmergenossen aufnehmen würden, und dies dann der Schulleitung unterbreiten. Es dürfe aber kein Neuer sein. Kaum hatte Salvisberg das Licht gelöscht und die Türe geschlossen, ging auch schon ein Debattieren und Abwägen los: ein mächtiges Pro und ein noch stärkeres Kontra für diesen oder jenen. Vor allem die zwei Alten, der smarte Schnüffler und das dickliche Eigesicht, legten sich ins Zeug. Der Berner und der Emmentaler handelten und zankten miteinander wie Viehhändler, als ginge es um die Anschaffung einer Kuh, dabei begehrte der Städter wohl lieber ein trächtiges Tier und der Ländler besser ein milchiges. Auf alle Fälle, was der Detektiv wollte, passte dem Müllerssohn nicht und umgekehrt. Zwischen Ueli und Manfred ging es zu und her wie im hölzernen Himmel. Pascal und Pierre-Alain hielten sich da vornehm heraus. Der Fabrikantensprössling aus Biel, weil für das leere Bett kein Welscher zur Diskussion stand, und Pascal, weil er die alten Schüler noch zu wenig kannte und es ihm eigentlich auch egal war, wer da kommen würde. Schon beim Frühturnen am nächsten Tag und erst recht beim Morgenessen beherrschte ein einziges Thema die frühe Stunde: das neu zu belegende Bett im großen Dormitorium.

Da Frankyboy im Unterricht bereits neben Pascal saß, nahm er sich gleich das Recht heraus, auch außerhalb der Schulstunden wie eine Klette an ihm zu hängen – unmöglich, sie abzuschütteln! Schöntaler hatte auch im Studiensaal, während den Aufgaben, neben dem Oberländer Platz genommen und versuchte jetzt, den Stuhl neben Pascal am Esstisch zu ergattern. Dafür war er sogar bereit, sein neues Kofferradio als Entgelt einzusetzen. Aber auch in der Freizeit hing der Berliner am Rockzipfel des Schwingers. Überdies versuchte er, seinen neuen Freund bei jeder möglichen und unmöglichen Gelegenheit mit Hackfleisch aus seinen Konserven oder mit Würsten der schöntalerschen Großmetzgerei vollzustopfen. Wenn der Bauernbub für einen klitzekleinen Augenblick allein sein wollte, drückte sich der Berlinerjunge wie ein geschlagener Hund in seiner Nähe herum und schaute Pascal mit wässerigen Augen bettelnd an, was diesen an Bäri, den Sennenhund zu Hause, erinnerte. Entweder musste Pascal seinem aufdringlichen Betteln nachgeben oder ihn polternd zum Teufel jagen. Einfach wegschauen oder nicht reagieren funktionierte beim schwabbeligen Berliner genauso wenig wie beim trotteligen Dürbächler. Dieser hatte einen mit seiner feuchten Nase unaufhaltsam immer weitergeschubst und so treuherzig und devot-traurig in die Welt hinausgeschaut, dass einem fast die Tränen gekommen waren. Gleich tats Frank. In diesen Belangen war Schöntaler dem lieben Tierchen mehr als nur seelenverwandt. Frank schubste auch, zwar nicht mit der nassen Schnauze, aber mit rührseligen Schmeicheleien und Aufmerksamkeiten, bis Pascal entweder ausgelaugt nachgab oder den Bettelsack mit Donner und Doria ins Pfefferland schickte.

Der liebe Zufall, dem vermutlich der feingliedrige Detektiv ein wenig nachgeholfen hatte, wollte, dass Schöntaler als einer der Allerersten vom verwaisten Bett und dessen geplanter Neubesetzung Wind bekam. Er ließ Pascal keine Ruhe mehr und bekniete ihn, bis er dem kindischen Zwängen endlich nachgab und Frank als neuen Zimmerkameraden dem jungen Lehrer Salvisberg vorschlug.

Franks Einzug im großen Schlafsaal, noch in der gleichen Woche, glich dem Einzug des siegreichen Cäsar im alten Rom. Derweil aber in Rom dem Volke Brot und Spiele gegeben wurden, gab es im Dormitorium Konserven und Würste aus der deutschen Großmetzgerei. Frank legte seinem selbst gewählten Mentor sogar verstohlen, aber immerhin so, dass es jeder sehen konnte, einen vergoldeten Füllfederhalter samt Etui unters Kopfkissen. Pascal tat, als hätte er diesen übertriebenen Akt der Dankbarkeit nicht gesehen, weil er nicht begehrte, Frank vor allen andern Zimmergenossen lächerlich zu machen, und half ihm, als wäre nichts geschehen, den Schrank einzuräumen, der schon bald fast aus dem Leim krachte. Der Meiringer schob in seinem Schrankteil seine Habseligkeiten noch etwas mehr zur Seite, dass Frank dort wenigstens noch einen kleinen Teil seines Reichtums verstauen konnte. Der Rest, welchen er sowieso nicht brauchte, kam auf den Dachboden. In Pascals Schrank lagen somit zuoberst seine eigenen Kleider, in der Mitte einige von Frank und unten die restlichen von Pierre-Alain. Allein, gegen den Überfluss von Frank an Kleidern und Schuhen, Socken und Pullovern, Hemden und Krawatten war selbst der Bieler Fabrikantensohn arm wie eine Kirchenmaus. Frank guckte auf Pascals bescheidene Habseligkeiten und fragte ganz verblüfft in seinem ureigenen Berlinerdialekt:
«Is det olles, wat du hast?»
«Ja, Frank, aber mehr brauche ich gar nicht»,
meinte der Gefragte kurz angebunden. Der Großmetzgerssohn kramte zwei übrig gebliebene neue Pullover aus seinem Überseekoffer und streckte sie seinem neuen Zimmerkameraden genüsslich hin:
«Da, nimm, ik hab jenug davon.»
Pascal schubste Frank Schöntaler mitsamt seinen Pullis zur Seite und konterte leicht verstimmt und doch mit schalkhaftem Unterton:
«Hör, lieber schöner Taler, behalte dein Zeug für dich. Schließ jetzt den Schrank und komm mit mir zur Gloriette hinauf! Ich will dir etwas erzählen, aber es redet sich draußen an der frischen Luft leichter und einfacher und lange Ohren hats dort auch keine.»

FREUNDSCHAFT

Auf dem schmalen Weg zur Gloriette hinauf versuchte der Bauernsohn, seinem neuen Zimmergenossen aus der Weltstadt klar zu machen, dass man eine Freundschaft nicht einfach erkaufen kann, weder mit Geld noch teuren Geschenken.
«Schau, Frankyboy, eine Freundschaft muss aus sich heraus wachsen, wie ein Edelweiß aus einem Felsspalt»,
philosophierte Pascal. Frank hörte mit aufgerissenen Augen und verständnislosen Blicken zu. Pascal spürte nur zu gut, dass ihm sein Kumpel nicht recht folgen konnte oder wollte, aber ließ sich nicht beirren und fuhr fort:
«Zudem kannst du Menschen nicht einfach so, mir nichts, dir nichts in Beschlag nehmen, wie Tiere. Menschen müssen auch einen eigenen Raum und eigene Zeit haben, für sich zu sein. Du darfst nicht andauernd auf mir herumsitzen, sonst ersticke ich.»
Frank drehte sich verblüfft zu Pascal und hätte gerne widersprochen, aber wusste nicht wie und was. Pascal kam ihm zu Hilfe und erklärte:
«Ich wollte dir eigentlich nur sagen, dass zwei Menschen erst Freunde werden können, wenn sie sich so nehmen und akzeptieren, wie sie sind, ohne Geschenke. Verstehst du jetzt, warum man Freundschaft nicht erkaufen kann, weder mit Pullovern noch mit Konserven oder Würsten und auch nicht mit einem vergoldeten Füllfederhalter?»
Der Jüngling aus der Stadt, der alles begehrte und alles bekam, was es zu kaufen gab, verstand allmählich die Worte seines Zimmerkameraden und schaute mit seinen naiven Augen gequält und verwundert zu Pascal. Dann sagte er plötzlich mit weinerlicher Stimme:
«Mit den Geschenken wollte ich dir doch nur eine Freude bereiten. – Du willst mich also nicht zu deinem Freund haben?»
Weder die wehmütige Frage noch die weinerliche Stimme passten zum mächtigen und fast schon ausgewachsenen Körper des Riesen, in dem immer noch eine kleine, kindische Seele hauste.
«Das habe ich nicht gesagt Frank»,
korrigierte Pascal, nun energisch werdend und vorwurfsvoll.
«Doch, ich begehre deine Freundschaft, wie du meine, aber nicht gegen

einen Füllfederhalter oder einen Pullover, auch nicht gegen Konserven und Würste. Begreif das doch endlich!»
Schöntaler blieb ratlos und verletzt stehen, als hätte ihn Pascal zu Unrecht gescholten. Das kleine Kind im großen Manne starrte unablässig auf eine Grasnarbe am Wegrand und stieß sie plötzlich heftig, wie von einem Wutausbruch befallen, mit dem Schuh weg, zwängelnd und missmutig, gerade so, wie er sonst alles erreichte.
«Frank, die Grasnarbe kann nichts dafür, dass du ein Kindskopf bist und mich im Moment nicht verstehen willst, weil es dir einfach nicht in den Kram passt! Aber schon morgen oder übermorgen wirst du mich begreifen.»
Pascal trottete gemächlich weiter, ganz zur Gloriette hinauf, und ließ den Seufzenden hinter sich stehen. Kaum war er beim Lusttempelchen angelangt – so nannten die Landschüler den niedlichen Säulenbau –, hörte er hinter sich ein pfeifendes Keuchen und breitbrüstiges Schnaufen. Schöntaler mühte sich schwer atmend aufwärts, als trüge er eine zentnerschwere Last auf seinen weichen, herabhängenden Schultern. Aus heimlichen Erzählungen von vorwitzigen Mitschülern, die schon bei Frankyboy in Berlin Ferien verbringen durften, war bekannt, dass der große Junge zu Hause keinen Schritt aus eigener Kraft tat, und wenn er nicht gerade vom Chauffeur der Familie herumkutschiert wurde, schaufelte er kiloweise Schokolade und andere Süßigkeiten in seinen Mund, wie ein Heizer Kohle in den gierigen Brennraum seines Schiffsofens. Die endlose Nascherei aus Energielosigkeit oder fehlender Zuneigung machte ihn nicht nur dick und träge, sondern auch ausgesprochen unbeweglich und viel älter, als er eigentlich war.
«Schau, Frankyboy, dort drüben!»,
Pascal zeigte mit seiner rechten Hand Richtung Oberland,
«dort im Dunst stehen die Schneeberge. Dort liegt mein kleines Heimatdorf.»
Die beiden Schüler legten sich der Länge nach ins reife Gras, das würzig roch, wie frischer Tee. Der Bauernbub schloss die Augen, hieß Frank dasselbe zu tun, beide verschränkten die Arme hinter dem Kopf und Pascal erzählte dem großen Kind aus der Weltstadt von der täglichen Arbeit in Haus und Stall, den Kühen und Schweinen, von Bäri, dem Hund, und den Kaninchen, vom Schwingen im Gras und Jodeln in der Heutenne.

Pascal erwähnte seine Eltern mit keinem Wort, denn Franks Papa lag ja schon geraume Zeit in der Familiengruft der Schöntaler. Er soll mit seinem Privatflugzeug abgestürzt sein und Pascal wollte keine alten Wunden aufreißen.

Das mächtige Kind aus Berlin fieberte wie ein kleiner Bub mit und hing verzückt an Pascals Lippen. Allmählich hellte sich Franks Blick auf und plötzlich strahlte er mit seinen großen Kinderaugen, als sähen sie den Weihnachtsmann. Er war selig. Frank hörte einmal nichts von Geld und Geschenken, Kleidern und teuren Schuhen, dafür von einem kristallklaren Bergseelein und flitzigen Forellen, von hohen Tannen im moosigen Walde, mit denen Pascal reden konnte und sogar Freundschaft geschlossen hatte. Der Großstadtjunge hatte Pascals Geschichte vom Föhn vernommen, dem ältesten Haslitaler, der zuerst den Kindern liebevoll die Haare zersäuselt und urplötzlich zu einem fürchterlichen Orkan anschwellen kann und, wütend über die bösen Menschen, Bäume ausreißt und ganze Häuserketten abdeckt. Danach plauderte der Bauernbub von den armen, aber fröhlichen Kindern in den Bergtälern und ihren einfachen Hütten, dem entbehrlichen Leben in schneereichen Wintern und dem mühsamen Bergheuet an übersteilen Abhängen, in der glühenden Sonne im Hochsommer. Wie die Kinder bereits von klein auf anpacken und mithelfen müssten und trotz bitterster Not glücklich und zufrieden seien. Frank hörte gebannt zu, vergaß den Mund zu schließen und sog die Worte seines neuen Freundes tief in seine Seele hinein, wie ein ausgetrockneter Schwamm Wasser aufsaugt. Er versäumte manchmal fast zu atmen. Nach einer Gesprächspause fragte Frank auf einmal, gedankenverloren, aber mit todernster Stimme, die man bei ihm sonst gar nicht kannte:
«Können denn deine Eltern die Schule hier überhaupt bezahlen?»
Frank Schöntalers Weltbild von Glanz und Reichtum, Geld und Besitz hatte tiefe Risse abbekommen und der oberste Verputz fing allmählich an abzubröckeln. Pascal drehte den Kopf zu Frank und staunte nicht schlecht, als er in dessen Augen Tränen und einen verwandelten Ausdruck entdeckte. Nicht mehr den dummschlauen und naiven des verwöhnten und umhätschelt dahinvegetierenden und desinteressierten Herrensöhnchens. Ernste Augen blitzten Pascal an, nicht mitleidige, sondern erwachte mit offenen Fragen. Der Sohn der Berge lächelte in sich hinein und freute sich über die Verwandlung des Berliners. Es ging Frank auf einmal auch

nicht mehr darum, schnell einen Pullover oder Füllfederhalter zu verschenken, etwas, was ohnehin nicht von ihm, sondern seiner Mutter kam und er auch nicht ernsthaft entbehren musste und wofür er eigentlich nur einen hämischen Dank erntete. Ihm wurde plötzlich klar, dass jeder Mensch irgendwann einmal einen Pullover besitzen würde, aber nicht jeder die Freundschaft mit einer Tanne. Auch einen Füllfederhalter konnte jeder einmal haben, aber nicht jeder ein Gespräch mit den Schneebergen und flitzigen Forellen im klaren Bergseelein.
«Ja, Frank, meine Eltern haben eine gute Kuh verkauft und eine kleine Hypothek auf Haus und Heimetli aufgenommen. Damit bezahlen sie das Landschulheim. Sie leben sehr einfach und sind mit wenig zufrieden. Mein Glück ist ihre Zufriedenheit. So sind sie halt. Das Fleisch gibt ihnen der Stall, die Kartoffeln und das Gemüse der Garten und das Brot backt die Mutter selber. Mehr, sagen sie, brauchen und wollen sie nicht.»
Frank ließ seinen Tränen nun endgültig freien Lauf und schwieg betroffen. Vielleicht hatte er sich in diesem Augenblick seine Mama, die gnädige Frau im Stadtpalais am Kurfürstendamm in Berlin, vorgestellt, wie sie am Trog Teig für ein Brot kneten oder im mächtigen Treppenhaus die Marmorstufen fegen würde. Frank hätte seine Mutter wohl nie in einer Küchenschürze oder auf den Knien gesehen, wenn er nicht mit Pascal gesprochen hätte. Vielleicht dachte Schöntaler aber gar nicht an seine Frau Mama, sondern an die Tannen, mit denen Pascal reden konnte und Freundschaft geschlossen hatte, oder an die Kuh, die verkauft werden musste, um das Schulgeld zu bezahlen, derweil in seiner Großmetzgerei täglich Hunderte, wenn nicht Tausende von Kühen und Kälbern einfach so dahingeschlachtet wurden. Der Berliner würgte und versuchte, etwas zu sagen, als ein plötzlicher Windstoß fünf Glockenschläge von der Dorfkirche hinauf zu den beiden Jünglingen trug. Pascal fuhr zusammen, wie vom Blitze getroffen, stieß Frank unsanft in die Seite und beide rannten Hals über Kopf ins Landschulheim zurück. Wenige Minuten später saßen sie nebeneinander im Studiensaal und büffelten.

Seit dem Gloriettengespräch hatte sich der reiche Jüngling aus Berlin verändert. Er redete mit Pascal nicht mehr vom Geld und machte auch keine Avancen mehr, Geschenke zu verteilen, und ließ es fortan auch bei den andern Mitschülern bleiben. In freien Augenblicken stahlen sich die zwei neuen Freunde aber zur Gloriette hinauf und Pascal musste wieder

und wieder von zu Hause, den Kühen und Bäri, den moosigen Wäldern und dem bittersüßen Tannengeruch, den ewigen Schneebergen und dem klaren Bergseelein mit seinen flitzigen Forellen erzählen. Und Frank plauderte über die Weltstadt Berlin, ihre Trolleybusse und unzähligen Autos, die U-Bahnen, die in unterirdischen Gängen, wie seinerzeit Pascals Mäuse, in alle Richtungen enteilten, um wenig später wieder zurückzukehren. Frank konnte plötzlich auch einmal nichts sagen, einfach schweigen und eigenen Gedanken nachhängen, oder sich sogar an einem Spruch des Dichters Rudolf von Tavel[1] erfreuen, der vor Menschengedenken an eine Wand der Gloriette gekritzelt worden war, einem unglücklichen Liebespaar gegolten hatte und heute noch so gut zu einer Freundschaft von ganz verschiedenartigen Menschen passt:
«L'amour est plus fort que tous les principes.» («Die Liebe ist stärker als alle Grundsätze.»)

Eifer

Die Tage und Wochen flogen nur so dahin und das Leben im Internat und der Schulbetrieb gefielen Pascal immer besser. Er lernte eifrig, sog alles wissbegierig in sich auf und war ausgesprochen fleißig. Mit seinem Eifer wusste er den Eltern am besten für ihr Opfer zu danken. Er verbummelte keine Minute und profitierte von der Schule, wo er nur konnte. Pascal zog nur sehr selten mit den andern ins Dorf hinunter und fuhr auch kaum nach Hause. Beides kostete immer wieder Geld, das er lieber auf die Seite legte. Wenn er ein ungerades Mal mit der Eisenbahn nach Hause fuhr und Mutter oder Vater ihn am Sonntagabend vor der Abreise fragten, ob er noch einen Batzen brauche, antwortete er stolz, dass er noch mehr als genug hätte und wohl eher ihnen geben könnte, als sie ihm. Zweimal durfte er mit den Eltern eines Mitschülers, die in Wengen ein großes Ferienchalet besaßen und ihren Sprössling Felix für das Wochenende

[1] Rudolf von Tavel: Berner Mundartschriftsteller (1866–1934). Bekanntestes Werk: «Jä gäll, so geit's!» (1901).

abholten, bis nach Interlaken mitreiten. Dort holte ihn Ätti mit dem alten, vertrauten Volkswägelchen ab und die beiden ratterten gemütlich dem Hasli zu und es war dem Oberrieder, als wäre er bloß ein, zwei Tage von zu Hause weggewesen. Wenn Pascal nicht gerade lernte oder Aufgaben machte, lag meistens Frank in seinem Schlepptau. Aber er störte Pascal nicht mehr. Im Gegenteil. So unterschiedlich die zwei Jünglinge von Geburt und Herkunft, Interessen und Bewegungen, Gedanken und Erinnerungen, Gegenwart und vielleicht auch Zukunft sein mochten, sie ergänzten sich prächtig und der eine nahm nun den andern, wie er eben war.

Seit dem Gloriettengespräch mit Frank Schöntaler war einige Zeit verstrichen. Es war nach dem Mittagessen, an einem verregneten Samstag. Das Haus war fast leer. Über die Wochenenden reisten die meisten Zöglinge zu ihren Eltern und eigentlich blieben nur die Schüler aus dem Ausland und Pascal im Landschulheim zurück. An diesem Samstag verlangte der Direktor, Pascal zu sprechen. Der Bergbub vermochte sich darauf keinen Reim zu machen. Er schätzte zwar den gescheiten alten Herrn und respektierte ihn, als Lehrer und Direktor, aber hatte in seiner Nähe immer ein etwas flaues Gefühl im Magen. Pascal hatte zwar nichts verbrochen, indes, das mulmige Gefühl war einfach da. Vielleicht weil ihm Ätti zu Hause immer wieder eingetrichtert hatte, genügsam und zurückhaltend zu bleiben, sich gut aufzuführen und den Direktor nie zu enttäuschen. Pascal sinnierte nach dem Grund der magistralen Vorladung, aber kam nicht dahinter. War er am Ende wegen seinen guten Schulnoten, auf die er sicher ein wenig stolz sein durfte, hochmütig geworden? Oder hatte er den Leiter der Schule, ohne es gemerkt zu haben, irgendwie enttäuscht oder sogar gekränkt? Ja, das musste es sein. Kürzlich hatte er mit Kameraden über den Alten gelästert, eigentlich harmlos und mehr aus Solidarität zu den andern als aus eigener Überzeugung, aber dennoch! Johnny hatte sicher davon erfahren und wollte ihn nun zur Rechenschaft ziehen, ja vielleicht sogar mit dem Ausschluss aus der Schule drohen. Mitgegangen heißt eben mitgehangen. Respekt für den Direktor auf der einen Seite und dumme Schnöderei und hinterhältige Worte auf der andern vertragen sich eben schlecht, wie Feuer und Wasser. Deshalb das zunehmende Unbehagen in Pascals Herz und die würgende Angst, die jeder einmal ertappte Dieb kennt, selbst wenn er nicht mehr klauen würde, aber für die Leute hat er eben einmal lange Finger gehabt und die können zu keiner Zeit mehr kurz werden, der Sünder bleibt für alle Zeiten ein ausgekochter Halunke.

Zaghaft klopfte Pascal an die Türe der direktoralen Wohnung im obersten Stockwerk des Internatsgebäudes und hätte alle Welt darum gegeben, wenn niemand geöffnet oder sich die Vorladung als bloßer Irrtum herausgestellt hätte. Allein, schon nach wenigen Augenblicken öffnete sich die Türe und die Frau des Direktors hieß den verzagten Schüler eintreten. Ihr Mann thronte in einem mächtigen Lederfauteuil, im noch riesigeren Salon. Seine langen, beinmageren Arme guckten aus den überweiten Sakkoärmeln hervor und lagen schlaff auf den ausladenden Lehnen, derweil die knochigen Finger leichtgliederig und kaum hörbar auf die lederne Unterlage trommelten. Der Doktor der Philosophie saß da, würdiger und weiser als der König Salomon vor den streitenden Kinderfrauen.

«Komm, setz dich zu uns!»,
forderte er den Schüler freundlich auf.
«Willst du ein Glas Milch?»,
fragte er väterlich und lachte. Dem Bub fiel ein zentnerschwerer Granitbrocken vom Herzen, als er in der Stimme des Direktors keinen scheltenden oder gar feindlichen Unterton heraushörte.
«Nein, danke schön. Ich komme gerade vom Tisch»,
entgegnete der Jüngling zaghaft, aber erlöst. Pascal wagte trotzdem kaum, die Augen zu heben. So sah er die gewaltigen Ölbilder, die in schweren, vergoldeten Rahmen an den Wänden des vornehmen Raumes hingen, eigentlich nur aus der Froschperspektive. Auf einem Bild weideten Kühe nahe an einem Seelein und im Hintergrund ragten hohe Berge mit schneebedeckten Spitzen in den blauen Sommerhimmel hinauf. Unbemerkt hatte der Direktor den Blick des Buben verfolgt und fragte amüsiert:
«Gefällt dir das Bild? So sieht es bei dir zu Hause aus. Ich kenne dein Tal. Ich habe seinerzeit im Grimselmassiv geologische Studien betrieben, also Untersuchungen an Gesteinen für meine Doktorarbeit.»
Der seit bald einem halben Jahrhundert promovierte Geologe, Mathematiker und Philosoph, lächelte zufrieden und erinnerte sich wohl ein wenig und auch mit Wehmut an seine steinige Dissertationszeit im Haslital. Dann kehrte der würdige, alte Herr mit seinen Gedanken wieder ins

Landschulheim, damit ins flache Unterland und schließlich in die Gegenwart zurück. Im Pluralis Majestatis meinte er zu Pascal:
«Wir sind sehr zufrieden mit dir und deinen Leistungen. Es fehlt zwar noch einiges, aber du bist willig, lernst leicht und begreifst schnell. Du wirst deinen Weg schon machen. Bleib nur immer einfach und bescheiden!»
Da waren sie wieder, die berühmten Worte, die besser in ein Kloster oder einen Bettelorden gepasst hätten als in das weltliche Landschulheim. Der Haslibub vermochte keinen Zusammenhang mit seinen Leistungen oder Schulnoten zu entdecken, welche der Direktor doch eben noch selber gerühmt hatte. Vermutlich gehörte das Angehängsel von der Bescheidenheit einfach zu einem direktoralen oder väterlichen Schlusssatz, damit in der Zuversicht gleichzeitig auch ein wenig Bangen mitschwang, um die schwachen und eitlen Menschenkinder nicht hoffärtig werden zu lassen.
«Wenn du möchtest, kannst du nach den Weihnachtsferien Algebra und Geometrie nehmen. Möchtest du?»
«Ja, Herr Direktor, sehr, sehr gerne»,
schoss es aus Pascals Mund, wie aus einer Kanone.
«Recht so! Das freut mich. Das wärs dann. Du darfst wieder gehen.»
Pascal erhob sich überglücklich, er schwebte auf Wolken und versuchte, Dankesworte zu stottern und sich zu verabschieden. Keines von beidem wollte ihm so richtig gelingen. Da hörte er plötzlich die Frau des Direktors etwas von einer «gnädigen Frau» und den Namen «Schöntaler» zu ihrem Manne flüstern und er spitzte die Ohren senkrecht, wie ein Schneehase, wenn eine Lawine herunterdonnert.
«Ach ja, das hätte ich beinahe vergessen»,
wandte sich der Direktor wieder an den Zögling.
«Du scheinst einen guten Einfluss auf Frank Schöntaler zu haben. Er ist seit seinem Umzug in den großen Schlafsaal wie ein umgekehrter Handschuh. Auch seine Leistungen sind nicht mehr wiederzuerkennen. Frank hat dich sehr gerne. Das hat er auch seiner Mutter, der gnädigen Frau, nach Berlin geschrieben. Die gnädige Frau wird am nächsten Wochenende in Bern sein und möchte dich kennen lernen, sie lädt dich ins ‹Grandhotel Schweizerhof› zum Mittagessen ein. Sie hat mir gestern Abend telefoniert und mitgeteilt, dass ihr Chauffeur Frank und dich abholen

und wieder ins Oberried zurückbringen würde. Du kannst selbstverständlich gerne gehen. Möchtest du die Einladung annehmen?»
Ohne groß zu überlegen, wollte Pascal geradewegs zusagen, besann sich aber eine kleine Weile und fragte höflich:
«Entschuldigen Sie, Herr Direktor, aber was ist mit den andern Zimmerkameraden?»
Auch wenn die fünf Dormitorianer das Heu nicht immer auf der gleichen Bühne hatten, hielten sie als Zimmergenossen nach außen hin zusammen wie Pech und Schwefel, und dies in guten wie in schlechten Zeiten. Kamen feindliche Angriffe von andern Schlafgemächern, verteidigten sie sich als verschworene Brüderschaft wie die alten Eidgenossen. Flatterten freundliche Einladungen daher, nahmen sie alle zusammen an, oder keiner. Die fünf Dormitorianer – so verschiedenartig sie auch waren –, sie stellten eine nicht zu unterschätzende Macht dar, ähnlich der Musketiere im alten Frankreich. Die so genannte «Horde» des großen Schlafsaales wurde nicht nur von den Landschulheimlern, sondern auch von den Lehrern und der Schulleitung ernst genommen und geachtet. In brenzligen Situationen war einer für alle da und alle für einen. Der smarte Fabrikantensohn aus Biel genauso wie der quirlige Detektiv aus Bern und der rührselige Müllerssohn aus dem Emmental stießen ins gleiche Horn wie der schwabbelige Frankyboy aus der Weltstadt Berlin und der eigenwillige Oberländer Kaminfegersohn. Die fünf Jünglinge bildeten so etwas wie eine einfache Gesellschaft mit solidarischer Haftung für alle Leiden und Freuden des Dormitoriums. Kein Außenstehender hätte sich je gewagt, in diese heilige Allianz einzubrechen oder sie auch nur in Frage zu stellen. Das war den Mitschülern und Lehrern genauso bekannt wie dem Direktor. Pascals Frage erstaunte daher den Direktor nicht sonderlich und er akzeptierte auch ohne weiteres die Intervention, genauso wie der grau melierte Herr die Gesetzmäßigkeiten und Bünde seiner Zöglinge respektierte, so sie nicht gegen die Schulordnung und die Philosophie des Hauses verstießen. Johnny wusste auch gleich eine Antwort:
«Die gnädige Frau will später alle Schüler in den Zirkus Knie und dann zu einem Nachtessen einladen. Nicht nur deinen Schlafsaal, sondern das ganze Haus. Fredy und Rolf Knie, unsere beiden externen Schüler, dürfen dann diesen Tag zu Ehren von Franks Mama, ihrem Sohn und dem ganzen Oberried gestalten. Sonst noch etwas?»

Pascal trottete wenig später mutterseelenallein, mit sich und der ganzen Welt, dem aufgehellten Himmel und dem lieben Gott zufrieden, zur Gloriette hinauf. Im Kopf hatte er algebraische Gleichungen und die Dreiecke des Herrn Pythagoras, im Bauch ein virtuelles Wienerschnitzel mit Pommes frites im Stadtrestaurant des Grandhotel Schweizerhof in Bern.

Die Einladung

Wie junge Prinzen schaukelten am nächsten Sonntag die beiden Freunde im Fond der schöntalerschen Limousine Richtung Bern. Aus dem Autoradio ertönte der Kaiserwalzer von Johann Strauß und untermalte die fürstliche Fahrt. Frankyboy redete wie aufgezogen. Er sprudelte, aber er plapperte nicht mehr unsinniges und wirres Zeug wie früher. Er freute sich einfach und war glücklich, seinen Busenfreund der Mama vorstellen zu dürfen. Der Chauffeur trug eine schwarze Melone und eine dunkelgraue Uniform. Er hielt sich vornehm zurück und sprach nur, wenn er vom Sohn seiner Herrin angesprochen wurde. Die Handvoll Worte, die der treue Diener der reichen Konserven- und Wurstfabrikantenwitwe von sich gab, konnte der Meiringer wegen des berlinerischen Dialektes ohnehin nicht so recht verstehen und war eigentlich ganz froh, nicht reden zu müssen. Er hätte ohnehin nicht gewusst was. Kurz vor Bern wandte sich Pascal an seinen Freund:

«Frank, ich wollte dir schon lange etwas sagen, das heißt, eigentlich eher vorschlagen. Aber ich wusste nicht so recht, wie du darauf reagieren würdest …»

Frankyboy unterbrach seinen Freund mit aufgeregten Worten:

«Was wolltest du mir vorschlagen? Sage es mir, sage es mir ganz geschwind! Ich will es wissen, jetzt auf der Stelle.»

«Frank, so wichtig ist es auch wieder nicht. Ich möchte dich, wenn du Lust hast, nach den Weihnachtsferien an einem Wochenende zu meinen Eltern einladen. Ich kann dir dann Meiringen und die Berge, unsere Kühe und Bäri zeigen.»

Pascal hatte von Pierre-Alain, dem Uhrzeigersohn aus Biel, erfahren, dass Frankyboy seit dem Gloriettengespräch nur noch von seinem neuen Oberländerfreund, den Kühen und Kälbern, den Kaminfegergesellen und Bäri, den Schneebergen und Tannen erzählte und das Alpenmärchen doch so gerne mit eigenen Augen gesehen hätte, sich aber nicht getraute, Pascal danach zu fragen. Frank strahlte seinen Freund an, wie tausend Sonnen über der Wüste Serengeti.

Vor dem Grandhotel Schweizerhof, vis-à-vis vom Hauptbahnhof in Bern, öffneten zwei Livrierte der Nobelherberge beiden Jünglingen die Wagentüre, während die gnädige Frau unter den Arkaden auf sie wartete. Madame Schöntaler stand da wie eine übergroße Statue vor einem griechischen Tempel. Sie breitete die Arme aus und nahm ihren ebenso fülligen Sohn rührend in Empfang. Sie küsste und herzte ihren Frank, als hätte sie ihn seit Jahren nicht mehr gesehen. Dann wandte sich die vornehme Dame Pascal zu. Sie streckte ihm die Hand zum Gruß entgegen und zog sie gleich wieder und mit einem kurzen

«Au, au»,

zurück, lächelte mit schmerzhaft verzerrtem Gesicht und meinte:

«Du hast ja Kraft wie ein richtiger Berner Bär, du hast mir fast die Finger gebrochen. Ich darf doch Du zu Ihnen sagen?»

Pascal lächelte und betrachtete die fein riechende, vornehme Dame und entschuldigte sich verlegen für seinen schwingerischen Händedruck. Der Bub aus den Bergen freute sich herzhaft über den liebevollen und ungezwungenen Empfang. Durch die Drehtüre des Stadtrestaurants gelangte die noble Gesellschaft im Gänsemarsch, eines hinter dem andern, wie durch den Fleischwolf bei der Metzgete gedreht, ins Innere des riesigen und exklusiven Speiserestaurants, wo auch schon ein Tisch für das fürstliche Trio gedeckt war. Von den Decken herunter hingen mächtige Kristallleuchter, wie in einem königlichen Palast. Die Gäste bewegten sich auf den weichen Teppichen lautlos und redeten nur im Flüsterton, als wären sie in einer Kirche. Madame Schöntaler war nicht nur dem Chef de Service und dem Ober, sondern allen Kellnern bis hinunter zum Lehrling bekannt, sie erstarrten in Ehrfurcht vor dem feinen Gast und machten Bücklinge, nicht weniger als wäre die Queen of England persönlich erschienen. Die Bedienung blieb in angemessener Entfernung vor dem Tisch stehen, bis Madame lächelnd nickte. Erst jetzt näherte sich auch der Maître d'Hôtel, wie ein Geist, verbeugte sich noch einmal leicht, nahm wortlos, diskret und aufmerksam die Wünsche der Gnädigen entgegen und huschte ebenso lautlos, wie er dahergekommen war, wieder davon. Für Pascal ein wahrhaft königliches Schauspiel, wie in einem Märchen.

Auf einmal erschien ein schlanker Herr, küsste die Gnädigste würdevoll, begrüßte auch den Sohn aufs herzlichste, wie einen alten Freund, und schielte von der Seite her und etwas verschmitzt zum zweiten Sohn, dem aus den Bergen. Er musste über diesen Bescheid gehabt haben und nickte ihm freundlich zu. Vielleicht bestaunte der feine Herr mehr als den rustikalen Knaben dessen mächtigen und auf die Seite gerutschten Krawattenknopf, der besser die Brust eines alten Posthalters als die eines Jünglings geschmückt hätte. Wenige Sekunden später erschien auch noch die Gemahlin des freundlichen Herrn mit einem kleinen Jungen an der Hand. Sie empfing und küsste Mama Schöntaler nicht minder herzlich als deren Sohn und redete einige Worte mit der noblen Berlinerin in französischer Sprache. Das Ehepaar empfahl sich höflich und schwebte wieder davon. Frank erklärte seinem Freund, dass dies der Besitzer des Hotels und ein alter Freund der Familie sei.

«Und das kleine Bübchen an der Hand der Dame heißt Jean-Jacques, wie ein bedeutender französischer Philosoph»,

ergänzte Frau Schöntaler, hinter dem Tisch vornehm auf die zwei Jünglinge blickend, dann fuhr sie lächelnd fort:

«Und nun sollen meine zwei großen Oberrieder Philosophen bekommen, was ihr Herz begehrt.»

Franks und Pascals Wünsche sollten mehr als nur in Erfüllung gehen. Sie bekamen die berühmten Schweizerhof Wienerschnitzel mit knusprigen Pommes frites. Die panierten Hauslegenden ragten weit über die Teller hinaus und waren dünner und fast größer als eine Schallplatte. Der Bauernbub meinte wahrhaft, noch nie in seinem ganzen Leben etwas Feineres gekostet zu haben, und träumte noch wochenlang vom Schnitzelteller im Nobelrestaurant. Pascal wusste geräuschlos und mit geschlossenem Mund zu essen und auch die Serviette korrekt einzusetzen, er hatte es schließlich im Landschulheim gelernt. Was hätte er bloß darum gegeben, wenn ihn Ätti und Müeti in diesem Augenblick und in der vornehmen Gesellschaft gesehen hätten, ihnen wäre vor Stolz die Brust zersprungen.

Doch plötzlich war Pascal froh, dass sie ihn nicht sehen konnten, und sie taten ihm auf einmal unendlich Leid, nicht so feine Schnitzel essen zu können, und er hätte am liebsten für sie geweint.

Während dem Essen musste der Bauernbub von den Bergen und Kühen erzählen, vom Vater und dem kleinen Kaminfegergeschäft, vom Höflein und dem Heuet, den Fotzelschnitten[1], die niemand so knusprig backen konnte wie die Mutter. Vom zartwilden Föhn und den meterhohen Schneeverwehungen im Winter. Während Pascal so dahinplapperte, unterbrach ihn Frank auf einmal stürmisch, wie ein ungeduldiges kleines Kind, dem ein Geheimnis anvertraut worden war, das es beim besten Willen nicht mehr für sich behalten konnte:

«Mama, Mama, ist das nicht alles herrlich, was mein Freund erzählt?»

Die Mama nickte glücklich. Sie mochte sich nicht mehr erinnern, ihren Frank so unbeschwert und strahlend erlebt zu haben, und hatte Mühe, die Tränen zurückzuhalten.

«Mama, Mama, weißt du was? Wie solltest du auch? Ich darf zu Pascal nach Meiringen fahren und auf die Alp und die Schneeberge klettern. Bitte, bitte, sag ja, liebe Mama, sag ja!»

Die gnädige Frau sah in die feuchten Augen ihres einzigen Kindes, dann meinte sie mit ernster, fast feierlicher Stimme:

«Wenn dich dein Freund schon eingeladen hat, darfst du natürlich nicht nein sagen, Frank. Die Einladung eines Freundes ist heilig. Wenn es auch den Eltern von Pascal recht ist, darfst du hingehen.»

Dann wandte sich die feine Dame von Welt zu Pascal und ergänzte zurückhaltend und vornehm:

«Natürlich nur, wenn mein Sohn Gegenrecht halten und dich nach Berlin einladen darf. Möchtest du denn zu uns nach Berlin kommen?»

Der Sohn der Alpen und Schneeberge wusste kaum mehr, wohin schauen. Sein Herz pochte wild den ganzen Hals hinauf und wollte vor Freude zerspringen.

«Ja, sehr gerne»,

antwortete er ohne Umschweife. Kaum waren die voreiligen Worte über seine Lippen gesprungen, hielt er auch schon zurück, senkte beschämt den Kopf und korrigierte sich augenblicklich und verlegen:

[1] Fotzelschnitten: schweizerisch für in Ei gebratene Brotscheiben (Arme Ritter).

«Aber das geht leider nicht.»
«Warum geht es leider nicht?»,
wollte Madame Schöntaler zurückhaltend, aber dennoch bestimmt, wissen.
«Weil ich …»,
Pascal stotterte,
«… weil ich in den Ferien immer meinen Eltern helfen muss.»
Die gnädige Frau merkte sofort, dass dies nicht der wahre Grund sein konnte. Wusste sie doch von ihrem Sohn mehr über den Kaminfegerbuben, als diesem lieb war und er ahnen konnte. Geschickt und mit viel Gefühl überspielte sie die heraufbeschworene, unglückliche Situation und meinte wohlwollend:
«Es ist noch nicht aller Tage Abend, kommt Zeit, kommt Rat.»
Pascal wäre natürlich gerne nach Berlin gefahren. Er kannte die Stadt bereits ein wenig von seiner Tante Ilse und Onkel Hermann und natürlich auch von Frank. Aber womit hätte er oder seine Eltern die teure Reise denn bezahlen sollen? Auch Frank erahnte den Grund der heiklen Ausrede seines Freundes, aber schwieg. Schwieg, wie ein Grab, wo er noch vor weniger Zeit unverfroren insistiert und alles Geld der Welt zu Füßen seines Freundes gelegt hätte. Für die gnädige Frau war von Anfang an klar, dass zur Einladung auch die Reise gehören würde, aber sie spürte, dass Pascal und seine Eltern sich das nie hätten offerieren lassen. Also musste sie die kantigen Felsen im stürmischen Bergwasser klug und vorsichtig umschiffen, um nicht vor den Augen der Jünglinge zu kentern. Frank ahnte, was in seiner Mama vorging, und wusste, dass sie eine Lösung für das Problem suchen und sicher auch finden würde. Es ging nicht mehr um Geld, das Schöntalers im Überfluss hatten, so viel und so schnell sie wollten. Es ging um den Respekt vor Menschen, die weit weniger besaßen, aber auch keine Almosen annahmen.

Der Besuch von Frank in Meiringen kam jedoch nie zustande, auch Pascals Aufenthalt in Berlin nicht. Schon wenige Tage nach dem gemütlichen Essen im Schweizerhof erkrankte die Mama nämlich plötzlich sehr ernsthaft und Frank musste überhastet nach Berlin fliegen.

An seiner Stelle durfte Pierre-Alain, der Bieler Uhrzeigersohn und Zimmergenosse von Pascal, den Landbuben in Meiringen besuchen. Der groß gewachsene welsche Fabrikantensohn besuchte den Bub vom Lande wenige Wochen vor Weihnachten. Ausnahmsweise hatte es noch keinen Schnee und die Landschaft schien eher auf den Frühling als den Winter zu warten. Am Samstagnachmittag fuhren die Zimmerfreunde im verschlafenen Bahnhof von Meiringen ein. Der laue Föhn, König unter den Winden im Hasliland, wirbelte die letzten herumliegenden Herbstblätter freudvoll in die Luft und streichelte die Locken der Landschulheimler, als sie stolz durchs Dorf Richtung gelbes Haus zogen. Nach der freudigen Begrüßung durch Pascals Eltern futterten sie zuerst einmal tüchtig, geräucherten Gumpesel, Brot und Most, ohne Servietten und von Faust, wie es im gelben Haus so der Brauch war. Nach der Brotzeit bat der Vater Pascal, mit der Kuh Olga zum Stier zu gehen.

Der Weg führte vom obersten Dorfende zum untersten, also quer durch Meiringen. Während Pascal Olga an einem kräftigen Strick führte, ersuchte er seinen Freund, den waschechten Städter, hinter ihm die liebestolle Kuh mit einem Stock zu treiben. Da stierige Kühe auf ihrem «Lustweg», was jeder Bauernbub weiß, nicht immer ruhig und ausgeglichen sind und sich ab und zu in ganzer Größe und ungestüm aufbäumen oder gar ausschlagen, hielt Pascal den Bieler an, einen respektablen Abstand zu wahren. Was dieser so sehr beherzigte, dass er viel zu weit weg war, um noch treiben zu können. Aus seiner sicheren Distanz hätte er einen mindestens fünfzehn Meter langen Stock gebraucht. So musste sich Pascal wohl oder übel alleine kämpfend und zerrend mit der stierigen Dame durchs Dorf quälen. Der Fabrikantensohn verfolgte das für ihn ungewohnte Geschehen mit zunehmendem Unbehagen und in immer größerer Entfernung und rief seinem Freund plötzlich verängstigt und aufgebracht zu:

«Ecoute, mon ami, pourquoi on va se promener avec la vache sauvage?»
(«Mein Freund, warum gehen wir mit der wilden Kuh spazieren?»)
«Wir gehen mit Olga zu Klaus, dem Stier»,
schrie Pascal zurück, sich mehr der liebestollen und stürmischen Kuh zu-

wendend als seinem fragenden Freund. Pascal merkte wohl, dass Pierre-Alain noch gerne etwas nachgefragt hätte, sich aber irgendwie nicht traute und es vorsichtigerweise, um nicht zum Gespött des Tages zu werden, bleiben ließ. Endlich bei Klaus angekommen, begriff dieser viel schneller als Pierre-Alain, was gespielt werden sollte und sprang unverzüglich und wild keuchend auf die Kuh. Der verlorene Sohn aus der Stadt blieb wie angewurzelt stehen und war außer sich und völlig verblüfft. Ratlos und über alle Maße entsetzt, schrie er zu Pascal, mit sich überschlagender Stimme:
«Laisse aller la vache, il va la tuer!» («Lass die Kuh los, sonst tötet er sie!»)
Obschon Pascal Olga nicht freiließ und somit auch nicht vor den grässlichen Angriffen des schäumenden Bullen rettete, sondern diesen seine Aufgabe keuchend zu Ende führen ließ – was der Fabrikantensohn dem Bauernbub lange nicht verzeihen konnte –, blieben sie Freunde. Der ernüchterte Stadtmensch, als er endlich den tieferen Sinn der eben erlebten klausschen Eskalation begriff, kehrte voller Respekt vor Kuh und Stier und Schöpfung mit seinem Freund zum gelben Haus und seinem Heimetli zurück. Er war bass erstaunt, dass die vorher unbezähmbare Kuh nun friedlich und gelassen hinter ihnen hertrottete, wie ein zahmer Hund, und ab und zu sogar freudig muhte.
«Il semble qu'elle soit contente», («Es scheint, dass sie jetzt zufrieden ist»), meinte der Jüngling aus dem Unterland, schnippisch und doch ein wenig verlegen,
«mais, c'était dur pour elle.» («Aber es war hart für sie.»)
Pascal lächelte verschmitzt und Pierre-Alain leuchtete röter als ein Glühwürmchen.

Zurück im Landschulheim, wurde Pierre-Alain später nicht müde, den Zeugungsakt in Meiringen immer und immer wieder und in den verschiedensten Schattierungen und Farben zu erzählen, frei nach dem Motto: «Semper aliquid haeret.» («Es bleibt immer etwas hängen.»)

Zum Nachtessen an diesem Samstag gab es Gschwelti[1] und Käse. Dabei konnte Pascal beobachten, wie sich sein Freund mit der großen Käsescheibe, die ihm der Vater abgeschnitten hatte, abmühte. Plötzlich knallte

[1] Geschwellte Kartoffeln: schweizerisch für Pellkartoffeln.

Pierre-Alains Messer auf den Tisch, die Käsescheibe plumpste auf den Boden, das Brot flog durch die Luft und er blutete aus allen Fingern und meinte verzweifelt zu Pascals Eltern:
«Ich kann diesen Käse einfach nicht streichen.»
Wie hätte er das auch tun können? Handelte es sich doch um eine Scheibe harten Bergkäse. Die Tragik des unbeholfenen Käsestreichens von Pierre-Alain wurde dem Bauernbub erst Monate später so richtig bewusst, als er in der vornehmen Fabrikantenfamilie Schneider à Bienne, nun selber als Gast, beim Morgenessen saß und Pierre-Alain zuschaute, wie dieser elegant und locker seinen Käse strich. Es war indes kein harter Bergkäse, sondern ein reifer Waadtländer Tomme oder ein Münster – für den Sohn der Alpen allerdings, abgesehen vom Geruch, mehr Butter als Käse.

FREMDER NESTGERUCH

Nach den Weihnachtsferien durfte Pascal Algebra, Geometrie und Englisch nehmen. Seine Eltern, für die der Zusatzunterricht einen finanziellen Mehraufwand bedeutete, willigten ein und Pascal war froh, wieder ins Landschulheim zurückkehren zu dürfen. Seine ehemaligen Schulkameraden und Freunde von Meiringen ließen sich kaum mehr blicken. Als er Oskar Hofer und Ernst Schmied auf der Straße kreuzte, behandelten sie ihn wie einen Aussätzigen und wollten keine Zeit, nicht einmal für ein kurzes Gespräch, haben. Wenig später begegnete Pascal im Dorf unten seinem Jugendriegenfreund[1] Tobias. Dieser redete in wenigen Minuten so viel Unsinn zusammen, wie Frank Schöntaler in seinen besten Zeiten nicht in einem Jahr gequatscht hätte. Tobias tischte auf, wie der Hauptmann von Köpenick, er sei jetzt der Beste in der Schule und im Sport der Schnellste. Pascal wusste nur zu gut, dass der Aufschneider noch vor einem halben Jahr kaum besser lesen konnte als Johanna Spyris Geißenpeter[2] und sich beim Turnen wie Victor Hugos Quasimodo be-

[1] Jugendriege=Jugendableitung eines Sportvereins, hier des Turnvereins.
[2] Der Gefährte von Heidi im gleichnamigen Heimatroman.

wegte. Dass sich vielleicht Pascal selber verändert und von seinen alten Freunden entfremdet hatte, dass sie ihn vielleicht beneideten und auch gerne Schüler im Landschulheim gewesen wären, dass vielleicht er und nicht sie angaben und Unsinn erzählten, kam dem Oberrieder wohl gar nicht ernsthaft in den Sinn. Oder hatte Pascal in der Fremde einen neuen Nestgeruch angenommen, der den Meiringern in die Nase stach und den sie nicht vertragen konnten? Auf alle Fälle war der Kaminfegersohn froh, nach den ersten Neujahrstagen wieder abreisen zu können.

Die neuen Fächer Algebra und Geometrie unterrichtete der Direktor höchstpersönlich und Englisch gab Frau Doktor Schübelin, die Gattin seines Deutschlehrers. Frankyboys Mama hatte die schwere Krankheit heil überstanden und der Sohn der Großstadt kehrte wieder ins Landschulheim zurück.

Unterweisung

Jeweils am Donnerstagnachmittag hatten die reformierten Neuntklässler des Landschulheimes mit ihren Belper Jahrgängern unten in der Kirche im Dorf Unterweisung. Unter den so genannten Konfirmanden figurierte auch Göran Lendenlust, der aufmüpfige Blondschopf aus dem Norden. Vom Alter her gesehen war Lendenlust schon lange überfällig, aber immer noch nicht konfirmiert. Vordergründig folgte er deshalb immer noch dem kirchlichen Unterricht, aber eigentlich weniger aus religiösen Überlegungen, als viel mehr wegen den freien Augenblicken vor und nach der Unterweisung. Mit der Knabenschar spazierte er jeweils Richtung Kirche, aber plötzlich war Göran wie vom Erdboden verschwunden. Erst auf dem Heimweg sah man ihn wieder. Kein Oberrieder Konfirmand hätte ihn deswegen etwa verpfiffen, weder beim Pfarrer unten im Dorf noch beim Direktor oben im Landschulheim. Nach außen trat die Schicksalsgemeinschaft des Knabeninstitutes stets solidarisch auf. Selbst wenn sie sich, kaum über der Schwelle des Internats, wieder balgten oder gar verprügelten.

Den Konfirmanden brachte der unbeaufsichtigte Gang ins Dorf einen zarten Hauch der weiten Welt und Freiheit zurück. Nicht selten rauchte einer im Verstohlenen sogar eine Zigarette und lutschte dann auf dem Heimweg gierig eine Pfefferminztablette nach der andern und parfümierte sich Hände und Kleider mit Eau de Cologne. Da die Jünglinge nach dem Kirchenunterricht hin und wieder beim Coiffeur vorbeischauten und sich eine neue Frisur verpassen ließen, die der Figaro dann reichlich zu odorieren hatte, fiel ihre Duftwolke im Institut oben gar nicht sonderlich auf. Zudem hüteten sich die heimlichen Raucher natürlich, einem Lehrer oder gar dem Direktor zu nahe zu kommen. Göran Lendenlust hatte sich, was den kirchlichen Nachmittag betraf, richtiggehend spezialisiert. Der blonde Konfirmand kannte Schliche und Wege, Verstecke und Nischen, Tricks und Kniffe, wo er im Geheimen rauchen und Bier trinken und meistens auch Mädchen treffen konnte.

Wie ein Freischarenzug bewegten sich die Herren Konfirmanden vom Landschulheim wieder einmal Richtung Kirche. Göran als Ältester und Pascal als Stärkster führten den Tross an, wie zwei römische Feldherren. Die Übrigen trotteten in gebührlichem Abstand, wie gedrillte Soldaten, hinter den beiden Anführern nach. Auf dem Weg ins Dorf hinunter verriet der überreife Schwede dem unerfahrenen Oberländer sein streng gehütetes Geheimnis mit den Zigaretten, dem Bier und den Mädchen. Die willigen Dorfschönheiten wussten genau, wann und wo Göran erschien, und organisierten Rauchwaren und Alkohol. Zum Dank schäkerte der blonde Schwede mit ihnen. Küsste die eine hurtig oder berührte der anderen flüchtig die Brust.

«Manchmal treffe ich Eva auch abends, bei der Gloriette»,

verriet er Pascal. Die schwarzhaarige Eva arbeitete als Arzthelferin beim Doktor im Dorf und hatte jeweils am Donnerstagnachmittag frei. Da kamen Görans Pickel im Gesicht gerade recht. Immer wieder musste er vor oder nach der Unterweisung im Doktorhaus Salben und anderes Zeug holen und hatte dann Gelegenheit, in der leeren Praxis mit Eva zu schäkern. Nun war Pascal unverhofft und nicht minder ungewollt Mitwisser von Görans Konfirmationsgängen geworden und kannte überdies das Pickelgeheimnis und warum Göran so Sorge zu seinen Mitessern im Gesicht trug. Kaum im Landschulheim angelangt, schmiss Lendenlust nämlich alle Medikamente wieder weg. Ohne Hautblüten keine Salben und ohne Salben keine heimlichen Zusammenkünfte mit dem Mädchen.

Der Schwede wusste bereits wie ein ausgekochter Don Juan mit jungen Damen umzugehen.

Eben auf diesem unheiligen Gang verriet der Blondschopf dem Oberländer, dass ihn Susanna, die Freundin seiner Eva, gerne kennen lernen möchte. Susanna absolviere eine Lehre als Floristin in einer Belper Gärtnerei. Sie habe Pascal schon ein paar Mal gesehen und sich in ihn verliebt, meinte der Schwede, hinterlistig grinsend. Pascal errötete bis unter die Haarwurzeln und wusste kaum mehr wohin schauen, am allerwenigsten zu Göran. Zu den hinter ihm grölenden Kameraden auch nicht, denn diese hätten seine schamhafte Verlegenheit augenblicklich bemerkt und blöd über ihn getuschelt. Pascals Herz klemmte plötzlich vor Furcht über das streng Verbotene und drohte beinahe auszusetzen, dann drückte eine unsichtbare Faust in seine Magengrube, dass ihm fast schlecht wurde. Es war ihm, als hätte er am schändlichen Abenteuer Görans bereits teilgenommen und ihm bangte nun auch schon, dass es auffliegen würde. Am liebsten hätte er den Schweden stehen gelassen und wäre davongerannt. Lendenlust bemerkte natürlich Pascals Unruhe augenblicklich und interpretierte sie nach seinem Gusto, fuhr faustdick weiter und protzte und prahlte mit seinen amourösen Erlebnissen. Wie aufregend die Mädchen küssen könnten und wie ihre wilde Leidenschaft einfahre, bis hinunter in die Zehen. Das könne er jetzt auch erleben, wenn er nur wolle. Susanna hätte nur noch Augen für ihn. Im Übrigen sei sie auch aus dem Berner Oberland, versuchte Göran sie für Pascal noch zusätzlich schmackhaft zu machen. Lendenlust malte seine Schäferstündchen in den farbigsten Tönen aus und veredelte sie mit erotischen Einzelheiten. Pascals Kopf wollte eigentlich schon lange nicht mehr hinhören, aber seine Ohren wurden lang und länger und lauschten mit erwachender Neugier und zunehmender Erregung und noch viel größerer Angst. Der verlorene Sohn der Felsen sträubte sich zwar mit Haut und Haaren gegen die aufkeimende Regung, aber je blumiger der frühreife Schwede seine Liebesabenteuer hinmalte, desto sicherer trafen Amors Lustpfeilchen den unerfahrenen Kaminfegersohn. Mit jedem lautlosen Treffer wuchs in seinem Herzen aber auch gleichsam die Furcht vor dem Entdecktwerden der Sünde.

Pascal, in früheren Unterweisungsstunden interessiert und aufmerksam, konnte sich heute mit dem besten Willen nicht mehr auf die pastoralen Worte konzentrieren. Göran hatte in ihm ein unbekanntes Feuer angefacht und er musste nun unglaublich auf der Hut sein, sich daran nicht zu verbrennen. Natürlich hatte er auch schon von Mädchen geträumt, wie jeder Junge in seinem Alter, wenn die Natur zu knospen und leise zu rufen beginnt. Er träumte aber in aller Stille, für sich alleine, unter Ausschluss der Öffentlichkeit und der Mädchen. Nun war er jedoch Mitwisser von den Liebesgängen des Göran Lendenlust geworden und fing allmählich an, im klebrigen Netz der Lust zu zappeln. Innerlich war er dem Blonden ja bereits gefolgt und mitschuldig geworden.

Pascal saß auf der harten Kirchenbank und konnte sich auf einmal nicht satt genug sehen an den weichen Haaren, den fein geschwungenen Lippen und den zarten Schultern des Mädchens, das schräg vor ihm, in der übernächsten Reihe saß und scheinbar verzückt den Ausführungen des Pfarrers lauschte. Vielleicht aber war sie gar nicht so versunken in die pastoralen Worte, sondern dachte an einen jungen Mann, streichelte ihm zärtlich den Nacken und küsste ihn leidenschaftlich. Vielleicht stemmte sie in Gedanken sogar ihr Dreieck verlangend gegen ihn. Pascal errötete schamhaft und fing an zu schwitzen. Er rutschte verwirrt auf seiner Bank hin und her, schaute um sich herum und glaubte, schon bei seinen bloßen Vorstellungen von jemandem ertappt worden zu sein. Doch um ihn herum blieb es still. Er hob erleichtert und dankbar die Augen zum Pfarrer, um sie wenige Sekunden später bereits wieder auf das Mädchen vor ihm gleiten zu lassen. Warum sollte ein erblühendes Mädchenherz anders denken als das eines Jünglings? Pascal kannte den Namen der Hübschen nicht, aber er sah ihre vollen Lippen, die sie ab und zu mit der Zungenspitze befeuchtete, lustvoll, wie ihm schien. Gleichzeitig atmete sie tief ein und ihre straffen jungen Brüste hoben sich, als wollten sie sich unsichtbaren Händen entgegenstrecken.

Das Bad

Der treue Zufall wollte, dass Pascal ausgerechnet an diesem Donnerstagabend Baden hatte. Jeder Zögling durfte einmal in der Woche ein Badezimmer auf seinem Schlafstock benutzen. Es war die einzige Stunde im Internatsleben, in der jeder für sich alleine sein und hinter verriegelter Türe ungestört und unbeobachtet tun und lassen konnte, was er wollte. Während die jüngeren Eleven noch brav mit ihren Schiffchen im warmen Wasser spielten und herumplantschten und als Höhepunkt des Badeerlebnisses einen Wasserspritzer ins Zimmer hinausklatschten, beschäftigten sich die Älteren mit den verborgenen Teilen ihres knospenden Körpers oder blätterten in einschlägigen Farbmagazinen, die allesamt aus der schwedischen Küche stammten und streng geheim, zu Höchstpreisen, gehandelt wurden.

Der Schwingerbub lag wohlig entspannt im fein duftenden Wasser und dachte dabei weniger an die Bergpredigt oder die Sätze des Herrn Pythagoras als an die eines gewissen Herrn Lendenlust und an die jungen Brüste der unbekannten Konfirmandin vom Nachmittag. Plötzlich klopfte es an die Badezimmertüre und Göran Lendenlust verlangte Einlass. Eine Störung während der heiligen Handlung des Bades war weder von Lehrern noch von Schülern üblich oder schicklich und in allerhöchstem Maße verpönt. Kein badender Jüngling ließ sich in seiner intimen Stunde gerne stören – nicht einmal die Babys, wie die Jüngsten im Oberried despektierlich genannt wurden, und die Älteren und Fast-schon-Männer erst recht nicht. Eine Störung kam dem schändlichsten Einbruch in die persönliche Sphäre gleich und der Aggressor hatte mit einer schrecklichen Strafe zu rechnen. Das wusste Lendenlust von allen Landschulheimlern am besten. Es musste schon etwas Außerordentliches vorgefallen sein, etwas existenziell Wichtiges, um einen solchen Einbruch überhaupt zu rechtfertigen. Pascal stieg missmutig aus der Wanne, behändigte das Badetuch und öffnete Göran knurrend und vorwurfsvoll die Türe. Ohne sich auch nur im Geringsten für die Störung zu entschuldigen, legte der Blondschopf ein eindeutiges Farbmagazin auf den nassen Stuhl neben der Badewanne und meinte, ohne jede Scham und ohne mit der Wimper zu zucken:

«Du brauchst mir nichts dafür zu geben.»
Er machte eine kurze Verschnaufpause und schaute Pascal an. Als dieser nicht antwortete, sich auch nicht für das Erotikmagazin bedankte, fuhr Göran unbeirrt fort, als wäre nichts geschehen:
«Heute Abend, nach dem Lichterlöschen, treffe ich Eva bei der Gloriette oben und Susanna, deine Oberländerin, wird auch dabei sein.»
«Deine Oberländerin» tönte in seinem gelispelten Schwedischdeutsch wie Spott und Hohn und Herausforderung zu gleichen Teilen. Als wäre der geplante Ausbruch schon lange beschlossene Sache und das harmloseste Ding der Welt, erläuterte Göran gleich seinen verwerflichen Plan.
«Nach dem Switch-off – Salvisberg hat übrigens Aufsicht – warte ich in der hinteren Toilette auf dich und wenn er verschwunden ist, verschwinden auch wir. Du machst doch mit?»
Seine letzten Worte ähnelten eher einer rhetorischen Spielerei denn einer Frage. Ohne auf eine Antwort zu warten, suchte seine Hand den Türgriff, dann hielt sie kurz inne, dabei schauten seine Augen grinsend auf die kleine Männlichkeit des Nackten und der Schwede schüttelte mehr geringschätzig als aufmunternd den Kopf und meinte überheblich-dumm:
«Der wird dann schon größer.»
Drückte die Klinke und war draußen, weg wie ein böser Geist. Pascal stand immer noch da, geschlagen wie ein verprügelter Hund, weder fähig zu einer Bewegung noch zu einem klaren Gedanken. Der stämmige Bauernbub senkte den Kopf und schaute beschämt an seinem nassen Körper hinunter.

Beim Nachtessen blickte der blonde Verführer unentwegt zu seinem Komplizen hinüber. Dieser drehte den Kopf angestrengt auf die andere Seite, um den blitzenden Augen Görans auszuweichen. Nach dem Essen mied Pascal tunlichst ein Zusammentreffen mit ihm und schlich, einem Dieb gleich, ins Dormitorium. Noch am Morgen hatte er sich fest vorgenommen, nach dem Abendessen ein paar Rechnungen zu lösen. Pascal nahm Bleistift und Papier aus dem Schrank und schlenderte Richtung Studiensaal. Auf halbem Weg kam ihm in den Sinn, dass er das Aufgabenbuch auf dem Stuhl neben dem Bett hatte liegen lassen, also entschloss er sich kurzum, eben nicht Rechnungen zu lösen, sondern Französischwörter zu repetieren. Als er in seinem Bücherkasten vor dem Studiensaal das «Vocabulaire» nicht auf Anhieb finden konnte – Pascal merkte nicht einmal, dass er im falschen Fach gesucht hatte –, stand Ueli, der bleiche Detektiv, hinter ihm, glotzte ihn an, als hätte er Hörner, und tat dazu, als wüsste er die ganze Geschichte mit Göran und dessen Absichten. Aber das Milchgesicht schwieg wie ein Grab und ließ geschickt offen, ob er nun etwas erlauscht hatte oder nicht. Jeder Schüler besaß im Vorraum des Studiensaales einen offenen Schulkasten. In diesem bewahrte man seine Bücher, Hefte und Schreibutensilien auf. Die Schulfächer waren wie kleine Kaninchenställe über-, unter- und nebeneinander, zuunterst die Kästchen der Kleinen, in den oberen Reihen die der Älteren. Pascal musste sein Wörterheftchen ausgeliehen haben, entsann sich aber nicht mehr an wen und sah darin einen klaren Wink des Schicksals, eben nicht Vokabeln zu büffeln, sondern den Eltern zu schreiben.

Dreimal hatte er seinen Brief bereits angefangen und immer wieder tauchte die hübsche Konfirmandin vor seinen Augen auf mit ihren zarten Haaren und sinnlichen Brüstchen. Pascal zerknüllte bereits den vierten verschriebenen Briefbogen und erkannte, dass es am Ende doch besser wäre, heute wieder einmal die Schuhe gründlich zu putzen. Allein, das könnte auch auf morgen verschoben werden. Endlich erhob er sich unschlüssig und hühnerte wie ein heißer Gockel aus dem Studiensaal hinaus in den Vorraum zu seinem Schulfach, zog unschlüssig dieses Buch und jenes heraus, legte es zurück und behändigte den Schulatlas, den er seit Wochen nicht mehr aufgeschlagen hatte, wischte den Staub vom Deckel und klemmte ihn wieder zwischen zwei Bücher. Mit Herzklopfen und schwitzenden Händen schlenderte er missmutig in den Schlafsaal zurück. Auf dem Bett in der rechten Saalecke hockte bereits wieder der fahle Sherlock Holmes und kritzelte wichtigtuerisch etwas in sein rotes Heftchen. Ueli tat, als hätte er den Eintretenden gar nicht bemerkt, aber beobachtete ihn von unten herauf mit Argusaugen, still und unentwegt, wie es Spitzel so zu tun pflegen. Dem schmächtigen Stadtjungen entging niemand und nichts. Wer weiß, ob er nicht doch auf dem Freischarengang ins Dorf hinunter heute Nachmittag etwas aufgeschnappt hatte von Göran. Der Detektiv hörte nämlich besser als ein Murmeltier, auch gegen den Wind. Vielleicht hatte er sogar hinter der Türe des Badezimmers gestanden und mitgehört, als Göran Lendenlust Pascal überfiel und vom Liebesgang redete. Es hätte doch sein können, dass Ueli gelauscht hätte – es wäre nicht das erste Mal gewesen – und seine Beobachtungen und das ganze Gespräch eben in seinem roten Büchlein festgehalten hätte. Pascal fühlte sich äußerlich und innerlich von Ueli und Göran bedrängt, legte sich erschöpft aufs Bett und schloss die Augen und Ohren, um endlich wieder einen klaren Gedanken zu fassen.

Aber, schon tauchte wieder das hübsche Mädchen aus der Unterweisung auf oder dann guckte ihn Göran überheblich an und wiederholte hämisch grinsend seine einfältige Bemerkung über Pascals schlummernde Männlichkeit. Dann vernahm der Geplagte plötzlich einige Wortfetzen aus der Bergpredigt, sah den würdig dasitzenden Direktor auf seinem Lederthron und gewahrte zu allem Übel auch noch Ätti, wie er den Kopf in die Leiste einer Kuh presste und an ihren Zitzen zog und knetete und kein Tropfen Milch herausspritzen wollte. Doch was brauchte sich Pascal überhaupt unnötig Sorgen zu machen, er war ja gar nicht mit Göran zu den Mädchen gegangen, hatte sich also nicht verführen lassen. Aber, er wusste von Lendenlusts heimlichen Treffen, er war heimlicher Mitwisser einer streng verbotenen und gefährlichen Sache geworden, die er eigentlich hätte melden müssen. Wenn er schwieg, könnte er selber in übelste Schwierigkeiten geraten.

Er hatte Susanna schon zwei oder drei Male vor der Kirche mit Eva zusammen gesehen. Immer hatte sie ihm verstohlen zugelächelt. Und wie hatte er damals reagiert, als er noch gar nichts von ihr und Görans Vorhaben wusste? Hatte er nicht geschmeichelt und hoffärtig, wenn auch errötend und mit Herzklopfen, zurückgelächelt? Diesen Spuk musste der blonde Schwede beobachtet und daraufhin seinen Plan für ein Schäferstündchen, vielleicht sogar in Absprache mit Susanna und Eva, geschmiedet haben. Zahlen und Buchstaben vergaß der Skandinavier schon beim leidigen Hinschreiben. Kaum eine Vokabel blieb in seinem Kopf hängen und von geometrischen Figuren wurde ihm sogar schwindlig. Wenn es aber um Mädchen ging, erwachte Göran und sprühte vor Ideen, als bestünde er bloß noch aus Lenden.

Pascal war eingeschlummert – das Licht war bereits gelöscht und seine Kameraden schliefen friedlich –, da knarrte plötzlich die Zimmertüre und er wachte auf, dann war wieder Stille, wie in einer Andacht, und er war froh, dass es bereits finstere Nacht war und er nur geträumt hatte. Einzig die Dunkelheit und der Schlaf schützten ihn vor den Fängen des Göran Lendenlust.

Der helle Vollmond guckte freundlich durch das Fenster ins Dormitorium hinein, als kontrollierte er die Knaben, ob alle in ihren Betten lägen. Pascal stellte schlaftrunken fest, dass er sich weder gewaschen noch die Zähne geputzt hatte. Dazu war es jetzt allerdings zu spät. Aber wenigstens noch schnell auf den Ort der Örtchen und dann wieder in die Federn. Zuhinterst im Gang, wo sich die Toiletten befanden, lief der Schlaftrunkene direkt dem aufsichtführenden Lehrer Salvisberg in die Arme. Leicht verlegen meinte der Schüler:
«Ich muss noch schnell.»
«Ist schon gut. Das geht wohl auch ohne Licht. Ich habe den Hauptschalter schon abgedreht»,
entgegnete der Pädagoge, verschwand alsbald im Treppenhaus und stiefelte in den unteren Stock, wo die jüngeren Eleven schliefen. Mit einem tiefen Seufzer der Erleichterung, keinen unnötigen Fragen ausgesetzt gewesen zu sein, öffnete Pascal die Türe des Toilettenraumes, trat über die Schwelle und stand unmittelbar vor Göran Lendenlust. Dieser hielt sich still und wachsam in einer Ecke auf, vom Mondlicht geisterhaft beschienen, wie ein Gespenst. Bleich und mager, hohlwangig und mit stechenden Augen schaute er auf den eintretenden Kumpel. Pascal erschrak fast zu Tode und blieb wie gebannt stehen. Dann fasste er sich und meinte kurz angebunden:
«Göran, du hast vergeblich gewartet. Ich komme nicht mit. Es wäre auch besser für dich, wenn du nicht gingest.»
Pascal stellte sich an, sein Geschäft zu erledigen, als Göran auch schon ungestüm losbrüllte:
«Du bist doch ein ganz mieser Feigling und übler Verräter!»
«Schrei doch nicht wie ein Idiot! Das ganze Haus erwacht ja. Salvisberg ist noch unten und kann dich hören.»
Pascal näherte sich Göran, als dieser eben weitertoben wollte, und hielt ihm die Hand auf den Mund, dass nur noch ein Gurgeln zu vernehmen war. Der Oberländer war dem Schweden an körperlicher Kraft weit überlegen. Göran bebte am ganzen Körper.
«Und warum willst du feiger Hund plötzlich nicht mitkommen? Weil du

ein ganz jämmerlicher Waschlappen und Angsthase bist. Das ist die ganze Wahrheit und alle meinen, du seiest ein Held.»
Lendenlust grinste höhnisch und mit verletzender Verachtung. Mit den erniedrigenden Worten hatte der schmächtige Blondschopf Pascal förmlich in die Knie gezwungen. Der «feige Hund» traf die Achillesferse des Schwingerbuben. Die angeworfenen Gemeinheiten konnte und wollte sich dieser nicht einfach so gefallen lassen. Wie würde ihn der Schwede bei allen Oberriedern verleumden und lächerlich machen! Ohne Zweifel würde er noch maßlos übertreiben. Wenns sein müsste, auch noch dazulügen, wie es rachsüchtige Menschen zu tun pflegen. Und er, der bewunderte Schwinger? Er würde dastehen wie ein Trottel, ausgezogen bis auf die Unterhose und zum allgemeinen Gespött der Schule werden. Fortan würde hinter seinem Rücken nur noch verächtlich getuschelt und geschnödet.
«Ich kann doch nicht im Pyjama zur Gloriette hinauf kommen»,
versuchte sich Pascal, wenig glaubhaft, aus der Affäre zu ziehen,
«deshalb bin ich aber noch lange kein feiger Hund»,
brüllte jetzt auch Pascal los. Da lachte Göran plötzlich lautstark auf:
«Du hast ja gar nicht den Pyjama an, du steckst doch bereits im Trainer[1]. Also hast du mich bloß auf den Arm nehmen wollen. Du hast mich glatt erwischt. Du bist halt doch ein schlauer Fuchs»,
meinte Lendenlust, scheinbar erlöst, und manövrierte seinen Freund mit gerissen verpackten Schmeicheleien geradezu in die Ecke. Wollte Pascal das wiederhergestellte Idealbild des starken, mutigen und schlauen Schwingerbuben nicht erneut demontieren, so konnte er gar nicht mehr anders als mitgehen. Der Schwede war unbestrittener Sieger geworden. Von diesem Moment an ließ der leibhaftige Satan des Verbotenen den Unschuldigen vom Lande nicht mehr aus den Klauen. Durch Görans Arglistigkeit hatte die Schlange der Versuchung Pascal unsanft und urplötzlich eine Türe aufgestoßen, die für ihn besser noch verschlossen geblieben wäre. Durch einen kleinen Spalt schaute er nun zum ersten Mal ins Paradies und ein lauer Windstoß wehte ihm das süße Verlangen nach zarter Haut und frischem Mädchenduft entgegen. Die aufkeimende Wollust paarte sich aber auch sogleich mit würgender Angst. Allein, das prickelnde Gefühl und sehnsüchtige Begehren stieß alle Vernunft weit

[1] Trainer: schweizerisch für Trainingsanzug.

von sich und fing an, den erwachenden Körper mit verführerischen Düften der Sinnlichkeit zu durchfluten, dass Pascal schon bald bereit war, sich dem Triebe zu ergeben. Die unsichtbaren Hände der Lust langten immer gieriger nach ihm. Er stand da, einer knospenden Blume auf offenem Felde gleich, sich der erlabenden Sonne entgegenreckend, aber auch wehrlos dem herannahenden Gewitter ausgesetzt. Der Sinnestaumel wetterleuchtete bereits in der Ferne und unausweichlich würden erste Blitze folgen und vernichtend einschlagen. Das drängende Verlangen prallte im freien Fall auf ihn herunter und alles Sträuben wollte nichts mehr nützen. Pascal hatte das Spiel verloren.

Süsse Angst

Hinter der Gloriette tuschelten und kicherten Eva und Susanna und erwarteten sehnsüchtig die beiden Ausreißer. Die Evas trugen neckische, kurze Röckchen. Das fahle Mondlicht ließ ihre begehrlichen Konturen schon von weitem reizvoll erkennen. Göran zog seinen Schicksalsgenossen, wie einen verängstigten Hund, hinter sich her. Kaum waren sie oben angelangt, küsste er auch schon seine Eva. Der blonde Liebhaber hatte seinen Kumpel augenblicklich vergessen und verdutzt stehen gelassen.

Susanna sah Pascal neugierig und nicht minder erwartungsvoll an. Das Herz des Jünglings pochte rasend bis in den Kopf hinein und drohte Sprünge zu machen, um wenige Sekunden später fast auszusetzen. Er wäre am liebsten bewusstlos umgefallen. Sein sehnsüchtiges Verlangen nach Haut und Mädchenduft und die zittrige Erregung waren wie weggeblasen. Die süße Lust hatte sich sogar in beklemmende Furcht verwandelt. Bei jedem Windgeräusch meinte er, Schritte zu hören. Das leiseste Knacken eines Ästchens ließ ihn zur Steinsäule erstarren. Pascal überlegte angestrengt, wie der misslichen Lage am besten zu entrinnen wäre. Susanna musste seine Angst und Verzweiflung gespürt haben und hockte sich aufreizend vor dem unschlüssig Dastehenden auf den weichen Moosboden und schaute neckisch an Pascal hinauf, einem verspielten Kätzchen gleich, dann fragte sie:

«Triffst du dich eigentlich zum ersten Mal mit einem Mädchen?» Verführung und Lust klang in ihrer Stimme, dabei streichelte sie mit dem Zünglein zärtlich ihre süßen Lippen. Was sollte er darauf antworten? Hätte er zugeben sollen, dass es das erste Mal war und sich augenblicklich zum Gespött des Mädchens machen lassen? Oder einfach etwas zusammenschwindeln und angeben? Ja, er hätte schon manchen Schatz gehabt, aber keiner hätte ihm gepasst? Hätte er vielleicht sogar bekennen sollen, noch vor wenigen Minuten gerne ein Mädchen berührt oder gar geküsst zu haben? Hätte er zugeben sollen, beim Heuen immer wieder zur Liegewiese der Badeanstalt hinübergeschielt zu haben, lüstern auf die straffen Brüstchen der sonnenbadenden Mädchen? Einmal sogar mit dem Feldstecher des Vaters, hinter dem Heuwagen hervor, heimlich wie ein schändlicher Voyeur? Oder, wie oft er Isabellas Bruder Pius aufgesucht hatte, bloß um in der Nähe der Schwester zu sein? Isabella und ihr Bruder, der seit gut einem Jahr im Kollegium Sarnen studierte und Priester werden wollte, wurden in Mexiko geboren. Erst später zog die Familie ins Haslital, wo ihr Vater als Bauingenieur arbeitete. Isabella hatte lange, schwarze Haare und bewegte ihren schlanken Körper schon fast wie eine Erwachsene. Ihre Haut war etwas dunkler als die der einheimischen Mädchen und mit der Mutter sprach sie nur Spanisch. Sie besuchte die neunte Klasse der Sekundarschule und war weit und breit das gefragteste Mädel. An milden Abenden strichen die jungen Meiringer wie läufige Kater um ihr Elternhaus herum. Die hübsche Mexikanerin plauderte und lachte mit jedem und jeder glaubte, ihr Favorit zu sein. Seit Pius im Kollegium war und Pascal im Landschulheim, hatte er Isabella nicht mehr gesehen. Er dachte oft an sie und vernahm ab und zu aus Briefen von Pius, was sie machte.

Hätte Pascal von seiner heimlichen Liebe zu ihr etwas verraten sollen? Vielleicht sogar noch zugeben, dass die Angebetete von seiner verstohlenen Zuneigung gar nichts wusste? Susanna wäre in schallendes Lachen ausgebrochen und hätte sein angekratztes Selbstvertrauen noch mehr durchlöchert und mit Spott und Hohn quittiert. Deshalb schwieg er wie eine Waldhöhle, schaute nur schielend zu ihr hinunter und verglich sie mit Isabella. Wie verschieden waren doch die beiden Mädchen! Die angehende Floristin mochte zwei, drei Jahre älter sein. Und auch in der Art zu schauen, sich zu rühren und zu sprechen, hätten die beiden andersartiger nicht sein können. Susanna war auch schlank, aber nicht so zerbrechlich und feingliedrig wie die Südländerin, dafür aufreizender und viel direkter.

Auf einmal legte das Blumenmädchen die Arme verschränkt hinter den Kopf und lehnte sich genüsslich zurück, dabei glitt das kurze Röckchen etwas nach oben und das verführerische Dreieck ihres knappen und halbdurchsichtigen Höschens wurde sichtbar. Durch das gewölbte, weiße Hügelchen schimmerte geheimnisvoll das Wäldchen der Versuchung. Susanna spürte lustvoll Pascals Blicke auf ihrem Körper, ohne ihn anzuschauen. Sie knickte einen langen Grashalm und fuhr ihm damit kitzelnd ins Hosenbein. Dabei flüsterte sie etwas, so leise, dass er sich zu ihr hinunterbücken musste. Dabei verlor Pascal das Gleichgewicht und plumpste geradewegs auf sie hinunter.

«Du gefällst mir»,

hauchten ihre warmen Lippen und berührten seinen Mund. Unverzüglich suchte das Zünglein der Schlange seinen Weg. Wie von einer Tarantel gestochen fuhr Pascal auf und stotterte ein paar unverständliche Worte der Entschuldigung, doch Susanna ließ sich nicht aus dem Konzept bringen und flüsterte mit der lockenden Stimme einer Sirene:

«Komm doch schon! Einmal ist es das erste Mal. Davon ist noch niemand gestorben, sonst wäre ich schon lange tot.»

Pascal wurde heiß und kalt gleichzeitig. In seinem Kopf hämmerte es wieder, dass man es meterweit hören musste, und sein Herz schrie tausendmal ja, der Verstand tausendmal nein. Susannas Ostschweizerdialekt verriet ihm natürlich, dass sie nicht aus dem Berner Oberland stammte, wie es Göran behauptet hatte. Mit dieser erschwindelten Herkunft hatte der Schwede nur versucht, seinen Kameraden gefügig zu machen. Das hatte sicher auch zu seinem raffinierten Plan gehört, ein weiterer Sieg des nördlichen Casanovas. Das Ziel hatte er auf alle Fälle erreicht: Pascal war jetzt nicht nur Mitwisser, er war jetzt auch Mittäter. Fortan hatte ihn Göran fest in den Klauen, mit Haut und Haaren, und konnte mit ihm machen, was er wollte. Pascal hing in der Schlinge und baumelte ausgeliefert an Görans Strick hin und her. Der Blondschopf konnte ihn mit Leichtigkeit in jede beliebige Richtung schubsen und Pascal pendelte willenlos, wohin Göran Lust hatte.

Susanna merkte Pascals Unruhe und spürte vielleicht sogar seine zuschnürende Angst, überspielte die heikle Szene mit einem verführe-

rischen Lächeln und wog den geschmeidigen Oberkörper vor und zurück, als wäre auch sie ein wenig verlegen. Plötzlich öffnete sich ihre Bluse, wie die Blütenblätter einer weißen Pfingstrose, und gaben den Blick auf zwei zarte, schattenhaft umrahmte Äpfelchen frei. Pascal schielte mit zittrigen Blicken auf die geheimnisumwitterten Früchte der Lust, deren verbotener Genuss schon so vielen Jünglingen den Magen verdorben hatte. Susanna bemerkte seine lüsternen und doch so ängstlichen Blicke und schüttelte den Kopf, wie ein übermütiges Fohlen, dass ihre langen blonden Haare das bleiche Gesichtchen zärtlich streichelten und dann wie erschöpft auf die entblößten Schultern herunterfielen. Räkelnd näherte sie sich Pascal wieder und robbte so nahe an ihn heran, dass er die bebenden Äpfelchen an seiner Brust spürte.
«Mich friert's»,
entschuldigte sie sich neckisch. Die laue Mondnacht und der Föhnhimmel verklärten alle Gefühle der jungen Menschen. Ein zarter Windhauch liebkoste genüsslich die weiche Haut von Susanna und sie presste ihren heißen Körper begehrend an den schüchternen Jüngling. Die Urkraft der weiblichen Erregung und Lust fingen an, Pascal zu verbrennen und ihn in das Mädchen hineinzuziehen, genauso ungestüm, wie ihn die Kraft der Urangst von diesem wegstieß, sodass der Jüngling furchtvoll wieder wegrutschte. Dabei stieß er heftig an einen spitzigen Stein und ein schmerzliches
«Au, au»,
glitt über seine bebenden Lippen. Göran hörte den doppelsinnigen Angst- und Schmerzensschrei, regte sich erneut über seinen tölpelhaften Kumpel auf und küsste demonstrativ seine Eva. Pascal war unterdessen aufgestanden und wandte sich verlegen von der Szene ab. Susanna schien zu erahnen, dass mit ihrem Liebhaber nichts laufen würde, und nestelte enttäuscht und mehr noch beleidigt an ihrer Rocktasche herum. Sie kramte eine Zigarette hervor, zündete sie an und blies den Rauch Pascal mitten ins Gesicht. Dieser musste husten wie ein Lungenkranker und rieb sich den Rauch aus den brennenden Augen. Göran hatte das spukhafte Schauspiel mitverfolgt und meinte spöttelnd:
«Der Depp weiß nicht einmal, was das bedeutet.»
Lendenlust ließ entgeistert von seiner Eva ab, reichte dem hustenden Stoffel eine Weinflasche, welche die Mädchen mitgebracht hatten, und befahl ihm spitzig:

«Mach gescheiter die Flasche auf, du Flasche!»
Die beiden Mädchen grinsten verächtlich. Susanna streckte Pascal einen Zapfenzieher zu und blies ihm ein zweites Mal den Zigarettenrauch mit sinnlich gebüschelten Lippen ins Antlitz. Pascal blieb erneut hustend und verlegen stehen. Da griff der liebestolle Schwede nach seinem linken Arm und zerrte ihn beiseite.
«Weißt du eigentlich nicht, was es bedeutet, wenn ein Mädchen einem Jungen Rauch ins Gesicht bläst?»
Woher hätte Pascal die tiefgründige Bedeutung dieser eigenartigen Handlung denn schon wissen sollen? Er kannte kein Mädchen, das rauchte, und schon gar keines, das ihm den Rauch auch noch ins Gesicht blasen würde. Der Bauernbub kam sich einmal mehr dumm und daneben vor. Er drehte sich beschämt schweigend von Göran und den Mädchen ab und schickte sich an zu gehen. Der Blonde sah seine Felle erneut den Bach hinunterschwimmen.
«Nichts da, hier geblieben! Wir gehen dann zusammen zurück», widersetzte sich Lendenlust dem durchsichtigen Ansinnen seines Kameraden.
«Zuerst höhlen wir noch die Flasche, du Flasche. Mach sie endlich auf!»
Wenn die Evas nicht zugegen gewesen wären, hätte ihm Pascal eine saftige Ohrfeige geknallt, aber er ließ es bleiben, würgte die beleidigenden Worte zähneknirschend hinunter und öffnete die Bouteille. Susanna beruhigte die zugespitzte Lage mit einem gekünstelten Lächeln, zog Pascal den Wein aus den Händen und setzte die Flasche an ihre Lippen. «Jetzt sieht sie aus wie eine ordinäre Säuferin», dachte Pascal angewidert. Die Trinkpause gab ihm wenigstens einen kleinen Augenblick Zeit, über Susannas Rauchspiel und dessen hintergründige Bedeutung nachzudenken. Eva, die an Göran angelehnt daneben stand, musste seine Gedanken erraten haben und flüsterte ihm kaum hörbar ins Ohr:
«Ein Mädchen, das einem Jungen den Rauch ins Gesicht bläst, möchte von ihm geküsst werden.»
So etwas Ähnliches hatte sich der unerfahrene Meiringer auch gedacht und jetzt wusste er es aus berufenem Munde. Nach so viel unbekümmerter weiblicher Keckheit verließ ihn nun auch noch das letzte Quäntchen Mut. Links und rechts, hinter und vor ihm lauerte die ungezügelte

Lust und verspielte Verderbtheit, dass ihm noch ängstlicher zu Mute wurde, als wenn ihn der Direktor bereits ertappt hätte. Susanna fingerte mit hochgestreckten Armen in ihren offenen Haaren herum, dabei schob sich das Röckchen wieder nach oben und das verführerische Lusthügelchen lud erneut zum Spiel der Sinne ein. Das Blumenmädchen verrenkte ihren schlanken Körper herausfordernd und zurückhaltend zugleich, als müsste sie eine Berührung abwehren, die sie zwar insgeheim erhoffte, die aber noch gar nicht erfolgt war. In Pascals Trainerhosen kämpfte die Erregung gegen die Angst vor dem Versagen und die würgende Furcht vor dem Unerlaubten. Er, der vor zwei Sekunden noch hatte davonrennen wollen, äugte nun wieder wie verzaubert auf den Liebreiz des weiblichen Körpers, unfähig, etwas zu denken oder sich zu bewegen. Starr wie eine Säule stand er neben Susanna. Sie drehte ihren Kopf nicht nur enttäuscht, sondern richtiggehend angewidert zur Seite. Von Pascals Unvermögen gekränkt schaute sie in die finstere Nacht hinaus.

Die Tücke des Weines rettete den peinlichen Spuk dann auf seine Art. Die Flasche war unterdessen von Mund zu Mund gewandert und in kurzer Zeit leer getrunken. Der ungewohnte Sorgentröster stieg allen rasch in den Kopf. Susanna überwand ihre Enttäuschung und wurde wieder forscher und vor allem zutraulicher zu ihrem Galan, der seinerseits die Furcht allmählich abstreifte und schon recht beherzt in ihren Ausschnitt schielte. Göran schmuste mit seiner Eva, ohne Scheu und Scham, vor den glänzenden Augen der beiden andern. Er hatte ihre Bluse geöffnet, ohne auf großen Wiederstand zu stoßen, und die verlangenden Früchte strahlten ihn einladend an. Sie presste sie hingebungsvoll in Görans Gesicht, derweil seine Hand unter ihr kurzes Röckchen wanderte. Susanna und Pascal verfolgten mit zunehmender Erregung die Szene, dem lustvollen Anblick der Liebenden ergeben. Der Oberländer senkte den Blick auf das Blumenmädchen und pilgerte mit den Augen über ihren wohlgeformten Körper. Erneut schlich die Schlange des Paradieses lautlos und züngelnd heran und die zitternden Finger des Schülers langten zögernd nach den verbotenen Äpfelchen seiner Eva, die sie ihm willig zustreckte. Was Susannas aufreizender Körper vorher nicht zustande gebracht hatte, erwirkte der Wein binnen weniger Augenblicke. Er schaltete den Kopf aus, drehte die Lenden an und heizte die Gefühle mit Sinnlichkeit und Lust auf, dass der Körper bald glühte, bald fror und weder Angst noch Freude

empfand, dafür bloß noch mit Blutandrang reagierte. Pascal näherte sich benebelt und geil geworden der hübschen Maid. Da entglitt ihm urplötzlich der Boden unter den Füßen und ihm wurde speiübel. Der Betrunkene hatte gerade noch Zeit, neben die Gloriette zu torkeln und sich zu übergeben. Vom widerlichen Schauspiel angeekelt, schauten die zwei Mädchen würgend zu ihm hinüber und Göran fluchte wie ein Stallknecht in die nächtliche Stille hinaus:
«Jetzt muss das Arsch auch noch kotzen! (So pflegte sich Göran auszudrücken.) *Jetzt ist es wohl doch besser, wenn ich mit ihm nach unten gehe.»*
Er zerrte den Erbrechenden am Arm und die zwei Jünglinge ruderten schwankend Richtung Oberried. Beim Einstieg durchs Toilettenfenster klemmte sich Pascal noch den Daumen ein und auf der andern Seite knallte er Kopf voran gegen die Toilettenschüssel. Wenige Augenblicke später schlief der trunkene Romeo auf seinem Bett ein. Nur Ueli der Detektiv erwachte kurz, drehte sich schlaftrunken und etwas murmelnd um und schlief wieder ein.

Am nächsten Morgen brummte Pascals Schädel und er schwor sich bei allem, was ihm teuer und heilig war, nie mehr Wein zu trinken und sich noch weniger mit Mädchen abzugeben. Göran wollte er in Zukunft meiden. Der Schwede ließ sich gar nichts anmerken, hütete sich jedoch, seinem unberechenbaren Kumpel je wieder ein Geheimnis anzuvertrauen. Für den Blondschopf blieb der Bauernrüpel eine glatte Enttäuschung und ein elender Versager, war fortan abgeschrieben und gar nicht mehr existent. Die Sirenen waren seit der Gloriettennacht wie vom Erdboden verschwunden. Von der sündigen Eskapade geheilt und bis auf die Knochen gesundet, verbiss sich Pascal in die nicht unbedingt so reizvolle, aber bedeutend minder riskante Mathematik. Verzehrte Novalis und Heine wie frische Semmeln, büffelte Geschichte, als würde es nächstens verboten, kniete in die Verben und repetierte Vokabeln wie ein Irrer. Der Bergler war froh und unsagbar dankbar, unbeschadet aus der leidigen Affäre herausgefunden zu haben.

Im stillen Bade aber und im Bett, wenn der Hauptschalter bereits abgedreht und es dunkel war, dachte er dennoch hin und wieder an den kribbeligen Abend beim Lusttempelchen oben. Vor seinen Augen erschien dann die verführerische Susanna und neben sie trat die unschuldige Isabella aus Mexiko, die ihm seit dem nächtlichen Erlebnis bei der Gloriette im Wert noch weit über den der Blumenhändlerin gestiegen war. Und Pascal stellte sich Isabellas zarte Äpfelchen vor.

Die Ohrfeige und ihre Folgen

Die Samstagvormittage waren für Pascal immer besondere Tage, weil die Schulwoche mit der so genannten Ethikstunde von Herrn Max gekrönt wurde. In dieser letzten Schulstunde der Woche wurde eine Art hausinterne philosophische und edukatorische Bilanz gezogen, ob sich die Zöglinge gut aufgeführt und gegenüber den Lehrern und Erziehern korrekt verhalten hatten. Ob vielleicht dieser oder jener am Ziel der Landschulheimidee, der harmonischen Paarung von Ethik und Schönheit, vorbeigeschlittert sei. Das erklärte Ziel der maxschen Ethik war nämlich, das Schöne und Gute im Menschen in absolute Harmonie zu bringen. Er vergaß nie, am Ende seiner Stunde Platon zu zitieren. Wenn man das Schöne anstrebe, sei es unmöglich, nicht gleichzeitig das Gute zu erreichen. Zur Ethik hatten sich jeweils sämtliche Schüler im Studiensaal zu versammeln. Die Älteren trafen, in Vorahnung des Kommenden, bereits philosophierend oder zumindest gestikulierend ein, die Jüngeren – noch mehr Zöglinge als Schüler – streitend und herumtollend.

Kurz vor Ethikbeginn entspann sich, am zweiten Samstag nach Pascals Erlebnis bei der Gloriette oben, im Mittelgang des Studiensaales eine Balgerei zwischen zwei jüngeren Schülern, so heftig, dass nicht nur Pascals Etui mit allen Schreibutensilien und dem Ethikheft durch die Luft flog, sondern auch noch sein Pult krachend auf die Streithähne heruntersauste. Der Oberländer, in der Blüte seines Schwingertums, über einen Meter siebzig groß, kräftig und gefürchtet, packte kurz den einen Raufbold mit der linken, den andern mit der rechten Hand und wollte sie trennen, als urplötzlich, wie aus heiterem Himmel, eine saftige Ohrfeige auf seine rechte Wange herabsauste und der Meiringer verdutzt und benommen in das Gesicht von Herrn Max schaute. Augenblicklich trat Todesstille ein, wie bei einer Abdankung. Unnötig zu betonen, dass Herr

Max die Kampfsituation, beziehungsweise Pascals Intervention, anders einschätzte als dieser, und dass sich Pascals Begeisterung für die Ethikstunde und die maxschen Erziehungsansichten an diesem Tage hernach in Grenzen hielt.

Zwei Wochen später – es war wieder an einem Samstag, die paraethische Ohrfeige von Herrn Max hatte Pascal ohne bleibende psychische und physische Schäden überwunden und verdaut – war Pascal auf dem Sportplatz zusammen mit Klassenkameraden und weihte gerade seine Schwingerhosen ein, welche ihm die Eltern tags zuvor auf flehentliches Bitten hin geschickt hatten. Auf einmal entdeckte der Schwingerbub unter den neugierigen und fast in corpore erschienenen Oberriedern auch Herrn Max. Dieser schaute äußerst interessiert, zwar mehr verwundert als bewundernd, Pascals schwingerischen Künsten zu. Da meinte der mitfiebernde Zimmergenosse von Pascal und immer für eine Überraschung gute Detektiv auf einmal unverhofft und vorlaut:

«Herr Max, schwingen Sie doch einmal mit Pascal!»

Beim bloßen Gedanken an einen Schwung zwischen Herrn Max und dem Bauernbub rasten die Landschulheimler nur so vor Begeisterung, wie die Zuschauer im römischen Circus zur Zeit Neros, und Herr Max konnte nicht anders, als in die Schwingerhosen zu steigen, wollte er vor seinen Zöglingen nicht das Gesicht verlieren und am Ende noch als Kneifer dastehen. Nach wenigen Sekunden «griffen» die beiden, wie man im Schwingerjargon so schön sagt. Herr Max zog mächtig und überraschend an, Pascal parierte blitzschnell. Dabei kam ihm unweigerlich die maxsche Ohrfeige vor vierzehn Tagen in den Sinn. Der Schwingerbub meinte sie sogar wieder auf der Wange brennen zu spüren und zog kurz, wie ein wild gewordener Stier, und Herr Max flog, einem nassen Kalb ähnlich, in hohem Bogen auf den Rücken und der Schüler auf seinen Lehrer. Die Zöglinge kreischten und grölten und begehrten ein Da Capo. Der unterlegene Ethiklehrer streckte dem siegreichen Kampfgenossen freundschaftlich die Hand zu und sie versöhnten sich. Eine gute Ohrfeige zur rechten Zeit wirkt Wunder, genau wie ein schöner Schwung zur rechten Zeit. Damit wäre das ethische Ziel des Philosophen Max erreicht worden, wenn auch nicht ganz im Sinne von Platon.

Die marginale Bemerkung des Klosterschülers

Isabellas Bruder Pius, der Klosterschüler von Sarnen, und Pascal schrieben sich oft seitenlange Briefe. Pius war nicht nur überzeugter Katholik mit dem erklärten Lebensziel der Priesterweihe. Er verbrachte schon jetzt beinahe jeden Tag eine geraume Zeit beim Gebet und schaltete sogar freiwillig Fastentage ein. In diesen beschäftigte er sich intensiv mit der Logik und Metaphysik des Aristoteles und Augustins «Gottesstaat» und dessen «Bekenntnissen». Pascal hatte in der Ethikstunde auch schon von den beiden Philosophen gehört, fand jedoch den Zugang zu ihnen nicht so leicht wie sein Freund im Kollegium. Ihn interessierten eher die Bekenntnisse der Schwester von Pius als die augustinischen. Wo sie sich aufhielt und was sie nach der Schulzeit machen würde. Nebenbei, sozusagen in einem Anhängsel, erkundigte sich Pascal in seinen Briefen an den Kollegianer jeweils nach seiner Familie und noch viel beiläufiger nach dem Tun und Lassen seiner schönen Schwester Isabella. Einmal teilte ihm der Brieffreund dann mit, dass sie gerne Schauspielerin werden würde, sicher auch Talent dazu hätte, aber der Vater nicht einverstanden sei. Sie solle zuerst einen Beruf erlernen, dann könne sie dereinst einmal machen, was sie wolle, im schlimmsten Falle sogar die Schauspielschule. Im Frühjahr werde Isabella nun vorerst in Bern eine kaufmännische Lehre beginnen. Mit kleinen Lettern hatte der schlaue Pius am Rand dieser Zeile hingekritzelt:
«Berne est tout près de Belp.»
Den tieferen Sinn der marginalen Bemerkung konnte der Landschulheimler unschwer enträtseln. Der angehende Priester war ihm auf die Schliche gekommen. In Zukunft ließ Pascal in seinen Briefen Fragen, welche die Familie und deren Tochter betrafen, bleiben und berichtete seinem Freund im Kollegium stattdessen vom schwedischen Intermezzo bei der Oberrieder Olympiade, von dem sogleich die Rede sein wird.

Die Oberrieder Olympiade

Einer der Höhepunkte im Leben eines Landschulheimlers bildete neben der Schulweihnacht die so genannte Oberrieder Olympiade. An einem Mittwoch im Frühherbst wurden die Eleven später als sonst geweckt, dafür mit Marschmusik aus einem Lautsprecher, der auf dem Balkon über dem Schulhof montiert war. Nach einem leichten Frühstück auf der langen Terrasse unten versammelten sich die Schüler, wie Athleten, in dunklen Turnhosen und weißen Leibchen. In Zweierkolonne marschierten sie stramm als richtige Olympioniken auf den Sportplatz hinunter. Der ehrwürdige Direktor eröffnete die Spiele mit einer ermahnenden Ansprache und der Entfachung des olympischen Feuers. Die hehre Flamme loderte bis zum Ende des Tages am oberen Ende des Turnierfeldes und als deren Hüter wirkten Schüler, welche aus irgendeinem Grund nicht turnen konnten oder durften, und die damit ein wenig und zum Troste ihre pyromanen Neigungen befriedigten. Die Jünglinge kämpften in verschiedenen Kategorien und Disziplinen, die einen teilnahmslos, die andern verbissen um die Lorbeeren, diese nur herumstelzend und trippelnd, wie verzagte Mädchen, jene mit gelenkigen und schnellen Beinen. Ueli der Detektiv rannte im Wettlauf mit versteinerter Miene, als liefe er einem Dieb hinterher, Göran Lendenlust dagegen steif wie ein Besenstiel und Frankyboy watschelnd, einem Braunbär gleich. Am elegantesten und schnellsten, mit den Bewegungen einer Gazelle, sprintete der Bieler Fabrikantensohn Pierre-Alain. Am hohen Drahtgitter des Zaunes zur Straße hinunter hingen die Zuschauer vom Dorfe, mit ausgestreckten Armen sich haltend, Fledermäusen gleich, und pressten die Augen neugierig durch die Maschen des Geflechtes, um ja nichts zu verpassen.

Gegen den späteren Nachmittag näherten sich die Wettkämpfe mit dem Kugelstoßen dem unbestrittenen Höhepunkt. Die Kugelstoßanlage lag unmittelbar hinter dem Drahtzaun an der Straße, dort wo sich mittlerweile auch die meisten Kiebitze eingefunden hatten. Bereits beim ersten Wurf brach Pascal den fast zwanzigjährigen Rekord um gut einen Meter. Die alte Weite war mit einem eingemauerten kleinen Granitfindling, der einem Meilenstein ähnelte, markiert. Als sich der sportliche Leiter der Olympischen Spiele, Herr Max, persönlich vom regelkonformen

Stoß überzeugt hatte und mit aufgestrecktem Arm den Rekord freigab und offiziell bestätigte, brach tosender Beifall los. Die Augenzeugen honorierten die Bravourleistung nicht nur mit Klatschen und Bravorufen, sondern auch mit staunenden Augen, als wären sie bei einem Jahrhundertereignis dabei gewesen. Vor allem in der Zaunecke wurde frenetisch geklatscht. Als sich der stolze Olympiasieger Richtung Applaus wandte und sich, einem gefeierten Schauspieler ähnlich, verneigen wollte, entdeckte er unter den Zaungästen plötzlich die beiden Gloriettenmädchen, Eva und Susanna. Pascal, dem sofort das peinliche Treffen mit ihnen in den Sinn kam, erschrak bis auf die Knochen, dass seine Knie nur noch so schlotterten, als wären eben alle Muskeln durchgeschnitten worden. Wenige Sekunden später rettete ausgerechnet Göran Lendenlust seinen zittrigen Kumpel aus der misslichen Lage, allerdings mit einem eher unbeabsichtigten Spektakel. Der Schwede hatte nämlich als Nächster die Kugel zu stoßen. Kein einfaches Unterfangen für den schmächtigen Jüngling! Da schauten einmal die Evas gebannt und erwartungsvoll zu, Göran durfte also auf keinen Fall patzen. Zudem war gerade vorher ein neuer Olympiarekord aufgestellt worden, und dies erst noch von seinem ewigen Widersacher Pascal, was Görans Situation auch nicht unbedingt leichter machte.

Der Blondschopf hob die Kugel mit übertriebener Eleganz und mächtiger Leichtigkeit vom Boden auf, lud sie noch rassiger hoch über dem Kopf von der einen Hand in die andere, unterschätzte dabei das Gewicht der Kugel, sodass das schwere Eisending ihm ohne jede Vorwarnung aus der Hand rollte und mit vollem Gewicht auf seinen rechten Fuß plumpste. Der Frauenheld schrie und quietschte wie ein gestochenes Ferkel und tanzte mit schmerzverzerrtem Gesicht ungewollt vor den Mädchen am Gitterzaun auf und ab, theatralischer als das Rumpelstilzchen es je gekonnt hätte. Eva sah mehr entsetzt als mitleidig auf ihren nächtlichen Liebhaber und Susanna grinste ihre Freundin und den kreischenden Blondschopf schadenfreudig an. Göran humpelte beschämt von dannen und ward den restlichen Tag nicht mehr gesehen. Die zwei Mädchen machten sich schleunigst aus dem Staub und bei Pascal kehrte wieder Ruhe ein.

Schon sehr früh kam in diesem Jahr der erste Schnee und bald stand Weihnachten vor der Türe. Die Musiker, so nannten die Oberrieder die Kameraden, welche ein Instrument spielten, übten bereits seit Tagen brav ihre Klaviersonaten oder kratzten auf ihren Geigen, bis die Saiten schnurrend zerrissen, während sich die Kleineren mit Weihnachtsgedichten und einige Ältere mit einem Theaterstück abmühten, das ein Mitschüler eigens für das Christfest des Hauses geschrieben hatte. Heinrich Huber hieß der Autor. Er stammte aus dem solothurnischen Biberist, wo sein Vater ein großes Coiffeurgeschäft betrieb. Der junge Figaro, schon als Kleinkind von der holden Muse geküsst, wollte Dichter oder wenigstens Schauspieler werden. In seinem Theaterstück mit dem verheißungsvollen Namen:

«ES gibt IHN»,

fragte sich der jugendliche Poet, ob es Gott gäbe oder nicht. Der Verfasser gab sich gleich selber die Hauptrolle und trat auch noch in zwei Nebenfiguren auf. Dass der Sohn des Barbiers selber auch noch Regie führte, versteht sich. Pascal stellte als zweifelnder und etwas dämlicher Bauernknecht sozusagen den Antipoden zur edlen Hauptfigur dar. Der kleine Ueli, der Detektiv mit seinem mädchenhaften, milchigen Gesichtchen, spielte die verzückte Magd und als solche zuerst die Verführerin des Knechtes. Im Verlaufe der Handlung wurde die einfache Dirn aber vom Hauptdarsteller allmählich von der Existenz Gottes und der Reinheit des Himmels überzeugt und erkannte, dass alles Fleischliche nur teuflische Sünde sei. Als Folge dieser fundamentalen Erkenntnis ließ die bekehrte Magd den armen Knecht stehen und ergab sich Gott. So wenigstens hatte sich der Solothurner Dichter die Quintessenz seines Stückes in etwa vorgestellt. Da sich der eher etwas schreibfaule Poet zu spät ans Dichten seines Opus Dei gemacht hatte, fehlte der Schluss der hehren Handlung auf dem Papier. Natürlich fehlten dadurch auch Textkopien für die Schauspieler des ganzen zweiten und letzten Aktes. In Ermangelung dieser Unterlagen – vorhanden waren eigentlich nur rudimentär einige Bilder aus dem ersten Akt – änderte der Regisseur in den unzähligen Proben, die jeweils nach dem Abendessen und permanent unter Zeitdruck stattfinden mussten, laufend seine Meinung über den Inhalt des Stückes. De facto jedes Mal kam sowohl in Wort als auch Darstellung praktisch ein neues Theaterstück zur Aufführung, wenn auch dem roten Faden nach immer mit ähnlichem Inhalt.

Endlich stand der Weihnachtsabend vor der Türe und der Vorhang für das mit großer Spannung und noch mehr Aufregung erwartete Schauspiel öffnete sich. Der erste Akt rettete sich einigermaßen selber und ohne größeren Schaden über die Bühne. Nach der Pause jedoch hob auf den Brettern, die dem Solothurner die Welt bedeuteten, ein nervöses Geläufe und wirres Geplapper an, wie auf einem orientalischen Bazar. Die Ernsthaftigkeit ging dem Stück mehr und mehr verloren, jeder Schauspieler interpretierte seine Rolle aus dem Stegreif heraus und nach eigenem Gutdünken. Das Publikum amüsierte sich köstlich und brach in den ernstesten Augenblicken in schallendes Gelächter aus. Dies wiederum verleitete die tragischen Figuren auf den Brettern, spontan ins komische Fach hinüberzuwechseln. Die dankbaren Zuschauer grölten und hielten sich vor Lachen die Bäuche. Bevor das ganze Auditorium entlassen werden sollte, beabsichtigte der Hauptdarsteller und Autor, Regisseur und Nebendarsteller Heinrich Huber, alleine und zuvorderst auf der Bühne stehend, mit den alles sagenden, tiefen Worten:
«ES gibt IHN»,
zu enden. Er hatte Göran Lendenlust, den Kulissenschieber, in den Proben angehalten, dann gleich zu Beginn seines sinnigen Satzes den Vorhang zu ziehen und Huber, als die Krone des Stückes sozusagen, dahinter verschwinden zu lassen. Der Hauptdarsteller posierte also, als Vermittler zwischen Himmel und Hölle, auf der Höhe des Vorhanges und schritt zu seiner finalen Intonation, wie weiland Hamlet:
«ES gibt IHN».

Aber es passierte nichts. Der Vorhang fiel nicht, wie mit dem Schweden vereinbart, weil dieser in Gedanken versunken nicht beim Schauspiel, sondern vermutlich bei irgendeiner Eva war. Die versetzte Titelrolle drehte den Kopf energisch zur Bühnenseite hin, wo Lendenlust immer noch vor sich hinträumte. Heinrich stampfte mit mächtigem Fuße auf die Bretter, dass der Schwede erschrocken aufwachte und noch halb betäubt und mit aller erdenklichen Kraft, wie ein Sigrist am Seil der schwersten Glocke, an der Vorhangschnur zog. Gleichzeitig intonierte der Sohn des Figaro erneut seinen gewaltigen Monolog:
«ES gibt IHN»,

und die nicht sehr fachmännisch montierte Schabracke mitsamt Vorhang und Stange krachte jetzt donnernd aus den himmlischen Höhen auf die Erde hinunter und begrub den wehklagenden Heinrich Huber aus dem Solothurnischen polternd unter sich. Die meisten Zuschauer meinten natürlich, die Gaukelei gehöre zum Stück und brachten dem Hauptdarsteller und Dichter des fulminanten Spiels eine stehende Ovation. Als sich die Hauptrolle in der Person des Autors fuchtelnd und fluchend aus dem Stoffknäuel zu befreien versuchte und endlich, immer noch am Boden liegend, durch ein Loch des zerrissenen Vorhanges zum dritten Mal sein Credo extemporierte, erreichte das Gaudium im Parkett den absoluten Höhepunkt.

Ein Da Capo des ganzen letzten Aktes wurde verlangt, musste jedoch vertagt werden. Für eine sachgerechte Wiederholung fehlte nicht nur der geschriebene Text, sondern auch der Vorhang und die halbe Bühneneinrichtung lagen ruiniert auf dem Boden. Die Komplimente, welche der überwältigte Huber mit stolzer Brust entgegennehmen konnte, ermunterten den Unverwüstlichen zur lakonischen Schlussbemerkung:
«Ich werde weiterschreiben.»
Nach der gelungenen Vorstellung wurden die Kerzen am Weihnachtsbaum angezündet und ein feines Nachtessen mit Dessert aufgetragen. Mit Klavier- und Geigenvorträgen der älteren Schüler, Gedichtchen der Kleinen und der Weihnachtsgeschichte vom Direktor fand die Feier im Landschulheim Oberried einen weihevollen Abschluss.

Das heilige Kreuz

Zwei Tage später füllte sich der Schulhof des Landschulheims mit den schweren Limousinen der Eltern, die ihre Sprösslinge für die Weihnachtsferien abholten. Pascal marschierte nach dem Mittagessen mit vollem Bauch, frohem Mut und einem kleinen Köfferchen Richtung Belper Bahnhof. Seine Eltern konnten ihn nicht abholen, weil sie in diesen Tagen besonders viel zu tun hatten. Mancher Oberrieder hätte gerne mit ihm getauscht und wäre, Pascal gleich, als freier Mensch alleine im Zuge nach

Hause gefahren. Mit dem Heranrücken der Schneeberge stieg Heimweh in sein Herz und er mochte es kaum erwarten, wieder einmal zu Hause zu sein. Pascal freute sich ungemein auf die Winterferien, aufs Christfest und darauf, die alten Freunde zu sehen. Aber auch der bittere weihnächtliche Beigeschmack der Volkszählung des Kaisers Augustus und die dummschlauen Worte Gottlieb Fahners von den Papiereltern von damals stiegen wieder in ihm auf, wie jedes Jahr in der heiligen Zeit.

Das Wagenabteil war sinnlos überheizt und die verbrauchte Luft stickig und zum Abschneiden dick. An Pascals träumenden Augen glitt, wie so oft in den letzten Tagen, die Zeit im Landschulheim noch einmal sachte vorbei. Im kommenden Frühjahr würde er bereits aus der Schule kommen und das Oberried verlassen. Er sah seinen Kugelstoß. Er spürte die saftige Ohrfeige von Herrn Max auf seiner Wange und jubelte ob dem glatt gewonnenen Schwingergang mit seinem Ethiklehrer. Dann saß er im Studiensaal und berechnete die Fläche eines definierten Dreieckes mit Hilfe des Herrn Pythagoras und erspähte in der gleichen Sekunde das undefinierbare Dreieckchen von Susannas Höschen. Die ungewohnte Hitze im engen Abteil lullte den Phantasten liebkosend ein und ließ ihn bald einmal träumend in tiefsten Schlaf sinken.

Auf einmal öffnete sich die Türe des Eisenbahnwagens und Göran Lendenlust schwebte auf leisen Sohlen über die Schwelle. In den Händen trug er einen dicken, kurzen Knüppel aus Holz. Hinter ihm drängten sich lachend und scherzend Eva und Susanna ins Innere. Die Finger der beiden Mädchen umklammerten ein dreieckförmiges Gefäß aus dünnem Glas. Vor Pascal blieben die Evas in verführerischer Pose stehen und streckten ihm das dreieckige Gefäß lustvoll entgegen. Der blonde Schwede stieß Susanna zur Seite und tauchte genüsslich seinen Stock ins zerbrechliche Glas hinein. Allmählich verzerrte sich Görans Gesicht zu einer geisterhaft gierigen Fratze. Aus ihr grinsten eiskalte Augen Pascal verächtlich entgegen und über die Schultern des Schweden hinweg lächelten lüstern die halbnackten Mädchen. Sie öffneten ihre weißen Blusen und entblößten ihre zarten Äpfelchen. Diese wuchsen, wie keimende Knospen mächtiger Rosen, Pascal ins Gesicht und plötzlich ergoss sich rötlicher Saft aus den grünen Trieben und rieselte in den zarten Kelch und schon führte Göran Lendenlust wieder seinen Holzstock hinein. Auf einmal sprossen unterhalb des oberen Stockendes zwei kleine

Ästchen seitlich heraus, die dem Stab das Aussehen eines Kreuzes verliehen. Dieses schwebte frei im Raum, bis es über dem dreieckigen Gefäß anfing, heftig zu zittern. Schließlich verwandelte sich der dunkelrote Knospensaft im Kelch in stockendes Blut, derweil sich Göran und die beiden Mädchen in Nebel auflösten und schließlich ins Nichts verschwanden. Das Kreuz, Symbol der Sühne menschlicher Schuld und Sünde, von Last und Verzweiflung, Hoffnung und Liebe, baumelte, wie an einem unsichtbaren Faden aufgehängt, vor dem träumenden Landschulheimler hin und her. Neben dem Zeichen des ewigen Himmels rührte sich eine asketische Gestalt, deren sanfte Augen lieb-ängstlich auf den Schlummernden herunterschauten. Das formvollendete, vergeistigte Gesicht gehörte einem jungen Mönch in dunkler Soutane. Es waren die traurigen und züchtigenden Augen des Klosterschülers Pius. Das reine Gesicht des Vergeistigten wandte sich dem animalischen Antlitz des sinnlichen Freundes zu und lächelte ihn elegisch an. Die unschuldigen Lippen des Novizen öffneten sich, wie die unbefleckten Blütenblätter einer schneeweißen Lilie, als wollten sie für den Sünder beten. Die keuschen Hände des Bittenden langten dann aber plötzlich nach Pascal und schüttelten ihn energisch. Der Landschüler erwachte benommen und schaute mit halb schlafenden, halb wachen Augen – in die bärtige Miene des Zugführers. Der Schaffner stand breitspurig, wie ein Felsen, vor dem Träumer und meinte dienstbeflissen:
«Alle Billette bitte. Interlaken Ost. Alles aussteigen!»
Pascal schaute verlegen und unsicher um sich. Keine Menschenseele befand sich mehr im Abteil. Er streckte dem Kondukteur sichtlich verblüfft seine Fahrkarte hin, bedankte sich höflich, dass er ihn noch rechtzeitig geweckt hatte, und stieg aus.

Wenige Minuten später saß der Oberrieder im Zug nach Meiringen und sann auf der weiteren Fahrt unentwegt dem Klosterschüler nach. Pius hatte es einfacher und besser als er. Im Kollegium konnte der Priesterschüler in aller Ruhe und Abgeschiedenheit im Schutze der hohen Kirchenmauern studieren und beten und sich demütig Gott ergeben. Pius war keinem Göran Lendenlust und noch viel weniger sinnlichen Gelüsten von Mädchen ausgeliefert. Im Mittelpunkt seiner Dreiecke existierte nur der Geist, die Entsagung und der große Frieden. Da rief kein Fleisch und keine Lust buhlte. Da kam keine Angst auf. Der Körper mit seinen lustvollen Trieben und Erregungen stand außerhalb des Dreieckes von Pius, in dessen Mittelpunkt nur Gott alleine existierte. In Pascals Dreieck dagegen schlummerte der sündige Urmund, der Eingang und Ausgang des fleischlichen Lebens. Wohin sollte im Augenblick höchster Erregung denn Pascals Körper fließen, wenn nicht in den Urmund des ewig Weiblichen? Pius hatte beim Eintritt ins Kloster seinen Körper abgestreift, sich gehäutet, wie eine Schlange, und im Nebel des Weihrauchs wurde er endgültig zu einem leiblosen Wesen, das weder Lust noch Erregung kannte. Sein Urmund war Gott, sein Mädchen der Heilige Geist und sein irdisches Leben die Sehnsucht nach dem Tode.

Pascal hatte seinen Brieffreund schon immer bewundert, aber seit dieser im Kollegium weilte, himmelte er ihn geradezu an. Pius war schon als Sekundarschüler tief gläubig und viel vernünftiger als alle seine Altersgenossen zusammen. Wenn die andern Karl May verschlangen, studierte er die Bibel oder den heiligen Thomas von Aquin. In seiner Familie gab es auch bereits Priester, einer soll sogar Abt eines einflussreichen Klosters gewesen sein und später Bischof. Die letzten Briefe des Novizen spalteten Pascals Seele endgültig und er wäre gerne wie sein Freund Pius gewesen, rein und ohne Lust und ganz dem Geiste ergeben. Doch Pascals Körper war erwacht und kämpfte nun gegen ihn den ewig ungleichen Kampf der Lust mit der Vernunft. Der Oberrieder wusste und fühlte, dass er nie sein könnte wie der Seminarist, selbst wenn er zehn Leben dafür hätte. Auch Pascals Ziel war es, ein guter und edler Mensch zu werden, aber warum sollte er, um gut und edel zu sein, seinen Körper verneinen und die fleischlichen Gelüste ersticken? Wenn Gott das so gewollt hätte, würde er Pascals Körper schlafen gelassen haben und hätte ihn nicht abrupt geweckt.

Die Meinungen der Leute

Das tief verschneite Heimatdorf nahm den gespaltenen Sohn aus der Fremde wieder mit offenen Armen auf. Die von den Dächern herabhängenden Eiszapfen standen dem Schüler auf dem Heimwege Spalier. Bekannte Gesichter grüßten ihn da und dort freundlich oder auch nur verhalten, um hinter seinem Rücken gleich, manche sogar hinter vorgehaltener Hand, zu tuscheln. Das Geschwätz der Leute aber ließ ihn mehr und mehr unberührt, es war ihm einerlei geworden und tat auch nicht mehr so weh wie früher. Als Kind hatte man zu sein, wie es die Leute begehrten und gerne sahen. Die devot-hündische Höflichkeit gegenüber allen Erwachsenen galt als Richtmaß aller Dinge im Dorfe. Wer nicht liebenswürdig grüßte, selbst Menschen, die er nicht mochte oder die einem etwas zuleide getan hatten, wurde als hochnäsig und arrogant abgetan. Jedes Gesicht im Hasliland, wollte es in Frieden mit seiner Umgebung leben, hatte sich nach der Meinung der Leute zu richten. Diese war entscheidend, nicht die eigene. Wie oft mussten junge Menschen, wenn sie eigenständig zu denken und handeln anfingen, von den Eltern, Verwandten oder Bekannten hören: Dieses kannst du nicht machen, jenes darfst du nicht sagen und noch weniger tun, was sollen bloß die Leute von dir denken und reden? Seit dem Weggang aus dem Tal war Pascal bereit, seinen eigenen Weg zu gehen, bereit, mit diesen sinnlosen Regeln zu brechen. Die Meinung der Leute interessierte ihn nicht mehr und er ließ sie fortan an sich abklatschen wie große Regentropfen. Und doch erinnerte ihn manches auf dem Wege vom verschlafenen Bahnhof zum gelben Haus wehmütig und gleichsam ein wenig sehnsüchtig an die wunderbare Kindeszeit: Dieses Haus oder jener Garten, der ihm früher ein kleines Geheimnis verborgen hatte, oder da eine bekannte Stimme, die einmal eine lustige Geschichte zum Besten gegeben hatte, dort ein altes Gesicht, das einem Angst eingeflößt hatte und vor dem man jeweils weggerannt war. Die Fremde und die Erkenntnis, dass man nicht nur an einem einzigen Ort auf Erden leben konnte, mochte ihm die Welt des Haslitales bereits ein wenig entfremdet und vielleicht sogar schon entzaubert haben.

Dennoch fühlte sich Pascal glücklich, wieder einmal zu Hause zu sein und im Bett seiner ersten Träume zu schlafen, den guten Vater und die liebe Mutter, die schwarzen Gesellen und den gockelnden Jungknecht zu sehen, Bäris warme Schnauze auf dem Knie zu spüren und die zutraulichen Kühe muhen zu hören. Am frühen Morgen galt sein erster Blick den verschneiten Bergen, am Mittag lauschte sein Ohr der vertrauten Kirchenglocke und in der hellen Nacht winkte er verstohlen dem Männchen im Mond zu. Da konnten ihm falsch-freundliche Worte aus neidischen Mäulern getrost egal sein.

In diesen Christferien verbrachte Pascal manche freie Minute bei den Kühen und Kälbern oder er kraulte Bäri hinter den Ohren, bis dieser eine Lefze hochzog und den Eckzahn zeigte, als würde er zufrieden lächeln. Da und dort ging der Internatsschüler Ätti oder Müeti an die Hand oder er vergnügte sich im Schnee, durchforstete den Winterwald oder sauste auf schnellen Brettern die verschneiten Hänge von Käserstatt nach Wasserwendi über die Winterraine hinunter ins Tal. Pascal war ja ein wagemutiger Skifahrer und hatte als Primarschüler manche Abfahrt gewonnen.

Die Häuser und verschneiten Gärten des Dorfes, die Wälder und seine Tiere im Stall hatten ihn nun herzlich willkommen geheißen und liebevoll aufgenommen, was er von den Menschen wahrlich nicht behaupten konnte. Die einzige Ausnahme bildeten eigentlich nur seine Eltern. Sie waren glücklich, ihren Sohn, wenn auch nur für kurze Zeit, wieder einmal bei sich zu haben. Ganz anders reagierten da die schwarzen Gesellen des Vaters, die ihn fast ein wenig schnitten. Auch der Jungknecht zeigte nicht mehr die Vertrautheit von früher, die ungezwungene Fröhlichkeit und Offenheit von damals. Pascals neuen Nestgeruch schienen diese Menschen nur sehr schlecht zu vertragen. Der Landschulheimler war keiner mehr von ihnen, er war ein Fremder geworden. In der Altjahrswoche meldeten sich zwar Tobias und Oskar, Pascals älteste Freunde, und man lachte und triichelte wieder zusammen und es sah aus wie in alten Zeiten, aber der Schein trügte. Das scheinbare Einvernehmen der alten Freunde mit dem Heimgekehrten war eher die Folge der heiteren Triichelwoche als eines seit ihrer letzten Begegnung eingetretenen Gesinnungswandels.

Pascal schlenderte durch die Straßen und Gassen und schaute sich sein Heimatdorf immer wieder und wieder an. Es selbst starrte zurück, jedoch nicht mehr vertraut, wie ihm schien, sondern eher mit fremden und missgünstigen, ja sogar hasserfüllten, nicht selten sogar erloschenen Augen. Wie unvergesslich nahe war ihm der Ort doch in seiner Kindheit gewesen und wie fremd kamen ihm jetzt die Häuser, ja die ganze Landschaft plötzlich vor! Dabei liebte er sein Tal immer noch mit verborgener Sehnsucht. Aber es fror ihn auf einmal darin, als hätten die Leute da oben in seiner Abwesenheit den geliebten Flecken Erde zu Grabe getragen und mit ihm den guten Geist seiner Heimat. Was war geschehen? Pascal wusste es nicht und lauschte mit angehaltenem Atem fragend in sich hinein. Er trachtete doch nur, den Weg zu gehen, der ihm sein eigenes Blut gewiesen hatte. Sollte sich dieser Pfad so schlecht mit den zurückgebliebenen Seelen in diesen Bergen vertragen? Er selber war doch auch ein Kind dieser Höhen, die Felsen und Schluchten hatten ihn doch erst zu dem gemacht, was er war. Sie hatten ihn doch abgehärtet und widerstandsfähig gemacht wie Granit. Oder war er jetzt verletzlich geworden, weicher als der moosige Boden im Schlosswald? War er nicht biegsamer und zäher als eine Föhre im Föhnsturm gewesen und jetzt plötzlich zerbrechlich wie eine Glaskugel am Weihnachtsbaum?

Franzens Christbäume

Ganz anders war das mit seinem «Hilfsgötti» Franz, Ättis Bruder. Mit ihm verbrachte Pascal viele frohe Stunden im tief verschneiten Brünigwald. Franz, das schwarze Schaf der Familie, trank immer noch gerne einen über den Durst und wohnte nach wie vor in Hausen, dem kleinen Nachbarnest von Meiringen. Dort wurde er auch schon geboren und lebte in dem halben Hausteil, den er von seinem Vater geerbt hatte. Die andere Hälfte gehörte einer Familie namens Frömmler. Der alte Frömmler hatte nun nichts Gescheiteres zu tun, als Tag und Nacht seinen ungeliebten Nachbarn aus verstohlener Ecke zu kontrollieren und bei seinem Bruder, dem Kaminfegermeister im Steindli, zu verpetzen. Wenn Franz später als gewohnt nach Hause kam und vielleicht noch einen Kleinen sitzen hatte, wusste es am nächsten Morgen das halbe Nest, vor allem aber sein Bruder Hermann. Der heimliche Aufpasser orakelte seit allen Ewigkeiten, dass Franz wegen seiner Sauferei früher oder später eingelocht werden müsse. Der ewige Stänkerer und hinterhältige Vorbeter einer Sekte mit naivem Bibelglauben hoffte insgeheim, dass dies der liebe Gott schon bald für ihn geschehen lassen würde, allerdings weniger aus himmlischer Verantwortung und christlicher Nächstenliebe heraus als viel mehr, um möglichst schnell und günstig an die andere Haushälfte heranzukommen, auf die der verdrehte Moralist seit Jahren gierig schielte. Der alte Sektierer schubste die Zeiger von Franzens Schicksalsuhr nicht selten in diese Richtung. Indes reagierte der Kaminfegermeister und amtliche Vormund des Sünders auf Verleumdungen, vor allem wenn sie aus der Ecke des scheinheiligen Nachbarn kamen, wie ein Tauber. Der gesetzliche Vertreter, und noch mehr dessen Frau, wiesen ihren Schutzbefohlenen zwar immer wieder zurecht und stutzten ihm ab und zu auch die Flügel, wobei stets am wirksamsten war, wenn sie ihm das Sackgeld kürzten oder gar sperrten. Allein, das bauernschlaue Mündel stellte sich schnell darauf ein und fand auch Wege und Schliche, wieder zu Geld zu kommen. Im Sommer half er den Bauern heuen und im Herbst Kartoffeln ausgraben, im Winter holzte und entrindete er und kam so zu ein paar Franken.

Indes, etwas ganz Besonderes waren seine Christbäume, sie waren nicht nur berühmt, sondern geradezu legendär. Ab Mitte Dezember schlug Franz den schönsten Tannen im halben Haslital klammheimlich und in finsterer Nacht die Köpfe ab und verkaufte die zierlichen Kronen Dorf auf, Dorf ab als Weihnachtsbäumchen. Es versteht sich von selbst, dass die kerzengeraden, schmucken Waldgeschöpfe äußerst gesucht waren und einen guten Preis erzielten. Die Nachfrage vermochte er gar nicht zu befriedigen, und baten ihn die treuen Kunden zu spät um einen Baum, riet er ihnen, bis im Juli zu warten, dann hätte er wieder Nachschub. Dabei mochte er schallend lachen, dass man sein Halszäpfchen sah. Am meisten ob seiner Witze grinste immer Franz selber. Die enthaupteten Tannenstümpfe im Wald nannten die Hasler schon bald einmal «Laubschertannen». Auch der Förster des Amtes kannte die Laubschertannen bestens und wusste auch, wer dahinter steckte. Allein, der Hüter des Waldes bemühte sich nicht sonderlich, den Frevler zu entlarven, da er selbst sonst am Heiligen Abend in seiner warmen Stube auch keinen hübschen Christbaum mehr hätte bewundern können. Im Frühjahr half Franz an den Wochenenden die Alp säubern. Er trug Steine, Geröll und

Hölzer weg, welche die Lawinen und Schneerutsche auf den Weiden hatten liegen lassen.

Mit all diesen Nebenbeschäftigungen besserte er sich sein Sackgeld auf. Nicht selten schenkten ihm die Bauern dazu noch eine Flasche Most oder Wein, manchmal sogar einen kleinen Schoppen Schnaps. Von den zusätzlichen Franken und Rappen wussten der Vormund und dessen Frau natürlich offiziell nichts und das stets durstige Mündel trug die paar errackerten Groschen auch auf kürzestem Wege in den Adler oder den Hirschen. Franz mochte sein, wie er wollte, die Menschen im gelben Haus mochten den alten Sünder, wie er leibte und lebte, trotz all seiner kleinen Schwächen. Seit ihn seine Frau im Stich gelassen hatte, besorgte ihm die Mutter die Kleider und gab auch sonst Acht, dass er einigermaßen anständig daherkam. Von da an saß Franz auch am Tisch seines Bruders und futterte wie ein ausgehungerter Holzfäller, dreimal so viel wie alle Gesellen und der Knecht zusammen, und blieb trotzdem sein Leben lang beinmager, bloß Haut und Knochen, wie ein Windhund.

Als Pascal nach seiner Adoption getauft werden sollte, wäre Franz gerne sein Götti geworden. Aber da er amtlich entrechtet war und schon zum zweiten Male im vergitterten Kantonshotel in Witzwil Ausnüchterungsferien verbringen musste, stemmte sich der alte Dorfpfarrer Schneeberger mit Leib und Seele gegen diese Patenschaft. Zum Trost für die entgangene Ehre ernannte Pascal ihn später, sozusagen in eigener Regie, zu seinem Hilfspaten. Von diesem hatte der Bub zeitlebens weit mehr als vom richtigen, der sich nur alle Schaltjahre einmal blicken ließ. Hilfsgötti Franz entwickelte sich im Laufe der Zeit zu einem äußerst liebenswürdigen Paten und geselligen Onkel. Wenn er etwas ausgefressen hatte, saß sein Patenkind nicht selten zwischen zwei lodernden Feuern. Auf der einen Seite brannte Franzens, auf der andern Seite Vaters Feuer. Hier musste er als Sohn, dort als Göttibub, gehörig auf der Hut sein, sich nicht die Finger zu verbrennen. Stellte sich Pascal auf die Seite des Oheims, ergrauten Vaters Haare, unterstützte er dagegen Ätti, verkohlte Franzens Seele zu einem kümmerlichen Häufchen Asche. Der Hilfsgötti schaute dann seinen Patenbuben mit traurigen Augen an, wie Bäri, wenn er in der Stalltüre den Schwanz eingeklemmt hatte. Der Bub erbarmte sich immer wieder der oheimschen Seele und gelobte hoch und heilig, ihm dereinst ein großes Fass Wein oder Most zu kaufen, wenn er einmal zu Geld kommen sollte.

Die Triichelwoche

In der Altjahrswoche herrschte im winterlichen Tal wie im Kaminfegergeschäft immer Hochbetrieb. Die großen Heizungen in den Schulhäusern und den Kirchen, im Amt- und Gemeindehaus mussten gefegt werden. In der gleichen Zeit fand aber auch die Triichlete statt – ein uralter Brauch im Hasliland.

Mit ohrenbetäubendem Kuhglocken- und Schellengeläute, ergänzt von höllischen Trommelwirbeln, verjagten junge und alte, arme und reiche, gesunde und kranke Hasler die bösen Geister des Jahres aus dem Tal. Diese üblen Kobolde hassten nichts so wie den Lärm, und am allermeisten den Heidenspektakel der Triichler. Alte Haslitaler behaupteten sogar, der Krach des Geläutes und der Trommler müsse so laut sein, dass er noch mindestens zwanzig Kilometer gegen den Föhn gut hörbar sei. Erst dann würden nämlich die schlimmen Gnome aus dem Tal weichen, die meisten sogar weit über Brienz hinaus, weil es ihnen dort nicht einmal ohne Lärm gefalle. Einmal, vor unzähligen Jahren, während der Pestilenz soll es gewesen sein, hätten die Hasler zu wenig laut getriichelt und da seien einige Wichtel nur bis zum See hinunter geflohen. Aus diesen habe es dann später die Brienzerbäuerlein gegeben und von denen gebe es wahrlich mehr als genug, also solle man laut triicheln. Das hatten sich in den nächsten Jahrhunderten alle jungen und alten Hasler zu Herzen genommen. Tagsüber bildeten nun seither bereits die Kinder Triichelzüge, nachts die Erwachsenen. In mächtigen Vierer- oder Fünferkolonnen bewegten sich die gespenstischen Züge langsam schwankend im Rhythmus des Hasliwirbels durchs Dorf, Straßen auf und Gassen ab in alle Winkel, bis in den frühen Morgen hinein. Wenn es hell wurde, übernahmen dann erneut die Kinder das Zepter, derweil die Übernächtler todmüde ins Bett sanken.

Der Spuk dauerte ein paar Tage und endete im so genannten «Ubersitz». Dieser fand seit Menschengedenken immer am zweitletzten Tage des alten Jahres statt, aber nie an einem Sonntag. Wer trotz der Strapazen der Woche noch halbwegs gehen und stehen konnte, war an diesem Abend auf den Beinen, entweder als Triichler oder Kiebitz. Vorab marschierten, wie in den vergangenen Tagen und Nächten, die Tambouren und schmetterten stolz den Hasliwirbel, dass fast die Schläger entzweibrachen. Hinter den Trommlern, in Schritt und Takt, die Triichler mit den schweren Kuhglocken und gewaltigen Plumpen[1], die sie in bedächtigem Rhythmus schwangen. Während dem gespenstischen Marsch setzten sie immer einen Fuß ruckweise vor den andern und bei jedem Schrittwechsel schubste der hintere Fuß den vorderen. Das erhebliche Gewicht der rotweiß gefelderten Ordonnanztrommeln und schwarzweißen «Baslerkübel», der bronzenen Kuhglocken und dickblechigen Plumpen und die ruckweise, gemächliche Gangart ermüdeten nicht nur die Glieder der Mannen, sondern trockneten auch deren Kehlen ungemein aus. Damit die Geisterjäger nicht aus innerlicher Vertrocknung noch im alten Jahr elendiglich zugrunde gehen mussten, stürmten sie von Zeit zu Zeit die Dorfbeizen. In der wohligen Wärme erholten sich die Triichler nach und nach bei Wein und Kaffeefertig[2], bis sie sich wieder kräftig und mutig genug fühlten, die schwerhörigen Geister bis weit über Brienz hinaus zu verjagen. Dem einheimischen Ohr war das Triicheln Musik, dem fremden ein Heidenlärm.

Am «Ubersitzabend» versammelten sich nicht nur die verschiedenen Züge der Meiringer im Dorf, sondern die des ganzen Haslitales. Die Mannen aus den Tälern waren stets unverkleidet, die Meiringer dagegen versteckten ihre Gesichter und oft noch mehr ihre Absichten hinter grimmigen Larven, wie die Masken dort oben genannt werden. Nicht bloß die Triichler, sondern jede Menschenseele von Unterbach bis zum Susten, von der Schattseite bis zur Mägisalp, zottelte am «Ubersitz» durch die Straßen und Beizen des Bezirkshauptortes, paffte, was die Lungen hielten, soff, bis die Beine wackelten und betatschte im Dunkeln nicht selten schnell eine hübsche Maid und langte ihr hurtig an die zarte Brust. Kurz, im sonst schläfrigen Haslital fand während der Altjahrswoche ein Häppchen Karneval von Rio statt.

[1] Plumpe: eine Treichel, d.h. eine Glocke aus dickem Blech.
[2] Kaffeefertig: schweizerisch für Kaffee mit Schnaps.

Schon am frühen Morgen jenes «Ubersitztages» stampfte der alte Frömmler, der Weltverbesserer und fortwährende Stänkerer von der andern Haushälfte, durch den Stein und Bein gefrorenen Schnee dem gelben Hause entgegen. Pascal stand draußen auf dem Hausplatz und war eben im Begriff, die Skier zu schultern, als er den Heraneilenden erspähte. Ungutes ahnend, stellte er die Bretter augenblicklich an den Gartenzaun und rannte dem alten Nörgler entgegen. Die schmalen, fast blutleeren Lippen im rotfleckigen Gesicht des Moralisten verrieten, dass Tannenfranz wieder etwas angestellt hatte. Ohne Gruß raunte der Vorbeter Pascal schon von weitem entgegen:

«Wo ist Heri? Ich muss sofort zu ihm.»

Der Neffe des mutmaßlichen Sündenbocks war augenblicklich bereit, für seinen Oheim zu lügen, und behauptete kurzum, dass weder Mutter noch Vater zu Hause seien. Da trat der Vater unverhofft aus der Türe auf den Hausplatz hinaus und beäugte die gehässige Szene. Und schon entdeckte der Verleumder den angeblich abwesenden Vormund und fluchte und wetterte über seinen Nachbarn Franz los, dass fast der Himmel einstürzte. In seinen halb erloschenen Augen blitzte es gefürchig, wie vor einem grässlichen Gewitter. Frömmler fuchtelte dabei mit den Armen und Händen so ungestüm vor dem Gesicht und redete so hastig, dass er kaum mehr Atem hatte:

«In der Küche von Franz brennt seit gestern Licht und kein Mensch meldet sich. Er wird besoffen in einer Ecke liegen und rauchen, bis es brennt und wir damit. Das muss jetzt endlich aufhören, sonst gehe ich aufs Amthaus.»

Pascals Vater hörte ruhig und bedacht zu, wie es seine Art war, und versprach dem aufgebrachten Erretter der Menschheit, nachschauen zu gehen.

Das Licht in Tannenfranzens Küche brannte tatsächlich. Die Haustüre stand sperrangelweit offen und vom Hilfsgötti fehlte jede Spur. Seit dem Vortag hatte es ununterbrochen geschneit. Keine Spur ums Haus war zu entdecken, nicht einmal Getreibe von Katzen und Hunden. Die Hühner im angebauten Stall gackerten aufgeregt und Franzens Katze strich halb verhungert um die Beine der Steindler. Diese bekamen es allmählich mit der Angst zu tun. Irgendetwas musste geschehen sein. Franz ließ seine Hühner und den alten Kater wegen einer harmlosen Völlerei nicht einfach hungern, selbst dann nicht, wenn er unpässlich war, wie er seinen körperlichen Zustand im Moment und erst recht am Morgen danach jeweils nannte. Wein und Schnaps hin oder her, aber seine Tiere mussten darunter nie leiden. Der Bruder und der Göttibub des Vermissten machten sich eiligst auf die Socken. Zuerst wurde nach Spuren im nahen Brünigwald gesucht: nichts auszumachen, nur Fährten von Füchsen, Hasen und Rehen! Also, wo im mächtigen Heuhaufen mochte die winzige Stecknadel wohl liegen, wo um alles in der Welt der treue Franz stecken? Er, der immer nach Hause fand, selbst im größten Suff, wenn andere kaum mehr stehen und gehen konnten? Dann mochten den Einsamen jeweils unsichtbare Augen geleitet und Geisterbeine getragen haben, aber nach Hause kam er immer, und wenns auf den Knien sein musste.

Ätti und Pascal beschlossen, den Dorfpolizisten einzuschalten, je schneller, desto besser. Der Kaminfegermeister kannte Dorf und Tal wie seine Hosentasche und somit auch jedes Loch darin und jede Seele, auch die des gefürchteten Dorfpolizisten. Grimmig hieß er. Vater und Sohn ratterten im verbeulten Volkswägelchen zum Hüter des Gesetzes an die Schulhausgasse nach Meiringen hinauf. Der Polizist hörte sich die merkwürdige Geschichte an und legte auch gleich die Vermutung offen dar, dass dem Unauffindbaren in der Tat etwas zugestoßen sein könnte. Vielleicht sei er im steilen Brünigwald ausgerutscht und über eine Fluh hinausgestürzt, unterstützte ihn Pascal ängstlich und im gleichen Atemzug.
«Handkehrum kennt kein Mensch auf Erden den Wald so gut wie er»,
wollte der Kaminfeger die Szene beschwichtigen. Franz war mit seinen Geschwistern, Heri dem Bruder und den Schwestern unten am Waldrand aufgewachsen. Keines von den Kindern liebte und kannte den Wald so gut wie der Jüngste. Er hörte sogar die Tannen und Sträucher im Frühling erwachen und im Winter wieder einschlafen. Er kannte jede Höhle, jeden Tritt und Stein, die kleinsten Felsen und Ästchen, jedes Geräusch, besser als der liebe Gott selber. Der Wachtmeister, der den plötzlich Verschollenen nicht nur als Tannenfranz, sondern auch als heimlichen Quartalssäufer kannte, hatte schon mehr als einmal mit ihm zu tun gehabt und gab auch gleich besänftigend zurück:

«Ja, das ist eigentlich wahr. Der kennt den Wald, wie sonst keiner im Hasli.»

Der Vertreter der Ordnung wandte sich dann fragend an den Kaminfegermeister:

«Meinen Sie nicht, dass er abgestürzt sein könnte?»

Vater schüttelte gedankenverloren den Kopf und alle drei schauten sich schweigend an und blickten dann, wie auf ein stilles Kommando, in Richtung Brünigwald.

«Ja, Herr Grimmig, ich weiß nicht …, aber es ist halt doch zu befürchten»,

gab der Vater schließlich mit ernster Stimme zur Antwort. Für Pascal klang in Ättis nachdenklicher Äußerung die Stimme Freund Heins[1] mit. Der Polizist wurde zunehmend amtlicher und begab sich dienstbeflissen in sein Büro, bat Wildhüter Barben telefonisch, mit seinem Schäferhund an der Suche teilzunehmen. Grimmigs Stimme steigerte sich dabei in eine Lautstärke, dass sie der Angerufene vermutlich auch ohne Telefon gehört hätte. Mit noch schrillerer Stimme beorderte er zwei Sekunden später über Funk auch seine beiden Kollegen von der Kantonspolizei als Verstärkung in den Brünigwald. Endlich wandte sich der überforderte Landjäger wieder an die zwei Laubschermänner und redete auf einmal auch zu diesen um etliche Stärken lauter, als es die zuhörenden Ohren eigentlich erforderten, beinahe, als wären sie taub, und begehrte zu wissen, ob Franz am Ende gar getrunken haben könnte und wie alt er eigentlich sei, als hätten diese nebensächlichen Fragen für die Suche des Vermissten jetzt kardinale Bedeutung. Wie schrecklich genau können doch Beamte in einer ernsten Situation in Bezug auf bedeutungslose Sachen nur sein, wenn sie auf einmal aus dem täglichen Trott hinausgeworfen werden! Der Wachtmeister war bekannt für seine schlechten Nerven und unwichtigen Fragen und gefürchtet für seine herrische Art und noch mehr für seinen grimmigen Blick. Sogar die kleinen Kinder des Dorfes hatten schon Angst vor ihm und versteckten sich sofort hinter der Mutter oder dem Vater, wenn der Uniformierte aufkreuzte. Während er seine Anweisungen gegeben hatte, war der Ordnungshüter ganz rot im Gesicht geworden und dann zusehends erblasst, als würde sich selbst sein eigenes

[1] Freund Hein: Verhüllend für den Tod.

Blut vor ihm fürchten. Es lief eilends davon, weg ins umliegende Gewebe, wo es ungesehen versickern konnte, wie warmes Regenwasser in ausgetrocknete, tief dürre Erde.

Draußen schneite es immer noch, unaufhörlich und dicht, dass man kaum die Hand vor dem Gesicht sehen konnte, als müsste der gütige Himmel irgendwo draußen im Walde das weiße Leichentuch über Franz ausbreiten. Flehte da nicht jede einzelne Schneeflocke in den frostigen Wintermorgen hinaus: Lasst ihn doch schlafen, er hat jetzt seinen Frieden gefunden? Wieder am Fuße des Brünigwaldes, tauchte Pascal seine rechte Hand in den frischen Pulverschnee. Dieser fühlte sich kalt an wie der Tod und erinnerte ihn an den seligen Paul. Vor mehr als zehn Jahren, auch im eisigen Winter, lag sein Bruder im Sarg und nun roch es erneut nach Sterblichkeit und hölzernem Totenschrein.

Die Männer suchten den ganzen Tag, es wollte bereits eindunkeln, als der Hund vom Wildhüter unverhofft eine neue Fährte aufnahm, ganz in einer anderen Richtung, als sie bislang gestöbert hatten. Der Schäfer rannte weg, zum Bach hinunter, blieb erst vor einer kleinen, halb verfaulten Holzbrücke stehen und bellte wie wild. Unter dem eingebrochenen Steg lag eingeklemmt ein lebloser Körper am Bachrand, schon fast ganz mit Schnee zugedeckt, halb im Wasser und halb auf dem Eis. Eine blutleere Hand umklammerte noch ein abgebrochenes Rundholz vom Geländer. Sonst war nur tiefe Stille und frostige Kälte zu spüren. Das eisige Weiß hatte das stumme Grab schon beinahe ganz zugedeckt. Emsiger als ein ganzes Rudel Lawinenhunde gruben die Männer und Pascal den leblosen Körper aus. Halb erfroren und steif wie ein Bein, lag der arme Franz im vereisten Wasser. Der Vater stellte erleichtert fest, dass sein Bruder noch ein wenig röchelte und massierte seinen Kopf heftig mit Schnee, wie er jeweils ein frisch geworfenes Kalb mit Stroh rieb. Die zwei Kantonspolizisten trugen den verunglückten Tannenfranz auf einer Bahre, wie ein mageres, langes Stück gefrorenes Fleisch, auf die nahe gelegene Straße hinauf und betteten ihn in das alte Volkswägelchen, das wenige Augenblicke später auf der glitschigen Straße nach Meiringen und dort gegen das Spital zu schlitterte. Wachtmeister Grimmig hatte über Funk den Verunfallten bereits angemeldet. Zwei Diakonissinnen empfingen den unglücklichen Bruder und rollten ihn augenblicklich auf einem Wägelchen in den Vorraum zum Operationssaal. Dort wartete bereits Doktor Gut.

Erst nach einer guten Stunde oder noch später erschien der rührige Arzt wieder und teilte den ungeduldig im Spitalgang Wartenden mit:
«Herr Laubscher, Ihr Bruder hat unglaubliches Glück im Unglück gehabt. Er hat den linken Arm gebrochen und ist halb erfroren, aber sonst ist er gnädig davongekommen. Ich habe seine Fraktur reponiert und geschient. Dank Ihrer schnellen Intervention und seiner robusten Natur ist der Pechvogel nicht ganz zu Eis geworden, zwar stark unterkühlt, aber er wird es überstehen. Über den Berg ist er jedoch noch nicht. Sie können jetzt kurz zu ihm. Bleiben Sie aber nicht lange, der Patient ist ganz verwirrt und fiebert bereits, was nach diesem langen Liegen im eisig kalten Schneewasser ja auch nicht verwunderlich ist.»
Doktor Gut schaute dann zu Pascal und meinte lächelnd:
«So, ist der junge Herr auch wieder einmal im Land?»
Der Mediziner war als Schularzt auf dem Laufenden und im Bilde, wo Pascal das letzte Schuljahr absolvierte, und nickte seinem Schützling wohlwollend zu.
«Ich bin im Landschulheim Oberried in Belp»,
antwortete der Knabe ungeheißen.
«Recht so, das freut mich. Zeig denen nur, was in dir steckt!»
Der Doktor legte seine rechte Hand auf die Schulter des Schülers, als wolle er seine Worte damit unterstreichen. Pascal blusterte sich auf wie ein junger Steinadler vor seinem ersten Flug in die Sonne hinaus, stellte kurz und kühn die Brust heraus und meinte halblaut, aber im Tone der innersten Überzeugung:
«Das werde ich, Herr Doktor, darauf können Sie sich verlassen.»
Der Arzt hörte seine Worte nicht mehr, denn er war bereits in einem Krankenzimmer verschwunden. Umso besser hatte sie der Vater gehört und lächelte zufrieden vor sich hin, denn Doktor Gut war ja seit Jahren der Hausarzt der Familie. Er heilte Pascal schon als kleinen Knopf, als er ein fürchterliches rheumatisches Fieber hatte, das ihn fast an den Rand des Grabes brachte, und mehr als einmal versicherte der Arzt den Eltern damals, dass er das schwer kranke Kindchen ohne Penizillin nicht über die Runden gebracht hätte. Für Pascal war Doktor Gut, was andern der liebe Gott.

Franz erkannte die Eintretenden nicht. Er redete im Fieber wirres Zeug, vom Wald und vom Schnee, der Triichelwoche und dem alten Frömmler.

Bloß einige unverständliche Wortfetzen waren auszumachen. Franzens ausgemergelter Körper zitterte wie dürres Herbstlaub im Föhn. Wenige Minuten später hieß die Oberschwester den Besuch gehen. Und schon bald standen Vater und Sohn wieder im langen Spitalgang und atmeten den allgegenwärtigen Äther ein. Der typische Geruch des Narkosemittels brachte Pascal plötzlich die Erinnerung an den fürchterlichen Autounfall der Gesellen und den «toten Vater» vor vier Jahren zurück …

Bange Minuten

Es war an einem Freitag, auch im Christmonat. Während des ganzen Tages hatte es ungemein heftig geschneit und schon nach kurzer Zeit lag kniehoch nasser und glitschiger Neuschnee auf den Matten und Straßen. Die überraschten Autofahrer drehten unfreiwillig Pirouetten wie Balletttänzer und die Fußgänger saßen mehr auf dem Hintern, als dass sie auf den Beinen standen. Nur die Schüler freuten sich über den weißen Segen und holten ihre Schlitten und Skier aus den Kellern und Estrichen[1] hervor.

Jeweils am Freitagabend übten die Jungturner der Jugendriege in der Turnhalle unterhalb des Spitals Pferdsprünge und kleinere Figuren am Barren und vor allem die so genannte Pyramide für das Schlussbild des im Januar anstehenden Theaterabends des Turnvereins. Pascal schwang kraftvoll an den Holmen auf und nieder, mit Leib und Seele dabei, als unverhofft sein Schulfreund Oskar Hofer in die Turnhalle stürzte, außer Atem zu Pascal rannte und fast schrie:

«Du musst sofort ins Spital!»

Dann holte Oskar tief Luft und meinte kaum mehr hörbar:

«Dein Vater ist am Kirchet über die Straße hinausgefahren und abgestürzt. Er ist tot und eure Kaminfeger auch, glaube ich. Hat mein Att gesagt.»

Pascal purzelte ob der Hiobsbotschaft erschrocken vom Turngerät herunter und lag, einem abgeworfenen Reiter gleich, mit entsetzten Augen verwirrt am Boden. Sein Herz hämmerte durch den Hals hinauf bis tief in die Schläfe hinein. Tränen füllten seine Augen und er rannte, was das Zeug hielt, aus der Turnhalle in den nassen Matsch hinaus und hinauf

[1] Dachboden.

zum Spital. Bei der Eingangspforte überrannte er beinahe den Abwart, der Schnee vom Eingang wegschaufelte. Im langen Korridor vor der Patientenaufnahme erblickte der flennende Knabe als Erstes seinen totgeglaubten Vater. Der Jugendriegeler schrie vor lauter Freude und aus voller Kehle auf:
«Ach, Ätti, du lebst ja noch!»
Der Bub fiel ihm schluchzend in die Arme und der Vater fing seinen Sohn beherzt und nicht wenig verwundert auf und drückte ihn fest an sich. Kaminfeger Laubscher steckte noch in den Rußkleidern und trug auch noch den Zylinder auf dem Kopf, den nur Meister tragen dürfen. Da lag nun der völlig durchnässte und halbverfrorene Jungturner in den Armen seines noch lebenden Vaters. Der Bub war halb nackt, in kurzen Turnhosen, einem dünnen Leibchen und den Sportschuhen, genau so, wie er vor wenigen Minuten noch am Barren geturnt hatte. Ätti herzte und drückte seinen lieben Sohn, dann meinte er besorgt:
«Unser Arnold ist in der letzten Kurve, unten am Kirchet, ins Schleudern geraten, über die Straße hinausgerutscht und in die Tiefe gestürzt. Das Volkswägelchen liegt jetzt auf dem Dach. Mehr weiß ich im Moment auch noch nicht, nur dass alle Gesellen im Auto gewesen sein sollen.»
Das treue, alte Volkswägelchen mit Arnold und den übrigen Gesellen war Pascal im Augenblick einerlei, Hauptsache Ätti stand vor ihm und war am Leben. Eine Diakonissin brachte dem frierenden Buben eine warme Wolldecke und heißen Tee. Dann warteten die beiden Laubscher besorgt im Spitalgang auf Doktor Gut.

Ein Krankenzimmer reihte sich an das andere. Sie glichen einander wie Eier und doch verbargen ihre geheimnisvollen Wände ganz verschiedene Schicksale hinter sich. Heute den Tod eines geliebten Menschen, morgen die Geburt eines ersehnten Kindleins. Wo streckten und reckten sich die Hände der Allmacht gieriger nach dem Werden und Vergehen als hier? Wo lag der frostige Winter näher beim keimenden Lenz, als in diesem Haus? Wie oft übersprang der Frühling in seinem Lebensübermut die mittleren Jahreszeiten, um gleich in den Winter hinüberzugehen und zu verwelken? Zog da nicht schon wieder der Sensemann erschreckend und gefürchig leise durchs Tal? Wartete einen Augenblick hinter einer Brücke oder neben einem Haus, vor einem Fenster oder bereits hinter dem Vorhang eines Schlafgemaches, stets bereit, plötzlich aus der Kulisse der Ewigkeit herauszutreten, jederzeit willig auf einen unverhofften und lautlosen Auftritt. Pascal musste an Paul denken und ans kleine Vreneli von Geißholz. Es würde jetzt schon lange in die Schule gehen. Vielleicht eben ein Gedichtchen auswendig lernen oder der Mutter beim Zubereiten des Nachtessens helfen. Und Paul? Er wäre ein ausgelernter Geometer, vielleicht schon verheiratet und Vater. Und was ist von den beiden jungen Menschenkindern übrig geblieben? Nichts als bedeutungsloser Staub. Erde zu Erde, Asche zu Asche, Staub zu Staub, wie es so pathetisch in der Bibel heißt, und vielleicht noch ein wenig Erinnerung, wie an Moritz, das tote Schweinchen am Stephanstag, das arme Kerlchen, das entborstet und geschrubbt am großen Ast des Nussbaumes vor dem gelben Hause hing und in der eisigen Bise hin und her baumelte, wie die schwerste Glocke im Kirchturm von Meiringen. Da hatte Pascal auf einmal Renatchen vor Augen, das Töchterchen des Meistergesellen. Es tat im gleichen Volkswägelchen, das jetzt in Innertkirchen einsam und verlassen auf dem Dach tief im kalten Schnee lag, seine ersten wie das Vreneli Kummer von Geißholz seine letzten Atemzüge.

Nach langem Warten tauchte Doktor Gut endlich auf und steuerte direkt auf den Kaminfegermeister und seinen Sohn zu. Der Mediziner brachte damals, am Turnabend der Jugendriegeler, wie heute die ersten Nachrichten.

«Ihre drei kleinen schwarzen Männer haben drei riesengroße weiße Schutzengel bei sich gehabt.»

Ätti atmete tief durch. Die Erleichterung stand ihm deutlich ins Gesicht geschrieben. Dabei entglitt ihm unwillkürlich ein mächtiges «Gott sei Dank». Doktor Gut erklärte, in zwei, drei Sätzen, dass der Fahrer und der Lehrling so betrunken gewesen seien, dass die Polizei zuerst gemeint habe, die zwei wären tot. Und dazu sei halt der rutschige Neuschnee auf der Straße gekommen und, kaum zu glauben, immer noch Sommerpneus auf den Rädern und übersetzte Geschwindigkeit. Das alles habe dann zur Katastrophe geführt. Ausgerechnet im Spital musste der Meister also zu allem Übel auch noch erfahren, dass Arnold die Winterräder nicht montiert hatte, wie er vom Patron mehrmals geheißen worden war. Aber in Arnolds Kopf habe es seit Tagen sowieso nur noch Gretli gegeben, so werde er wohl auch den Radwechsel vergessen haben, murmelte Ätti leise vor sich hin.

GRETLI UND DER SCHNAPS

Die Gesellen hatten am Unfalltage wegen der plötzlichen Kälte und dem Wettersturz beinahe in jedem Haushalt, wo sie den Herd, Ofen oder Schornstein fegten, einen Kaffee mit Schnaps offeriert bekommen und natürlich auch nie nein gesagt. Die unzähligen Kaffeefertig läpperten sich im Laufe des Tages zusammen. Als Arnold, der zweite Geselle, am Abend nur noch mit Schnaps und seinem neuen Schatz Gretli im Kopf von Innertkirchen nach Hause fuhr, kam ihm plötzlich in den Sinn, bei der Hinfahrt am Morgen doch zu dritt gewesen zu sein. Jetzt saß jedoch nur er alleine im Volkswägelchen. Er hatte in Innertkirchen, vor lauter Gretli, ganz einfach vergessen, den Meistergesellen und den Stift aufzuladen. Kurz entschlossen wandte der verliebte Gockel das Benzinrösslein und holte beim Restaurant Hof das Versäumte nach, nicht ohne noch schnell einen Viertel Wein zu genehmigen. Endlich fuhren die drei schwarzen Kerle singend und johlend Richtung Meiringen. Da stellte Edgar, der Meistergeselle, am Dorfeingang von Willigen fest, dass Arnold ja auch die Rußbesen und Scharreisen jenseits des Kirchets hatte liegen lassen. Arnold wendete das geduldige Wägelchen erneut und raste, was das Zeug halten mochte, wieder über den Berg zurück. Unterdessen lag so viel Schnee auf der Straße, dass die Autotour zur reinen Schlittelpartie wurde. Bei der letzten Kurve unmittelbar vor Innertkirchen passierte dann das Unglück. Das geduldige Gefährtlein rutschte, kam ins Schleudern und brach aus, über den Straßenrand hinweg und stürzte krachend in die Tiefe. Die schwarzen Männer kamen, ein wahres Wunder, mit ein paar kleinen Schürfungen und einem mächtig großen Schrecken davon.

Arnold, den zweiten Gesellen und Fahrer, traf es am härtesten. Er musste im Amthaus vortraben und sich dem Richter stellen, der den armen Sünder nicht gerade zimperlich anfasste. Fortan trug der Kaminfegergeselle das Zeichen Kains, eine tiefe Schramme in der weißen Seele, die das Volk sehen konnte. Jedes Kind im Hasliland wusste von seiner Sauftour und dem vermeidbaren Unfall. Er war eben betrunken gewesen und trotzdem Auto gefahren, kein Kavaliersdelikt mehr, wie in früheren Zeiten, vielmehr eine Verantwortungslosigkeit sondergleichen und damit eine Todsünde. So stand es wenigstens im Urteil zu lesen. Arnold musste den Fahrausweis für eine Zeitlang abgeben, wurde zu einer bedingten Gefängnisstrafe verknurrt und hatte eine saftige Buße zu bezahlen. Wenn der Delinquent nicht einen hervorragenden Fürsprecher[1] und Verteidiger gehabt hätte, wäre der arme Kerl wohl noch aufs Rad geflochten und danach aufgehängt worden. Die Buße und die Reparaturkosten hätten den jungen Mann beinahe ruiniert, wären da nicht seine Meisterleute gewesen, die ein Herz für ihn hatten und dem reuigen Sünder tüchtig unter die Arme griffen. Auf alle Fälle machte Arnold in den darauf folgenden Monaten einen weiten Bogen um Wein und Schnaps.

Zweimal bis zum heutigen Tage, damals und heute, als sie den halberfrorenen Tannenfranz bargen, hatte Pascal in seinem Leben mit dem Spital, mit Todesahnung und mit dem Noch-einmal-Davongekommensein zu tun gehabt und beide Male flatterten die Schutzengel nur so in Scharen herum. Aber trotzdem, lieber kein Spital und kein Äthergeruch, keine fleißigen Diakonissinnen und Doktoren, auch wenn alle ihr Bestes gaben und taten. Ohne sie fühlte sich Pascal bedeutend wohler.

In den kommenden Tagen besuchte er Franz fast in jeder freien Minute und brachte ihm Obst, das er zwar in flüssiger Form vorgezogen hätte, dennoch höflich verdankte, mürrisch brummend beiseite schob und abends, wenn der Besuch weggegangen war, vermutlich den Schwestern schenkte. Der Oheim war glücklich, umhätschelt zu werden, und erholte sich erstaunlich schnell.

Von der heurigen Hausmetzgete durfte Pascal in den ersten Neujahrstagen den armen alten Leuten von Meiringen und der näheren Umgebung Würste und Speck zum frischen Jahr bringen, als kleine Aufmerksamkeit des Kaminfegermeisters und seiner Frau. Da und dort sprang, wie schon vor Zeiten, ein kleines Trinkgeld heraus, das Pascal, bevor er wieder nach Belp abreiste, zu einem guten Teil dem genesenden Hilfsgötti Franz ins Spital brachte. Der Neffe wusste wohl, was der Patient, kaum aus dem Krankenhaus entlassen, damit tun würde. Allein, was solls, dachte sich Pascal, was hat der arme Teufel denn sonst schon von seinem Leben?

[1] Schweizerisch für Rechtsanwalt.

Kleiner Schwindel

In den Weihnachtsferien hatte Pascal endlich die ersehnte Gelegenheit, mit den Eltern ernsthaft über seine berufliche Zukunft zu reden. Ohne Umschweife ließ er durchblicken, dass für ihn nur eine Mechanikerlehre in Frage käme oder nichts, koste es, was es wolle. Nach stundenlangem, ja tagelangem Hin- und Herreden mit Ätti auf dem Weglein vom gelben Haus zum Stall, in der Stube, hinter dem Esszimmertisch oder im eiskalten Treppenhaus, zeitweise sogar auf dem Heuboden, hatte der Vater Pascals Ansinnen noch einmal gemessen und gewogen, gebogen und gezogen, begriffen und zerrissen, akzeptiert und erneut verflucht, bis er schließlich erkannte, dass jede Opposition nur noch Öl in Pascals Feuer gießen hieße. Der Sohn wollte endgültig weder Kaminfeger noch Bauer werden. Aber doch erst am allerletzten Tag der Ferien, kurz vor der Abreise Pascals nach Belp, lenkte der Vater endgültig ein, widerwillig und nicht ohne tausend Wenn und Aber und noch viel mehr Zweifeln.

Pascal hatte schon vor Wochen heimlich Unterlagen von der Lehrwerkstätte der Stadt Bern und der Hasler AG angefordert. Sein Wunschtraum wäre eine Lehre in der Hasler AG gewesen. Die renommierte Firma verlangte allerdings Sekundarschulbildung und das hatte er leider nicht, da half auch sein kurzer Oberrieder Aufenthalt nichts.

Zurück im Landschulheim, legte sich Pascal ins Zeug, was es halten mochte, schanzte in jeder freien Minute und fuhr kaum mehr nach Hause. Die Zeit flog nur so dahin. Per Brief hatte er sich anfangs Jahr für die Aufnahmeprüfung angemeldet, gleich an beiden Orten. Was die Sekundarschule betraf, überging Pascal die leidige Geschichte und strich dafür das Oberried heraus. Auch über seine ominöse und wenig ruhmreiche Primarschulzeit in Meiringen verlor er keine drei Worte. Hätte er vielleicht schreiben sollen, dass ihn die damaligen Dorfheiligen beinahe in die Förderklasse stecken wollten oder dass er einen Lehrer geohrfeigt hatte? Den kleinen Schwindel mit seiner schulischen Vergangenheit, ohne den Pascal gar nicht zur Prüfung zugelassen worden wäre, schien vorerst niemand zu bemerken.

In der zweiten Januarwoche erreichten ihn fast gleichzeitig zwei Briefe aus Bern. Jeder mit der freundlichen Aufforderung, dann und dann, dort und dort, zur Aufnahmeprüfung erscheinen zu wollen. Den Anfang machte die Hasler AG. Pascals Herz wollte vor Freude fast zerspringen. In seiner Post nach Hause erwähnte er die Prüfungen allerdings noch mit keiner Silbe. Einzig dem Direktor musste er die ganze Geschichte beichten. Der große alte Mann hatte ihn daraufhin, ohne großes Aufsehen und mit strengster Verschwiegenheit, unter irgendeinem Vorwand für die Prüfung vom Unterricht dispensiert. Obschon der greise Pädagoge Heimlichkeiten verabscheute, wie der Teufel das Weihwasser, schwieg er, als wäre er ein Granit von der Grimsel.

Berliner Sorgen

Alle Oberrieder, mit Ausnahme von Göran Lendenlust, fanden sich nach den Weihnachtsferien wieder im Landschulheim ein. Schon beim ersten Nachtessen teilte der Direktor den Zöglingen mit, dass Lendenlust vom neuen Jahr an in Schweden zur Schule gehe und nicht mehr zurückkomme. Niemand war traurig. Pascal am allerwenigsten.

Frankyboy klebte wie eh und je an seinem Meiringerfreund und ließ ihn keine Minute aus den Augen. Er verfolgte seinen Freund auf Schritt und Tritt und war noch weniger einfach abzuschütteln als ein junger Hund. Endlich stellte ihn Pascal zur Rede.

«Frank, du kannst nicht pausenlos an mir hängen und mich ununterbrochen in Beschlag nehmen. Das halte ich einfach nicht mehr aus.»

Der große Junge aus der Weltstadt schaute seinen Freund enttäuscht mit traurigen Augen an und würgte verdrückt einige Tränen hinunter. Da tat das schwabbelige, mächtige Kind in der Gestalt dieses riesigen Fleischberges dem Oberländer auf einmal unendlich Leid:

«Was ist denn mit dir los, Frank?»

Die wulstigen Lippen öffneten sich bebend und halblaut meinten sie:

«Ich bin so verliebt und habe so furchtbare Angst.»

Dann schwieg der Berliner verhalten. Pascal schwante plötzlich, worum es gehen könnte. Er dachte an den Spuk mit Susanna, bei der Gloriette. Während Frankyboy leise vor sich hinwimmerte, tröstete ihn Pascal:

«Du darfst jetzt bloß nicht die Nerven verlieren.»
Da plätscherte Frank los wie ein Wasserfall und schilderte haarklein, was in den Weihnachtsferien in Berlin vorgefallen war. Er hatte sich unsterblich in das Hausmädchen verknallt. Der jugendliche Schwärmer hauchte bloß noch mit erstickender Stimme etwas vom süßen Mädchen, von seinen tiefschwarzen Augen, der zierlich wendigen Gestalt, den zarten Händchen und der milchigen Haut und wie Ilonka, wenn sie in seinen Armen liege, kaum hörbar atme, sich wohlig an ihn schmiege und beinahe schnurre, wie ein junges Kätzchen. Ohne Ilonka könne und begehre er nicht mehr zu leben. Ihre Eltern seien jedoch ungarische Flüchtlinge, die nach dem Krieg aus Schopron über die nahe Grenze nach Österreich und dann nach Berlin abgehauen seien und natürlich mausarm wären, und dort liege das Problem begraben. Aber Ilonka liebe ihn und er sie und mehr brauche es doch nicht, um glücklich zu sein im Leben. Pascal musste seinem deutschen Freund zustimmen. Allein, was half dies dem hoffnungslosen Romeo?
«Hast du deine Ilonka geschwängert?»,
unterbrach Pascal den Träumenden. Frank schaute ihn entgeistert mit glotzenden Augen an:
«Was soll ich getan haben?»
«Ob du deiner Freundin ein Kind gemacht hast?»,
versuchte sich der Meiringer verständlicher auszudrücken. Jetzt begriff Frankyboy.
«Nein, nein. Wo denkst du auch hin? Wie hätte ich das bloß anstellen sollen? Sie fürchtet sich ja schon vor einem klitzekleinen Kuss und hat Angst, sogar davon ein Kind zu bekommen»,
konterte der Stadtjunge aufgeregt zurück.
«Ne, ne, aber Mama ist prompt dazugelaufen, als ich Ilonka küssen wollte, und das hat ihr bereits genügt, das arme Ding postwendend aus dem Haus zu werfen, dabei kann sie gar nichts dafür. Ich *müsste bestraft werden. Aber Mama lässt in dieser Angelegenheit überhaupt nicht mit sich reden.»*
«Weißt du, wo Ilonka jetzt ist?»,
wollte Pascal wissen.
«Ja, bei ihrer Mutter und dem Vater. Du kennst ihn übrigens. Er ist Mamas Chauffeur und bei uns, seit ich denken kann. Seit ewigen Zeiten ist

er im Dienste unserer Familie. Er gehört schon fast dazu, aber eben nur fast. Er hat schon Papa gefahren.»
Frank hatte das erste Mal seinen Papa erwähnt. Er sagte es einfach so, ohne Gefühl und ohne Trauer. Frank mag damals zu klein gewesen sein, als er seinen Vater verloren hatte, um viel dabei zu empfinden. Was hätte wohl der gnädige Herr heute zu Franks Liaison mit dem armen Mädchen gesagt? Zur ewigen Tragödie der Liebe?

Zwei Kinder mögen sich und die Eltern stehen dazwischen, entweder wegen Armut oder einer Fehde. Das war der stete Kampf zwischen Reich und Arm, der immer zu Zerwürfnis und Hader führte, die gnadenlose Zwietracht der Alten auf dem Buckel der Jungen, ohne je zu begreifen, dass einzig die Liebe wahrer Reichtum bedeutet. Pascal erkannte den Ernst der frankschen Lage, aber überspielte die tragische Situation absichtlich, ja zog sie sogar ein wenig ins Lächerliche. Was hätte es Frankyboy schon geholfen, wenn er mitgejammert hätte? Die Geschichte des Berliner Millionärssohns und der armen Chauffeurstochter erinnerte den Kaminfegerbuben ein wenig an die ebenso glücklose Liebe des Unfallfahrers vom Kirchet und Gretli, der Tochter des begüterten Molkereibesitzers von Meiringen. Da der schwarze Geselle, ein Habenichts, und dort die reiche Tochter. Die Liebe zwischen weißer Milch und schwarzem Ruß, die nicht Erfüllung finden sollte, weil sich der Mädchenvater mit Leib und Seele gegen den armen Burschen stemmte. Es war nicht Brauch und schickte sich nicht, dass ein wohlhabender Geschäftsmann einem Dahergelaufenen die Hand zustreckte. Es half nicht einmal, wenn der Mittellose ein gutes Herz hatte und ein braver Mann war, Ehrlichkeit und Treue schienen keine Rolle zu spielen. Was würden nur die Leute zu einer so standesungemäßen Verbindung sagen? Ja, wenn die Leute nicht wären, wenn bloß diese Leute nicht wären! Wie manches verliebte Herz musste diese abgedroschenen Worte nicht schon gehört haben, Worte, die nicht nur im Haslital Tränen herunterkollern ließen, sondern ebenso in Berlin.

Pascals Gedanken kehrten vom Kaminfegergesellen Arnold und Gretli und dem Oberhasli mit seinen Nörglern zurück zum verzweifelten Freund aus der Großstadt. Wenn der Deutsche Gottfried Wilhelm Leibniz schon im zarten Alter von erst fünfzehn Jahren seine Disputation über das Prinzip des Individuums niedergeschrieben haben soll, warum sollte da der andere Deutsche und schon bald siebzehnjährige Frank Wilhelm Rudolf Schöntaler nicht zum ersten Disput über seine große Liebe ausholen?

«Frank, höre! Wenn der Vater deines Mädchens der Chauffeur deiner Mutter ist und sich deine Ilonka jetzt bei ihm aufhält, ist das doch gar nicht so schlecht.»

Voller Hoffnung, aber ohne zu verstehen, warum das gar nicht so schlecht sein sollte, blickte Frankyboy treuherzig zu seinem Freund und lauschte mit aufgestellten Horchohren, wie ein Feldhase.

«Ich verstehe nur Bahnhof. Was soll denn daran gar nicht so schlecht sein?»

«Gut ist doch, dass du wenigstens weißt, wo Ilonka ist. Du kannst ihr schreiben. Der Rest ergibt sich dann von selbst.»

«Was heißt, der Rest ergibt sich dann von selbst? Eben gerade nicht, das ist ja das Problem»,

kränkelte der verliebte Romeo und erklärte im gleichen Seufzer:

«Wenn ich Ilonka schreibe und sie mir, schmeißt die Mama auch noch ihren Vater raus.»

«Aber das vernimmt doch deine Mama gar nicht»,

beruhigte ihn Pascal.

«O. k., in Berlin vielleicht nicht. Aber wenn sie mir ins Oberried schreibt, vernimmt es Mama in der gleichen Minute, wie die Post ankommt. Unsere Briefe gehen doch alle durchs Schulsekretariat und dort durch das feine Sieb von Herrn Leder, eine Schleuse, in der keine Amöbe verloren geht. Mama hat bereits telefoniert und ihn gebeten, jeden verdächtigen Brief abzufangen und zu vernichten.»

«Dann soll sie dir die Briefe doch postlagernd schicken»,

wusste Pascal Rat.

«Wenn du dann jeweils ins Dorf hinuntergehst, holst du sie ab und schickst deine weg. Oder lass die Briefe zum Figaro kommen, der macht schon mit.»

Frank erhob sich aus der Asche wie Phönix. Der Wiedergeborene strahlte, als hätte er schon wieder Weihnachten, und umarmte seinen Helfer tollpatschig und hätte ihm am liebsten den halben Globus und den Himmel dazu vor die Füße gelegt.

«Frank, ich bin schon zufrieden, wenn du mich einfach ein wenig in Ruhe

lässt. Ich habe nämlich viel zu lernen und nächstens eine Prüfung abzulegen, und vor allem möchte ich sie bestehen.»
Der Oberländer ließ seinen deutschen Freund stehen und trottete Richtung Dormitorium. Frankyboy natürlich dicht hinter ihm her.

Der ungewohnte Dialekt

Am fünfzehnten Februar, Schlag acht Uhr morgens, stand der Landschulheimler vor dem rötlichen Backsteingebäude der Hasler AG an der Schwarztorstrasse in Bern. Die Prüfung war erst auf neun Uhr angesagt. Lieber eine Stunde zu früh, als eine Sekunde zu spät, dachte Pascal und tigerte, um nicht ganz zu erfrieren, vor dem Gebäudekomplex auf und ab. Es war bissig kalt und schneite leicht. Kurz bevor er vor Kälte ganz steif war, trat Pascal über die Schwelle des hehren Hauses und steuerte auf die Anmeldung zu. Die ältliche Dame mit dem hochgesteckten Chignon und einer Drahtbrille ähnelte eher einer verwelkten Lehrerin als einer Anmeldedame. Die Tippse hinter dem Glasschalter nahm kaum Notiz vom frierenden Jüngling. Endlich hieß sie ihn schnippisch, ohne auch nur recht aufzusehen, im Gang hinten rechts warten. Er werde dann aufgerufen. Sie hatte nicht einmal gefragt, was er wolle. Offenbar ackerte die Dame schon so lange hinter dem Glas, dass sie, ohne aufzublicken, bereits durch die Schwingungen im Gang spürte, was jemand wollte. Nach seiner Verlorenheit und Schüchternheit musste sie wohl angenommen haben, dass es sich bei ihm um einen Lehrlingskandidaten handelte.

Pascal legte seine Prüfungseinladung auf die kalte Marmorplatte des Empfanges und setzte sich hinten auf die harte Holzbank im weiß getünchten Gang. Der lange Korridor mit seinen hellen Wänden und dem frisch gebohnerten Boden erinnerten ihn an den Gang im Spital von Meiringen. Er beobachtete die Menschen, die wie Ameisen hin und her liefen, Männer und Frauen, Jünglinge und Mädchen. Die einen schlenderten, die andern hetzten. Der Oberländer grüßte freundlich und lächelte ihnen zu, wie er es von zu Hause gewohnt war. Nicht einer hätte auch nur im Entferntesten daran gedacht, ihm den Gruß abzunehmen. Im Gegen-

teil, diese Menschen gafften ihn verdutzt an, als trüge er eine riesige Kuhglocke um den Hals, schüttelten bloß verständnislos den Kopf und trotteten weiter, ohne eine Miene zu verziehen. Diese Menschen arbeiteten nebeneinander, erschienen jeden Morgen und verschwanden jeden Abend miteinander, aber waren sich im Grunde genommen fremd und gleichgültig. Wer im Haslital nicht grüßte, galt als hochnäsig und stolz, oder mindestens als dümmlich und unanständig. Nicht alle in Meiringen grüßten einander gleich freundlich und offenherzig, aber sie grüßten immerhin. Wehe, ein Schüler oder Lehrling hätte das einmal nicht getan, er wäre zeitlebens als Großkopf oder übler Bengel abgestempelt und für alle Ewigkeiten abgeschrieben gewesen.
«Pascal Laubscher –»,
tönte es auf einmal aus einem Lautsprecher in der Gangecke oben.
«Zimmer zwölf, Gang B.»
Wie elektrisiert schoss der Aufgerufene in die Höhe und stiefelte Richtung Zimmer zwölf, im Gang B. Ein etwa sechzigjähriger, glatzköpfiger und dicklicher Mann in einer blauen Meisterschürze und einer längs gestreiften, gelbschwarzen Krawatte hieß alle Prüflinge, die in einer Unzahl im mächtigen Gang herumhingen, in einen großen Saal eintreten. Der eiförmige Kopf des Lehrmeisters schien ohne Hals, bloß zwischen den Schultern eingeklemmt zu sein. Der Meister stellte sich den Kandidaten kurz und tonlos vor:
«Stucki mein Name. Ich bin Lehrmeister.»
Eifrig und devot nickten und grüßten die Jünglinge, als gehörte die Güte des Grußes auch schon zur Prüfung. Kaum hatte der Meiringer seinen Gruß ausgesprochen, fixierte ihn der kleine Lehrmeister, der unmittelbar neben ihm stehen geblieben war, mit seinen kleinen, blitzenden Äuglein. Ein Augenspiel zwischen Stadt und Land, Asphalt und Alpweiden hob plötzlich an. Stucki pflanzte sich vor Pascal auf, als wäre sonst keine Menschenseele mehr anwesend, und brüllte beinahe:
«Was hast du gesagt?»
«Ich habe nichts gesagt, nur gegrüßt»,
gab Pascal, etwas überrascht, in seinem urchigen Haslitaler Dialekt zurück. Der Meiringer antwortete halt einfach so, wie ihm der Schnabel gewachsen war. Allein, der Alte in seiner gelbschwarz gestreiften Krawatte und fast einen Kopf kleiner, bekundete sichtlich Mühe mit dem Ober-

länder Patois oder dem Jüngling, der dahinter steckte, und fauchte ungehalten zurück:
«Schrei nicht so und red deutlicher!»
Die feindseligen Worte und die Art und Weise, wie er Pascal vor allen andern Mitprüflingen anging, lösten beim Sohn der Berge Unbehagen und unweigerlich auch Trotz aus, den er besser unterdrückt hätte. Eigensinnig, wie Pascal schon immer war, und leicht cholerisch dazu, verteidigte er sich ebenso zanksüchtig:
«Ich spreche deutlich, aber Sie verstehen meinen Dialekt nicht, wie alle Städter.»
Ob der nicht gerade respektvollen Antwort waren freilich beide gleichermaßen erstaunt, der Jüngling fast noch mehr als der Alte. Irgendein gekränktes Teufelchen aus dem Haslital, vielleicht ein erboster Kobold aus der Triichelwoche, den Pascal schon weit über Brienz hinausgetrommelt glaubte, hatte sich plötzlich in seinem hitzigen Kopf eingenistet und meldete sich nun rachsüchtig zurück. Vielleicht steckten aber in Pascals Knochen bloß noch die frostige Kälte des frühen Morgens oder die unfreundlichen Leute im weiß getünchten Gang, vielleicht sogar die leidige Empfangsdame hinter der Glasscheibe bei der Anmeldung. Möglicherweise auch der dickliche Lehrmeister Stucki selber, der elende Brummbär. Sicherlich, gesagt war gesagt. Pascal hätte zuerst auf zehn zählen sollen, wie ihn Ätti immer hieß, wenn er aufgeregt war und sich zuerst beruhigen sollte, bevor etwas Dummes über seine Lippen sprudelte, etwas, das nie mehr zurückgenommen werden konnte. Am besten hätte er ganz geschwiegen. Der unbeherrschte Landschulheimler tadelte sich insgeheim selbst und hätte sich am liebsten die Haare büschelweise aus dem Kopf gerissen. Gewiss, jetzt war es zu spät, ein für alle Male. Pascal sah seine Lehre in der erhabenen Gesellschaft der Hasler AG bereits zügig die Aare hinunterschwimmen.

Der Lehrmeister stand da wie ein verletzter Held, schwieg verdutzt und leckte seine Wunde. Auf einmal fuhr Stuckis rechte Hand, an welcher übrigens der Ringfinger fehlte, über die etwas schwitzende Glatze, als müsste er wenigstens seinem Schädel eine Streicheleinheit verpassen. Es schien beinahe so, als wüsste der Alte nicht so recht, ob er nun einfach erstaunt sein solle, oder verärgert, vielleicht beleidigt, oder alles miteinander. Er könnte die Antwort des Knaben natürlich auch als boden-

lose Frechheit taxiert haben und damit als klaren Hinweis, dass er mit diesem arroganten Kerl später nur Probleme hätte. Also wäre es nur ein Fingerzeig, mit dem Burschen ja nichts zu tun zu haben. Möglicherweise war es aber auch nur ein dummes Missverständnis, hätte sich der Lehrmeister ja sagen können, aber vielleicht hatte sich der Ältere schon lange eingestanden, dass der Jüngling aus dem Oberland gar nicht so Unrecht hatte und ihnen der Dialekt tatsächlich einen Knebel zwischen die Beine geschleudert hatte. Im langen Gang war es still geworden, stiller als in einer Abdankungshalle. Da grinste plötzlich der Meister hämisch in den Korridor hinaus und meinte belustigt:
«Die Prüfung findet dort vorne statt, wo die andern Burschen warten. Auch für schwer verständliche Oberländer findet sie dort statt.»
Sprachs und schaute feixend zu Pascal.

Die Prüfung

Die jungen Burschen drängten ins Prüfungslokal, Kleine und Große, Dicke und Dünne, Städter und Ländler. Jeder verschieden vom andern in Herkunft und Sprache, Bewegung und Art, aber alle steuerten sie auf das gleiche Ziel hin, eine Lehrstelle zu ergattern. Bevor die Prüfung ihren eigentlichen Anfang nahm, machte Lehrmeister Stucki die Kandidaten mit den Spielregeln und dem Tagesablauf bekannt und wünschte gutes Gelingen. Der Alte konnte es sich aber nicht verkneifen, noch kurz vor dem Startschuss mitzuteilen, dass er wohl weit mehr als die Hälfte der Jünglinge nicht mehr sehen werde, da es viel weniger Lehrstellen als Bewerber habe. Von diesem Moment an betrachtete jeder Jüngling den andern als seinen persönlichen Feind, der ihm einen Lehrplatz wegschnappen könnte.

Die Prüflinge wurden in fünf Gruppen eingeteilt und in entsprechende Räume verschoben. Pascals Gruppe hatte zuerst den Aufsatz zu schreiben, dessen Anfang und Ende gegeben waren, wie bei einem Sandwich die beiden Brotscheiben. Was dazwischengelegt wurde, war Sache der Kandidaten. Nach gut einer Stunde konnte Pascal seine drei Seiten ab-

[1] Schnurrbart.

geben und in die Pause gehen. Die Dame hinter der Anmeldung hieß nach einer kurzen Verschnaufpause Pascals Gruppe ins hinterste Zimmer des Ganges gehen, wo die Rechnungsprüfungen stattfanden und eben die letzten der vorherigen Gruppe heraustraten. Einige ließen die Köpfe hängen, ähnlich erschlafften Tulpenknospen an geknickten Stielen, als hätte es sie stundenlang verhagelt. Einen Aufsatz schreiben ist das eine, eine Rechnung lösen das andere. Der Korrektor mag diesen Aufsatz spannend und flüssig finden, jenen langweilig und phantasielos. Ein anderer Korrektor wäre vielleicht genau gegenteiliger Ansicht. Da spielt eben der Geschmack des Lesenden eine wesentliche Rolle. Ganz anders ist es bei Rechnungen. Das Ergebnis ist entweder richtig oder falsch, sozusagen tot oder lebendig, bloß ein wenig tot gibt es nicht. Da spielt der Geschmack des Prüflings genauso wenig eine Rolle wie der des Experten.

Am Mittagstisch in der Werkskantine lamentierten die einen über die schwierigen Rechnungen, während sie andere einfach fanden. Schweigend hinter den Tischen verdrückten sich die Letzteren, welche nichts zu diskutieren hatten, die nachdenklich schwiegen und sich ihre Sache im Stillen dachten. Zu diesen gehörte auch der Landschulheimler. Nach dem kurzen Mittagessen hatte Pascal zum so genannten psychologischen Eignungstest anzutreten. Dieser dauerte gut eine viertel Stunde und fand in Form einer Einzelabschlachtung statt.

Der Firmenpsychologe, ein unruhiger spindeldürrer Mann, im Alter schwer zu schätzen, so gegen fünfzig, vielleicht auch erst vierzig, aber bereits stark ergraut, mit Bart und Schnauz[1], trommelte unaufhörlich mit seinen knochigen Fingern auf die Tischplatte. Entweder war er schrecklich nervös oder zielte darauf ab, die Kandidaten fahrig zu machen oder aus dem Konzept zu bringen. Wer weiß denn schon, was in einem Psychologengehirn so alles vor sich geht? Und er trommelte weiter und weiter, dass man wirklich hätte zappelig werden können. Er wollte von Pascal wissen, warum er gerade eine Mechanikerlehre und nicht eine Bäckerlehre machen wolle, weshalb er nicht Kaminfeger, wie sein Vater, werden möchte, ob es ihm in der Stadt besser gefalle als auf dem Land. Warum dieses und warum nicht jenes und noch einmal warum und warum. Jedes Mal, wenn der Psychologe auf eine Antwort wartete, trommelte er sich geradezu in einen Rausch und schnaubte durch seine großen Nasenlöcher, die eine verblüffende Ähnlichkeit mit den Nüstern des alten Pferdchens vom Fuhrmann Glarner im Steindli hatten und genauso stark vibrierten wie die des klapperigen Tierchens, wenn es im gefrorenen Schnee ungeduldig scharrte und auf seinen Herrn wartete, derweil sich dieser bei einem Schnaps in einer Beiz aufwärmte. Am Ende des psychologischen Testes hatte Pascal einige Holzklötzchen mit definierten männlichen Formen in entsprechende weibliche zu stecken, ein Baukastenspielchen, das wohl noch jedes Kind aus seiner Kindergartenzeit kannte. Der Psychologe schien bass erstaunt, als ihm Pascal die korrekt zusammengehörigen Hölzchen schon nach wenigen Augenblicken hinschob.

«Jetzt kannst du gehen, du bekommst dann Bescheid.»

Ohne aufzuschauen und ohne Abschiedsgruß, kritzelte der gereizte Trommler ein paar Notizen auf ein Blatt. Pascal hatte sich erhoben und schickte sich an zu gehen, als der Mann ihn noch einmal anredete:

«Aus den Unterlagen geht nicht recht hervor, wie viele Jahre und wo du in die Sekundarschule gegangen bist.»

Der Landschulheimler erstarrte, blieb beschämt vor dem Psychologen stehen, wie ein ertappter Dieb, und gab resignierend zu:

«Ich bin eigentlich gar nie in die Sekundarschule gegangen.»

Der ewige Primarschüler war trauriger und zerknirschter, als wenn er soeben das gelbe Haus und das Höflein und obendrein auch noch die Eltern verloren hätte. Der Fragende glotzte Pascal mit weit aufgerissenen Augen und kalter Durchdringlichkeit an und musterte ihn von oben bis unten, von links nach rechts und von hinten nach vorne, wie ein verschlagener Viehhändler eine Kuh, um alle versteckten Mängel herauszufinden. Es hätte Pascal gar nicht gewundert, wenn der Psychologe auch noch seine Zähne untersucht hätte. Der Zustand und die Anzahl der Beißerchen gab oft den entscheidenden Ausschlag für oder gegen den Kauf einer Kuh. Pascal nahm allen Mut zusammen, ihm schien, zu verlieren gäbe es jetzt nichts mehr, nur noch zu gewinnen:

«Ich bin seit gut einem Jahr Schüler im Landschulheim Oberried in Belp. Das ist eine erweiterte Primarschule mit Mathematik und Sprachen und ...»

Der Psychologe erstickte Pascals Erklärungen bereits nach wenigen Sekunden und meinte mit hingeworfenen Worten:

«Schon gut, schon gut, du kannst jetzt gehen.»

Und Pascal ging, und *wie* er ging. Im Kopf keinen Mut, dafür umso mehr Wut im Bauch. Der Oberländer war mächtig zornig auf den nervösen Psychologen und den hell getünchten Gang, die unfreundlichen Menschen im backsteinernen Haslergebäude und enttäuscht vom Himmel und der Erde, nur nicht von sich. Wenn diese Leute von der «Haslere» ihn nicht als Lehrling begehrten, wollte er dort auch gar keine Lehrstelle haben. In knapp einer Sekunde war Pascal wieder tausend Lichtjahre vom Mechaniker entfernt und noch nie war er so nahe am Kaminfeger und Bauern wie an jenem fünfzehnten Februar gegen Abend, so nahe, dass ihn der Rußstaub in der Kehle schon kratzte und auch gleich zum Husten reizte. Geduckt schlich der geschlagene Prüfling, einem getretenen Hund gleich, auf leisen Füßen und weiten Umwegen zum Bahnhof, unendlich froh, weder ein bekanntes Gesicht anzutreffen noch mit jemandem sprechen zu müssen.

Bereits auf der Schwelle zum Oberried lief er dem Direktor in die Arme. Pascal brauchte nichts zu sagen, der gewiefte Pädagoge erkannte augenblicklich, dass der ersehnte Zug in die falsche Richtung gefahren war. Er versuchte zwar, seinen Schützling noch ein wenig zu trösten, doch der direktorale Balsam brannte mehr, als er linderte.

Auf den Tag zwei Wochen später lag im Sekretariat ein Brief mit dem Firmensignet der Hasler AG, adressiert an Pascal Laubscher. Herr Leder grinste dem Adressaten unter seiner dicken Hornbrille verschmitzt entgegen und fächerte mit dem Brief vor der Nase des Schülers hin und her. Wenn der alte Herr wüsste, was darin stünde, würde er diesen Scherz mit Sicherheit unterlassen, dachte Pascal, ohne ein Wort zu verlieren. Mit Missmut im Herzen und doch einer Prise Hoffnung auf der Seele, griff Pascal ungeduldig nach dem Umschlag und verschwand im finsteren Treppenhaus. Nicht im Dormitorium, sondern erst auf der Toilette, hinter verriegelter Türe, traute er sich, die Post aufzureißen, dermaßen ungestüm, dass er das halbe Schreiben mitzerriss. Mit zittrigen Händen überflog er den kurzen Text. Er wusste ja bereits, was darin stand. Allein, welcher Mensch hofft nicht bis zum letzten Atemzug? Und wie grenzenlos überrascht war er, als im Brief stand:
«Wir freuen uns, Ihnen mitzuteilen, dass Sie die Aufnahmeprüfung als Fernmelde- und Elektronikapparatemonteur-Lehrling bestanden haben und am …»

Der Boden unter seinen Füßen wankte und schien sich jeden Moment zu öffnen, um den Jüngling mit Haut und Haaren zu verschlucken.

Pascal las den Brief noch einmal, ein zweites und dann ein drittes und viertes Mal. Er konnte es einfach nicht glauben. Noch gestern Abend, im Studiensaal, wollte er den Eltern schreiben und beichten, dass er sich heimlich zur Prüfung angemeldet hatte und am fünfzehnten Februar bei der Hasler AG elendiglich durchgefallen sei, aber zu seinem Trost noch die Prüfung in die Lehrwerkstätte Mitte März vor sich habe und dort wolle er dann besser sein. Pascal hatte den Brief aufgesetzt und zerrissen, noch einmal angefangen und wieder zerknittert. Beim dritten Mal zog ihm eine unsichtbare Hand den Füllfederhalter aus den Fingern und eine ferne Stimme flüsterte ihm leise zu: Morgen ist auch noch ein Tag. Solche Briefe kann man immer noch schreiben, morgen oder übermorgen oder überübermorgen, bloß nicht heute. Oder war da gar keine unsichtbare Hand und keine ferne Stimme, die ihn abhielten? Hatte Pascal schlicht und einfach den Mut nicht, zuzugeben, dass er ein elender Versager war? Er hatte doch schon resigniert und den Durchfall als Fingerzeig des Himmels gewertet, halt Kaminfeger und Bauer werden zu müssen. Wenigstens Vaters sehnlichster Wunsch wäre damit in Erfüllung gegangen.

Aber was zitterte da in seinen Händen, ein Brief von seinem Lehrmeister, der Hasler AG in Bern? Wie unendlich viele Lichtjahre war er plötzlich wieder vom Kaminfeger und Bauern entfernt!

Ende März war Pascals holde Oberriederzeit zu Ende, eine schöne und gute, glückliche und selige Zeit. Wenige Tage später fuhr er mit Sack und Pack und einer freudvollen Zukunft nach Meiringen zu seinen guten Eltern. Es lag kaum mehr Schnee, nicht einmal in den oberen Tälern. Das kalte Weiß hatte in diesem Jahr den Kampf gegen den warmen Föhn schon früh verloren. Nun hauchte der älteste Hasler den verheißungsvollen Frühling mit aller Kraft ins Land hinein und mit ihm neues Leben.

Letzte Tage

Die letzten Tage im Oberried brachten gemischte Gefühle für Schüler und Lehrer. Da waren zuerst die Schlussexamen und es gab, wie bei jeder Prüfung, enttäuschte und frohe Herzen und da war die bittere Trennung von einer lieb gewordenen Umgebung und ebensolchen Menschen. In einem Punkt unterschied sich in jenen Tagen jedoch das Oberried von allen anderen Orten auf der Welt, ungeachtet des Resultates des Schlussexamens, nämlich im traurig-schweren Dunst des Abschieds. Keiner wusste, ob er den andern je wieder sehen würde. Monatelang – einige Jünglinge jahrelang – hatten sie zusammen geliebt und gehasst, gelacht und geweint, gehofft und gebangt, gebetet und geflucht unter diesem mächtigen Dach des Landschulheims, das ihnen zur zweiten Heimat geworden war, ihnen Schutz und Trutz, Versteck und Licht geboten hatte, und wo sie Freundschaften geschlossen und sich zerstritten, sich sehnsüchtig aneinander geschmiegt und sich wenige Augenblicke später hasserfüllt geprügelt hatten. Jedem war es in bestimmten Phasen seines Dortseins gleich ergangen. Er hatte nicht nur die erste Trennung von zu Hause, den Eltern und Geschwistern, mit Tränen und Herzklopfen hinter sich gebracht. Er hatte auch über sein vertrautes Zuhause in aller Heimlichkeit Tränen vergossen und seiner geliebten Kindheit ein schmerzliches Adieu zugerufen. Der eine hatte den Abschied und die Trennung besser überstanden als der andere. Im Verborgenen jedoch hatte in den ersten Nächten jedes Knabenauge verzweifelt das Kopfkissen genässt. Doch jeder Tag, der verstrichen war, hatte die Buben stärker und stärker miteinander verschweißt. In jeder Minute und Stunde, jedem Tag und Monat hatte sich das Bewusstsein verfestigt, gewollt oder ungewollt ein unentbehrliches Teilchen im mächtigen Räderwerk des Oberrieds zu sein, das nur rund lief, wenn jedes noch so winzige Rädchen im gleichen Sinn mitdrehte.

Wie war es an jenem Morgen gewesen, als Streichkäse und Brot aus der Küche gefehlt hatten? Es hätte jeder oder keiner der Zöglinge sein können. Jeder hatte einmal Kummerhunger gehabt und nichts zu essen im Zimmer und war auf ganz leisen Sohlen nach unten geschlichen. Der heimliche Sünder war nie entdeckt worden, aber der Klau hatte in jedem Bubengesicht geschrieben gestanden, dem kleinsten wie dem größten.

Nicht alle Räder waren gleich groß gewesen und hatten immer gleich schnell gedreht, aber immerhin in der gleichen Richtung, und als Ganzes hatte diese Menschenmaschine ohne eigentliche Pannen funktioniert. Hatte einmal ein Teilchen geharzt oder geklemmt, hatten die übrigen Zähnchen umso kräftiger gegriffen und das hemmende mitgedreht, bis es sich wieder von selber bewegt hatte. Hatte ein Schüler wegen Krankheit oder weil er vorzeitig aus der Schule genommen wurde oder gehen musste, gefehlt, hatte man ihn vermisst, sogar Göran Lendenlust. Er hatte gefehlt, wie das herausgetrennte Glied einer exakt bemessenen Kette, die dann plötzlich zu kurz ist, eben wie damals, als der kratzige Schwede auf einmal nicht mehr ins Oberried zurückgekehrt war. Sein Platz im Studiensaal, am Esstisch und auch sonst im Haus war leer geblieben. Zuerst war man froh gewesen. Doch plötzlich hatte seine Aufmüpfigkeit, über die sich genauso viele ergötzt hatten wie geärgert, gefehlt. Natürlich war man zuerst erleichtert gewesen, den borstigen Querulanten endlich losgeworden zu sein, bis die Erkenntnis gedämmert hatte, dass es auch Görans brauchte in einem Landschulheim, es brauchte sie auf der ganzen Welt. Vielleicht zum Zwecke des Vergleiches mit sich selber, aber es brauchte sie. Wer vermochte schon, ohne Meter zu messen? Wie hätten die Jünglinge den rebellierenden Ungehorsam kennen lernen sollen, wenn er vom aufmüpfigen Blondschopf nicht vorgelebt worden wäre? Oder die Wandlung des Frankyboy vom Kind zum Manne und schließlich sogar zum verzweifelten Romeo? Wo sonst, als auf den Brettern des Landschulheims, hätte Heinrich der Dichter und Schauspieler als Hauptdarsteller und gleichzeitig noch in wichtigen Nebenrollen einen großartigeren Auftritt haben können? Wo hätte Ueli der Detektiv besser spionieren können, als in den geheimnisvollen Winkeln und dunklen Ecken des Internats? Wie hätte Pierre-Alain, der Fabrikantensohn aus der Stadt, je erfahren sollen, wie sich Tiere lieben, wenn er nicht in einem Landschulheim den Bauernsohn Pascal getroffen hätte? Wo hätte Pascal den Gesetzen des Pythagoras und der Gedankenwelt Platons begegnen sollen, wenn nicht in der Mathematikstunde des alten Direktors und der Ethiklektion des Herrn Max? Dann hatte es aber auch noch die Lehrer gegeben, die ohne ihre widerspenstigen Zöglinge ein Dasein ohne Sauerstoff gefristet hätten und elendiglich erstickt und genauso trostlos eingegangen wären wie Eva und Susanna ohne ihre Schäferstündchen.

Frank musste wieder vorzeitig nach Berlin zurückfliegen. Herr Leder vom Schulsekretariat schickte wenige Tage später sein ganzes Gepäck mit der Bahn nach. Frankyboys Mutter war erneut schwer erkrankt und mitten in der Nacht ins Spital gebracht worden. Ueli der Detektiv wechselte im Frühjahr an eine Handelsschule in Neuenburg und Pierre-Alain an eine in Biel. Heinrich der Poet und Schauspieler startete eine kaufmännische Lehre in Solothurn und Pascal seine Mechanikerlehre in Bern.

KONFIRMATION

Am Palmsonntag wurde Pascal in der reformierten Kirche von Meiringen konfirmiert, und damit wurde auch äußerlich ein fetter Schlussstrich unter seine Schulzeit gesetzt.

Die Konfirmanden saßen auf den harten Bänken des heiligen Hauses und harrten der Dinge, die da kommen sollten. Neben, vor und hinter ihnen durchbohrten die fragenden Blicke der neugierigen Kirchgänger jeden einzelnen Jüngling mit Dolchesspitzen. Da strahlten aber auch die stolzen Eltern mit erhobenen Häuptern, während die vorwitzigen Geschwister sich neckten und kichernd tuschelten. Auch die zahlreichen Großeltern ließen sich das Spektakel der Konfirmation ihrer Enkel und Enkelinnen nicht entgehen und saßen, wie schläfrige Hühner, in Reih und Glied auf den unbequemen Eichenbänken und kämpften in der wohligen Wärme der überfüllten Michaeliskirche gegen den Schlaf. Und dort sah man all die Göttis und Gotten von nah und fern, die schwatzhaften Tanten und dicken Onkels und sonstige Leute, die sich an solchen Tagen gerne auch noch zur Verwandtschaft zählen, vor allem wenn ein üppiges Essen in Sicht ist. Und erst die klatschsüchtigen Nachbarn: Sie beäugten die hoffnungsvollen jungen Konfirmanden, die sie eigentlich immer noch für Kinder hielten, wie das üblicherweise nur noch die Eltern tun. Und ganz hinten im Schiff kauerten andächtig Menschen, die sonst nie in der Kirche anzutreffen sind, heute jedoch scharenweise und laut Halleluja schrieen und inbrünstiger beteten als der Pfarrer selber.

Pascals Konfirmationsdelegation nahm sich äußerst bescheiden aus.

Da waren Ätti und Müeti und natürlich Hilfsgötti Franz, sozusagen der eiserne Kern der Familie. Die Gotte, sie war die älteste Schwester des Vaters, und ihr Mann, einer der richtigen Göttis von Pascal, lebten schon lange nicht mehr. Der zweite Pate, der Mann von Mutters Schwester, ein kantiger Bauer aus der Ostschweiz, hatte zu Hause eine kalbernde Kuh und konnte deshalb nicht dabei sein. Er schickte dafür ein kariertes Barchethemd, das dem Konfirmanden gut drei Nummern zu klein war. Auf einer farbigen Osterkarte wünschte er gutes Gedeihen. Die Unterschrift hatte er zwar vergessen hinzukritzeln, dafür klebten mitten auf der Karte unter drei Kreuzen von schwarzem Isolierband drei silberige Fünfliber. Zu Pascals Konfirmationstross gehörte aber immerhin die Delegation der noblen Linie der Familie in den Personen von Onkel Hermann und Tante Ilse aus der Bundesstadt. Beide waren äußerst vornehm und modisch gekleidet und man schenkte ihnen weit mehr Aufmerksamkeit als dem Konfirmanden, den sie beehrten. Im Vergleich zu den paar Leutchen von Pascals Familie schleppte dagegen Werner Feldmann, der ehemalige Mausergeselle von Pascal, ein ganzes Rudel von Göttis und Tanten, Cousins und Cousinen und andern Verwandten und Bekannten, einige sogar in der Tracht, hinter sich her. Ein Anblick wie an einem Jodlerfest! Die feldmannsche Delegation rollte nach der Konfirmation ihres Mittelpunktes, einem Fürstenkondukt gleich, in einer Lawine von glänzenden Autos gemächlich die Kirchgasse hinunter zum Hotel Kreuz, das kaum dreihundert Meter vom Gotteshaus entfernt lag.

Am Morgen des Palmsonntags hatten die Konfirmanden die Kirche noch als Kinder betreten und am Mittag verließen sie sie bereits als Erwachsene. Am Ausgang streckten und langten gratulierende Hände und Finger nach den Gesegneten, und nach all den vielen Glückwünschen und unzähligen guten und noch besseren Ratschlägen von Freunden und Bekannten stoben die Konfirmanden mit ihrem Anhang in alle Richtungen auseinander. Die Wohlhabenden in Restaurants und die minder Begüterten nach Hause an den Mittagstisch der Mutter. Da und dort versuchte ein eben Erwachsengewordener, seinen neuen Status mit einer qualmenden Zigarette zu untermauern, und hustete augenblicklich erbärmlicher als ein schwerer Asthmatiker in einer Rauchküche.

Vorerst saßen aber die Konfirmanden noch Kopf an Kopf und dicht zusammengedrängt in der Sankt-Michaelis-Kirche zu Meiringen und warteten auf ihren Konfirmationssegen. In der fünften Reihe, gerade unter der Kanzel, hockte Pascal neben seinem Freund, Oskar Hofer. Sie sahen in ihren dunklen Konfirmationsanzügen und silberigen Krawatten aus wie junge Hochzeiter. Ihre Mienen waren allerdings etwas verzerrt, wenn nicht gar leidend, weniger als Folge der zu eng geknüpften Krawatten als mehr wegen der unbequemen Kirchenbänke. Schon in der Kinderlehre in Meiringen und später auch in der Unterweisung in der Belper Kirche fragte sich Pascal, warum die Bestuhlung in Gotteshäusern, egal wo auch immer, so hart und schrecklich unbequem sein müsse. Warum in allen Kirchen die Rückenlehnen zu steil und die Sitzflächen der Bänke zu kurz gezimmert wurden. Wohl weil Predigtbesucher in ungemütlicher Haltung verharrend weniger schnell einschlafen als auf weichen und gemütlichen Sitzflächen. – In Pascals Bankreihe ränkelte sich links außen Werner Feldmann und neben ihm Peter Sandmeier, die beiden ehemaligen Mausergesellen von Pascal. Sie hockten da, erhobenen Hauptes, mit langen Hälsen und gestellter Brust, und blickten stolz herum, wie junge Gockel in einem Hühnerhof. Beide hatten die Sekundarschule besucht. Schon bald nach dem Examen kannten sie die Primarler nicht mehr. Sie verkehrten fortan nur noch mit ihresgleichen.

In der göttlichen Stunde der Konfirmation, wenigstens während deren kirchlichem Teil, und später einmal auf dem Friedhof oben bestand kein Unterschied zwischen dem oberen und dem unteren Schulhaus. Aber schon nach dem Konfirmationssegen würde das unumgängliche Schisma der Meiringer Bevölkerung wieder in Kraft treten. Dann nämlich würden wieder, wie eh und je, die zwei gesellschaftlichen Urkategorien der Haslitaler existieren, die elitäre Herrenklasse mit den hehren Sekundarschülern und das biedere Fußvolk mit den einfachen Gemütern der simplen Primarler und den noch bescheideneren Hilfsklässlern, also den Dummen.

Oskar und Pascal gehörten zur Kaste des Fußvolkes. Sie hatten einen Steinwurf auseinander gewohnt und schon im Sandkasten zusammen gespielt, Burgen und Berge gebaut, sich das Velofahren beigebracht und waren später mit den ersten Anzeichen des Stimmbruchs zur Schule stolziert. Der Chauffeursbub war genauso hochkantig durch das Sekundarschulexamen gesaust wie der Sprössling des gelben Hauses. Oskar Hofer würde im Frühling eine Lehre als Koch in Interlaken antreten. Die unzüglich gescheiteren Werner Feldmann und Peter Sandmeier würden dagegen saubere Berufe ergreifen. Die Zukunft würde sie nur noch in weißen Hemden und Krawatten sehen, ein Umstand, der den zwei stolzen Sekundarschülern schon vor Monaten das vermeintliche Recht eingetragen hatte, nur noch das Allernotwendigste mit den zukünftigen Handwerkern zu reden. Sandmeier und Feldmann thronten wie zwei Königskinder auf ihren Kirchenplätzen und würdigten die beiden Primarler Hofer und Laubscher bloß noch mit dem Rücken, als wären zukünftige Bürolisten wertvollere Erdenbürger als Köche und Mechaniker.

Die dröhnende Orgel hatte aufgehört zu spielen. Sogar die farbigen Glasscheiben in den alten Bleifassungen der mächtigen Kirchenfenster hatten die donnernden Pfeifen ohne herauszufallen überstanden. Würdevoll hatte sich der alte Pfarrer Schneeberger oben auf der Kanzel installiert. Der ergraute Gottesmann senkte seinen Blick dem ergebenen Kirchenvolk zu, dann betete er leise vor sich hin. Erst nach der stillen Lobpreisung zog er das kleine Kanzeltürchen hinter sich zu. Vorlaute Leute behaupteten immer wieder, der geistliche Herr würde in jenen kurzen Augenblicken gar nicht beten, sondern die Predigtleute unten auf ihren Bänken zählen. Schließlich hob Schneeberger den Kopf und nickte zuerst freundlich Richtung Jenseits und danach in die übervolle Kirche hinunter. Er lächelte gerührt, wie weiland der gute alte Moses gelächelt haben musste, als er zum ersten Male ins Heilige Land schaute. So viele Menschen brachte der Altmeister des Himmels sonst das ganze Jahr nicht zusammen. Mit ausgebreiteten Armen, aufgerichtet wie der Erzengel Gabriel, richtete er seine ersten Worte an die erwartungsvollen Konfirmanden:

«Was hülfe es dem Menschen, wenn er die ganze Welt gewönne und nähme doch Schaden an seiner Seele?»

Auf dieser tiefgründigen Frage baute der Pastor seine Predigt auf, indem er zuerst über das schnöde Geld wetterte, das er selber so gerne gehabt hätte. Er tröstete seine mittellosen Schäflein damit, dass allein in der Armut und Bescheidenheit die echte Liebe des Christentums verborgen liege. Die Habenichtse vertröstete er auf das Jenseits, wo alle armen Schlucker für ihr irdisches Darben und Leiden dereinst belohnt und erquickt würden. Indes wussten es schon alle kleinen und erst recht großen Kirchgänger, dass der gefürchige Gottesmann selber gar nicht so gerne darbte und noch weniger bereit war zu leiden. Wenn der greise Pfarrer seine Lämmchen jeweils zu Hause besuchte, schätzte er ein mächtiges Stück geräucherte Hamme und ein feines Glas Roten ungemein mehr, als blauen Chicorée-Kaffee und beinhartes Brot. Ja, Schneeberger schien überhaupt von der Schönheit der greifbaren Welt und des genüsslichen Lebens mehr begeistert zu sein als vom überirdischen Dunst des Himmels.

Im Grunde genommen predigte der alte Geistliche auch nicht im eigentlichen Sinne. Er befahl und diktierte vielmehr seinen Glauben. Er belehrte und kommandierte, wie ein Feldmarschall. Gott hatte zwar den Menschen erschaffen, aber war dieser einmal aus dem Mutterleib herausgekrochen, nahm der alte Pfarrer die Zügel in die Hand. Ohne Zweifel war der liebe Gott für ihn eine existierende und damit unumstößliche Macht, da gab es nichts zu rütteln, und am liebsten hätte er den Allmächtigen jedem Einzelnen ins Gehirn hinein gehämmert. Für ihn war der Protestantismus eine zu Ende gedachte Sache und bot für alle Lebenslagen Antworten und Lösungen. Wer durch Schneebergers große Worte nicht zum sofortigen Gnadendurchbruch kam, hatte einfach nicht den richtigen Glauben. Zweifelnde und fragende Menschen hielt er für Ketzer, die selbst nach dem Letzten Gericht keine Erlösung erfahren würden. Noch gnadenloser fuhr der Alte über die Katholiken und deren Prunk in Rom und ihre überladenen Gotteshäuser her. In der Beichte der päpstlichen Kirche sah er bloß eine Verhöhnung Gottes. Ein Katholik konnte sündigen wie und wann er wollte, nach einer kurzen, heuchlerischen Sitzung im Beichtstuhl war der apostolische Sünder, wie Schneeberger zu sagen pflegte, wieder rein und seine Seele weißer als frisch gefallener Schnee. Dazu hatte er auch noch den Pass für die nächste Sünde im Sack. Wenn der nimmermüde Neureformator den Katholizismus mit grotesken Übersteigerungen in allen Tonlagen verprügelt hatte, brauchte es nur noch einen winzig kleinen Funken und die Juden kamen an die Reihe. Den Söhnen und Töchtern Israels erging es noch tausendmal schlechter als den Römern. In ihnen sah er nur geldgierige und verschlagene Krämerseelen. In seiner Mittelmäßigkeit verkannte der übereifrige Lutheraner, dass es bei allen Religionsanhängern, sogar bei den Protestanten, schlechte Menschen gab. Der predigende Pastor blieb seinem Credo nicht nur in der Kinderlehre und Unterweisung treu, er wusste auch an jenem Konfirmationssonntag zu verkünden, was ein reformierter Mensch sei, was dieser im Leben solle und müsse und was er ja nicht tun dürfe, begehre er, das ewige Heil nicht für alle Zeiten und Ewigkeiten zu verlieren. Für seine Anhänger war nach jeder sonntäglichen Philippika das irdische Dasein entzaubert, sie waren fein gesäubert und bis tief in die Poren hinein gereinigt und durften geläutert nach Hause oder ins nächste Wirtshaus trotten. Nach der Kanzelpauke hatte jeder Konfirmand dann so etwas wie eine Gebrauchsanweisung für sein Leben in der Tasche.

Die Monotonie der pastoralen Stimme schläferte ein, trotz harten und unbequemen Bänken. Den halbwüchsigen Gedanken der Jugendlichen wuchsen schon bald einmal Flügel und sie segelten leicht beschwingt in die weite Welt hinaus. Schon nach wenigen Minuten drangen die schneebergerschen Worte auch nicht mehr an Pascals Ohren und der Konfirmand schwebte durch ein mächtiges Kirchenfenster hinaus an einen Schraubstock in die Lehrlingshalle der Hasler AG in Bern. Aber nicht nur Pascals Aufmerksamkeit litt bedenklich. Auch Oskar Hofers Seele hob ab. Er kramte gedankenversunken in seiner rechten Hosentasche und brachte ein Stück Schokolade ans Tageslicht. Oskar schubste seinen Freund Pascal sanft in die Seite und meinte, nicht ohne Stolz:
«Die habe ich selber gemacht, da, nimm!»
Der zukünftige Koch reichte seinem Mitkonfirmanden ein Stücklein Schokolade und beide schmatzten genüsslich vor sich hin. Feldmann und Sandmeier verdrehten ihre langen Hälse fast noch mehr als die Augen und schüttelten mit lehrerhaftem Getue verständnislos den Kopf über das kindische Benehmen der zwei Primarschüler. Pascal ließ sich von den schulmeisterlichen Allüren seiner ehemaligen Mausergesellen nicht sonderlich beeindrucken. Anders Oskar, dieser wurde leicht und schnell zornig, ja sogar jähzornig, und ärgerte sich grün und blau über das altkluge Gehabe der Sekundarschüler. Der erzürnte Oskar zitterte förmlich und hätte am liebsten jedem links und rechts eine saftige Ohrfeige geklebt.

Auf einmal brausten die asthmatischen Pfeifen der mächtigen Orgel der Sankt-Michaelis-Kirche wieder los und unzählige Kehlen rühmten in allen Tonlagen die himmlische Ehre Gottes, dass selbst der gute Beethoven seine tauben Ohren hätte zudrücken müssen. Auch der hinterste Kirchgänger saß, vom göttlichen Schlafe ausgeruht, wieder kerzengerade auf seinem harten Platz. Nach der Lobpreisung des Allmächtigen erhoben sich die Jünglinge und Mädchen, vom langen und unbequemen Stillhalten noch ganz steif, würdevoll und watschelten im Gänsemarsch zum Taufbecken, wo sie zum Zeichen der endgültigen Aufnahme in die reformierte Landeskirche nicht nur den Konfirmationsspruch in die Hände gedrückt bekamen, sondern auch zum ersten Male das heilige Abendmahl in Empfang nehmen durften. Beim Hineinbeißen in den zarten Leib Christi knabberten die Schnäbelchen der Konfirmandinnen wie zierliche Spatzenjunge beim Picken von Brotkrümel, ihre unschuldigen Bäcklein röteten sich schamvoll und mit verklärt-niedergeschlagenen Augen schlürften sie dann genüsslich das Blut des Erlösers. Die Burschen brachten das Zeremoniell etwas nüchterner und minder theatralisch hinter sich. Endlich befreite Pfarrer Schneeberger mit dem Schlusssegen alle alten und neuen Schäflein, die weißen wie die bunten und halt auch die schwarzen. Vor der Kirche draußen wurden Hunderte von Händen geschüttelt, Tausende von Komplimenten verteilt und Gott weiß wie viele Ratschläge für alle Ewigkeiten abgegeben und dann trottete oder fuhr man Richtung Restaurant oder häuslichem Mittagstisch. Die Mutter im gelben Haus hatte zur Feier des Tages und auf Wunsch des Konfirmanden Lammragout und feinen sahnigen Kartoffelstock mit viel Sauce gekocht. Dazu entkorkte der Vater einen roten Waadtländer.

Unbezähmbare Lust

Schokolade gab es normalerweise nur an Weihnachten oder Ostern, vielleicht noch am Geburtstag. Für Oskar und Pascal bedeutete sie jedes Mal die halbe Seligkeit. Der süße Geschmack auf der Zunge, den Pascal in der Kirche beim Verzehr des Stücks Schokolade von Oskar gespürt hatte, hatte ihn auf einmal einen Spuk wieder erleben lassen, den er schon lange Zeit vergessen meinte, und ihn auf den alten Sportplatz im Alpbachwäldli oben entführte.

Dort oben manövrierten und pausierten jeweils die Soldaten und Offiziere, die in Meiringen ihre Wiederholungskurse absolvierten. Für die älteren Schüler ergab sich mit Hilfe der spendablen Schweizer Armee eine nicht zu unterschätzende Verdienstquelle. Sie durften nämlich den Wehrmännern im Dorf unten Bier und Zigaretten oder Schokolade holen und bekamen dafür Kommissionsgeld. Den Tarif kannten die Soldaten wie die Schüler sozusagen seit dem Rütlischwur. Er musste sich, wie durch eine sphärische Stimme, von Truppe zu Truppe und Schüler zu Schüler über Generationen von Jahr zu Jahr weitergegeben haben. Auch längst Konfirmierte trieben schon zu ihrer Zeit blühenden Handel und prahlten noch als zahnlose Greise damit. Für eine Tafel Schokolade oder ein Päckli Zigaretten erhielt der Überbringer zehn Rappen. Bei der Trinksame durfte er die leere Flasche behalten und das Depot in der Getränkehandlung Jaggi einkassieren.

Es war an einem föhnigen Morgen im Herbst – Pascal besuchte damals die vierte Klasse, die als einzige noch im alten Schulhaus untergebracht war, welches zwei, drei große Sprünge unterhalb des Sportplatzes im Alpbachwäldli lag – als er auf dem Wege zur Schule die heiß ersehnten Soldaten erspähte. Schon in der ersten Pause verriet er das Geheimnis seinem Freund Oskar Hofer. Die beiden Buben beschlossen hierauf, nach der letzten Schulstunde und auf kürzestem Wege ins Alpbachwäldli zu eilen, um den Winkelriedsöhnen ihre Referenz zu erweisen. Der launige Sustenföhn hatte schon seit Stunden mit seinem sanften Atem die bunten Herbstblätter freudig durch die Luft gewirbelt und die Wiesen und Wälder im ganzen Tal genauso arg ausgetrocknet wie die Kehlen der Soldaten. Föhn im Hasli hatte es immer an sich: die herrschsüchtige Alpenluft, die unbestrittene Königin unter den Winden im Haslital, rief bei Mensch und Tier eine geheimnisvolle und nicht selten sogar einmalig friedfertige Stimmung hervor. Die Vierbeiner gähnten schläfrig und die Menschen wurden zahm und gutmütig wie junge Schafe, vielleicht weil der hehre Föhn jedes Mal die Berge zum Greifen nahe heranrückte und die Menschenkinder wohl meinten, dass damit auch der liebe Gott selber ein gutes Stück näher zu ihnen herangerückt sei und so ihre üblen Taten besser sehen und auch ihre bösen Worte leichter hören könnte als sonst. Deshalb schlichen bei Föhn fast alle Hasler, wenigstens die älteren, stets ganz friedlich und abgeklärt ihres Weges, nicht wenige schlossen an solchen Tagen sogar für immer die Augen. Hielt der Föhn dann längere Zeit an, hatten der Sigrist und die Dorfzeitung Hochbetrieb und die Dörfler kamen nicht mehr aus ihren schwarzen Kleidern heraus.

Oskar und Pascal eilten nach der Schule gut gelaunt und voller Zuversicht Richtung Alpbachwäldli, wo sie lohnende Aufträge erwarteten. Zur höchsten Glückseligkeit fehlte ihnen nur noch ein feines Stücklein Schokolade. Aber bald würde man sich mit dem verdienten Geld der Söhne des Vaterlandes solche kaufen können. Endlich in der verheißungsvollen Waldlichtung angelangt, mussten die zwei Viertklässler jedoch bekümmert feststellen, dass nur eine gähnende Leere vor ihnen lag. Nichts zu sehen, weder ein Rekrut noch ein Soldat und ein Offizier schon gar nicht, bloß heruntergefallene, bunte Herbstblätter. Der Sportplatz schlummerte friedlich vor sich hin. Die Armee vom frühen Morgen musste eine Fata Morgana gewesen sein. Die Enttäuschung der Buben kannte keine Grenzen. Sie hatten sich schon den ganzen Morgen auf den einträglichen Handel mit den Männern und noch mehr auf ihre Schokolade gefreut. Im Geist war sie ihnen bereits Wirklichkeit geworden und auf einmal sollte es nur eine arge Täuschung gewesen sein. Ihren irregeleiteten Sinnen mag es gleich ergangen sein wie den speichelnden Hunden von Pawlow. Soldaten in der Vorstellung und damit unbezähmbare Lust auf Schokolade: was sich der Kopf eingebildet hatte, verlangte nun der Magen. Die Freunde überlegten also angestrengt, wie sie ohne Armee zu Geld und damit zu Schokolade kommen könnten.

Das Schelmenstück

Oskar Hofer sah die Lösung des verzwickten Problems auf der Stelle. Hinter dem Gebäude der Getränkehandlung Jaggi bei der Alpbachbrücke standen an der Wand meterhoch aufgestapelt Hunderte von Harassen mit leeren Mineralwasserflaschen. Einige davon wollten sie nun behändigen, sozusagen kurzfristig ausleihen, um sie im Laden an der Vorderseite des Gebäudekomplexes gegen das Flaschenpfand abzugeben. Mit den kassierten Moneten gedachten sie, Schokolade zu erstehen. Wenn der Handel mit den Soldaten später wieder ins Rollen kommen würde, würden sie dann die ausgeborgten Flaschen einfach wieder heimlich in die Harassen zurückstellen, kein Mensch wäre zu Schaden gekommen und niemand würde etwas bemerkt haben. Oskars Plan schien einfach und äußerst zweckmäßig. Das Schelmenstück leuchtete auf Anhieb ein. Was sollte schon passieren? Wer könnte gegen ein kurzfristiges Ausleihgeschäft in äußerster Not etwas einzuwenden haben? Schließlich standen die überfüllten Harassen wochenlang, wenn nicht monatelang unberührt hinter dem Haus und kein Mensch kümmerte sich darum. Das maliziöse Teufelchen der Lust hatte die unschuldigen Seelen der Buben süßlich vernebelt und zur Langfingerei verführt. Allein, die zierlichen Fingerchen dieser kleinen Halunken steigerten sich augenblicklich in ein unverfrorenes Klauen hinein, sodass sie nicht nur ein paar Flaschen, sondern gleich zwei randvoll gefüllte Harassen mitlaufen ließen.

Zum guten Glück bediente im Laden vorne nicht der alte Getränkehändler Jaggi selber, sondern eine junge, ahnungslose Verkäuferin, die ohne viel zu fragen den Schelmen nicht nur das Flaschengeld, sondern auch noch gerade das Depot für die Harassen herauszählte und, nichts Ungutes ahnend, die Schwindler erst noch bat, die Ware gleich selber hinters Haus zu den andern Harassen zu tragen. Das Schelmenstück war geglückt und verleitete die Spitzbuben zuerst sogar noch zur Überlegung, die Harassen gar nicht erst hinzustellen, sondern sonst irgendwo zu verstecken und morgen oder übermorgen oder einfach, wenn sie wieder einmal knapp bei Kasse wären, ein zweites Mal im Laden abzuliefern und zu kassieren. Die vollen Harassen hinter der Getränkehandlung glichen einander wie ein Ei dem andern. Kein Mensch vermochte zu erkennen, ob da eine mehr oder weniger dastand als vorher. Beobachtet hatte sie auch niemand. Und Gauner würde hinter den herzigen Bubengesichtern sowieso kein Mensch vermuten. Aber die unstillbare und augenblickliche Lust nach Schokolade war nun doch größer als die Bereitschaft, einen zweiten Schwindel mühsam einzufädeln und die Harassen für ein nächstes Mal zu verstecken.

Selbst die gerissensten Diebe und elendesten Schurken soll dann und wann eine überirdische Stimme ermahnen, eine Schandtat doch nicht zu weit zu treiben. Auch Pascal und Oskar schienen die mahnenden Worte dieser allgegenwärtigen Stimme plötzlich vernommen zu haben und so stellten sie die geklauten Harassen, wie von der Ladentochter geheißen, hinters Haus. Dass die zwei Spitzbuben die ganze Zeit über vom alten Jaggi beobachtet worden waren, konnten sie natürlich nicht erahnen. Der

Getränkehändler saß nämlich friedlich und nichts Böses sinnend im Garten der gegenüberliegenden Brauerei und genoss den lauen Föhn und vor allem sein kühles Bierchen. Da entdeckte er auf einmal die beiden Strolche hinter seinem Haus, wie sie auf leisen Zehenspitzen, Max und Moritz ähnlich, zwei Harassen in Leergut davontrugen. Wären sie normalen Ganges davongezottet, er hätte sich kaum Gedanken über sie gemacht. Indes, auch den Getränkehändler musste nun die höhere Stimme geheißen haben, noch einen kurzen Moment im Biergarten zu verweilen. Die ewige Mahnung hatte ihn nicht schlecht beraten. Wenige Minuten später sah er, wie die Lausebengel zurückkehrten, nicht mehr auf leisen Sohlen trippelnd, wohl aber mit den gleichen Harassen, die sie wenige Sekunden vorher weggetragen hatten, und wie sie sie akkurat dorthin stellten, wo sie sie vorher genommen hatten. Nichts ahnend zählten die Frechdachse verstohlen das erschlichene Geld. Da ging dem alten Jaggi plötzlich ein Licht auf.

Auf der andern Seite der Handlung überquerten Gottlieb und Pascal nun eilends die Straße und steuerten direkt auf das gegenüberliegende Spezereilädeli Schwarz zu. Ausgerechnet dort, beim Erzrivalen des Getränkehändlers, wo man früher nur Brot und Kaffee, Zündhölzchen und etwa noch klebrige Fliegenfänger kaufen konnte und wo es neuerdings neben Schokolade auch noch ausländisches Mineralwasser gab, welches das teurere von Jaggi natürlich mächtig konkurrenzierte, was diesen grün und blau ärgerte, also dort wollten die dreisten Lümmel mit ihrem Jaggigeld die lang ersehnte Schokolade erstehen! Doch an diesem Tag brannte im finsteren Laden kein Licht. Dafür baumelte an der Türfalle ein Karton mit der traurigen Nachricht, dass der Spezereihändler letzte Nacht verstorben sei und das Geschäft vorläufig geschlossen bleibe. Als hätte sich das Schicksal nun persönlich in das Gaunerstück der Buben eingemischt und ihnen warnend einen Zeigefinger aufgestreckt und zugeraunt:

«Jetzt habt ihr noch Zeit, das erschwindelte Geld hurtig zurückzubringen. Dann gesteht auch reumütig euren erbärmlichen Klau und bittet um Verzeihung! Stellt die dumme Dieberei als einen kleinen und zu wenig überlegten Streich hin und schleicht mit leicht beschädigter Seele, aber immerhin einem erleichterten Gewissen nach Hause, noch ist es nicht zu spät.»

Der Verblichene betrieb neben seinem Lädelchen noch einen kleinen Bauhandel und hatte schon mehr als einmal die Absicht zu sterben, vor allem wenn er am Vorabend zu tief ins Glas geschaut hatte, was nicht einmal so selten vorkam. Dass der vielseitige Kaufmann aber ausgerechnet in der vergangenen Nacht seine Prophezeiung wahr machen sollte, deuteten die kleinen Diebe als reinen Zufall und sie sahen nicht den geringsten Zusammenhang mit ihrem Schurkenstück und noch viel weniger, dass da etwa eine höhere Gewalt die Finger im Spiel haben könnte. Aber was hätten die Bengel mit dem erschwindelten Geld denn sonst anfangen sollen, außer es umzusetzen? Etwa nach Hause gehen? Die Eltern hätten es sofort bemerkt und die Wahrheit schnell herausbekommen, redeten sie sich ein. Das Donnerwetter wäre nicht auszudenken gewesen. Es blieb ihnen also gar nichts anderes übrig, als den begangenen Weg zu Ende zu gehen. Stante pede rannten die zwei Freunde sofort ins Dorf hinunter, Richtung Konsumladen, wo zur Zeit eine Schokoladenaktion lief. Oskar wusste es von seinem Vater, der als Chauffeur dort arbeitete. Mit voll gestopften Taschen schlichen sie bereits kurze Zeit später an der Kirche vorbei, die Kappellenstrasse hinauf zum Schulhaus und von da ins Alpbachwäldli, wo sie heute Mittag schon einmal in die gähnende Leere des Sportplatzes geäugt hatten.

Da, wo sie Soldaten und große Geschäfte erhofft hatten und schließlich nur dem nackten Teufelchen der Gier begegnet waren, hier, wo all das Böse seinen Anfang genommen, kauerten sie nun unter halbkahlen Herbstbäumen auf dem bitterlich riechenden, moosigen Waldboden und schleckten ihre Schokolade, jedoch nicht genüsslich schmatzend, sondern richtiggehend herunterschlingend. Doch schon bald meldete sich das jedem Dieb bekannte schlechte Gewissen, dazu wurde ihnen hundeelend und erbärmlich schlecht. Die Unmenge Schokolade quälte ihren Magen und das böse Gewissen ihre Seele. Dazu hätten sie schon lange zu Hause sein sollen. Mit überfüllten Bäuchen erhoben sie sich rülpsend und machten sich auf den Heimweg. Die wachsende Furcht beflügelte ihre Beine und sie fingen an zu rennen, stolpernd und holpernd den Wald hinunter. Dabei wurde ihnen übler und übler und auf der Alpbachbrücke, im offenen Blickfeld zur Getränkehandlung einerseits und dem Spezereilädeli Schwarz andererseits, mussten sich die beiden Strolche so heftig übergeben, dass die vorbeigehenden Leute mitleidig und beklommen stehen blieben und die sich übergebenden Buben wie exotische Vögel anstarrten. Zu allem Unglück überquerte just in diesem Augenblick auch noch Pascals Vater mit dem Motormäher und Heuwagen das enge Brücklein und erspähte im Menschenhaufen zwei bekannte Gesichter. Er hielt das ratternde Gefährt unmittelbar an, sah besorgt zu seinem Sohn und meinte entsetzt:

«Du bist ja bleicher als ein Leintuch!»

Dann blickte er zu Oskar:

«Und du auch.»

Auf der Stelle dämmerte dem Kaminfegermeister, dass das kein Zufall sein konnte. Ertappt und mehr noch beschämt, versuchte Pascal, sein Taschentuch hervorzukramen, das natürlich zu allerunterst in der Hosentasche steckte, und als er es endlich hervorziehen konnte, plumpste vorab eine Tafel Schokolade auf den Asphalt, ummittelbar vor die Füße seines Vaters. Oskar bemerkte das Missgeschick seines Freundes, bückte sich schnell, schneller als ein Wiesel, um das Corpus Delicti mit seiner Hand zuzudecken, als auch ihm beim ruckartigen Bückling eine Tafel Schokolade aus der Brusttasche des Hemdes fiel und vor dem Motormäher auf dem Boden landete.

«Aha! So ist das»,

brummte der Vater, den Grund der Übelkeit der Buben ahnend. Augenblicklich begehrte er natürlich, mehr zu wissen: woher und wie, warum und wann …

«Wir wollen es dir erklären, aber nicht hier, vor all den Leuten»,

versuchte sein Filius die missliche Lage zu retten, um wenigstens vor den stehen gebliebenen Gaffern das Gesicht halbwegs zu wahren. Ätti stutzte, begriff aber auf Anhieb, dass es nur von Vorteil sein könnte, Wahrheit und Schmach nicht vor aller Welt vernehmen zu müssen.

Er befahl den Sündern, auf den Heuwagen zu klettern, dann knatterte das Gefährt Richtung Steindli weiter. Wie abgeschlagene Hunde duckten sich die zwei Früchtchen auf dem Wagen. Ihrem Gewissen ging es noch bedeutend schlechter als ihren Bäuchen. Pascal überlegte auf der holprigen Fahrt, wie er den grässlichen Vorfall am besten erklären und begründen könne, und entschloss sich nach einigem Hin und Her zur unentrinnbaren Wahrheit, wissend, dass er Unrecht getan hatte und sein Ätti schwer enttäuscht sein würde. Wenn es doch jetzt nichts als Nacht geworden wäre, finstere, undurchdringbare Nacht, und ihn niemand auf der ganzen weiten Welt mehr hätte sehen können, nicht einmal mehr der liebe Gott. Hatte Ätti nicht immer und immer wieder gesagt, wenn er von einem hinterlistigen Kuhhandel oder sonst einem Schwindel erfahren hatte, dass es für Halunken und Betrüger nie ein Entrinnen gäbe, dass keine Nacht finster genug sein könne, ein Lumpenstück zu verbergen, und nie begehrte Ätti, mit einem Halunken oder Dieb, diesem gottlosen Abschaum der Menschheit, etwas zu tun zu haben. Und jetzt hatte er selber einen Dieb und Halunken am eigenen Tisch. Abschaum unter dem eigenen Dach. Es sei immer allein eine Frage der Zeit, egal ob Tag oder Nacht, Sommer oder Winter, wann ein Missetäter erwischt und übel bestraft werde. Vielleicht würde ihn der Vater nun mit Schimpf und Schande vor die Türe setzen oder gar mit einem Stock vom gelben Haus fortjagen, es würde ihm ganz recht geschehen, warum hatte er nur gestohlen? Vielleicht würde Pascal aber auch vom Landjäger Grimmig ins finstere Amthaus zu den Räubern und Mördern gesteckt, in eine dunkle und feuchte Zelle geworfen, wo nur Gesindel und gefräßige Ratten hausen. Pascal schwitzte Blut und litt Todesqualen.

Vorne auf dem ratternden Motormäher hockte der gütigste und beste Vater auf der ganzen Erde und hinter ihm auf dem Wagen, beschämt ins Heu gedrückt, sein missratener, diebischer Sohn. Warum musste Ätti ausgerechnet heute Heu kaufen, hätte es nicht schon gestern oder auch erst morgen sein können? Pascals Zukunft sah düster aus. Fortan würden alle Finger des Tales angewidert auf ihn zeigen, jedes Maul entsetzlich über ihn lästern und jede Seele ihn verachten. Wäre es da nicht besser, sich gleich vom Wagen zu stürzen und unter ein Rad zu fallen und tot liegen zu bleiben? Der Schreck über den zermalmten Sohn wäre für den Vater dann doch noch schlimmer als das Entsetzen über seine Gaunerei, und der kleine Diebstahl wäre gegen seinen plötzlichen Tod doch eine Lappalie gewesen. Ätti hätte sicher lieber einen lebenden Dieb als ein totes Kind gehabt, sinnierte Pascal in seiner letzten Verzweiflung. Doch nichts und niemand half ihm. Selbst die Sonne versteckte sich plötzlich vor seinem jämmerlichen Anblick hinter ein paar Föhnwolken. Sie wollte die zwei Schurken auf dem Wagen auch nicht mehr sehen. Nur ein paar Leute auf dem Spießrutenweg durchs Steindli glotzten mit unverblümten Stielaugen und Abscheu auf die schelmischen Knaben, als sähe man ihnen den widerlichen Klau schon von weitem an. Pascal schwor, wenn er jemals aus diesem Schlamassel herausfinden sollte und den verhängnisvollen Tag ohne tiefere Schrammen überstehen würde, nie, nie mehr wolle er anderer Leute Sachen anrühren, ja nicht einmal von ferne anschauen, und stehlen oder sonst Unrecht tun schon gar nicht. Zwischen ihm und seinem Ätti hatte sich urplötzlich eine unsichtbare und undurchdringbare Wand aufgerichtet, als müsste der Himmel selber das Gute vom Bösen ganz schnell trennen.

Als der Motormäher eben am Hause von Hofers vorbeituckerte, wagte Oskar eine verwegene Flucht. Er sprang mit einem gewaltigen Satz vom Wagen und verschwand im dunklen Eingang seines Elternhauses. Pascal schaute dem geflüchteten Freund wehmütig nach und bald kugelten mächtige Tränen über seine feurigen Wangen. Der miese Feigling hatte ihn elend im Stich gelassen. Ausgerechnet der eigentliche Anstifter hatte sich abgesetzt und Pascal jämmerlich hängen gelassen. Der Vater vorne auf dem Motormäher hatte den gewagten Sprung im Rückspiegel haarklein beobachtet, aber ließ sich nichts anmerken und fuhr gemächlich weiter.

Seelische Folter

Vor der Scheune parkierte Ätti den Heuwagen, hängte den Mäher ab und fuhr ihn in die Tenne, dazu summte er vergnügt ein Liedchen. Das Parkieren des Traktors war sonst Pascals Aufgabe. Er liebte es, mit Mäher und Wagen zu manövrieren und umzugehen, und Vater ließ ihn sonst mit Stolz gewähren. Doch heute machte er es selber. Er redete auch keine Silbe mit seinem Sohne, es gab weder Schelte noch Vorwurf für ihn. Ätti intonierte bloß eine fröhliche Melodie und würdigte seinen Sohn nicht mit einem einzigen Augenaufschlag. Er tat, als gäbe es Pascal gar nicht, als wäre dieser Luft und gar nicht vorhanden, schlicht und einfach inexistent. Das war Ättis raffinierte Taktik, die er bei besonders schlimmen Verfehlungen seines Sprösslings anwandte. Dazu schwieg er wie ein Grab, bis der kleine Sünder von sich aus kam, gestand und wehmütig um Verzeihung bat. Und heute wandte er diese zermürbende Taktik wieder einmal an, mit noch nie da gewesener Konsequenz und Härte. Ätti verharrte unbeweglicher und schweigender als eine erfrorene Echse, bewegungslos und starr, ohne den geringsten Laut von sich zu geben. Vaters stilles Warten und trotziges Schweigen strafte weit mehr als tausend Worte oder donnernde Prügel. Für Pascal war dies die schmerzhafteste Strafe, die es überhaupt auf der Welt gab. Eine Tracht Prügel und eine stundenlange Schelte wäre ihm tausendmal lieber gewesen. Aber sein Ätti werkelte zufrieden und summte oder pfiff ein heiteres Liedchen nach dem andern, als herrschte nichts als eitle Freude und blanker Frieden auf Erden. Seinen Buben sah und hörte er gar nicht mehr, roch und berührte ihn nicht, der kleine Bengel existierte schlicht und einfach nicht mehr. Ätti wusste genau, dass dies sein Söhnchen nicht lange aushalten würde. Selbst er litt dabei Höllenqualen, doch er ließ den winzigen Kobold schmoren, bis er gar war, durch und durch gar, und von sich aus zu ihm kommen würde. So handhabte es Ätti schon immer, schon mit Paul, wenn dieser etwas angestellt hatte, und heute tat er es mit Pascal und dieser hielt der väterlichen Pein nicht lange Stand. Der reuige Knabe lag schon nach kurzer Zeit garer da als Siedfleisch[1], das zehn Stunden lang im Wasser gekocht worden war.

[1] Suppenfleisch.

Endlich hatte der diebische Sohn allen Mut und auch das Herz in beide Hände genommen und wollte mit seiner Beichte loslegen, als die Mutter wild gestikulierend vom Haus her gegen die Scheune eilte, hinter ihr der Nachbar außer Atem und fast blau auf den Lippen. Der Kaminfegermeister wandte sein Gesicht ihnen entgegen, als schon die aufgeregte Stimme der Mutter zu vernehmen war:
«Stell dir vor, Ätti, vor ein paar Minuten ist der Viehhändler Zwald beim Bahnübergang in der Funtenen mit dem Jeep in den Schellzug gerast und auf der Stelle getötet worden!»
Erschrockenheit und Verwunderung beim Vater. Dann betretenes Schweigen in der Runde, dem schon bald eine herzhafte Diskussion und erregte Debatte folgte über die ungesicherten Bahnübergänge im ganzen Haslital, namentlich in der Funtenen und der Liechtenen, wo es fast jedes Jahr zu einem grässlichen Unglück komme mit zahlreichen Verletzten und oft auch etlichen Toten. Pascal ließ die Erwachsenen lamentieren und die Welt und Bahnübergänge verbessern und drückte sich verstohlen weg. Fürs Erste war er aus dem Schneider, allerdings nicht für lange.

Schuld und Sühne

Seit Oskar Hofer nicht mehr an seiner Seite weilte, fühlte sich Pascal verraten. Er saß auf seinem Bett. Unruhe und lähmende Angst krochen erneut in sein Herz. Es war ihm körperlich speiübel und noch viel mieser in der Seele. Er wusste genau, Unrecht getan zu haben, eigentlich schon von allem Anfang an. Aber da war es doch bloß ein Spiel, höchstens ein gewagter Scherz, und schließlich war auch sein Freund noch dabei und das Schelmenstück bloß halb so schlimm. Doch als Ätti sie auf dem Alpbachbrückli entdeckte, wurde alles plötzlich bitterer Ernst und jetzt musste er die Last des Gemeinen alleine tragen. Aber eben, er hatte mitgemacht und war nun genauso schuldig wie Oskar, der eigentliche Anstifter. Vielleicht sogar noch schuldiger, weil er seinen Freund nicht abgehalten hatte. Vater und Mutter hatten ganz Recht, schoss es Pascal durch den Kopf. Sie sahen den intensiven Kontakt mit dem verwegenen und manchmal jähzornigen Oskar nie gerne und letztlich war es doch Oskar, der die Idee zum Klauen hatte und ihn für den Diebstahl mitriss, also trug er die Hauptschuld. Pascal wurde immer klarer, dass er im Grunde genommen regelrecht verführt und hinterlistig missbraucht worden war. Die Schuldfrage schien Pascal gelöst und Oskar musste für den dreisten Diebstahl herhalten und noch mehr für seine arglistige Verführung. Vor den Augen des fast schon rein gewaschenen Kaminfegerbuben tauchte dann aber auf einmal der treue Freund auf, mit dem er so viele heitere und geheimnisvolle Stunden verbracht hatte, beim Fischen an der Aare und beim Laubhüttenbauen im Schlosswald oder, wenn sie gegen die Dörfler in den Krieg zogen und diese bei der alten Fuchshöhle verklopften, dass bald nur noch deren Absätze zu sehen waren. Oder später, als sie mit Vater Hofer Konsumfahrten unternehmen durften, die Filialen belieferten in Guttannen oder Gadmen. Nach dem Abladen des Lastwagens gab es für die Buben knusperiges Brot und geräucherte Landjäger oder frische Cervelats und süßen Most und auf der Rückfahrt aus den Tälern wurde geliedet und gewitzelt, gelacht und geprahlt, ach, wie freundlich sah da die Welt noch aus! Nicht selten drückte der alte Hofer seinen zwei Handlangern noch einen Batzen in die Hand. Augenblicklich tat ihm sein Oskar Leid, unendlich Leid und Pascal verwarf sogleich den widerlichen Gedanken, allein ihn die Schuld tragen zu lassen.

Im Grunde genommen waren nämlich die abwesenden Rekruten, Soldaten und Offiziere schuld. Wären sie im Alpbachwäldli auf dem Sportplatz gewesen, hätten Oskar und er nicht stehlen müssen. Dieser Tatbestand war nun wirklich klarer als Quellwasser, also musste das Militär zur Verantwortung gezogen werden. Aber schon erinnerte sich Pascal wehmütig der guten Verdienste und fürstlichen Trinkgelder der Wehrmänner und ihrer stets freundlichen Gesichter, und der Viertklässler schämte sich augenblicklich bis tief in den Boden, so undankbar gedacht zu haben, und wies auch im gleichen Atemzug jegliche Schuld weit weg von der Schweizer Armee. Dank den tiefgründigen Überlegungen, die in Pascals Kopf nun abliefen, dank äußerst geschicktem Abwägen und klugem Messen schwammen plötzlich die tatsächlich Schuldigen von ganz alleine an die Oberfläche. Der peinliche Makel des Versagens haftete nur noch an seinen Eltern. Sie hätten ihm nicht nur von Oskar abraten, sondern den Kontakt geradezu verbieten müssen. Doch da vernahm Pascal die sanfte Stimme seiner Mutter und sah die lieben Augen des Vaters und schämte sich ungemein, seine guten Eltern so unehrig befleckt zu haben. Nach und nach gelangte er zur Ansicht, dass niemand auf der ganzen weiten Welt außer ihm der Fehlerhafte und für die Missetat Schuldige war.

Das Wechselbad von Schuld und Sühne, der Kampf zwischen Gott und Teufel mitsamt all den gut gemeinten Winken des Himmels und die bösen Blitze der Hölle ließen den jugendlichen Sünder den Entschluss fassen, wehmütig und reuevoll zu Ätti zu gehen. Als Pascal Vaters dröhnende Schritte im ringhörigen Steinhaus hörte, schlich er also den Wänden nach ins Esszimmer, wo Ätti soeben auf seiner Stabelle Platz genommen hatte

«Ätti, ich bringe alles wieder in Ordnung. Morgen schon. Es tut mir ganz fest Leid. Es kommt nicht wieder vor.»

Der Vater hob seine Augen auf den reuigen Sünder und redete zum ersten Mal wieder mit ruhigen, aber bestimmten Worten zu seinem Sohn.

«Ich habe nichts anderes von dir erwartet.»

Vater Laubscher war nie neugierig und begehrte auch jetzt nicht zu wissen, was eigentlich vorgefallen war. Die Tatsache, dass sein Sohn, was er auch immer angestellt haben mochte, als Unrecht erkannte und nun aufrichtig bereute und wieder gut machen wollte, genügte ihm. Ätti ließ den Missetäter mit klopfendem Herzen und der Überzeugung, dass seine rigorose Therapie genützt hatte, davonschleichen. In seinem Zimmer oben schossen Pascal plötzlich die Tränen in die Augen. Was hatte er doch bloß für gute Eltern, die besten auf der ganzen Welt! Bessere konnte es gar nicht geben.

Schlechte Geschäfte

Bevor Pascal am nächsten Tag zur Schule trottete, eilte er zuerst zu seinem Tresor neben dem gelben Haus, rechts vom Brunnentrog. Dort lag fein säuberlich, von einem schweren, gusseisernen Dohlendeckel verschlossen, sein ganzes Vermögen, tief unten in einem alten Senkloch. In einer blechernen Biskuitdose, die er einmal von der Mutter geschenkt bekommen hatte, lagen seine Schätze vergraben. Diese wollte er nun verkaufen, um wenigstens den finanziellen Schaden seiner Gaunerei wieder ins Lot zu bringen. Zuerst wollte er also das erschlichene Geld zurückerstatten, danach wäre auch die moralische Schuld einfacher zu tilgen. Vielleicht in einem Brief oder einer erklärenden Aussprache. Er würde dem alten Getränkehändler die verwerfliche Tat und den Grund ganz offen und ehrlich darlegen, den Klau unumwunden gestehen und die Schuld auf sich nehmen, ohne Oskar zu erwähnen. Er würde bereuen und hoch und heilig Besserung versprechen.

Doch zuerst brannte das Geld. Diesem galt die vordringlichste Sorge. Die Kostbarkeiten in der farbigen Blechdose stellten eigentliche Tauschobjekte und weniger Verkaufsware dar und würden bei einer zwangsweisen Veräußerung nicht so viel bringen. Aber diesen Verlust musste er in Kauf nehmen. Daneben besaß Pascal auch noch einige Naturalien, die eigentlich als Lohn für seine Mausergesellen Feldmann und Sandmeier gedacht waren, aber auch von diesen Notnägeln musste er sich nun trennen. Mit andern Worten, wegen seinem dummen Diebstahl stand plötzlich auch noch sein Mausergeschäft auf dem Spiel. Die Folgen seiner Untat schienen immer größere und größere Kreise zu ziehen und seine ganze Existenz zu bedrohen. In der tresoralen Biskuitschachtel lagen leere Messingpatronen vom Schießstand im Alpbachwäldli und eine fremdländische, etwas verbogene Münze, die er in den Sommerferien auf dem asphaltierten Parkplatz am Eingang der Aareschlucht gefunden hatte. Darunter, in feinem Papier eingewickelt, lag ein daumengroßer Bergkristall, den ihm Oskar zum letzten Geburtstag geschenkt hatte. Ein havariertes Sackmesser mit einer gebrochenen Klinge, das Pascal gegen ein Paar buchene «Kläpperli»[1] eingetauscht hatte, guckte etwas verlegen unter dem Seidenpapier hervor, vermutlich weil es lieber in Ruhe weitergerostet wäre, als in neue Hände zu gelangen und mit seinem verletzten Stahl wieder schneiden zu müssen. Und einige Meter Silkfaden mit Bleikugeln und einem Fischhaken daran von Peter Sandmeier warteten eigentlich schon lange auf ihren Einsatz. Damit wollte Pascal einmal auf Forellenjagd gehen, sobald er auch noch eine Rute dazu gefunden hätte. In der Dose ruhten zudem noch drei oder vier besonders schöne Glas-

[1] Kläpperli: Holzbrettchen, die zwischen Daumen, Zeige- und Ringfinger gehalten und gegeneinander geschlagen werden.

kugeln und einige mit Grünspan behaftete Rappenstücke und rare farbige Fotos von bekannten Fußballspielern, die jedem Päckli Kaugummi beilagen. Alles eigentlich höchst begehrte Tauschobjekte, aber wie gesagt, nicht unbedingt gefragte Verkaufsgegenstände.

Egal was und wie auch immer, Pascal war bereit, sich von all diesen Schätzen zu trennen und schüttete den ganzen Inhalt der Blechdose in seinen Schultornister und eilte, schon etwas zuversichtlicher, Richtung Schule. Wenige Schritte vor der Getränkehandlung – sie lag direkt an seinem Weg – schlich erneut das bissige Gewissen in sein Herz, wie ein ekliger Engerling, und der Flaschendieb machte einen weiten Bogen um den Laden, dass er beinahe noch zu spät in die Schule gekommen wäre, und das erst noch bei seinem Hasslehrer, Herr Gehring.

Der Verkauf seiner wertvollen Schätze in den Pausen lief schlecht. Das heißt, er lief überhaupt nicht. Was er anzubieten hatte, war nicht gefragt oder in einem derart lausigen Zustand, dass es niemand haben wollte, für bares Geld schon gar nicht, und was gesucht war, fehlte in seinem Angebot. Als er am Mittag noch keinen einzigen Rappen eingenommen hatte, versuchte Pascal, in der letzten Verzweiflung, sogar noch den kleinen Kristall an den Mann zu bringen. Da Oskar Hofer nicht zur Schule kam – es hieß, er sei krank und liege mit Fieber im Bett –, traute sich Pascal, selbst das Geburtstagsgeschenk seines Freundes anzupreisen. Peter Sandmeier, der Mausergeselle, hatte schon lange und sehnsüchtig nach dem hehren Stück geschielt. Allein, heute schien auch für dieses Paradestück keine Nachfrage zu bestehen. Weder das ramponierte Messer noch farbige Glaskugeln, ja nicht einmal der erlesene Kristall, selbst zu tiefstem Preise, waren zu verkaufen. Mit leeren Händen und mächtig enttäuschter Seele und nicht *einem* müden Groschen im Sack zottelte Pascal enttäuscht nach Hause. Auf dem einsamen Weg ins Steindli hielt der verzweifelte Knabe nach einer anderen Lösung für sein Finanzproblem Ausschau.

Der schicksalhafte Zufall wollte an jenem Tage, dass Lehrer Gehring zu einer Beerdigung gehen musste und die Eleven deshalb eine gute Stunde früher springen ließ. Die geschenkte Zeit nutzte der reuige Bengel und steuerte auf dem Heimweg geradewegs auf die Getränkehandlung Jaggi zu und trat scheu in den Laden. Die Klingel oben am Türrahmen rasselte wie immer, doch erschreckte sie ihn heute so sehr, dass er fast zu Granit erstarrte. Der schlaue Mineralwasserhändler blickte hämisch auf den verzagten Buben und schwieg, schwieg auch wie ein erstarrter Granit.
«Herr Jaggi»,
hob Pascal mit Tränen in den Augen und kaum hörbarer Stimme sein Gestotter an.
«Ich habe Ihnen gestern hinter dem Haus Harassen und Flaschen geklaut und sie hier im Laden abgegeben und das Harassendepot und Flaschengeld von der Ladentochter bekommen und eingesackt und damit Schokolade gekauft. Es tut mir schrecklich Leid und ich will alles wieder gut machen.»
Der reuige Beichter starrte zerknirscht auf den schmutzigen Boden, der fast so dreckig war wie sein Gewissen, und wiederholte sich noch leiser:
«Es tut mir wirklich Leid und ich entschuldige mich. Ich möchte alles wieder gut machen.»
Ohne Atem zu holen, hatte Pascal das Geständnis aus seiner gequälten Brust herausgepresst wie eine Springflut. So, nun war es draußen. Dem Dieb wurde leichter und froher ums Herz und der Alte konnte ihn jetzt verprügeln oder einsperren oder totschlagen. Es war ihm einerlei. Hauptsache, er hatte die Missetat gestanden und gezeigt, dass es ihm Leid tat und dass er büßen wollte. Jaggi nickte gerührt und zufrieden. Seine Lippen fingen langsam an, sich zu bewegen, ohne Groll. Seine tellergroßen Hände griffen nicht nach dem elenden Schurken, sondern blieben ruhig auf dem Ladentisch liegen. Endlich meinte der mächtige Mann versöhnlich:
«Es ehrt dich, dass du von dir aus gekommen bist. Was gestern geschehen ist, war keine Heldentat und du weißt es auch. Das schlechte Gewissen hat dich geplagt und dir keine Ruhe mehr gelassen und dich getrieben, darum bist du gekommen.»

Es folgte eine bedächtige, kleine Pause, als müsste der Alte Luft holen:
«Du hast es alleine gemacht, nicht wahr?»
Pascal schwitzte Blut und durchbohrte mit seinen Augen beschämt den harten Steinboden bis hinunter in den Keller und schwieg.
«Also gut, wie du meinst»,
sagte der Getränkehändler, weise und zurückhaltend.
«Wenn du nicht von dir aus gekommen wärest, hätte ich alles deinem Vater erzählt.»
Pascal schaute entsetzt ins Gesicht des alten Händlers, als wäre er eben von einem bösen Tier angefallen worden.
«Ja, da staunst du jetzt. Ich habe dich und Oskar Hofer nämlich vom Garten der Brauerei aus die ganze Zeit über beobachtet. Du wolltest also deinen Kumpel nicht verpetzen. Das ist zwar anständig von dir, aber hilft ihm nicht die kleinste Spur, auch er muss seine Strafe haben.»
Kleinlaut und kaum mehr hörbar erwiderte Pascal, zur winzigsten Schnecke im ganzen Tal zusammengeschrumpft:
«Oskar kommt sicher auch noch, nur heute nicht. Er hat nämlich Fieber und liegt im Bett.»
Das mit dem Fieber traf zwar zu. Aber ob sein Freund auch wirklich zu Jaggi gehen würde, konnte Pascal nur hoffen. Auf alle Fälle wollte er auf dem Heimweg noch schnell bei Hofers vorbeischauen und Oskar warnen, ihm den Stand der Dinge mitteilen und ihn bitten, auch zum alten Händler zu gehen, er würde ihn genauso wenig fressen wie Pascal. Jaggi nickte, ließ die Antwort mit dem Fieber im Raum stehen und meinte versöhnlich:
«Der hat pures Angstfieber.»
Dann unterbreitete er dem ersten reuigen Flaschendieb ein Angebot.
«Du kannst den Schaden abverdienen und kommst an den schulfreien Tagen den Laden und die Getränkehalle putzen und aufräumen und wenn alles glitzert und glänzt wie frisch poliertes Gold, sei dir vergeben und verziehen.»
Pascal strahlte, wie die hellste Sonne über dem Peloponnes, und ließ sich noch so gerne auf den Handel ein. Und da auch Oskar in dieses Geschäft einwilligte, verging kaum eine freie Stunde, in der die beiden Kumpel nicht in der Getränkehandlung Jaggi geschuftet und geputzt hätten. Als der Händler schon wenige Tage später den Stall des Augias inspizierte,

fand er nur Lob für die tadellos aufgeräumte Halle und den blitzsauberen Laden, der neu nicht blanker war.

Mit hämischem Grinsen belohnte Jaggi seine neuen Diebesfreunde und drückte sogar noch jedem eine Fünfernote und eine Tafel Schokolade in die Hand und ließ aufgeräumt verlauten:
«Wenn ihr wieder Geld braucht, kommt es euch verdienen.»
Nicht selten sah man danach die beiden Freunde in der Getränkehandlung putzen. Im Laufe der Zeit durften sie mit dem Fahrrad und Anhänger gar kleinere Auslieferungen besorgen und bekamen da und dort ein Trinkgeld von zufriedenen Kunden. Der widerliche Klau blieb ein Geheimnis zwischen den Buben und dem alten Jaggi und später auch noch Pascals Eltern, denn zu Hause erzählte er seinem Ätti und Müeti freiwillig und minuziös in allen Einzelheiten, was er verbrochen und wie entsetzlich er gelitten hatte, aber auch, wie Oskar und er den Diebstahl bereuten und sühnten und wie Herr Jaggi ihnen verziehen hatte.

Der exotische Vogel

Das Lehrlingsheim der Stadt Bern, in dem Pascal während seiner Lehre wohnen sollte, lag an der Wylerstrasse gegenüber der katholischen Marienkirche, mitten in der schönen, alten Zähringerstadt. Der Meiringer teilte sein Zimmer mit einem Langnauer namens Hans Frischknecht, einem recht exotischen Vogel. Hans, der gut und gerne drei oder vier Jahre älter war als der Oberländer, hatte sich schon in verschiedenen Berufen versucht. Zur Zeit stiftete[1] er als Maurer, vorher als Koch und noch früher als Bäcker und Metzger. Am Kochherd ertrug er die Hitze nicht, als Bäckerlehrling verschlief er sich andauernd und als Schlächter laugte das Salzwasser seine Hände aus. Kaum im Heim angekommen, zitierte der Heimleiter Pascal in sein Büro und warnte ihn eindringlich vor Hans Frischknecht. Dieser sei ein ungehobelter und arroganter Flegel, streitsüchtig und faul, trinke viel und habe nur Mädchen im Kopf. Es sei rat-

[1] Stiften: schweizerisch mundartlich für als Stift (Lehrling) arbeiten.

sam, sich nicht näher mit ihm einzulassen und ihm vor allem kein Geld zu pumpen. Frischknecht habe bei jedem Stift Schulden und keiner würde je einen Fünfer wieder sehen. An Hans Frischknecht ausgeliehene Moneten sei weggeschmissenes Geld und es komme seltener zurück, als wenn es auf dem Grunde der Aare läge.

Das Zimmer der zwei Lehrlinge lag im Parterre und schaute mit einem zweiflügeligen Fenster über einen winzigen Garten auf die Wylerstrasse hinaus. Rechts vom Eingang stand Pascals Bett, und wenn die Türe weit genug geöffnet war, verdeckte sie seine Liege wie ein schützender Schild. Auf der Seite gegenüber schlief Hans. Der verbreiterte Fenstersims diente als kleine Schreibfläche und links und rechts daneben stand je ein schlanker, hoher Tannenschrank. In der Mitte des Zimmers baumelte eine alte Lampe mit einem gräulichen, gewellten Metallschirm, die herunterhing wie ein tote Fledermaus. Sie gab auch kaum mehr Licht als eine solche und erhellte nur gerade den Fußboden darunter, als schmutzigen Kreis. Eben als Pascal seine sieben Sachen eingeräumt hatte und auf den Knien noch die Schuhe zuunterst im Schrank verstauen wollte, trat der berüchtigte Hans Frischknecht ein. Er murmelte etwas Unverständliches, es mochte ein Gruß gewesen sein. Der Maurerstift pflanzte sich breitspurig im Rücken des Neulings auf und augenblicklich roch die ganze Bude nach billigem Tabak, nassen Kleidern und Bier. Während sich Pascal umdrehte und der ganzen Länge nach erhob, musste Frischknecht mit seinen halbverklebten Augen entsetzt festgestellt haben, dass der neue Zimmergenosse nicht nur größer, sondern auch wesentlich kräftiger gebaut war als er. Der Langnauer ernüchterte sofort und tat unbewusst zwei gute Schritte zurück.

«Ich heiße Pascal Laubscher und komme aus Meiringen»,

stellte sich der Oberländer spontan und mit einem Lächeln vor. Vier junge Augen schauten sich kritisch und fragend an. Die beiden Stifte hätten sowohl äußerlich wie innerlich nicht verschiedener sein können. Der Sohn der Berge mit seinem stämmigen Körper, dem kurzen Bürstenschnitt und einigen wenigen Barthärchen, in dunkelgrüner, sauber gebügelter Manchesterhose und einem karierten Barchethemd. Der Emmentaler, knochig, fast ausgemergelt, mit schulterlangen, strähnig-fettigen Haaren, einem spitzigen Bockbärtchen und schütterem Schnauz, in zerrissenen und hautengen, schmutzigen Bluejeans und einer schweren Eisenkette um den Hals, wie sie im Haslital nur Kühe und Stiere tragen. Seinen engbrüstigen Oberkörper verhüllte ein verlöchertes, weißgraues Turnerleibchen, darüber trug er eine abgewetzte, speckige Lederjacke. Beide gafften sich an, als käme jeder von einem anderen Planeten. Als sie sich endlich vom gegenseitigen Anblick erholt hatten, fragte der Halbwilde aus dem Emmental:

«Wo bügelst[1] *du eigentlich?»*

Pascal überlegte und schaute verlegen und verstohlen seinen Bügelfalten entlang. Der Meiringer sah, dass diese mit Frischknechts Frage nichts zu tun haben konnten, wusste aber immer noch nicht recht, was der Ausdruck «bügeln» bedeuten sollte, und antwortete eher verlegen und suchend als erleuchtet:

«Ich fange morgen in der Haslere meine FEAM-Lehre an.»

Frischknecht nickte, offenbar hatte der Oberländer ins Schwarze getroffen und seine Frage richtig interpretiert.

«Was soll denn das komische FEAM eigentlich heißen?»,

begehrte der andere zu wissen und streckte seinem neuen Zimmerkumpan eine halb leere, verschmierte Bierflasche entgegen.

«Das ist das Kürzel für Fernmelde- und Elektronikapparate-Monteur. Etwas weniger kostspielig ausgedrückt bedeutet das soviel wie Mechaniker»,

half ihm Pascal erklärend auf den Sprung und musste nach dem langen Wort selber tief Luft holen.

«Länger gehts wohl nicht mehr»,

hüstelte der Emmentaler leicht überheblich zurück und setzte gleichzeitig die unappetitliche Flasche an seine gesprungenen Lippen und schüttete, wie ein geübter Säufer, den Rest hinunter, gierig und in einem Zug.

Im Heim wohnten sonst noch Lehrlinge aus dem Oberland und dem Emmental, dem Oberaargau und der Stadt Bern selber. Die meisten Jünglinge waren zwischen sechzehn und zwanzig Jahren, einige auch mal ein bisschen älter, ein- oder zweiundzwanzig. Sie hatten in der Regel zwei Ziele: Einen Beruf erlernen und – noch schneller aus dem Heim verschwinden. Die Hausordnung war den meisten zu streng, da sie den Jünglingen nur wenig Freiraum gab. Wenig, weil der Heimleiter, Leuenberger mit Namen, permanent anwesend war und sie mit größerer Auf-

[1] Bügeln: schweizerisch mundartlich für arbeiten.

merksamkeit bewachte, als es sämtliche Gänse der Juno gekonnt hätten. Dazu war der Haustyrann, wie er von den Stiften bespöttelnd genannt wurde, hart und intolerant und wenig nachsichtig. Er wäre ein perfekter Gessler[1] gewesen und führte sich im Lehrlingsheim auch auf wie ein Landvogt. Unter der Woche war bereits um halb elf Uhr Lichterlöschen, für Erwachsene eine geradezu unchristliche Zeit. Besucher wurden nicht gerne gesehen und Mädchen schon gar nicht. Die weiblichen Gäste verscheuchte deren bloßer Gedanke an den Vogt schon wie Feuer scheuende Katzen. Ein Frauenzimmer auf der Kemenate hätte unweigerlich den Rausschmiss aus dem Stiftenbunker bedeutet. Das wünschten sich zwar ausnahmslos alle, aber keiner konnte es sich leisten, denn billiger als an der Wylerstrasse konnte man sonst nirgends wohnen.

Für Mahlzeiten und Aufgaben stand den Stiften zwar der unfreundliche und düstere Esssaal zur Verfügung, aber über Mittag war meistens niemand dort, weil die Essenspausen zu kurz oder der Weg ins Heim zu lang waren. Die meisten Stifte futterten in den Kantinen der Firmen, wo sie stifteten, oder in kleinen Betrieben am Tisch des Lehrmeisters. Eigentlich erst nach dem Abendessen erwachte der Raum zum Leben. Die Lehrlinge plauderten und lachten, Fleißige saßen hinter den Aufgaben und andere jassten oder hölzelten. Das Hölzeln war Frischknechts große Leidenschaft und Spezialität. Er spielte meistens und auch gleichzeitig gegen mehrere. Das Spiel war simpel und wenig anspruchsvoll. Jeder Mitspieler hatte fünf Streichhölzer zur Verfügung. Von diesen nahm der so genannte Ansager so viele wie er wollte ungesehen in die geballte Faust, derweil sein Gegenüber zu erraten hatte, wie manches wohl in den geschlossenen Fingern verborgen lag. Traf er die korrekte Anzahl, kassierte er, haute er daneben, musste er blechen. Der Sieger hieß meistens Frischknecht und er räumte in der Regel tüchtig ab. Nicht selten lagen zwei oder drei, manchmal vier oder sogar fünf Franken bei ihm auf dem Tisch. Bei Hans musste man sehr auf der Hut sein. Der beinmagere Maurer kannte jeden Trick und Kniff, wie ein ausgewachsener Schurke. Er konnte vier Hölzer in die Hand nehmen und wenn der Gegner richtig riet und Hans dann seine Hand öffnete, lagen plötzlich nur noch drei darin. Hans Frischknecht fand jedoch immer weniger Kameraden, die sich mit ihm einließen. Wer

[1] Landvogt im Drama «Wilhelm Tell» von Schiller.

ließ sich schon gerne übers Ohr hauen? Seine Opfer rekrutierten sich daher vornehmlich aus Neuen, die weder den Mann noch seine Methoden kannten. Wenn Frischknecht ein ungerades Mal verlor oder man ihm auf die Schliche seiner Mogelei kam, besaß er plötzlich kein Geld mehr, obschon er keine halbe Sekunde vorher noch kassiert hatte. Er versprach dann hoch und heilig, seine Spielschulden schon am nächsten Tag zu begleichen, vergaß aber den albernen Schwur bereits eine Sekunde später.

Gerechte Strafe

Hans Frischknechts Mutter hieß Hanna und hätte vom Alter und Aussehen her ebenso gut seine ältere Schwester sein können. Sie hatte Hans unehelich auf dem Hofe ihres Halbbruders in der Nähe von Langnau zur Welt gebracht, als sie selber noch fast ein Kind gewesen war. Ihre eigene Konfirmation und die Taufe des Säuglings sollen nur wenige Wochen auseinander gelegen haben. Jetzt arbeitete sie als Serviertochter in der nahe gelegenen Quartierbeiz und gelegentlich auch noch als Putzfrau in der näheren Umgebung. Von Frischknechts Vater begehrte keine Menschenseele so recht etwas Konkretes zu wissen oder zu reden. Aber da es beim menschlichen Geschlecht bekanntlich nur eine einzige Parthenogenese gegeben hatte, musste doch irgendein Kerl der Zeuger dieses armen Kindes gewesen sein. Ein altes Knechtlein, das seinerzeit im Streit vom Hofe des rechthaberischen Halbbruders gejagt wurde, weil es nicht mehr zupacken konnte wie ein Zwanzigjähriges, musste danach sogar mit dem Bauern vor dem Richter um seinen jahrelangen Lohn streiten und bei dieser Gelegenheit hatte es dann über den versoffenen und bösartigen Menschen schonungslos ausgepackt. Es behauptete, der ledige Frischknecht, der sogar im Gemeinderat saß, sei eben nicht nur der Oheim und Götti von Hans. Er habe sich auf dem abgelegenen Hofe stets genommen, wozu und wann er immer gerade Lust gehabt habe. Der unappetitliche Mensch sei jedoch nicht nur hinter seine viel jüngere Halbschwester gegangen, er hätte auch bei der Magd des Nachts, wieder und wieder an die Türe geklopft und Einlass gefordert, ja sogar auch bei ihm, dem Knechtlein. Dies sei vor allem der Fall gewesen, wenn er besoffen und aufgeheizt vom Jassen und Spielen nach Hause gekommen sei. Unter mindestens zwei Malen habe sich der Bauer sogar an Tieren vergangen, das habe der Knecht mit eigenen Augen gesehen. Als der Richter Beweise verlangte, kniff die eingeschüchterte Magd allerdings als Zeugin, weil sie um ihre Stelle bangte, und Hanna nahm man als minderjährige Mutter sowieso nicht für voll und befragte sie erst gar nicht richtig. Ohne Zweifel hätte sie aber auch nicht die Wahrheit gesagt, da die kindliche Mama mit ihrem Säugling auf Gedeih und Verderb von ihrem jähzornigen Halbbruder abhing, welcher noch der einzige Mensch war, den sie im Leben besaß.

Ihr Vater war beim Holzen im winterlichen Wald von einer stürzenden Tanne tödlich getroffen worden. Man munkelte damals sogar, der eigene Sohn hätte seine dreckigen Finger auch bei diesem Unglück im Spiel gehabt. Schon kurze Zeit später wurde dann erneut ein Totenschrein aus dem unseligen Bauernhause getragen. Es war der von Hannas Mutter und der Stiefmutter des Halbbruders. Die Hochschwangere sei vor der Zeit, aus purer Verzweiflung und mächtigen Sorgen, ins Kindbett gekommen und schließlich vor Schwäche gestorben. Sie habe ihr Kindlein erst gar nicht die Erde betreten lassen wollen, weil sie zu schlecht für eine unschuldige Seele sei. Der väterliche Hof ging dann im Zuge des Erbganges an den zwanzig Jahre älteren Halbbruder, dem auch das Sorgerecht und die Vormundschaft über die kleine Halbschwester übertragen wurde. Von da an machte er mit ihr und den Angestellten, was ihm gerade beliebte. Die einen ertrugen die Pein, weil sie Angst vor den Schlägen des Despoten hatten, und die andern schwiegen wie ein Grab, weil sie um ihre Stelle und den geschuldeten Lohn fürchteten, wie eben jenes Knechtlein, das dann, als es vom Hof gejagt wurde, doch endlich klagte, aber mangels eindeutigen Beweisen vor dem zuständigen Gericht mit Schelte ganz übel abblitzte. Ja, es musste dem erbärmlichen Bauern sogar noch einen rechten Haufen Geld bezahlen, weil ihn dieser wegen übler Nachrede und Ehrverletzung verklagte. Da damals inzestuöse Beziehungen und sonstige Abartigkeiten tunlichst verschwiegen wurden, nicht nur von Angehörigen und Angestellten, sondern auch von den Ämtern und sogar von Richtern, die sich hinter irgendeinem gesuchten Paragraphen versteckten, um ja keine Verantwortung übernehmen zu müssen, selbst wenn sie Unrecht ahnten, oder die Augen einfach zumachten, weil sie einen einflussreichen Freund verloren hätten, wurde nicht weiter nach der Wahrheit gesucht und die leidige Affäre um Hans Frischknecht unter den Tisch gefegt und als Geheimnis mit tausend Siegeln nur noch hinter vorgehaltener Hand weitergegeben.

Zuerst wuchs der offiziell vaterlose Bub trotz den schändlichen Verdächtigungen ausgerechnet bei jenem Onkel und Götti auf. Auf dem verwahrlosten Bauernhof sei der arme Wurm dann nicht nur körperlich ausgenützt und bis aufs Blut geschunden, sondern von seinem Oheim auch noch sexuell missbraucht worden. Das wenigstens behauptete Hans später immer und immer wieder, vor allem wenn er Geldsorgen hatte, und die hatte er chronisch. Ab und zu streckte ihm dann ein Stift aus purem Mitleid einen Franken zu. Aber von Homophilie und anderen fleischlichen Aberrationen redete man zu jener Zeit noch viel weniger und nur mit größter Scheu als von einem unehelichen Kinde oder gar einem Mörder in der Familie. Als die Behörde dann endlich von Dritten hinter das Drama gezerrt wurde, habe sie nicht den Onkel, sondern das Opfer versorgt. Aus der Besserungsanstalt sei Hans mehrmals getürmt, aber immer wieder geschnappt und in eine andere Anstalt gesteckt worden. Es war halt damals auch eine Zeit, wo nur ganz wenige Menschen wussten, dass es überhaupt Männer gibt, die lieber ihresgleichen sehen als hübsche junge Frauen und sich diese Andersartigkeit auch gar nicht recht vorstellen konnten. In der Ansicht von dazumal hatte der Allmächtige Männlein und Weiblein nur geschaffen, damit dereinst die Kirchgänger und sonstigen Moralisten nicht aussterben.

Der Onkel von Hans und Halbbruder der Mutter habe später ein ganz schreckliches Ende genommen, wusste der Geschändete zu berichten. Seine Mutter und er hätten ihm allerdings keine einzige Träne nachgeweint und den schrecklichen Untergang eigentlich nur als gerechte Strafe des Himmels gesehen. Zur Zeit, als Hans seine erste Lehrstelle antrat – den verdammten Onkel habe er seit Jahren nicht mehr gesehen –, sei jener wegen der elenden Sauferei und Spielerei in arge Geldnöte gekommen und habe den bereits massiv überschuldeten Hof gleich drei Interessenten aus der Stadt zur selben Zeit versprochen und als Anzahlung von jedem eine erhebliche Geldsumme in bar und ohne Quittung kassiert, ohne dass die vermeintlichen Käufer gewusst hätten, dass kein einziger Ziegel mehr dem Eigentümer, sondern alles, sogar die Spinnweben, der Bank und andern Gläubigern gehörten. Wenn die geprellten Kaufinteressenten nicht vom günstigen Angebot des Hofes geblendet gewesen wären und sich ein wenig in der Gegend umgehört hätten, hätten sie vernehmen können, dass der Hof in wenigen Tagen für billiges Geld auf die Gant kommen sollte. Mit dem ergaunerten Geld wollte sich der ominöse Onkel ins Ausland absetzen. Doch es sollte anders kommen. Irgendein diebischer Strolch –oder vielleicht war es auch nur ein harmloser Hausierer – wollte eines Nachts ungesehen in der Heutenne des fast schon leeren Hofes übernachten, als der Hund angab wie am Spieß. Der halb besoffene Bauer, eben heimgekehrt, behändigte die Stalllaterne und stolperte in die Tenne. Auf der Leiter hinauf auf den Heustock muss er im Suff einen Fehltritt getan haben, so mutmaßte die Polizei damals. Auf alle Fälle stürzte er mitsamt seiner brennenden Laterne hinunter auf den Anrüstboden, wo er einige Minuten beduselt liegen geblieben sein musste. Die kurze Zeit genügte aber, dass die Petrollampe das trockene Heu entfachte, das wie Zunder losbrannte, und bald stand der ganze Hof in meterhohen Flammen. Die Polizei habe tags darauf nebst der Stalllaterne noch zwei verkohlte Leichen gefunden, eine unten auf dem Anrüstboden und eine zweite oben auf den Tannenriemen, wo das Heu lag.

Hans Frischknecht wusste interessant und treffsicher seine Lebensgeschichte zu platzieren. Der elendiglich Missbrauchte plauderte auch mehr, als er verstand. Je nach finanzieller Lage oder Absicht wusste er seine Ausführungen entsprechend zu temperieren. Entweder ins mitleidig Weinerliche oder ins uferlos Prahlerische, unter Umständen sogar ins Verbrecherische, je nach Zuhörer und Stimmung. Am Ende seiner Darstellung musste einfach etwas herausschauen, Geld oder wenigstens ein Bier oder ein Mädchenherz, am liebsten alles zusammen. Am Biertisch war er stets der Größte – in der Lehre immer der Kleinste. In der Beiz, wenn ein Mädchen neben ihm saß und mit seinen Lippen und Augen an ihm klebte wie eine Fliege am Miststock, erzählte er sein Leben mit dramatischen Worten und verzerrter Miene und im Zimmer des Stiftenheimes, vor dem Einschlafen, wenn Pascal noch als letzter Mitlauscher herhalten musste, schilderte er die gleiche Geschichte mit völlig anderem Verlauf und schmückte sie mit staubigem Trauerflor und hervorgedrückten Tränen aus, bis man selber fast mitwürgen musste. Hinter allen seinen Erzählungen steckte aber stets dieselbe Absicht. Entweder wollte er damit ein Mädchen erobern und sie ins Bett locken oder er versuchte, einem Mitstift oder Saufkumpel Moneten auszureißen.

Drei Lehrmeister

Am Montagmorgen, um sieben Uhr einundzwanzig, heulte für die neuen Stifte der Hasler AG zum ersten Male die Fabriksirene. Gegen achtzig Lehrlinge, in neuen, steifen und glänzenden blauen Mechanikeranzügen, beschnupperten sich gegenseitig wie junge Hunde. Die Städter vorwitzig und vorlaut, die Ländler verdrückt und unsicher. Gleich drei Lehrmeister sorgten für das mechanische Wohl der jungen Menschen. Da war der untersetzte, mittelgroße Herr Stucki, der Chefmeister mit der glänzenden Glatze, den alle von der Aufnahmeprüfung her bereits kannten. Er war am Prüfungstage der Herr, welcher mit Pascals Oberländerdialekt Mühe bekundet hatte. Der zweite Meister hieß Moser. Er lehrte die Jünglinge die Kunst des Schmiedens und Drehens. Schließlich gabs noch einen dritten, den jüngsten Lehrmeister, namens Streng. Dieser mochte so gegen dreißig oder etwas mehr gewesen sein. Er hatte am meisten mit den Stiften zu tun und erklärte, was wo und wie und wann zu tun sei oder nicht. Streng begutachtete und benotete auch die Arbeit und Werkstücke der Lehrlinge. Der junge Lehrherr war extrem mager und machte einen fast kränklichen Eindruck, hatte tief eingefallene Wangen und sein skelettales Gesicht schien bloß von dünner Haut überzogen, die über jeder Knochenkante und Rundung jeden Augenblick und bei der kleinsten unsachten Bewegung eigentlich hätte einreißen müssen. Im hellblauen, fein gebügelten Meisterkittel, durch dessen dreieckigen Ausschnitt das schneeweiße Hemd und die dunkelrote Krawatte wie ein warnendes Verkehrszeichen hervorguckte, glich er eigentlich mehr einem schwächlichen Patienten aus einem Lungensanatorium auf kurzem Urlaub als einem strengen Lehrmeister.

Der Chef aller Meister, Herr Stucki, thronte vorne in der mächtigen Werkhalle an einem großen Pult, das überhöht auf einem Podest stand wie der Katheder eines Gerichtspräsidenten. An diesem mächtigen Arbeitsplatz schrieb und notierte, korrigierte und kritzelte er den ganzen lieben langen Tag bis zum Feierabend. Keiner wusste genau was. Der Alte regierte und richtete von dort oben herab und hatte mehr zu sagen als jeder andere im Raum. Er trug stets eine gelbschwarze Krawatte, von denen er einen ganzen Kleiderschank voll haben musste, zu Ehren seines Fußballvereins, den Berner Young Boys, wie man schon in den ersten Tagen von älteren Stiften erfahren konnte. Er litt nach jeder Niederlage seiner Lieblinge Höllenqualen und ließ seine üble Laune auch gleich am frühen Montagmorgen am erstbesten Stift, der ihm gerade in die Hände lief, aus. Obsiegten dagegen die Young Boys, überschüttete Stucki akkurat den gleichen Stift, den er das letzte Mal zur Schnecke gemacht hatte, mit allen nur erdenklichen Komplimenten der Erde, dass dieser gar nicht wusste, ob er darob lachen oder weinen sollte. Stuckis Lehrlinge, wie auch seine Berufskollegen, wussten sich schon bald darauf einzustellen und erkundigten sich am Montagmorgen nicht etwa zuerst nach dem Arbeits- oder Ausbildungsprogramm des Tages oder der Woche, sondern nach dem Sonntagsresultat der ersten Mannschaft der Berner Fußballer. Dann verzog man sich entweder ungesehen und möglichst geräuschlos oder näherte sich zutraulich dem glücklichen Obermeister.

Ganz anders war da der Schmiedemeister Moser. Er konnte über den Fanatismus seines älteren Kollegen nur auf den Stockzähnen grinsen, aber auch nur verstohlen, wenn dieser nicht hinsah. Da der Schmied eine neutrale und recht biedere Krawatte trug, die auf keinen Verein noch irgendein Hobby schließen ließ, und er sich auch verbal über nichts außerhalb der Bude[1] äußerte, war er ein unbeschriebenes Blatt. Über ihn war so gut wie nichts bekannt. Er verlangte von seinen Stiften gute Arbeit und sonst eigentlich nur noch, in Ruhe gelassen zu werden.

Der jüngste der drei Lehrväter, der hohlwangige Streng, liebäugelte auch ein wenig mit den Young Boys, aber bei weitem nicht so extrem wie sein Chef. Ob seine Sympathie für den besagten Verein nur aus innerem Trieb kam oder eher, um seinem Vorgesetzten zu gefallen, wusste eigentlich niemand so recht. Mit Streng hatten die Stifte auszukommen. Er war ein akribischer Pedant, auf Pünktlichkeit und Exaktheit bedacht wie eine

[1] Bude: schweizerisch umgangssprachlich für Betrieb, Geschäft, Fabrikationsstätte.

Uhr, und verstand gute Arbeiten und gelungene Werkstücke in den Himmel zu heben und als achtes Weltwunder zu preisen. Anders war es, wenn sich ein Stift verfeilte oder einen Bohrer brach oder gar eine Drehbank beschädigte, dann donnerte und blitzte Lehrmeister Streng mehr als alle Gewitter eines ganzen Jahres zusammen. Der knochige Mann bestrafte mit Verachtung, die bis zur regelrechten Verspottung des Sünders reichte und alle möglichen und unmöglichen Schikanen beinhaltete, die ein Vorgesetzter eben einsetzen kann. Legte sich dagegen ein Stift ins Zeug, konnte dieser profitieren und besonders interessante Arbeiten ausführen.

Der Werksaal, eine immense Halle mit einem trägergestützten Mittelgang, hätte eine respektable Sporthalle abgegeben. Auf der rechten Seite reihte sich Werkbank an Werkbank. Auf der linken standen die Bohrmaschinen, große und kleine Drehbänke und Schleifräder und ganz hinten die schweren Ambosse. Jeder Lehrling bekam seinen eigenen Arbeitsplatz mit einem großen Schraubstock, darunter einer Schublade mit Hammer und Zangen, Schraubenziehern und kleinen und großen, groben und feinen Feilen, dicken und dünnen Eisenplatten und Prismen, Würfeln und vielen Schrauben und noch mehr Muttern, Putzfäden und anderem Reinigungszeug.

Das Leben der Stifte bestand in den nächsten Wochen nur noch aus Eisenstücken und Feilen. Streng wies seine Lehrlinge in der ersten Stunde ihres Haslerdaseins an, eine flache Eisenplatte plan zu feilen, bis die Ober- und Unterseite parallel und die Kanten und Ecken im rechten Winkel zueinander standen. Auf den ersten Blick ein simples Unterfangen. Bei etwas grellerem Lichte betrachtet allerdings ein ganz heikles Problem. Vor allem, wenn einer mit Feile und Winkelmaß wenig oder überhaupt nicht vertraut war. Am Ende der Feilerei durfte das Werkstück nämlich ein bestimmtes Maß nicht unterschreiten, aber auch nicht zu dick sein. Manche Lehrbuben quälten sich mit der tückischen Eisenplatte nicht nur Tage, sondern sogar Wochen. Dieser oder jener musste dann bei einem der drei Lehrmeister ein neues Arbeitsstück verlangen und von vorne anfangen, weil er das erste so grässlich aus dem Lot geschliffen hatte, dass es kein Mensch mehr retten konnte, nicht einmal Meister Streng. War das verhexte Metallding endlich parallel, standen die Kantenwinkel schief und die zermürbende Feilerei war für die Katze gewesen und alle schmerzenden Blasen an den Daumenballen aufgesprungen und

bloß noch fürs Vaterland. Stimmten schließlich Parallelität und Winkel, war die verdammte Eisenplatte zu dünn geworden. Am wenigsten Verständnis für verfeilte Werkstücke brachte der Alte in der gelbschwarz gestreiften Krawatte auf. Er stauchte den linkischen Sünder zusammen, als hätte er mit der verfeilten Eisenplatte die halbe Firma ruiniert. Stucki ließ sich in solchen Momenten die Show nicht nehmen und riss das missratene Eisenstück dem Übeltäter aus den Händen, beguckte den metallenen Krüppel, dann die Finger des Verursachers und schüttelte wild seinen kleinen, speckigen Kopf und behauptete schnaubend und mit aller Verachtung:
«Kein Wunder, du hast ja nur Daumen an deinen Händen.»
Sollte dem nämlichen Tropf von einem Lehrling eine weitere Platte misslingen, durfte sich dieser für ein neues Werkstück auf keinen Fall mehr an Obermeister Stucki wenden, wollte er nicht das Risiko eingehen, noch in der gleichen Sekunde aufs Rad geflochten zu werden. Der unglückliche Stift huschte dann so unauffällig wie möglich an Stucki vorbei zu Lehrmeister Streng. Sollte der gottverlassene Azubi[1] gar eine dritte oder im allerschlimmsten Falle sogar eine vierte Platte benötigen, was praktisch einem Suizidversuch gleichkam, ging er betend und flehend und hoffend zu Moser. Der kantige Schmied hatte das größte Herz für unglückliche Stiftenhände. Schon nach den ersten Tagen zeigte sich, welche Finger mit Feile und Winkelmaß, Schiebelehre und Mikrometer geschickt umzugehen wussten. Rechts neben Pascal werkelte ein schüchterner Langenthaler, Jakob Röthlisberger mit Namen, und links Peter Ölhafen, ein blitzgescheiter, baumlanger Bümplizer mit einer aufgeworfenen Nase, auf die selbst Pinocchio neidisch gewesen wäre. Die Schraubstocknachbarn stellten sich einander neugierig vor und wechselten schon mal einige leise Worte, aber nur, wenn kein Lehrmeister hinsah. Die Einführungsworte von Oberlehrmeister Stucki am allerersten Tag, man sei zum Lernen und nicht zum Schwatzen da, echoten in jedem Stiftenohr nach, als wären es esoterische Klänge aus dem All. In der ersten Zeit also feilten die jungen Burschen an Platten, Prismen und Würfeln herum, bis ihnen die Finger so weh taten, dass ein Weitermachen nur noch mit eingebundenen Händen möglich war. Die ungewohnte Arbeit und das stundenlange Stehen am Schraubstock fuhr mächtig in die Beine und den

[1] Azubi: umgangssprachlich für Auszubildender.

Rücken, dass die Lehrlinge froh waren, wenn gegen Abend die erlösende Fabriksirene heulte und sie aus ihren blauen Überkleidern schlüpfen und nach Hause gehen durften. Bevor man aufs Fahrrad kletterte oder zum Bus rannte, blies man sich verstohlen die aufgeplatzten Blasen und streckte ächzend den Rücken durch.

Andere Sitten und Bräuche

Schlags sieben Uhr abends gab es im Lehrlingsheim das Nachtessen. Die Stifte aßen nicht, sie «foodeten». So wurde der Akt der abendlichen Nahrungsaufnahme am langen, schmalen Tisch im Heim nämlich bezeichnet. In der Tat, dieses Schauspiel glich mehr einer Fütterung von Halbwilden, als einem gesitteten Speisen wie im guten, alten Oberried. Im Stiftenbunker, wie Hans Frischknecht das Lehrlingsheim der Stadt Bern an der Wylerstrasse geringschätzig nannte, herrschten auch sonst rohere Sitten und härtere Umgangsformen als im Landschulheim. Kaum ein Lehrbub hätte daran gedacht, vor dem Essen die Hände zu waschen oder gar die Kleider in Ordnung zu bringen, und wer mit einer weißen Serviette den Mund abgewischt hätte, wäre von den Tischgenossen mehr als schief angeschaut und sogar ausgelacht worden. Begehrte einer zum Essen nicht Wasser zu trinken, brachte er seine eigene Tranksame an den Tisch, Bier oder Wein, und schlürfte gleich aus der Flasche. Ein Znüüni[1] oder Zvieri[2] beim Heuet nahm sich gegen die Fresserei und Sauferei im Bunker aus wie eine noble Tafelrunde.

Nach dem Akt der Fütterung hockten die Stifte manchmal noch eine Weile zusammen. Man erzählte sich Wahres und weniger Wahres vom Tage und prahlte mit gelungenen Leistungen, was allerdings eher selten der Fall war, denn meistens wurde über den Chef oder Vorarbeiter oder die zu strenge Arbeit geflucht und gewettert. Die größte Röhre führte stets Hans Frischknecht. Der Langnauer nahm seine Lehre weit gelassener als alle übrigen und schob eine ruhige Kugel. Hinter den Aufgaben

[1] Neunuhrbrot.
[2] Vieruhrbrot.

für die Gewerbeschule sah man ihn nie, dafür umso großmauliger hinter einem Bier oder hinter einem Mädchen her. Seit kurzer Zeit prahlte er mit Maria, einer hübschen Italienerin. Von der Südländerin erzählte er nicht nur am Tisch und beim Hölzeln oder wo er auch sonst gerade war, sondern seinem Zimmerkumpel Pascal auch jede Nacht vor dem Einschlafen. Der Oberländer hatte Maria noch nie gesehen, aber kannte sie mittlerweile von den Beschreibungen von Hans in jedem kleinsten Detail. Wie sie aussah, inwendig und auswendig, wie sie ihre fraulichen Hüfte reizvoll wiegte, lachte und sogar, wie sie liebte. Hans rühmte ihre reizenden Brüste, ihre zarte Haut und süßen Lippen und gab vor allem an, wie scharf sie auf ihn sei und wie unersättlich. Pascal wusste auch, wie lange Hans Frischknecht mit seiner jungen Italienerin schmusen und sogar wie oft er mit ihr schlafen konnte. Doch, wer glaubte diesem Angeber schon?

Die einsame Sizilianerin

An einem schweren und schwülen Samstag im Juli sollte Pascal mit den beiden eine stürmische Geschichte erleben. Maria existierte also tatsächlich und hatte mit Frischknecht auch wirklich ein Techtelmechtel. Sie stiftete damals im ersten Lehrjahr als Verkäuferin in einer Bäckerei im Länggassquartier. Ihr Vater, mit Haut und Haar, Stimme und Temperament ein unverkennbarer Sohn des Südens, kam kurz nach ihrer Geburt als Gastarbeiter von Taormina in die Schweiz. Als der sizilianische Muratore in einem kleinen Baugeschäft im Breitenrainquartier eine feste Anstellung gefunden hatte, ließ er Frau und Kind nachkommen. Sie wohnten seither in einer bescheidenen Dachwohnung, kaum einen Steinwurf vom Lehrlingsheim entfernt. Die Mama fühlte sich nie recht wohl und heimisch in der Schweiz. Das zarte Pflänzchen aus dem milden und warmen Süden vermochte hier keine Wurzeln zu schlagen. Es war ihm zu kalt und zu eng in Bern, dazu fehlten die Nonna und der Nonno und das weite Meer. Die einsame Inseltochter fing an zu kränkeln und serbelte[1]

[1] Serbeln: schweizerisch für kränkeln, welken.

dahin wie Pascals Edelweiß, das er am Simelerstock gepflückt und im Lehrlingsheim in einer Schale ziehen wollte. Die gute Mama starb an Heimweh und gebrochenem Herzen, als Maria in der letzten Klasse steckte. Die schöne Figlia sorgte fortan mit großer Liebe und Aufopferung für ihren untröstlichen Papa. Das Schicksal hatte Maria früh zur Selbständigkeit erzogen und sie sah auch schon aus und bewegte sich wie eine kleine erwachsene Frau. Das schwarzhaarige Mädchen hatte die winzige Wohnung gut im Griff und wusste Papa Spaghetti al dente zu kochen, besser als Don Alfredo in Taormina. Sie hielt seine und ihre Kleider in Ordnung und besaß eigentlich alle Anlagen zu einer prächtigen und bildhübschen jungen Frau mit einer viel versprechenden Zukunft. Wären da nicht Papa und Hans Frischknecht gewesen.

Nach Feierabend kam der Muratore immer später nach Hause. Aus Gram und vielleicht mehr noch aus Einsamkeit zog es den Italiener mehr und mehr ins Wirtshaus gleich um die Ecke. Die Quartierbeiz wurde ihm mit der Zeit zur zweiten Wohnung, der Stammtisch zum Stubentisch und die Serviertochter, Hanna Frischknecht, zur Trösterin seines Seelenschmetters. Schließlich bändelte der Muratore mit ihr an und übernachtete fortan häufiger in ihrem als seinem Bett, während seine Tochter Maria verzweifelt auf ihn wartete. Die erwachende Figlia bekam es plötzlich mit der Langeweile und Einsamkeit zu tun und hielt es halt in der engen und finstern Mansardenwohnung alleine nicht mehr aus. Immer öfter lungerte sie nachts oft stundenlang im Quartier herum.

An einem lauen Sommerabend verfing sie sich dann prompt im ausgeworfenen Netz des wilden Hans Frischknecht. Der exotische Vogel, der eine gute Handvoll Jahre älter war als sie und mit Mädchen bereits erfahren, imponierte dem jungen Ding mit seinem blufferischen Getue und lullte die einsame Bambina langsam aber sicher ein. Eines schönen Tages schleppte er sie in die Quartierkneipe, wo seine Mutter arbeitete. Die unschuldige Maria staunte nicht schlecht, als sie ihren Caro Papa turtelnd mit der Serviertochter in der Spelunke vorfand, und vergaß vollends, den Mund zu schließen, als ihr Hans Papas Täubchen auch noch als seine Mutter vorstellte. Da stupste die grazile Sizilianerin ihren Hans verzweifelt in die Seite und flüsterte ihm zu, dass der Mann in den Armen seiner Mutter ihr Papa sei. Der Halbwilde Frischknecht erstarrte auf der Stelle zu Stein. Er hatte eben diesen Mann kürzlich einen «Sautschingg»[1] tituliert, als er auf einer Baustelle mit ihm einen heftigen Zusammenprall hatte. Und dieser Sautschingg sollte nun ausgerechnet Mutters neuer Liebhaber und, was noch viel dramatischer war, Marias Papa sein.

Papa Lagana

Papa Lagana war immer schon stolz auf seine Bella Figlia gewesen und hätte es nicht ungern gesehen, wenn sie später einmal einen Schweizer Mann bekommen hätte. Dem armen Südländer schien Helvetien das gelobte Land schlechthin zu sein, wo Milch und Honig flossen, wie beim Ausbruch des Ätnas die Lava, und süße Schokolade und Käse von den Bäumen üppiger herunterhingen als auf seiner Insel die Orangen und Zitronen. In seinem zukünftigen Schwiegersohn sah er allerdings eher einen Geschäftsmann, am liebsten einen Bauunternehmer wie sein Juniorchef. Nicht einen dahergelaufenen, ungepflegten Rüpel vom Formate eines Hans Frischknecht. Papa Lagana hatte diesen üblen Kerl im erwähnten Streit auf der Baustelle kennen gelernt und wusste natürlich nicht, wer und wie er sonst war, nur dass er ihn einen verdammten Sautschingg genannt hatte, und dieser primitive Anwurf war für Hans gefährlicher, als mit Nitroglycerin zu spielen. Wäre da nicht der Vorarbeiter eilends dazwischen gesprungen, der aufgebrachte Sizilianer hätte den ausgemergelten Jammerlappen aus dem Emmentalischen ungespitzt in den Boden gerammt. Seinen Schwiegersohn in spe stellte sich der Südländer wahrlich anders vor.

Dass nun ausgerechnet dieser Lump, der großmütig vor ihm stand, mit seiner Tochter etwas haben sollte, brachte den temperamentvollen Italiano vollends zur Weißglut. Wenn zwei dasselbe tun, ist es halt nicht immer ganz dasselbe. Der Muratore aus Sizilien wandelte zwar, wie der Maurerstift aus Langnau, auch auf Freiers Füßen, und mit wem der Halbwilde turtelte, war dem Sohn der Insel völlig gleichgültig, wäre die um-

[1] Tschingg: hässliche, verächtliche Bezeichnung für Italiener in der Schweiz (vom ital. Spiel Cinque-la mora abgeleitet).

worbene Jungfrau nicht ausgerechnet seine Figlia amata gewesen. Papa Lagana hatte bis vor zwei Sekunden auch nicht die geringste Ahnung, dass sein Hasskollege der Sohn seiner Angebeteten war. Wäre der gute Papa vorher etwas hellhöriger und vielleicht auch ein wenig weitsichtiger gewesen und nicht immer in der Quartierspunte[1] gesessen, sondern ein wenig öfter zu Hause geblieben, hätte er gewiss gesehen, dass seine schöne Tochter langsam flügge geworden war. Der einsame Lagana sah indes nur noch seine eigenen Probleme und in Maria nur die kleine, süße Bambina von damals. Doch an jenem Tage in der Beiz musste er mit einem knalligen Schlag und böser Ernüchterung feststellen, dass sein kleines Kind eine begehrenswerte junge Frau geworden war und auf einmal ihren eigenen Weg, ohne den sowieso immer abwesenden Papa zu fragen, eingeschlagen hatte.

Da stand die große Tochter nun vor ihrem Vater, Hand in Hand mit seinem Widersacher, mehr noch, mit seinem Feind Hans Frischknecht. Papa schluckte leer und brachte bloß noch warme Luft hervor. Der gedemütigte Mann drehte fast durch, Hans bemerkte es und lehnte sich selbstsicher und genüsslich an sein zierliches Mädchen, das es bereitwillig geschehen ließ. Der arrogante Bengel grinste dazu auch noch dummschlau, als wollte er Marias Papa noch zusätzlich reizen. Lagana verstand trotz der vielen Jahre in der Schweiz mehr schlecht als recht Deutsch und sich gut ausdrücken konnte er noch weniger und schon gar nicht, wenn er wütend war wic jetzt. Aber was in jenen kurzen Augenblicken wie ein kitschiger Film vor seinen Augen ablief, bedurfte auch nicht der Sprache. Plötzlich langte der Papa nämlich unsanft und blitzschnell nach dem Arm seiner Tochter, entriss das verwirrte Mädchen seinem Gegenpart und stürmte mit ihr weg, als wäre soeben der Teufel in das Lokal getreten.

Alles ging dermaßen schnell, dass der in körperlichen Bewegungen ohnehin etwas schwerfällige Hans Frischknecht einfach verdutzt stehen blieb und bloß blöd dreingaffte. Die Serviertochter, seine Mutter, schaute den Davonjagenden verblüfft nach und ärgerte sich über ihren Sprössling. Sie hatte weder von der «Tschinggengeschichte» auf der Baustelle gewusst, noch dass ihr Spross mit der Tochter ihres neuen Freundes angebändelt hatte. Sie wusste gar nicht, dass Lagana eine Tochter hatte,

[1] Quartier-Spelunke.

nur dass seine hübsche Frau schon jung gestorben war. Zwischen Hans und seiner Mutter herrschte seit eh und je ein recht frostiges Klima. Über persönliche Angelegenheiten redeten sie nicht miteinander. Keines ließ das andere an sich herankommen oder gar ins Herz schauen. Hanna hatte ihren Sohn damals eigentlich nur geboren, weil sie sich vor einer Abtreibung gefürchtet hatte und auch gar nicht recht gewusst hätte, wie sie dafür hätte vorgehen sollen. Sie schien Hans sogar ein wenig zu hassen, vielleicht verabscheute sie den jungen Mann, weil sie in ihm zu sehr seinen Vater erblickte, der nur sie kannte. Auf der anderen Seite brauchte der ewige Stift seine Mutter auch nur, wenn er Durst, Hunger oder kein Geld hatte, oder er legte ihr einfach ein Bündel schmutziger Wäsche vor die Wohnungstüre. Sonst blieben sich die beiden Menschen fremd.

Stürmische Nacht

An einem schwülen Samstag im Hochsommer feierte Pascals Tante Ilse Geburtstag und hatte auch ihren Neffen zum Nachtessen nach Muri eingeladen. Gegen Abend bat Pascal den Heimleiter um den so genannten Nachtschlüssel und meldete sich, wie es die Hausordnung verlangte, ab, nicht ohne Leuenberger, den Heimleiter, noch einmal genau zu informieren, dass er kaum vor Mitternacht zurück sei.

«Wenn du zurück bist, wirf den Schlüssel in den Briefkasten bei meinem Büro!»,

rief ihm der Hausvogt hinterher und gewährte dem Meiringer verkniffen grinsend den Ausgang. Soll der Alte doch blöd grinsen und denken, was er will, sagte sich der Haslerstift und kletterte wohlgemut auf sein Fahrrad. Heimleiter Leuenberger, der Landvogt oder Tyrann, wie er wie gesagt von den Hausbewohnern schimpflich genannt wurde, hatte mit der persönlichen Abgabe des Nachtschlüssels eine genaue Kontrolle über seine Ausgänger. Wenn er den Schlüssel im Briefkasten zur vereinbarten Zeit fand – und er schaute fast jede Viertelstunde nach –, wusste er den Zögling zurück. Lag der Schlüssel später oder überhaupt nicht am vereinbarten Ort, wurde der elende Sünder am nächsten Tag arg gebeutelt und erhielt zur Strafe während einiger Zeit keinen Nachtschlüssel mehr. Hans Frischknecht war immer wieder einer von diesen Sündern. Allein, Hans wusste sich schon zu helfen. Entweder ließ er das Fenster in seinem Zimmer einen klitzekleinen Spalt offen oder er verwendete ganz einfach einen Nachschlüssel, der ihm ein Kollege gebastelt hatte. Dieser Passepartout hieß bei den Stiften «Frischknechteisen» und konnte beim Eigentümer gemietet werden. Man hatte dem Langnauer eine kleine Grüne (eine Fünffrankennote) hinzublättern. Wenn die Heimleitung der Gaunerei auf die Schliche gekommen wäre, hätten Vermieter und Mieter gleichzeitig packen müssen.

Als Pascal spät in der Nacht vom Geburtstagsfest seiner Tante Richtung Stadt pedalte, fing es apokalyptisch an zu donnern und blitzen, als würde in der nächsten Minute die ganze Stadt untergehen. Ein mächtiges Gewitter entlud sich über Bern. Es stürmte und regnete so wild, dass Pascal vom Velo steigen musste, sonst hätten bissige Windböen es ihm fast aus den Händen gerissen. Ein greller Blitz folgte dem andern ohne Unterbruch und eine Sekunde später krachte es jeweils bereits, als hätte es in allernächster Nähe gleich zehnmal eingeschlagen. Selbst in den Bergen hatte Pascal nur sehr selten ein so heftiges Gewitter erlebt. Wenige Meter vor dem Lehrlingsheim fing es an, wie aus Kübeln zu schütten, als hätte der Himmel gleichzeitig alle seine Schleusen geöffnet, um ganz Bern in einer kleinen Minute wegzuspülen. Innerhalb eines winzigen Augenblickes waren Pascals Kleider klitschnass und klebten wie eine zweite Haut auf dem Körper. An der Wylerstrasse bildeten sich links und rechts am Straßenrand kleine, reißende Bächlein. Eben als Pascal unter dem schützenden Vordach des Stiftenbunkers sich die gröbste Nässe von den Kleidern abklatschte, fing es auch noch an zu hageln. Nussgroße Eiskörner prasselten krachend auf die Hausdächer und verursachten ein Heidenspektakel. Im Heim brannte keine einzige Lampe mehr. Es war dunkel, finsterer als im Bauch einer Kuh. Vermutlich Stromausfall, dachte Pascal und ertastete sich den Weg nach seinem Zimmer, ähnlich einem Blinden. Heilfroh, endlich im Trockenen zu sein, hatte er ob allem Regen und Hagel, Donner und Blitz vergessen, den Nachtschlüssel in Leuenbergers Briefkasten zu werfen. Er musste sich im Finstern ausziehen. Ab und zu erhellten nun allmählich nachlassende Blitze die Dunkelheit. Mehr und mehr ein stilles Wetterleuchten, mit dem sich das heftige

Gewitter langsam verabschiedete. Mittlerweile hatte es auch aufgehört zu hageln und nieselte bloß noch ganz fein, als müsste die Schöpfung nun doch tief Atem holen, um von der Anstrengung des Unwetters wieder zu erstarken. Auf einmal vernahm Pascal – er stand bis auf die Unterhosen entkleidet mitten im Zimmer – ein leises Stöhnen aus seinem Bett.

Das unterbrochene Schäferstündchen

Als er sich verwundert umdrehte, erspähte er zuerst nur eine dunkle Gestalt, wie in einem Schattentheater. Dann erleuchtete ein schwacher Blitz für den Bruchteil einer Sekunde den Raum und Pascal entdeckte in seinem Bett eine nackte Mädchengestalt rittlings auf Hans Frischknecht. Wie geblendet starrte Pascal auf die lustvoll vereinten Körper. Für einen winzigen Augenblick erhellte erneut ein Wetterleuchten die schlanke Dirn mit ihren aufreizenden Äpfelchen der Lust und die keuchende Gestalt des Mannes. Gierig der sinnesfreudigen Lust ergeben, hatte die zierliche Göre ihren Kopf weit in den Nacken geworfen, gleich einem übermütigen Pony. Jetzt sah der Heimgekehrte in das bildschöne Gesicht der schlanken Puppe und wusste sofort, ohne sie je gesehen zu haben, das musste Maria Lagana sein. Auf dem orgiastischen Himmelsritt hatten die beiden weder den Eintretenden noch die grellen Blitze, ja nicht einmal den krachenden Donner bemerkt. Doch auf einmal zuckte die Fledermauslampe oben an der Decke auf, als wäre sie von einem Zauberstab berührt worden. Pascal wandte sich erstaunt zur Türe hin, wo er auch schon den Zauberer entdeckte, der breitschultrig im Türrahmen stand: Heimleiter Leuenberger. Draußen im Gang brannten die Lichter auch wieder und warfen zusätzlich einen flauen Lichtkegel auf Pascal, der halbnackt und beschämt dastand, als hätte er eben selber die heiligsten Gesetze des Hauses missachtet und wäre dabei ertappt worden. Der Hausvogt keuchte und bebte vor Wut. An seinen seitlichen Schläfenrändern schwollen die Adern gefürchig an und die Augäpfel traten schier stielig aus den fleischigen Höhlen heraus, erregten Brustwarzen ähnlich, und glotzten abwechslungsweise auf das Liebespaar, dann auf Pascal.

Schließlich brüllte Leuenberger los. Sein Organ überschlug sich heftiger als das überdrehte Radio abends im kleinen Speisesaal.
«Was soll das? Warum sind die da in deinem Bett und du stehst halbnackt dabei?»,
krachte es hundertmal lauter, als es dies vor wenigen Augenblicken draußen noch tat.
«Wann bist du nach Hause gekommen? Warst du überhaupt weg? Wo ist der Nachtschlüssel? Du hast ihn doch Frischknecht gegeben? Das mit dem Geburtstag war doch bloß ein Ablenkungsmanöver.»
Der Heimtyrann hackte nur noch halbe Sätze herunter und steigerte sich regelrecht in einen Anfall von Hysterie. Er spürte und sah, hörte und roch gar nichts mehr und war so außer sich, dass er sein Gebrüll längst nicht mehr unter Kontrolle hatte. Ein volles Dutzend Feldweibel hätten nicht lauter gellen können. Pascal kam gar nicht dazu, eine Antwort, geschweige denn eine Erklärung zu geben. Hans Frischknecht und die kleine Maria wurden so unsanft aus ihrem Liebestraum geweckt, dass sie nur dümmlichblöd und mit geöffneten Kinnladen auf den rasenden Heimleiter und den fast hüllenlosen Pascal stierten. Hans fasste sich zuerst und grinste in seiner verächtlichen und frechen Art Leuenberger an, während sich Maria schamvoll hinter ihrem Romeo versteckte. Dieser zog wieselflink und mit verärgerter Miene die halb geöffnete Zimmertüre gegen das Bett und verdeckte damit vorerst einmal den lüsternen Spuk. Der geniale Trick mit der Türe als Schutzschild musste sich Frischknecht schon vorher für alle Fälle und Eventualitäten überlegt haben, dachte Pascal. Warum wäre der verwegene Buhle sonst mit dem Flittchen in sein Bett gekrochen? Ein schlauer Hund, dieser Langnauer! Wenn er seine Findigkeiten nur auch in der Lehre so raffiniert einsetzen würde, Hans stünde in der allerersten Reihe der Maurerstifte, davon war der Meiringer überzeugt. Dass ausgerechnet Leuenberger, den Hans übers Wochenende an einer Heimleitertagung im Tessin wähnte, und sein Zimmerkumpel, der in Meiringen hätte sein müssen, plötzlich einer nach dem andern, fast im Gänsemarsch, daherwatschelten und frisch und fröhlich in sein Liebesnest hineinguckten, war nun wirklich mehr als nur bloßes Künstlerpech. Das war eine ausgewachsene Katastrophe. Dass Pascal nicht ins Oberland fahren würde, hätte Frischknecht wissen müssen, er wusste nämlich vom Geburtstag der Tante, Pascal hatte es ihm er-

zählt. Aber der aphrodisierende Gedanke an eine süße Nacht mit Maria in der verlassenen Stiftenbude, wenn Leuenberger und Laubscher abwesend wären, hatte seine Augen und Sinne so stark getrübt, dass er plötzlich nichts mehr sehen und hören konnte.

Pascals Rückkehr wäre nun ganz einfach das Ende des gewittrigen Schäferstündchens gewesen, hätte der verregnete Trampel von Zimmerkollege beim Heimkommen nicht auch noch vergessen, den Nachtschlüssel in Leuenbergers Briefkasten zu werfen. Dies rief neben dem atmosphärischen Unwetter nun auch noch ein Heimunwetter hervor, das in der Folge mit einer nicht anzuhaltenden Eigendynamik ablief, was wiederum nur die unendliche Vorsehung auszulösen vermochte. So rief Pascals Vergesslichkeit indirekt den Landvogt aufs Tapet – der, dienstbeflissen und übereifrig wie eh und je und schon fast schikanös – jede Minute in den dämlichen Briefkasten spähte. Weil das verdammte, kleine Eisending einfach noch nicht darin lag, suchte er es halt in der Bude des Schuldigen und da entdeckte der gute Herr Leuenberger halt etwas, was er nicht hätte entdecken dürfen. Der Heimtyrann brüllte also immer noch selbstvergessen um sich herum und schrie endlich in die Richtung des Liebesnestes:

«Die junge Dame da verschwindet jetzt augenblicklich und der Frischknecht morgen, und zwar mit Sack und Pack! Mit Laubscher spreche ich jetzt gleich. Ist alles klar?»

Da keuchte der verschwitzte Hans hinter der Türe hervor und meinte hochgestochen:

«Für Sie immer noch ‹Herr Frischknecht!›»

Der Heimleiter brannte nun lichterloh und schien vor Rage fast zu verglühen. Er zitterte am ganzen Körper wie Espenlaub und knallte die Zimmertüre so fest zu, dass es sie beinahe aus den Angeln gehoben hätte. Barbrüstig und ohne die geringste Scham stieg Hans aus dem Bett und schleuderte dem verdatterten Mädchen die Kleider zu.

«Da, zieh dich an! Wir quittieren diesen Saubunker.»

Den Zimmergenossen würdigte er nur noch mit einem verachtungsvollen Blick von oben bis unten und unten bis oben und schnupperte mit hochgestellten Nasenlöchern, wie ein Kaninchen, in der Luft herum, als ginge von Pascal ein übel riechender Gestank aus. Dann zog sich Frischknecht gekünstelt langsam an, ohne seine geilen Augen auch nur eine winzige Sekunde von der immer noch nackt und unbeweglich dastehenden Maria

zu lösen. Der schönen Sizilianerin war der leuenbergersche Auftritt ganz arg in die Knochen gefahren. Sie schämte sich vor Pascal und zwängte sich, rot bis tief in die Haarwurzeln hinein anlaufend, in die engen Jeans. Dann streifte sie die dünne Bluse über ihre zarten Knospen und guckte fragend zu Hans. Wenig später knallte der cholerische Liebhaber noch wilder als vorher der Haustyrann die Budentüre hinter sich zu, dass sie nun wirklich aus dem obern Scharnier sprang. Nach ein paar Sekunden trat Frischknecht noch einmal ins Zimmer, stieß absichtlich an Pascal, dass es diesen fast drehte, fischte Marias Büstenhalter unter dem Bett hervor und meinte dummschlau zu seinem verdutzt gaffenden Zimmergenossen:
«Du weißt sowieso nicht, was man mit Tittentrichtern anfängt.»
Mit höhnisch-teuflischem Gelächter schmetterte Hans die Türe ein zweites Mal zu, dass sie nun endgültig aus den Angeln sprang und krachend auf den Boden knallte. Pascal stieg darüber hinweg und meldete sich wie geheißen im Heimbüro. Kaum eingetreten, wetterte der Alte schon wieder los, ohne auch nur vom Schreibtisch aufzublicken.
«Das hätte ich von dir nie gedacht. So kann man sich in den Oberländern täuschen. Es ist doch immer das Gleiche mit euch Stiften aus den Bergen. Ihr tut, als könntet ihr kein Wässerchen trüben.»
Der Beschimpfte starrte regungslos, wie ein ausgestopfter Steinadler, zu Leuenberger hinunter und ließ den Groll über sich ergehen. Dreinreden hätte gar keinen Sinn gehabt. Der Hausvogt wäre noch wütender geworden und hätte auch gar nicht hingehört. Der Oberländer ließ die Ungerechtigkeit sich austoben und wartete, bis sich auch das zweite Gewitter des Heimleiters langsam verzog. Schließlich verebbte das Donnerwetter allmählich, die krachende Stimme der Überhitzung entlud sich, schwächer und schwächer werdend, verflachte vollends und hallte schließlich nur noch von Ferne durch die Sommernacht, da und dort noch von einem harmlosen leuenbergerschen Wetterleuchten begleitet. Dann raffte sich Pascal endlich auf:
«Entschuldigen Sie, Herr Leuenberger, aber ich habe kein Wort verstanden von dem, was Sie gesagt haben, und das von den Oberländern schon gar nicht. Zugegeben, ich habe den blöden Nachtschlüssel wirklich vergessen einzuwerfen, das ist mein Fehler, und wenn ich vom Regen nicht durch und durch nass geworden wäre, hätte ich sicher …»,
Der Heimleiter unterbrach den Erklärenden:

«Dann hast du also deinen Nachtschlüssel gar nicht dem Frischknecht gegeben?»
Leuenberger wurde offensichtlich versöhnlicher.
«Natürlich nicht. Den brauchte ich ja selber. Ich habe Ihnen ja gesagt, wohin ich gehe und warum. Auf dem Heimweg kam ich ins Gewitter, wurde klitschnass, zum Ausdrehen. Da wollte ich zuerst aus den triefenden Kleidern und Schuhen steigen und als ich dabei war, habe ich Maria und Hans gesehen. Den Rest kennen Sie ja selber. Das wärs dann schon.»
«Ja warum zum Teufel hast du mir das nicht gleich gesagt? Und warum lagen die zwei in deinem und nicht in Hansens Bett?»,
bohrte der Heimvorsteher hartnäckig weiter.
«Was weiß ich? Vielleicht weil meines frisch angezogen war oder weil es hinter der offenen Zimmertüre weniger gut einsichtbar ist als das von Hans.»
Leuenberger brachte nur noch ein ersticktes «Aha» hervor und entließ Pascal. Der Meiringer kehrte mit kribbeligen Gefühlen im Bauch in seine Bude zurück und schaute tief einatmend durch das angelehnte Fenster in die laue Nacht hinaus, die sich wieder ganz aufgeklart hatte. Unzählige funkelnde Sternlein und der gute verschwiegene Vater Mond schienen sich für alle Schreimäuler und andere Ungerechte auf Erden zu schämen und zu entschuldigen. Auf alle Fälle funkelte und glitzerte es draußen, als hätte die finstere Nacht Tränen in den Augen. Sie hatte für die schöne Maria vorausahnend geweint.

Lust und Angst

Wenig später lag Pascal in seinem Bett, das er vorher noch schnell neu angezogen hatte, und schloss, müde und aufgewühlt, erhitzt und erkaltet zugleich, die Augen. Von Schlafen war keine Spur. Er drehte sich von einer Seite auf die andere. Bald hatte er heiß, strampelte die Bettdecke nach unten und kehrte die kühle Seite des Kopfkissens nach oben, dann fröstelte ihn wieder. Wo er sich auch hindrehte, roch es nach Maria und sündhafter Geschlechtlichkeit. Er hatte ihren hingebungsvollen Körper und die verlangenden Knospen wieder und wieder vor Augen und meinte sogar, ihr leises Stöhnen zu hören. Seine Hand glitt sachte unter die Bettdecke und drückte lustvoll und kräftig gegen seine Mitte. Er schwebte auf zuckerigen Wolken, sah dann plötzlich wieder den Bunkervogt im Türrahmen stehen mit den anschwellenden Adern an den Schläfen, vernahm sein überdrehtes Geschrei und schreckte verstört zurück, um wieder in der Glut der Sehnsucht nach weiblicher Haut zu schmoren. Das Verlangen nach Marias paradiesischen Blüten wurde unendlich viel größer als die Zurückhaltung und die drohenden Gebärden des Heimleiters und zerriss das Herz des Jünglings in zwei ungleiche Hälften, eine kleinere der Vernunft und eine mächtigere der Lust. Und schon langten seine verschwitzten Hände nach den Zipfeln des Kopfkissens und streichelten sie zärtlich, als wären es die leckeren Knospen der liebestollen Sizilianerin. Dann peitschte das dröhnende Organ Leuenbergers wieder durch Mark und Bein und knebelte gebieterisch und strafend die erwachende Natur. Immer neu lief die Liebesszene und der Riesenkrach vor seinen träumenden Augen ab, einem schmalzig kitschigen Film gleich.

Plötzlich tauchte Benno Gfeller auf, eine Fata Morgana. Er, der feingliedrige Bernerjunge, auch Haslerlehrling im ersten Lehrjahr, hatte den Schraubstock vor Pascal. Der mädchenhübsche Benno war kaum fähig, eine Feile oder den Stechzirkel in die Finger zu nehmen, ohne sich dabei zu verletzen, so ungelenk stellte er sich bei jedem Handgriff an, und sein Arbeitstagebuch sah aus wie das Sudelheft eines Viertklässlers. Sonst jedoch war er ein Don Juan erster Güte, wenn zutraf, was er auftischte. Jedem Mitstift, der es hören oder auch nicht hören wollte, prahlte er beim Mittagessen in der Werkkantine oder in den Pausen, oder sogar wenn er feilte, von seiner Freundin und den Schmusereien mit ihr. Pascal vertrug die Angebereien schon lange nicht mehr und wich dem armen Tropf aus, doch nach dem Erlebnis in der Gewitternacht fing der Meiringer an, Gfeller Glauben zu schenken. Die graue Riesenmaus aus dem Haslital schämte sich von Tag zu Tag mehr, weder eine Freundin noch sonst Liebeserlebnisse zu haben, obschon sich sein Körper schon lange danach sehnte, bereits in Belp war das so gewesen. Doch Mädchen, sagte man stets, seien pures Gift für Jünglinge. Ein nackter Frauenkörper war im Oberhasli sowieso der Inbegriff der Sünde und ein Mädchen zu berühren konnte nur Unglück bedeuten. Wie oft wurden Geschichten von jungen

Männern erzählt, die sich wegen einer geschwängerten Frau das ganze Leben verbaut, Schande über sich und ihre ganze Familie, ja das halbe Tal gebracht hatten und letztlich den einzigen Ausweg in der Fremdenlegion sahen, von wo sie nie mehr zurückkehrten und fernab der Heimat und der geliebten Eltern in unbekannter Erde begraben oder auch nur verscharrt wurden, und das alles wegen einer kurzen Unbeherrschtheit mit einer ungeliebten Frau. Wie manch blühendes Mädchen hatte sich in einem schwachen Augenblick hingegeben, aus Überzeugung und Liebe, nicht nur aus Lust, war mit einem Kind unter dem Herzen sitzen geblieben und hatte sich aus lauter Verzweiflung über die Mühlefluh oder in die Aare gestürzt, weil es von den Seinen schändlich im Stich gelassen und von den Nachbarn nur noch schief angeschaut wurde und die Schmach einfach nicht mehr ertrug. So hieß es halt immer, das mit Mädchen habe noch Zeit, noch viel Zeit. Ja, später einmal, wenn man die Ausbildung hinter sich habe und verdiene und eine Zukunft habe, dann könne geheiratet werden, aber nur eine gesunde Frau, die etwas sei und habe. Die Liebe spiele gar keine Rolle, die komme dann von selber. Aber arbeitsam und gesund müsse die Zukünftige sein, haushalten können und Geld in die Ehe bringen. Wo das nicht sei, komme es auch später nicht. Alles Übrige gebe sich mit der Zeit. Pascal dachte mit ambivalenten Gefühlen an die freizügige und unbeschwerte, lebenslustige und frohe Susanna und den Gloriettenabend mit Göran und an die zurückhaltende und schüchterne Schwester seines Freundes Pius, dem Klosterschüler.

Der kleine Giovanni

Jeweils am Montag hatten die Mechanikerlehrlinge Gewerbeschule. Pascal freute sich auf diesen Tag und belegte auch Freifächer, die nach den obligatorischen Stunden am Abend bis gegen zehn Uhr gegeben wurden. Sein Gewerbeschulhaus in der Lorraine lag wenige hundert Meter vom Lehrlingsheim entfernt und ermöglichte dem Haslerstift sogar, zum Mittagessen schnell ins Heim zu radeln. Am letzten Schultag vor den Sommerferien hagelte es nur so von Probearbeiten in Deutsch und Elektrotechnik, Materialkunde und Mechanik, sodass Pascal – obschon mit sich und der Welt im Reinen – hundemüde und völlig ausgelaugt war, als er gegen die Zeit des Nachtessens an die Wylerstrasse hinauftrampelte. Schon am Eingang des Stiftenbunkers packte ihn der Heimleiter und stellte ihm seinen neuen Zimmergenossen vor. Er hieß Michael Warm, Coiffeurlehrling seines Zeichens, und war zarter als eine grazile Novizin. Hans Frischknecht hatte Tage vorher, wie vorauszusehen war, seine sieben Sachen packen und Fäden ziehen müssen. Mit ihm verschwanden auch Pascals Sonntagsschuhe und eine fast neue Windjacke. Nach der amourösen Nacht mit Maria hatte er eine knappe Woche Zeit gehabt, eine neue Bleibe zu suchen. Mehr als einmal prophezeite er in jenen Tagen, wenn er nichts finden würde, sei er dann in der Legion anzutreffen. Die Stifti und das Bunkerdasein scheiße ihn ohnehin schon lange an, wie er sich auszudrücken pflegte. Bevor er aber nach Algerien gehe, würde er noch Leuenbergers «Bodenhochzeit» arrangieren, was in der frischknechtschen Sprache nichts anderes bedeutete, als den Heimleiter umbringen, und was dem ungestümen Jüngling ohne weiteres zuzumuten gewesen wäre.

Seit dem Intermezzo in der Quartierkneipe mit Papa Lagana und dem zornigen Abgang des aufgebrachten Sizilianers mit seiner Tochter Maria an der Hand hatte die Mutter endgültig mit ihrem Sohn gebrochen. Hanna Unglück, so hieß sie eigentlich mit vollem Namen, den sie von ihrem zweiten oder gar dritten Manne hatte und den sie trotz einer schmutzigen Scheidung vor Jahren immer noch trug, sie hatte, wenn auch nicht mit der ganz tiefen mütterlichen Liebe, so doch immer wieder für ihren Unehelichen gekämpft und gelitten, ihm verzweifelt geholfen und geweint. Sie war zu Kreuze gekrochen für Lehrstellen und jene damals beim alten Metzger soll sie sich sogar erschlafen haben, aber auch das hatte nichts genützt. Hans hatte bereits nach wenigen Wochen den Bettel hingeworfen. Wieder und wieder hatte die geplagte Mutter sein Versagen erduldet, nicht nur in der Lehre und im Lehrlingsheim, sondern auf der ganzen Linie in seinem Leben. Hatte ihm jedes Mal wieder verziehen, von neuem gehofft und heiligste Versprechen entgegengenommen, an die sich der Luftikus keine Minute gehalten hatte. Er war ein Bösewicht, durch und durch verschlagen, und ließ sich nichts sagen, weder von der Mutter noch von einem Lehrmeister oder sonst jemandem. Er wusste alles besser. Hans Frischknecht hatte schon immer gebockt, störrischer als ein gehörloser Esel und unbelehrbarer als ein Religionsfanatiker. Der Langnauer war faul und arrogant, hinterlistig und verlogen und seine Lügenspirale zog ihn immer schneller und tiefer in den Dreck hinein, bis er auch noch zu trinken und stehlen anfing und letzten Endes die unerfahrene Maria verführte und schändete.

Das einsame Ding klebte an ihm, zäher als eine hundertjährige Efeuranke an einem Baum. Alles Zureden und Warnen, Verbieten und Bitten des verzweifelten Papas half nichts. Im Gegenteil, Maria war dem arroganten Angeber mit Haut und Haaren verfallen, so stark, dass sie in ihrer kindlichen Hörigkeit gar nicht mehr vernünftig denken konnte. Die Lenden von Hans Frischknecht hatten sie verzaubert und mental vollständig außer Gefecht gesetzt. La Bella Maria bestand seit der ersten Erfahrung mit ihm auch nur noch aus Hüften und Busen. Für den Maurerlehrling sank die unerfahrene Dirn auf das Niveau einer ächzenden Matratze herunter, die nur noch reagierte, wenn sie von Frischknecht gerufen wurde, wie in jener Gewitternacht in Pascals Bett. Hans nützte die Einsamkeit der hübschen Italienerin skrupellos aus und missbrauchte sie immer wieder, nicht aus Liebe, er gab es auch zu, sondern aus verwerflicher Gesinnung, weil er seit dem Vorfall in der Quartierspunte ihren Vater treffen wollte, und vielleicht auch aus boshafter Rache seinem Onkel und mutmaßlichen Vater gegenüber, der ihn früher auch missbraucht hatte. Hans Frischknecht berührten keine irdischen und noch viel weniger himmlische Gesetze. Er hasste und verabscheute alle Menschen, selbst die, welche ihn liebten, wie Maria. Im Grunde genommen mochte er sich selber nicht.

Nach seinem spurlosen Weggang aus dem Lehrlingsheim fing Maria an zu trinken, wohl um ihre Verzweiflung über den Verlust ihres Galan in den Griff zu bekommen, und rutschte tiefer und tiefer in die Gosse ab. In wenigen Wochen hatte sich La Bella in eine heruntergekommene, verwahrloste Erscheinung verwandelt. Keine Menschenseele hörte mehr etwas von Hans Frischknecht, weder Maria noch Hanna Unglück, geschweige denn der Lehrmeister oder Leuenberger. Der Maurerlehrling war plötzlich nicht nur aus dem Lehrlingsheim, sondern vom ganzen Erdboden verschwunden. Ein paar Monate später brachte die halb verwilderte Maria einen herzigen Knaben zur Welt. Im darauf folgenden Jahr kehrte Papa und nun auch Nonno Lagana mit Sack und Pack, seiner innert kürzester Zeit völlig veränderten Tochter und dem kleinen Bambino, der auf den Namen Giovanni Lagana getauft wurde, nach Taormina zurück. Es regnete an diesem Samstag: Der Himmel weinte noch einmal für Maria Lagana.

Das Achte Weltwunder

Mit dem endgültigen Auszug Hans Frischknechts normalisierte sich der Alltag und das Zusammenleben im Lehrlingsheim ganz merklich. Der tropische Sommer in jenem Jahr zog einen angenehm milden Herbst nach sich und dieser empfing schon früh einen frostigen Winter. Die Lehrlinge der Gustav Hasler AG hatten Ende November die erste Zwischenprüfung hinter sich gebracht und Pascal wurde an einer kleinen Stiftenfeier für das beste Resultat mit einer Schiebelehre ausgezeichnet. Nach dem Festchen an diesem Freitagabend, kurz bevor die Lehrlinge auseinander stoben, teilte ihm Lehrmeister Streng noch mit, dass er sich am nächsten Montag nach dem Mittagessen beim Direktor der Firma melden müsse. Der knochige Jungmeister grinste verschmitzt auf den Stockzähnen, ohne etwas zu verraten, und ließ den neugierigen Lehrling, als wäre er noch ein kleines Kind, im Ungewissen stehen.

Herr Streng mochte den Meiringer nicht schlecht. Er hatte ihn längst, vor der Zwischenprüfung schon, immer und immer wieder gerühmt, und das vor allen Lehrlingen. Er lobte seine exakte Arbeit und Zuverlässigkeit und jubelte vor allem Pascals Werkstatttagebuch als achtes Weltwunder in alle Wolken hinauf. Da gab es keinen, der fehlerlosere Gewinde schnitt, als sein Lieblingsazubi Pascal. Der Applaus des herrischen Lehrmeisters beeindruckte zwar einige Mitstifte mächtig, aber andere erfüllte es mit blankem Neid und nicht wenige sogar mit Feindschaft gegenüber dem Meister und seinem Musterknaben. Etwas kleinere Lorbeeren und bescheideneres Klatschen hätten Pascal minder Probleme mit missgünstigen Kollegen gebracht und auch einen Hauch weniger Schadenfreude verursacht, wenn einmal etwas nicht wie am Schnürchen lief, und vielleicht den peinlichen Zwischenfall mit Benno Gfeller, von dem sogleich die Rede sein wird, erst gar nicht ausgelöst. Die Feilkunst und Gewinde, aber auch das Arbeitstagebuch des selbstgefälligen Schürzenjägers Benno, dem Schönen aus der Berner Matte, waren halt weit weniger berühmt als seine Schäferstündchen.

Der Würfel

Als krönender Abschluss und Höhepunkt der wochenlangen Feilerei im ersten Lehrjahr hatten die Stifte einen Würfel zu bearbeiten, der für die Zwischenprüfung entscheidend bewertet wurde. Die Tücke des Objektes lag darin, dass jeder Lehrling nur einen einzigen Würfel ausgehändigt bekam. Wenn ein Maß oder Winkel verfeilt wurde, musste er mit einem satten Abzug rechnen. Überdies hatten alle sechs Flächen rechtwinklig zueinander, je zwei gegenüberliegende Flächen genau parallel und alles von definierter Dimension zu sein. Zum guten Ende bekam jede Würfelebene Augen, dergestalt, dass gegenüberliegende Flächen zusammengezählt sieben Augen aufweisen mussten. Nicht unwesentlich bei diesem Kunststück war auch, eine bestimmte Bearbeitungszeit einzuhalten. Die Feilerei am ominösen Haslerwürfel unterlag schon seit Jahren und, wie sich bald einmal zeigen sollte auch heuer, eigenen Gesetzen und Regeln. Nicht wenige Stifte hatten wegen dem verfluchten Ding schon Blut geschwitzt und Tränen vergossen.

Die Konstellation der Sterne am lehrmeisterlichen Himmel wollte, dass vor der Beurteilung des Würfels noch schnell die Arbeitstagebücher der Lehrlinge besprochen werden sollten, da Meister Streng eben mit deren Durchsicht und Korrektur fertig geworden war. Jeder Stift musste minutiös und sauber, übersichtlich und ausführlich ein so genanntes Tagebuch seiner Tätigkeiten führen. Darin wurden die Arbeitsgänge und Werkstücke genau beschrieben, technische Einzelheiten oder besondere Schwierigkeiten hervorgehoben und so weit als möglich zeichnerisch festgehalten und farblich dargestellt. Jeweils am letzten Freitag des Monats wurden die Bücher eingesammelt und von den Lehrmeistern korrigiert, begutachtet und benotet. Die largesten Bewertungen vergab Moser, im Mittelfeld dümpelten die von Obermeister Stucki und die weitaus strengsten kamen von Streng. Es konnten natürlich nicht alle achtzig Tagebücher besprochen werden, sondern nur die schlechtesten und die besten. Die meisten Lehrlinge schwammen mit ihren Kunstwerken unauffällig und ruhig nahe am Ufer des Bewertungsstromes mit, ohne viel Angst vor dem Ertrinken haben zu müssen, aber auch ohne wichtig aufzufallen. Die Streber crawlten dann schon eher in der schnellenden Mitte, wo einer zwar rasanter vorwärts kam, aber in den reißenden Fluten auch schneller untergehen konnte.

Der beinmagere Lehrmeister Streng stellte sich auch an jenem Freitag, nicht anders als sonst, breitspurig in der Mitte des Werkhallenganges auf, um sich herum die Lehrlinge geschart, ähnlich ergebenen Schafen, und hielt ein Tagebuch in der rechten und eines in der linken Hand, wie weiland Moses die Gesetzestafeln, und hob mit gefährlich leiser Stimme an:

«Hier in der linken Hand habe ich den Weltuntergang und in der rechten das achte Weltwunder.»

Dann schaute er mit halb zugekniffenen Augen, sein aschfahles Knochengesicht langsam von links nach rechts bewegend, in die totenstille Runde. Seine Gesichtsmuskeln zuckten unheildrohend. Einige Stifte vermochten seinem stechenden Blicken standzuhalten, andere äugten beschämt zur Hallendecke hinauf, sodass nur noch das Weiß in ihren Augen zu sehen war, und hofften auf Erlösung von dort oben, derweil der dritte Haufen bloß die Augen verdrehte, als würden sie jeden Moment ohnmächtig umfallen, einigen ging dabei vor lauter Angst sogar ein kleines Spritzerchen in die Hosen. Da entlud sich auch schon das unheilvolle Gewitter mit einem grellen Blitz und ohrenbetäubendem Donner und das Millionen Jahre alte sphärische Gewitterliebespaar bahnte sich auf kürzestem Wege eine Schneise durch die achtzig Lehrlinge, um auch schon krachend in die arme Seele des vermeintlichen Frauenhelden Benno Gfellers einzuschlagen:

«Gfeller, vortreten!»,

schrie Streng aus vollem Halse und der schöne Benno trat vor, bleicher als ein Leichentuch, mit gesenkten Augen und hängenden Schultern, willenlos sich dem Schicksal ergebend, bereit, auf den Scheiterhaufen zu klettern und sich lebendigen Leibes verbrennen zu lassen. Und *wie* der arme Teufel verbrannte! Lehrmeister Streng schleuderte ihm sein Tagebuch wutentbrannt ins Gesicht, dass die Seiten nur so herausflatterten und die Stifte vor barem Entsetzen gefürchig einen ganzen Schritt zurücktraten. Es wurde still in der mächtigen Werkhalle, stiller als in einer Kremationshalle, sogar die Fliegen hörten auf zu kreisen, blieben ängstlich zuoberst an den hohen Fensterscheiben kleben und guckten erbarmungsvoll auf den verlodernden Benno hinunter. Sogar die automatischen Maschinen verstummten langsam und die beiden andern Lehrmeister traten auf schnellen Sohlen herbei. Wenn sich Stucki, der bereits betagte Obermeister, sonst nur mit lautem Gepolter von seinem Podest bemühte, wie der alte Zeus vom Olymp herab, näherte er sich jetzt dem Scheiterhaufen geräuschlos. Und sogar der schwerhörige Moser kam von der anderen Seite heran, noch die Feuerzange in der rechten Hand. Der rührige Schmied und der mürrische Obermeister standen da, wie zwei altgediente Feldherren, die ihrem jungen Heerführer von den Flanken her zu Hilfe eilten. Gfeller tat jedem Leid. Da gab es keinen Mitstift, der ihm nicht am liebsten ein Loch gegraben, worin sich der bedauernswerte Azubi hätte verstecken können.

«Gfeller»,

brüllte Streng weiter,

«das ist kein Tagebuch, das ist eine blanke Frechheit, der reinste Weltuntergang!»,

Seine abgerissenen Sätze überschlugen sich, sodass er arg ins Husten kam. Seine schmalen, blutleeren Lippen liefen jetzt fast ein wenig bläulich an und er zitterte am ganzen Körper.

«Noch einmal so ein Tagebuch und Sie sehen die Haslere nur noch von außen.»

Dann holte der junge Lehrmeister tief Luft, schaute zu seinen beiden Mitmeistern und stellte zufrieden fest, dass sie ihm unterstützend zunickten, und fuhr weiter:

«Und hier, in meiner rechten Hand, habe ich das achte Weltwunder.»

Streng drückte das gerühmte Werklein an seine knochige Brust und blätterte mit seinen fleischlosen Fingern, wie mit einer Pinzette, eine Seite nach der andern um. Hob das Buch nach jeder weit über den Kopf, dass es auch der hinterste Lehrling sehen konnte.

«Wie gesagt, das achte Weltwunder»,

wiederholte er, machte einen Schritt auf Pascal zu und streckte ihm sein Tagebuch entgegen und meinte zu allen Stiften:
«Nach der Pause schauen wir uns die Würfel an.»
Jeder wusste genau, was nach der Pause geschehen würde. Die Würfel der vorderen fünf Werkbankreihen würde Stucki begutachten, die hinteren Moser und die mittleren, wo Gfellers und dahinter Pascals Schraubstock standen, kämen zwischen die Räder von Streng. Erneut würde der junge Lehrmeister loben und zerreißen, sicher nach dem gleichen Muster wie wenige Sekunden vorher mit dem Tagebuch. Auch Gfeller sah die erneut aufziehenden schwarzen Wolken am Haslerhimmel und augenblicklich schwante ihm neues Unheil. Benno, der gestern noch während der ganzen Pause schmunzelnd mit seinen endlosen Schmusereien geblufft und die halbe Kantine um sich herum versammelt hatte, verließ heute seinen Schraubstock nicht eine winzige Sekunde. Neben ihm hielt sich nur noch Moser in der Halle auf und drosch, zuhinterst im Saal, gedankenverloren auf seinen Amboss ein. Nach der Pause hatte jeder Würfel mit Schiebelehre und Winkelmaß schön säuberlich neben dem Schraubstock auf einem glatt gestrichenen Tüchlein zu liegen. Vorher noch hurtig eine Korrektur oder einen Strich anzubringen, hätte einzig ein gutes Resultat verteufelt und ein schlechtes kaum wesentlich verbessert. Einzig Benno Gfeller turnte während der ganzen Pause vor seinem Würfel herum, als müsste er ihn noch beschwören oder ihm den letzten und alles entscheidenden Kick geben.

Nach dem Sirenenton kam es, wie es sich angekündigt hatte, der Himmel war schwarz und schwärzer geworden und Streng steuerte schnurgerade auf Gfellers Schraubstock zu, klatschte links und rechts die Stifte herbei und behändigte den immer noch im Schraubstock eingespannten Würfel seines Lieblingsfeindes, was seine Adern an den Schläfen gefürchig anschwellen ließ. Jetzt setzte der Lehrmeister, immer noch schweigend, das Winkeleisen auf die erste Fläche, dann an die zweite und dritte und schüttelte verdutzt den Kopf. Drehte den Würfel, setzte den Winkel abermals an und schüttelte wieder den Kopf. Endlich spannte er den Quader zwischen die Gabeln der Schiebelehre und murmelte:
«Das verstehe, wer will, da stimmt ja alles, Parallelität, plane Flächen und dazu noch alle Winkel im Lot. Die Augen am rechten Ort und zusammengezählt sieben. Da hat doch eine blinde S…»

Weiter kam der verblüffte Lehrmeister nicht, er konnte nicht mehr sprechen, als hätte ihn eine Biene in die Zunge gestochen und sie gelähmt. Da gab es keinen Stift, der nicht flehend für den armen Gfeller gebetet hatte und nun erleichtert aufatmete. Einzig Streng blieb skeptisch, er kannte seine Pappenheimer.

«Da, Laubscher, nachmessen und auswinkeln!»,

befahl der Lehrmeister und streckte, ohne die Welt zu begreifen, halb sauer, mit den Zähnen auf den Lippen kauend, halb grinsend, den perfekten Würfel seinem Günstling zu. Pascal drehte den Würfel, maß ihn nach und winkelte ihn ab, kontrollierte die Augen und meinte nickend:

«Alle Maße und Winkel, die Parallelität und die Augen stimmen, aber ...»,

dann erstickte Pascals Stimme.

«Was ‹aber›?»,

begehrte Meister Streng gereizt zu wissen. Alle Lehrbuben traten einen kleinen Schritt heran und gafften den Meiringer an, als wären ihm plötzlich Gämshörner gewachsen, und schon doppelte Streng ungeduldig nach:

«Was ‹aber›?»

Der Gefragte schaute zuerst Streng an, dann blickte er kurz und fast beschämt zu seinen ihn anglotzenden Kollegen, endlich hauchte er kaum hörbar:

«Nichts ‹aber›.»

Streng schaltete sein Organ wieder auf gefährlich leise und bohrte hartnäckig nach:

«Noch einmal, was ‹aber›?»

Dabei riss der Lehrmeister Pascal den Würfel nervös aus den Händen und drehte das Corpus Delicti in seinen fadendünnen Fingern hin und her und guckte jede Fläche, Millimeter für Millimeter, an, durchdringend wie mit Röntgenaugen. Auf einmal schnaufte er tief durch, dass ein pfeifendes Rasselgeräusch aus seinem schmalspitzigen Brustkorb aufstieg, dann meinte er erlöst:

«Aha.»

Erneut waren Stucki und Moser herangetreten und verfolgten das bizarre Schauspiel. Auch alle Stifte standen wieder in der Mitte der Halle und jedes Ohr vernahm noch einmal Streng, wie er sagte:

«Aha.»

Im Augenblick konnte noch keine Menschenseele mit diesen «Ahas» etwas anfangen. Schließlich blickte der Geheimnis kramende Meister in die angespannten Gesichter der Jünglinge und richtete sein schweres Geschütz wieder auf Gfeller, den zunehmend unruhig gewordenen Besitzer des perfekten Würfels. Streng hob das bestaunte Kunstwerk über seinen Kopf hinaus, wie Augenblicke vorher Pascals Tagebuch, und begehrte mit verschlagener Falsettstimme zu wissen:
«Wer hat eigentlich die Nummer neununddreißig? Auf diesem Würfel ist die Neununddreißig eingeschlagen.»
Der lehrmeisterliche Blick bohrte sich in Gfellers glänzende Augen, dass diese zu verglühen drohten. Erbsengroße Schweißtropfen traten auf die jugendliche Stirn und er fing an zu zittern und schwanken, dass zwei Mitstifte den taumelnden Kameraden gerade noch auffangen und stützen konnten.
«So, Gfeller, aber jetzt bitte kein Theater mehr»,
doppelte Streng ganz energisch nach. Jeder Stift und bestimmt auch die zwei älteren Lehrmeister hätten den armen Sünder gerne getröstet und aus dem leidigen Werksaal hinausgetragen. Kein Mensch verstand im Moment noch den geheimnisvollen Spuk, bis auf den Lehrmeister, Gfeller selbst und Pascal. Auf einmal brach der schöne Benno in Tränen aus und schluchzte wie ein kleines Bübchen, das sich am offenen Feuer ganz schlimm die Fingerchen verbrannt hat. Mit erstickender Stimme und kaum vernehmbar löste Benno Gfeller das Rätsel.
«Ja, ich habe in der Pause Pascals Würfel gegen meinen ausgetauscht, weil ich Angst hatte, nochmals zusammengestaucht zu werden.»
Ein Raunen ging durch die Reihen. Wortlos verdrückten sich die Jünglinge an ihre Schraubstöcke. Bald schon wurden sie zum Glück jedoch von der aufheulenden Feierabendsirene erlöst.

Vor dem Fabrikareal auf dem Trottoir hielt sich ein bildhübsches Mädchen mit langen blonden Haaren, glänzenden Augen und wunderschönen, weichen Lippen auf, das man fast jeden Abend dort sehen konnte. Sie wartete auf Benno und wartete auch heute geduldig auf ihn. Pascal sah die beiden, als er sich auf sein Fahrrad schwingen wollte. Er war richtig froh, dass der Unglücksstift wenigstens von seinem lieblichen Schatz abgeholt und getröstet wurde. Nichts hatte der arme Kerl im Moment nötiger als Trost, liebe Worte und zärtliche Händchen. Als

Pascal an den Verliebten vorbeifahren wollte, winkte ihn Benno herbei und rief mit weinerlicher Stimme:
«Pascal, komm doch bitte schnell!»,
Pascal bremste ab, stieg vom Velo und dachte im Stillen: Donnerwetter, ist das ein tolles Mädchen, das sich der arme Teufel da geangelt hat! Diese Wundermaid hätte ich auch gerne, aber ich mags ihm von Herzen gönnen. Das zuckersüße Mäulchen muss jetzt halt seine klaffenden Würfelwunden lecken. Da vernahm er auch schon Bennos beschämte Stimme:
«Das ist Petra, meine Schwester.»

Das Angebot

Am Montag nach dem Mittagessen meldete sich Pascal im Vorzimmer des Generaldirektors und wurde alsbald von der Sekretärin, freundlich, aber bestimmt, ins Büro des obersten Chefs geführt, wo sie den Stift sich in einen mächtigen Fauteuil hineinsetzen und warten hieß.
«Wenn der Herr Direktor kommt, muss er sofort aufstehen.»
Die majestätische Ausdrucksweise der Vorzimmerdame passte vorzüglich zum Thron, in welchen versunken der Lehrling auf den König der Firma wartete. Der ehemalige Landschulheimler überlegte, wie er den hohen Herrn am besten anreden wollte. Mit «Herr Generaldirektor» oder nur «Herr Direktor» oder «Herr Doktor» oder alles zusammen oder nur «Herr Eigenheer». Am Ende vielleicht einfach mit «Herr Chef». Aber er war ja eigentlich gar nicht sein Chef, zumindest nicht sein direkter. Dieses Prädikat traf eher auf Streng zu. Im mickerigen Wörtchen «Chef» lag auch viel zu wenig Gewicht für den Herrn aller Herren in diesem mächtigen Hause. Wie würde dieser Prinzipal wohl aussehen und auftreten, wie den kleinen Stift ansprechen und anblicken? Und was wollte er eigentlich von ihm? Der mächtigste Herr der ganzen Firma und damit auch der Bodenweid[1], der Kaiser des Haslerreiches mit Hunderten von Unter-

[1] Bodenweid: großes Werkareal in Bümpliz, wo unter anderem die Lehrlinge der Hasler AG (heute Ascom) in den ersten zwei Jahren ausgebildet wurden.

tanen und Umsätzen von Millionen und Abermillionen von Franken, würde in wenigen Augenblicken eintreten. Pascal fühlte sich im riesigen direktoralen Büro verloren, und vor allem fehl am Platz, wie ein winziges Alpenwürmchen in der gigantischen Halle des Berner Bahnhofes. Was hatte der Generaldirektor mit dem Stift vor? Lehrlinge, besonders jene im ersten und zweiten Jahr, konnten für das internationale Unternehmen doch nur ein notwendiges Übel und eine finanzielle Last sein, kostspielige und unrentable Wesen. Weit vor jedem Lehrbuben rangierte doch der kleinste Ausläufer und Küchenjunge, jede Putz- und Abwaschfrau in der Werkskantine. Diese konnten vielleicht nicht recht lesen und schreiben, aber stellten eine sinnvolle Arbeitskraft dar. Und die Stifte? Was taten diese Sinnvolles? Sie verfeilten Tonnen von Eisenplatten und Prismen, produzierten wertlose Lötstellen und fehlerhafte Verdrahtungen, nichts als Abfall und Ärger. Sie beanspruchten auf dem knappen Boden in der teuren Stadt eine Unmenge Raum für sich und dazu noch kostspielige Lehrmeister. Und hatte ein Azubi seine Ausbildung erfolgreich abgeschlossen und konnte endlich etwas, verließ er die Bude seiner Lehre und wechselte zur Konkurrenz. Während der Oberländer über seinen Wert als kleiner, unrentabler Stift in der Weltfirma sinnierte und zum Schluss kam, den mächtigsten Mann des Werkes einfach mit «Herr Direktor» anzureden, hatte er gar nicht bemerkt, dass eben dieser Direktor schon geraume Zeit neben ihm stand und den träumenden Jüngling aus der Vogelperspektive genüsslich beobachtete, wie ein Hirte seinen schlafenden Hund.

«Sind Sie eingeschlafen, junger Mann?»

Der Träumer fuhr zusammen und schoss wie eine Rakete in die Höhe. In seiner Phantasterei ertappt und noch davon verwirrt, wusste Pascal nun überhaupt nicht mehr, wie er den hohen Herrn anreden sollte.

«Setzen Sie sich doch wieder, Herr Laubscher»,

hob der Generaldirektor freundlich lächelnd an.

«Ich möchte mit Ihnen etwas besprechen, haben Sie eine Ahnung was?»

Der Sohn der Gletscher tat wie belämmert und schaute hilflos in die Welt hinaus. Als keine Antwort kam, fragte ihn der Generaldirektor plötzlich besorgt:

«Ist Ihnen nicht gut?»

«Ja …, ich meine nein. Ich habe nichts …, eh, ich meine …, es geht mir gut», stotterte der Jüngling. Grinsend erwiderte der Direktor:
«Jetzt bin ich aber wirklich froh, dass unser bester Lehrling auch sprechen kann»,
und reichte ihm ein Glas Wasser. Beim ersten Schluck löste sich endlich Pascals angeklebte Zunge vom Gaumen und fetzenweise konnte er wieder denken. So vornehm gesiezt und erst noch mit «Herr Laubscher» angesprochen, hatte ihn in diesem Hause noch kein Mensch. Nicht einmal seinen Ätti zu Hause redete man mit «Herr Laubscher» an oder nur in sehr seltenen Fällen. Meistens waren es Vertreter, die etwas von ihm wollten und sich zuerst mit plumpen Schmeicheleien zum lieben Kind machten, um eine Sekunde später besser verkaufen oder bestellen zu können. Der Generaldirektor fuhr unbeirrt und ohne lange zu fackeln fort:
«Herr Laubscher, Sie sind schon seit einiger Zeit positiv aufgefallen. Nicht erst mit dem vorzüglichen Prüfungsresultat. Dazu möchte ich Ihnen übrigens auch noch gratulieren.»
Ohne den jungen Mann vor ihm aus den Augen zu lassen, fuhr er fort:
«Wenn Sie so weiterfahren, ist die Stiftung Gustav Hasler bereit, Ihnen nach erfolgreichem Lehrabschluss ein Studium zu finanzieren. Sie hätten zuerst die Matura zu bestehen und dann an der Eidgenössischen Technischen Hochschule in Zürich oder Lausanne Ingenieur zu studieren. Für junge, begabte und strebsame Menschen hat seinerzeit der weitsichtige Firmengründer Gustav Hasler höchstpersönlich im Rahmen seiner gleichnamigen Stiftung einen Fonds eingerichtet. Das Entgegenkommen der Stiftung, dessen Verwaltungsratspräsident ich bin, verlangt allerdings auch eine kleine Gegenleistung. Purer Altruismus kann sich selbst unsere Firma nicht leisten.»
Oh, wie diese gewählten Worte in Pascals Ohren tönten, ähnlich den maxschen damals in der Ethikstunde im Oberried. Der höchste Herr tat einen zierlichen Schluck aus seinem Glas, eigentlich benetzte er nur ein wenig die Zunge, und wandte sich wieder an den Lehrling, nickte gefällig und erklärte sich weiter.
«Nach dem Abschluss am Polytechnikum haben alle Stipendiaten während mindestens fünf Jahren für die Firma tätig zu sein, besser wäre natürlich für immer. Sie müssten sich unter Umständen auch verpflichten, für uns ins Ausland zu gehen.»

Der Kaminfegersohn aus dem Haslital lauschte der hehren Botschaft des Generaldirektors wie geohrfeigt.

«Also, denken Sie darüber nach!»

Dann streckte er dem Stift wohlwollend die Hand zum Gruße hin und entließ ihn.

Mehr Frust als Lust

Pascal mochte sich im ersten Moment gar nicht so recht freuen. Sein Kopf war wie leer gefegt, ähnlich dem Zuschauerraum eines Theaters nach einem schwer verständlichen Stück, dessen bleischwere Worte noch erdrückend im Raume lasten. Im weiten Treppenhaus hatte er kaum mehr Luft zum Atmen und musste sich am Geländer stützen, als überkäme ihn ein Schwächeanfall. Matura und Eidgenössische Technische Hochschule, Gustav Hasler Stiftung und Ausland, hallte es zehnfach im Gehirnkasten des Lehrlings nach, gleich einem Echo in den felsigen Bergen. Ratlos und aufgewühlt, verzagt und doch freudvoll, nahm er geistesabwesend zuerst den falschen Lift und als er endlich im richtigen stand, drückte er sich zuerst hinauf anstatt hinunter.

Lehrmeister Streng erwartete ihn bereits mit Ungeduld. Streng, als eigentlicher Wortführer des lehrmeisterlichen Triumvirates, hatte Pascal in der obersten Etage empfohlen. Der Lehrmeister hatte natürlich eine Ahnung, was sich im Thronsaal abspielen würde, und hätte es liebend gerne von seinem Protegé gehört, aber der Schützling schwieg. Er war so durcheinander, dass er gar nicht hätte sprechen können, selbst wenn er gewusst hätte was. Der junge Lehrmeister war grenzenlos enttäuscht über Pascals Verschwiegenheit und konnte gar nicht begreifen, dass dieser vor lauter Freude über das großzügige Angebot nicht einen Purzelbaum nach dem andern schlug und eigentlich mehr Frust als Lust zeigte. Pascal erkannte natürlich die Ernüchterung seines Lehrmeisters sofort und er tat ihm auch Leid, aber er konnte einfach nicht über seinen Schatten springen und jetzt reden. Endlich quälte sich der Stift doch noch zu einer kurzen Erklärung:

«Entschuldigen Sie, Herr Streng, aber ich muss wirklich zuerst in meinen Hirnschubladen aufräumen und Ordnung schaffen. Ich finde im Moment nichts mehr, deshalb kann ich Ihnen jetzt nichts sagen, weil ich einfach nichts mehr weiß und noch gar keinen klaren Gedanken fassen kann. Ich muss das Ganze zuerst verdauen.»
Pascal musste bei diesen unverdaulichen Worten unwillkürlich an Vaters Fondue denken. Diese Käsespeise mundete zwar vorzüglich, aber lag auf wie ein zentnerschwerer Stein und konnte fast nicht verdaut werden, nicht einmal von einem jugendlichen Magen, und genauso erging es Pascal jetzt mit den eigenheerschen Worten. Der sinnierende Stift drehte sich um, schaute zu seinem verdutzt dastehenden Lehrmeister und bat ihn eindringlich:
«Herr Streng, ich habe einen riesigen Wunsch. Ich werde Ihnen sicher als einem der Ersten erzählen, was Direktor Eigenheer gesagt hat und was ich tun oder nicht tun werde, aber bitte kein Sterbenswörtchen zu meinen Mitstiften, es wäre für mich nicht mehr zum Aushalten.»
Streng hielt sich eisern an die Bitte seines Favoriten, zwar mit Widerwillen und Unverständnis, und verriet nichts, dabei konnte er das eigentümliche Verhalten seines Stiftes überhaupt nicht verstehen und noch viel weniger billigen. Im Gegenteil, eine so hohe Auszeichnung gehörte seiner Meinung nach unters Volk. Im Stillen mag Streng vielleicht sogar überlegt haben, wie er an Pascals Stelle wohl reagiert hätte, wäre ihm diese Chance früher einmal gegeben worden.

Auf dem Fahrrad ins Stiftenheim waren Pascals Sinne gänzlich ausgeschaltet. Er hörte weder die Autos, noch sah er die Fußgänger, er roch nicht einmal die eisige Abendluft. Nur die Abschiedsworte seines ehemaligen Direktors aus dem Landschulheim drangen auf einmal aus aller Unendlichkeit als sphärisch mahnende Klänge an sein Ohr. Der weise Mann raunte ihm damals als letzten Rat zu:
«‹Hic Rhodus, hic salta!›. (‹Hier ist Rhodos, hier springe!›). Jetzt gilt es, jetzt zeige, was du kannst, Pascal!»
Als ob der alte, große Philosoph damals schon geahnt hätte, was einmal auf den Bauernjungen aus dem Oberland zukommen würde. Mit mehr Glück als Verstand landete Pascal heil an der Wylerstrasse. Was er im Moment noch minder sah, hörte und roch als Autos, Fußgänger und Nachtluft, waren Matura und Studium, ETH und Ingenieur.

Rutschige Strasse

Etwa zwei Wochen später: Der Winter war nun endgültig ins Land gezogen. Während des ganzen Tages hatte es unaufhörlich geschneit, großflockig und nass. Pascal hatte seine liebe Mühe, bereits am frühen Morgen auf dem Weg zur Firma mit der schneebedeckten Straße fertig zu werden. Sein Stahlesel schwankte hin und her und am Abend rutschte er erst recht von einer Spur in die andere. Auf der Heimfahrt lag für die Stadt Bern ungewohnt viel Pappschnee auf den Straßen und spritzte von den Rädern der Autos und sogar von den Fahrrädern gegen die Leute auf den Trottoirs. Vor allem die Tramgeleise und Fußgängerstreifen waren seifig glatt und pures Gift für jedes Rad. Vor einem glitschigen Zebrastreifen musste Pascal wegen einer alten Frau, die wie ein sturmes Federvieh bei Rot plötzlich in die Fahrbahn hinausstach, brüsk bremsen. Das Vorderrad glitt seitlich davon, wie von einem Magnet angezogen, und der Fahrer landete Kopf voran auf dem Asphalt. Sofort trat ein junger Mann auf die Straße hinaus und zog den Gestürzten samt Fahrrad auf den Gehsteig. Mitten auf der Straße fluchte das betagte Weib schändlicher als ein Stallknecht und fuchtelte mit dem Regenschirm wild in der Luft herum, dass sie beinahe noch einen Passanten aufgespießt hätte. Das zänkische Biest blieb unbeirrt vor den hupenden Autos auf dem Zebrastreifen stehen, keifte ohne Unterbruch weiter und beschimpfte den flegelhaften Radfahrer. Der hilfreiche Mann hatte unterdessen auch Mappe, Mütze und einen Handschuh des Verunfallten zusammengelesen und streckte dem humpelnden Radler seine sieben Sachen entgegen.

Pascal langte schmerzverzerrt danach und wollte sich eben bedanken, als er in seinem Retter ein bekanntes Gesicht entdeckte. Es gehörte Samuel Salvisberg, einem ehemaligen Lehrer im Landschulheim. Er unterrichtete zu Pascals Zeiten in den untersten Klassen Deutsch und Geschichte. Es war auch Samuel Salvisberg, der an jenem Abend des ominösen Gloriettentreffens mit Göran Lendenlust, Eva und Susanna «Lichterlöschen» hatte und Pascal im finsteren Gang oben begegnet war, als dieser noch schnell pinkeln gehen wollte und in der Toilette dann unverhofft auf Göran stieß. Salvisberg erkannte den ehemaligen Oberrieder auf Anhieb und wenige Sekunden später saßen die zwei im «Bubenberg» und plauderten von den schönen alten Zeiten im Oberried. Obschon der junge Lehrer damals mit Pascal eigentlich nur am Rande zu tun hatte, als Aufsicht im Studiensaal, beim Lichterlöschen oder etwa bei Ausflügen am Sonntag, wurden sie augenblicklich durch unvergessliche Geschichten im und ums Landschulheim miteinander verbunden. Ein Name ergab den andern, eine Geschichte zog eine weitere nach sich und beide schwelgten schon nach wenigen Minuten in der verklärten Vergangenheit. Die Unkompliziertheit des jungen Pädagogen ließ Pascal schon im Institut sachte Vertrauen zu ihm fassen und seine Nähe suchen. Zum Glück war er immer noch derselbe zugängliche Mensch, leutselig und vor allem ein guter Zuhörer.

Hin und Her

Der Fahrradsturz an jenem Abend und seine Folgen brachten für Pascals weiteres Leben eine ungeahnte Wende. Im Laufe des Vieraugengesprächs konnte Pascal so richtig aus sich herauskommen und berichtete seinem Retter auch von der Unterredung mit dem Generaldirektor der Firma und dem generösen Angebot, leise und eher bekümmert als freudvoll. Plötzlich vertraute der Oberländer seinem Gegenüber sogar an, dass ihm der Stiftenalltag eigentlich gar nicht so recht gefalle, wie das äußerlich den Anschein machen könnte. Mehr noch, dass er genau genommen enttäuscht sei, trotz Lob und Anerkennung der Lehrmeister und obersten Firmenleitung. Pascal hätte sich gehütet, sein Geheimnis sonst jemandem zu offenbaren. Mit wem hätte er schon darüber reden können? Wen interessierten die Leiden und Freuden eines Lehrlings? Seine Eltern? Sicher, aber gerade ihnen durfte er kein Sterbenswörtchen von seiner Ernüchterung beichten, genauso wenig wie Onkel Hermann oder Tante Ilse. Also würgte Pascal seine Enttäuschung stillschweigend hinunter. Doch jetzt saß ihm gegenüber ein Mensch, wohl etwas älter als er, aber aus seiner Generation, dem er vertrauen durfte, der ihm aufmerksam zuhörte, ohne tausend Fragen zu stellen und pausenlos mit Wenns und Abers um sich zu schlagen. Der ehemalige Lehrer beurteilte sein Problem wie ein unbeteiligter Zuschauer einen Zweikampf, sozusagen aus der Ferne.

Der Abend im Restaurant Bubenberg wurde lang und dementsprechend lang auch das Zwiegespräch mit Salvisberg. Mit jeder Minute und jedem Wort öffneten sich dem suchenden Lehrling neue Wege und Pfade. Ätti und Müeti hätten ihren Sohn überhaupt nicht mehr verstanden, wären sie zugegen gewesen und hätten vernehmen müssen, dass es ihm in der Lehre gar nicht gefalle und er die ganze Stifti und Haslere mitsamt den Lehrmeistern, dem Direktor und allen seinen Kollegen am liebsten an den nächstbesten Nagel gehängt hätte. Nein, den guten Eltern gegenüber hätte der brave Sohn nie und nimmer so etwas gesagt, das wäre ja reinste Undankbarkeit gewesen. Müeti hätte verzweifelt geweint und Ätti eine gelbe Haut und graue Haare bekommen. Sie hätten ihren einzigen Sohn einen wankelmütigen Bengel, einen Großkopf gescholten und der Undankbarkeit seinem gnädigen Schicksal gegenüber bezichtigt. Vielleicht sogar mit ihm gebrochen und die Türe des gelben Hauses vor seiner großartigen Nase zugeschmettert. Mit der Mechanikerlehre hatte Pascal ja seinen Kopf durchgesetzt und bekommen, was er begehrte und noch viel mehr, als er in den kühnsten Träumen erhofft hatte, nämlich eine Lehrstelle in der Hasler AG. Aber nicht einfach durch seine eigene Kraft, sondern mit Hilfe von Ätti und Müeti, die übermenschliche Opfer für ihn erbracht hatten. Sie verkauften seinetwegen die beste Kuh aus dem Stall, ohne eine Sekunde zu zögern. Belehnten das Haus, ohne mit der Wimper zu zucken, und verzichteten sonst auf alles, ohne zu murren, nur damit der noble Herr Sohn eine teure Schule besuchen konnte. Vater hätte schon lange gerne einen Ladewagen gehabt, keinen neuen, eine gute Okkasion hätte es bei weitem getan, um seinem Rücken das Grasen und Heuen zu erleichtern. Und Mutter plagte sich noch immer mit dem uralten Holzkochherd, der rundherum glühend heiß wurde, nur die Kochplatten wurden nie richtig heiß, dabei gab es schon seit einer Ewigkeit schnelle und saubere elektrische Kochherde. Nicht einen einzigen der gehegten Wünsche hatten sich die treuen Eltern erfüllt und jetzt plötzlich sollten Verzicht, Schulden und Abplackerei für die Katz gewesen sein, nur weil der undankbare Filius spintisierte und ins Imaginäre abdriftete und schon wieder etwas Neues anfangen wollte, ohne das Alte auch nur bis zur Hälfte gebracht zu haben. Da vernahm Pascal wieder einmal die

Stimme der Gesellschaft, die ihm leise zuflüsterte, dass die Kaminfegerei halt doch das Beste für ihn gewesen wäre. Wenn er jetzt aufgäbe, wäre er weder Mechaniker noch Kaminfeger und könnte weder schwimmen noch fliegen und vor lauter Unfähigkeit und Schlappmachen nicht einmal mehr anständig gehen, wie alle erbärmlichen Versager. Doch gegen die unüberhörbare, ständig mahnende Stimme erhob sich eine andere, zunächst fast unhörbare Stimme, die Stimme des Blutes, und raunte ihm zu:
«Du musst deinen eigenen Weg gehen. Schaue weder nach links noch nach rechts und schon gar nicht hinter dich! Du hast nur dieses Leben und dafür bist du alleine verantwortlich, im Glück und im Unglück.»
Und kaum war diese Stimme verstummt, schauten auch schon wieder die enttäuschten und traurigen Augen der Eltern auf ihren Sohn und er schämte sich seiner Undankbarkeit.

Andere Wege

Völlig anders reagierte da Samuel Salvisberg.
«Wenn ich dich so reden und argumentieren höre, kann ich dir nur raten, einen anderen Weg einzuschlagen, sonst gehst du zugrunde.»
Diese klare und unverblümte Antwort verblüffte den Haslerstift und er meinte sich zuerst verhört zu haben, weil er gar nicht recht hingehorcht und nichts Gescheiteres zu tun gewusst hatte, als die Hälfte aller Bierdeckel des Bubenbergs in ihre atomaren Bestandteile aufzulösen. Salvisberg hatte das augenblicklich erkannt und fuhr ohne zu zögern fort:
«Wir haben schon im Oberried an mancher Lehrerkonferenz über dich debattiert und deine jetzige Reaktion im Voraus erahnt, sie musste erfolgen. Vielleicht nicht gar so bald, aber sie hat sich im Landschulheim längst abgezeichnet, nur du hast nichts davon gemerkt.»
Pascal machte große Augen und staunte mit aufgesperrtem Mund. Er wusste keine Antwort und stierte Tausende von Löchern in die abgestandene Gaststubenluft, als der junge Pädagoge einfühlsam zur Quintessenz kam:
«Du kannst sicher auf Kosten der Haslerstiftung studieren. Bedenke aber, dass du dich damit verkaufst. Natürlich ist das Angebot verlockend.

Kurzfristig gesehen auch imponierend, aber längerfristig eher problematisch. Die Firma wird dir später befehlen, was du wo und wann, wie und warum zu tun und nicht zu tun hast. Wer zahlt, befiehlt. Das kommt einem Tausch deiner persönlichen Freiheit gegen das Studium gleich. So betrachtet, bezahlst du einen recht hohen Preis. Natürlich wirst du dein ganzes Leben lang von irgendeiner Seite oder einem Menschen abhängig sein. Das gehört zur Natur der menschlichen Existenz, aber es bleibt ein Rest von eigener Freiheit. Im Fall der Haslere hast du diese dann verwirkt, basta.»

Pascal hatte nur still zugehorcht, kaum mehr gewagt zu atmen und von Sekunde zu Sekunde angestrengter gelauscht, wie ein Mensch, der hinter dicken Türen sein Schicksal zu erfahren glaubt. Augenblicklich brach in seiner Seele ein fürchterlicher Sturm los, beinahe so gewaltig wie damals bei der Volkszählung des Kaisers Augustus an der Schulweihnacht bei Lehrer Gehring. Plötzlich platzte aus ihm die Frage heraus:

«Was soll ich denn machen?»

Sein Gegenüber, selber Werkstudent an der Philosophischen Fakultät der Universität Bern, schaute ihn durchdringend an und meinte nach einer kurzen Pause:

«Im Grunde genommen fühlst du in deinem Herzen nämlich schon selber, was eigentlich zu tun wäre, es wurde dir ja auch von anderer Seite verraten. Vielleicht willst du diesen Weg noch nicht wahrhaben, aber vorgezeichnet ist er dir. Der Direktor der Haslere hat diesem Pfad ja auch schon einen Namen gegeben: Matura und Studium.»

Pascal spielte immer nervöser mit seinen Bierdeckeln. Das heißt, er spielte nicht eigentlich damit, er zerkleinerte und zerfetzte sie, bis die tausend einzelnen Stückchen winziger waren als Atome.

«Was meinen Sie denn mit: von anderer Seite verraten?»

«Ganz einfach, Direktor Eigenheer hat dir deinen Weg deutlich aufgezeigt, du musst ihn jetzt nur noch gehen, aber in eigenen Schuhen, nicht in ausgeliehenen. Mach die Matura und studiere! Was du dann studierst, weiß ich jetzt auch nicht, das hängt ganz von deinen Intentionen und Wünschen ab. Vielleicht wirst du wirklich Ingenieur, vielleicht aber auch Theologe, möglicherweise Anwalt oder Arzt. Kommt Zeit, kommt Rat.»

Samuel Salvisberg hatte Pascals Leiden klar diagnostiziert. Nur der Erkrankte selber bemerkte noch nichts von seinem Siechtum, obschon er bereits ganz deutlich von Matura und Studium infiziert war. Hatte der arme Patient seit den eigenheerschen Worten nicht schier Nacht für Nacht wach und aufgewühlt im Bett gelegen, sich hin- und hergewälzt und über das Gespräch mit dem obersten Boss nachgegrübelt und sich halb irre gemacht? War er nicht am Morgen unausgeruht aufgewacht, zerknirscht und vollkommen ausgelaugt und geistesabwesend in der Bodenweid aufgekreuzt, manchmal wie ein trauriger Schatten von sich selber? Doch, Pascal spürte seinen kränkelnden Zustand, aber noch viel mehr erkannte er die unüberwindbaren Probleme. Eines unlösbarer als das andere. Nichts als Schwierigkeiten, hinten und vorne, unten und oben. Zum Ersten fehlte es am schnöden Geld. Er würde während Jahren keinen roten Rappen verdienen und nur kosten. Zum Zweiten mangelte es an der schulischen Voraussetzung. Wie sollte er mit seinem dünnen Primarschulsack denn überhaupt an ein Gymnasium kommen? Und wären diese Probleme endlich bewältigt, käme der Widerstand der Eltern gegen das absurde Vorhaben.

Samuel Salvisberg hatte die ganze Zeit die hin und her irrenden Augen seines grübelnden Vis-à-vis beobachtet und sah ihn mit sich kämpfen. Geraume Zeit schwiegen dann Lehrling und Student. Ab und zu nippte der Ältere nur noch an seinem Glas, während der Jüngere einen Bierdeckel um den andern bis zur Unkenntlichkeit malträtierte. Erst das heiserrauchige Organ des Wirtes, das unverhohlen Polizeistunde bot, holte den Meiringer von seinem seelischen Schlachtfeld auf die biedere Erde zurück.

«Mein Gott, auch das noch! Ich hätte um elf Uhr im Stiftenbunker sein sollen, jetzt habe ich keinen Nachtschlüssel»,

seufzte Pascal. Samuel Salvisberg schien gar nicht recht hingehört zu haben und meinte nur noch, als sie sich vom Tisch erhoben und zur Garderobe stiefelten:

«Schlaf über unser Gespräch und denk darüber nach! Hier auf diesem noch unversehrten Bierdeckel, den ich vor deiner Zerstörungswut gerettet habe, steht meine Adresse. Wenn du willst, können wir noch einmal in aller Ruhe darüber reden, wenn sich der erste Rauch etwas gelegt hat und nicht mehr so arg in den Augen beißt wie bei Brandausbruch. Bezahlt habe ich auch schon. Nun müssen wir aber wirklich gehen.»

Das turbulente Wetter auf der Straße passte gut zu Pascals Seelenverfassung. Es stürmte und regnete und schneite, wild durcheinander.

Als Pascal viel zu spät und dafür nun auch noch bis auf die Poren durchnässt und fast auf die Knochen erfroren im Heim ankam, stand die Eingangstüre sperrangelweit offen. In allen Zimmern brannte Licht und die Stifte standen in der Eingangshalle oder lungerten im Speisesaal herum. Heimleiter Leuenberger fuchtelte mit seinen kurzen Armen, wie ein wild gewordener Scheibenwischer, vor dem Kopf hin und her und hatte gar keine Zeit und noch weniger Augen für den späten Heimkehrer. Unauffällig schlich Pascal in sein Zimmer. Dort standen die Schranktüren weit offen und vor dem Fenster, am Boden, lagen Glasscherben. Überhaupt herrschte im Zimmer eine heillose Unordnung, als hätte ein Kampf stattgefunden. Die Betten waren verrückt, Schuhe und Kleider lagen herum und an einem Stuhl fehlte ein Bein. Eben hatte Pascal seine nasse Jacke aufgehängt, als ein Polizist eintrat und ihn nach Namen, Jahrgang und Beruf fragte und ob er in diesem Zimmer wohne, wo er gewesen sei und wie lange und ob ihm nun etwas fehle. Die ausgesprochene Dienstbeflissenheit des städtischen Beamten schien geradezu mindestens nach einem vierzehnten, wenn nicht gar nach einem fünfzehnten Monatslohn zu schreien.

«Ich weiß nicht, ich bin eben erst nach Hause gekommen»,

antwortete der Gefragte und wartete vergeblich auf eine Erklärung des Ordnungshüters. Dieser dachte nicht im mindesten daran, eine solche abzugeben, sondern herrschte den verdutzt Dastehenden sogar noch an:

«Also schauen Sie jetzt nach und melden Sie, wenn etwas fehlt, ich bin noch eine Weile im Büro von Herrn Leuenberger.»

Mit lauten Schritten entfernte der Uniformierte sich dann zackig aus der Bude. Zerbrochene Fensterscheiben, offene Schränke, ein Tohuwabohu, wo man hinsah, ein aufgeregter Heimleiter und erst noch die Polizei im Hause, das sah nun ganz nach Hans Frischknecht aus, ging Pascal unwillkürlich durch den Kopf. Mehr als einmal hatte der Angeber mit dem Ansinnen auf ein verwerfliches Gaunerstück geprahlt., zum Beispiel mit der Absicht auf einen Einbruch, allerdings eher in eine Bank. Er redete viel vor dem Einschlafen, allein Bluff und Ausführung sind zwei verschiedene Paar Schuhe und nicht jeder, der im Sack zornig die Faust

macht, schlägt dann wirklich auch zu. Aber Hans Frischknecht könnte zugeschlagen haben. Während Pascal seinen Schrank, die Schublade des Nachttischchens und sein Bett inspizierte, sah er plötzlich wieder seinen ehemaligen Zimmerkumpel mit Maria in seinem Bett liegen und meinte ebenso plötzlich Leuenbergers Gewitterausbruch zu vernehmen. Doch als Einbrecher konnte er sich den Emmentaler eigentlich doch nicht so recht vorstellen, selbst dazu wäre Hans noch zu faul gewesen. Und wenn er es doch war? Was gäbe es in einem armseligen Stiftenbunker denn schon zu stehlen? Ein paar müde Franken, ausgelatschte Schuhe, die ohnehin nur dem Besitzer passen, ein verbeulter Wecker, der kaum zu versilbern ist. Für eine so minderwertige Beute wäre doch das Risiko, ertappt zu werden, viel zu groß, absolut unverhältnismäßig. Frischknecht mochte ein Angeber und verschlagener Hund sein, aber Einbrecher, und dies ausgerechnet im städtischen Lehrlingsheim, das dann doch nicht. Dafür wäre er sich auch zu schade gewesen. Aufwand und Ertrag mussten im Einklang stehen und eine Schelmerei sich lohnen. Handkehrum scheute der Lump nicht die geringste Mühe, jemandem Verdruss zu bereiten oder gar ein Leid zuzufügen. Ohne mit der Wimper zu zucken, brachte er es zustande, einem lebensfrohen Nachtfalter mit der glühenden Zigarette einen Flügel zu verschmoren. Es machte ihm auch nichts aus, den leeren Opferstock in der Marienkirche einfach so abzuschlagen, einzig um seine Abneigung gegen die Kirche und Gott zu demonstrieren. Wie hatte er damals die Türe des leer stehenden Streifenwagens vorne an der Wylerstrasse mit einem Schlüssel verkratzt und als Pascal zufälligerweise dazukam, noch dümmlichstolz gemeint:
«So, das geschieht diesen Halbschuhen recht.»
Der Meiringer hatte ihm unumwunden klargemacht, dass *er* der Halbschuh sei und die verkratzte Türe doch den Polypen hundewurst und der Steuerzahler den Schaden berappen müsse und nicht die Streifenfahrer. Darauf meinte Hans, noch bornierter und noch eine Spur dämlicher als vor einer Sekunde:
«Eben, deshalb.»
Pascal hätte dem Quatschkopf am liebsten eine auf den Riecher gehauen. Allein, gegen Dummheit ist bekanntlich kein Kraut gewachsen.

Der Einbrecher musste Zimmer und Gänge, Winkel und Ecken und die Gepflogenheiten im Lehrlingsheim genau gekannt haben. Dafür kam praktisch nur ein Insasse oder Ehemaliger in Frage. Und schon lastete der Fluch des Schändlichen von neuem auf Hans Frischknecht. Vielleicht wollte er bloß Leuenberger gehörig eins auswischen. Wenn gleichzeitig noch ein paar Franken herausgeschaut hätten, umso besser. Wie geschwind ist doch der liebe Mensch bereit, einem anderen schnell etwas anzudichten oder gar unterzuschieben, vor allem, wenn der andere nicht die gleiche Uniform trägt wie er. Wie war es damals mit Klaui Fritz von Eisenbolgen[1]? Er hatte schon einmal aus dem Blechnapf gegessen und seither konnte im Tal passieren was wollte, ein Diebstahl oder ein Einbruch, und schon wurde der bedauernswerte Fritz verdächtigt. Auch wenn er zehn Menschenleben lang gebüßt und nie mehr etwas Verwerfliches angestellt hätte, hätte man immer noch bei jeder Straftat zuerst an ihn gedacht, sogar noch, als er schon auf dem Friedhof lag. Das Brandmal seiner Schandtat blieb an ihm haften, wie der klebrige Pinsel am Kleistertopf.

Pascal schämte sich plötzlich seiner schlechten Gedanken und meldete wenig später dem Fahnder, dass bei ihm nichts fehle, obschon sein Wecker spurlos verschwunden war. Da halt auch Pascal eines der unrühmlichen Kinder der Schöpfung war, das nicht immer nur das Beste von den Mitmenschen dachte, und klammheimlich doch ins Auge fasste, Frischknecht könnte der dreiste Einbrecher gewesen sein und damit auch seinen Wecker geklaut haben, es aber nicht beweisen konnte, zog er es vor zu schweigen, um seinen einstigen Zimmerkameraden nicht zu belasten. Dem unfreundlichen Beamten war Pascals Meldung völlig Wurst. Für ihn stellte der harmlose Einbruch im Heim doch nur eine lächerliche Lappalie dar, die ihm einzig den Schlaf geraubt hatte. Der Hüter des Gesetzes notierte mit seinen steifen Beamtenfingern Pascals Personalien und Aussage in unbeholfener Kritzelschrift auf ein Formular und ließ ihn unterschreiben. Erst dann raffte er sich doch noch auf, Pascal eine knappe Erklärung, was vorgefallen sei, abzugeben:

«Durch Ihr Zimmerfenster muss ein Unbekannter eingestiegen sein. In verschiedenen Zimmern scheinen Portemonnaies, Schuhe und sonst noch Gegenstände zu fehlen. Wenn Sie doch noch etwas vermissen sollten, müssen Sie es entweder mir oder der Heimleitung melden.»

[1] Eisenbolgen: Quartier in Meiringen.

Pascal nickte ebenso plump wie der Ordnungshüter und schlenderte in Richtung seiner Bude. Da lag plötzlich der neue Zimmerkollege im Bett und mimte den Schlafenden. Er war auch zu spät nach Hause gekommen und unbemerkt ins Haus geschlichen wie Pascal, aber viel später, als der Polizistenspuk praktisch schon vorbei war. Er schien überhaupt nichts bemerkt zu haben und schlummerte friedlich dem nächsten Morgen entgegen. Pascal kam das etwas eigenartig vor. Trotzdem bemühte er sich, keinen Lärm zu machen, schaltete das Licht erst gar nicht ein, ließ auch seine verstellte Liege stehen, wo sie war, und schlich unter die Decke. Plötzlich meldete sich die Stimme des Schlummernden aus der anderen Zimmerecke und flüsterte verhalten und weicher als Samt:
«Ich war heute das erste Mal bei meinem neuen Freund und habe mich in der Zeit verschätzt. Gell, du verrätst mich nicht.»
Seine Stimme war geradezu flehend.
«Bei wem denn, wie denn, warum denn?»
«Ich danke dir, schlaf gut»,
hauchte das weiche Organ zurück. Für Pascal war die Angelegenheit eigentlich erledigt und doch nicht ganz. Als der Oberländer so dalag und dem Einbruch und Hans Frischknecht nachsinnierte, hörte er auf einmal wieder die süßlichen Worte seines Bettnachbarn. Hatte er richtig gehört? Sprach der andere nicht eben von seinem neuen Freund? Verzückt, wie von einem schönen Mädchen? Pascal musste sich verhört haben. So spricht doch ein Junge nur von einem hübschen Mädchen.

Das Krankenlager

Am nächsten Morgen erwachte Pascal wie gerädert. Alle Muskeln taten ihm weh und mehr als zweihundert Knochen und über fünfzig Gelenke schmerzten unerträglich. In seinem Schädel tanzten tausend Rumpelstilzchen mit ganz spitzigen Schuhen. Das leere Schlucken wurde zur Qual. Bald schwitzte er, wie mitten im Heuet, dann fror ihn, als läge er in einer Gletscherspalte. Pascal war eigentlich nie krank, mit Ausnahme seines Gelenkrheumatismus vor Jahren, den Doktor Gut mit unzähligen

Penizillinspritzen in den Hintern kuriert hatte. Doch jetzt lag er da, ein Häufchen Elend, ein verschwitzter Fleischhaufen, unbeweglicher als eine Amöbe. Der Kranke überlegte, ob es nicht das Beste wäre, heute einfach im Bett zu bleiben. Da tauchte Ätti vor seinem getrübten Auge auf und sprach mit erhobener Stimme zu seinem siechenden Sohn, wie zu den jungen Gesellen, wenn sie am Vorabend in einem Wirtshaus hängen geblieben waren und am nächsten Tag nicht recht aufstehen mochten:
«Wer am Abend festen und saufen kann wie ein Erwachsener, soll am Morgen aufstehen und nicht liegen bleiben wie ein kleines Kind.»
Also nichts wie auf und in die Bodenweid. Gegen Mittag tippte ihn Lehrmeister Streng von hinten auf die Schulter:
«Was ist los mit dir? Du bewegst dich wie ein Schlafwandler.»
Der fiebrige Stift drehte sich um, etwas zu schnell, und musste sich augenblicklich auf die Säulenbohrmaschine stützen, um nicht der Länge nach hinzufallen.
«Du siehst ja erbärmlicher aus als eine Wasserleiche»,
stellte Streng bekümmert fest.
«Ja, ich fühle mich auch beinahe so. Ich glaube, ich habe Fieber.»
«Ja, das glaube ich allerdings auch»,
erwiderte sein Chef einfühlsam.
«Geh ins Bett und schwitze deine Angina heraus!»
Das musste er seinem vergrippten Lehrling nicht zweimal sagen. Pascal bedankte sich für das freundliche Mitgefühl und die Erlaubnis abzuhauen, grüßte und verschwand. Auf der Fahrt ins Lehrlingsheim schlotterte er so fürchterlich, dass es wenig mehr gebraucht hätte und sein ganzes Rad hätte sich aus den Schrauben gelöst. Im Bunker angekommen, meldete er sich auch gleich beim Alten krank. Das war Vorschrift. Der Hausvogt wollte über alles und jeden bis ins kleinste Detail informiert sein. Schließlich trage er die Verantwortung und nur so sei das Vertrauen der Eltern und der Stadt in ihn gerechtfertigt, war seine großmeinige Erklärung, die mehr einer billigen Ausrede für seine krankhafte Neugier gleichkam als tatsächlicher Besorgnis um die Stifte. Im Vorbeigehen drückte Leuenberger dem schwitzenden Patienten einen Fiebermesser in die Hand und befahl der Küchenjungfer sofort, heißen Tee und Aspirintabletten ins Krankenzimmer zu bringen. Aspirin und brühheißer Tee, das Allerweltsmittel der zivilisierten Welt, das jedes menschliche

Geschöpf in Zentraleuropa fast noch vor der Muttermilch kennen gelernt hat, kannte natürlich auch Pascal von zu Hause. Es war Müetis Heilmittel schlechthin. Sie verabreichte es bei jeder Krankheit und jedem Wesen, sogar den Kühen, wenn diese vom jungen Klee geblähte Bäuche hatten. Und wenns auch im Augenblick nicht half, wars fürs nächste Mal.

Wenig später lag der fröstelnde Mechanikerstift ganz tief in den Federn und das Fieberthermometer kletterte und kletterte den Berg hinauf und unterbrach seine rasante Steigtour erst bei neununddreißig Grad. Die alte Bunkerjungfer ließ es sich nicht nehmen, den leidenden Jüngling zu umsorgen und zu verwöhnen. Jede halbe Stunde erkundigte sie sich nach seinen Wünschen. Lag er wach im Bett, wollte sie wissen, warum er nicht schlafe. Schlief er, weckte sie ihn und fragte besorgt, ob er eigentlich noch lebe. Jede halbe Stunde schleppte sie ihm fast kistenweise Brot und Wurst und einen halben Eimer Tee ans Siechenlager, wohl wissend, dass ein Mensch nie so wenig isst, wie wenn er in hohem Fieber schmort. Aß er nichts, humpelte das betagte Mädchen beleidigt von dannen. Tat ihr Pascal müde und schläfrig kund, im Moment einfach keine Lust auf Brot und noch weniger auf Wurst zu haben, schlurfte sie wenige Minuten später mit einem riesigen Stück Kuchen ins Krankenzimmer. In ihrem ledigen Herzen schien sich in jenen Augenblicken so etwas wie mütterlicher Urinstinkt zu rühren, den jedes weibliche Wesen, ob menschlich oder tierisch, seit dem Schöpfungstage verborgen und still in sich trägt. Wenn die verblühte Jungfrau nicht gerade nachfragte, ob er doch nicht etwas essen wolle, trat der Heimleiter ans Krankenbett und überhäufte den Elenden mit medizinischen Ratschlägen. Ja, Pascal durfte nicht klagen. Ihm fehlte es an nichts, bloß an etwas Ruhe, dem einzig wirksamen Heilmittel für Kranke. Die allerdings gewährte man ihm nicht. Es war wirklich nicht einfach, im Lehrlingsheim krank zu sein.

Das aufrüttelnde Gespräch im Restaurant Bubenberg mit dem ehemaligen Oberrieder Lehrer hatte den Jüngling noch mehr mitgenommen als das fürchterliche Wetter auf dem Heimweg. Nicht bloß die Seele rebellierte gegen die übermenschliche psychische Belastung der letzten Tage, sondern auch der Körper wollte allmählich nicht mehr mitmachen. Der winterliche Frost hatte den Körper erkältet und die Ungewissheit über die Zukunft fast die Seele verbrannt. Beides genügte, um den jungen Menschen ins Bett zu werfen. Als sich nach zwei Tagen das Fieber immer noch nicht legen wollte, ließ Leuenberger den Hausarzt kommen. Es war ein uralter Doktor, der schon seit der Gründung der Stadt im Quartier praktizieren musste und sogar noch Hausbesuche machte. Er hörte sich den feurigen Brustkorb mit seinem eiskalten Stethoskop an, dass den Kranken noch mehr fröstelte als vorher. Dann klopfte der Medizinmann mit seinen knochigen Zitterfingern die rasselnden Lungen ab und verordnete letztlich Aspirin und glühend heißen Tee. Viel trinken, noch mehr schwitzen und ununterbrochen schlafen sei in solchen Fällen die einzig wahre Therapie und wenn es nichts nütze, so schade es wenigstens nichts. Sonst solle Pascal noch mit heißen Schwefeldämpfen die Atmung antreiben. Zum Troste, orakelte der weißhaarige Doktor weiter, stürben eigentlich nur betagte Leute an so schweren grippalen Infekten. Junge Körper wie seiner vermöchten sich in der Regel dagegen noch aufzulehnen und zu wehren. Wenn das Fieber allerdings binnen nützlicher Frist dann doch nicht zurückgehen wolle, müsse man halt mit einem Antibiotikum dahinter, das helfe dann schon. Aber der Einsatz dieser Wunderwaffe sei im Augenblick noch nicht indiziert und hieße, mit Kanonen auf Spatzen schießen. Mit der ermunternden Aussicht auf eine mögliche Gesundung verstaute der Arzt seinen Hörschlauch, das abgegriffene Hämmerchen und den altertümlichen Blutdruckapparat in der verkratzten Ledertasche und verließ das Krankenzimmer.

Dank Aspirin, siedendem Tee und Schwefeldämpfen, dem honigsüßen klebrigen Kuchen der Stiftenjungfer, etlichen Ratschlägen des Heimleiters, zuversichtlichen Worten aus der göttlichen Ecke der Medizin und wohl auch noch ein wenig aus eisernem Willen ging es mit dem Sohn der Alpen allmählich wieder bergauf. Zuerst kühlte sich der Körper wieder auf eine gesunde Temperatur ab und bald fühlte sich Pascal eigentlich auch nicht mehr krank, nur noch etwas schlaff und zittrig. Er hielt es jedoch nicht mehr aus im Bett, stand auf, spazierte im ganzen Haus herum, trat auch schon ins verschneite Gärtchen des Heimes an die frische Luft und fühlte sich von Minute zu Minute besser. Die gute Jungfer behauptete zwar das pure Gegenteil und hätte ihn am liebsten wieder unter die Decke gesteckt. Auf alle Fälle machte sie ihm klar, an seinem verfrühten Ableben dann keine Schuld zu tragen. Er sei gegen ihren Rat und viel zu früh aufgestanden und wäre dann sicher froh, auf sie gehört zu haben. Zum Dank für ihre aufopfernde Fürsorge und mütterliche Liebe schenkte ihr der Genesene seinen kleinen Strauß getrockneter Alpenrosen, den er im Hochsommer auf der Grindelalp gepflückt und über seinem Bett an einem Nagel an der Decke aufgehängt hatte. Die Alpenblumen waren Pascal stets ein Stück geliebte Heimat und Berge mitten in der betonierten Stadt. Das ganze Heim wusste und respektierte dies. Das verblühte Mädchen hatte Tränen in seinen schon halb erloschenen Augen und drückte den Dankesstrauß wie einen ergebenen Liebhaber zärtlich an ihre knochige Brust. Pascal stand gerührt neben ihr und hätte sie am liebsten umarmt. Er konnte ihrer ewigen Liebe und Treue gewiss sein und wusste auch, dass sie seine Alpenrosen zeitlebens aufbewahren und dereinst sogar mit ins kühle Grab nehmen würde.

Pascal drängte es, so bald als möglich wieder zur Arbeit zu gehen. Krank sein und untätig im Bett herumliegen war nicht seine Sache und hätte ihn mit der Zeit wirklich krank gemacht.

Arbeitsscheue Elemente

An einem der nächsten Wochenenden fuhr Pascal wieder einmal zu seinen Eltern. Er sagte ihnen nichts vom Fieber und noch weniger vom Gespräch mit Direktor Eigenheer und natürlich auch nichts vom Abend mit Samuel Salvisberg. Wenigstens im Moment noch nicht. Er schwieg sich auch über den Einbruch ins Heim und seine Vermutungen aus. Ätti und Müeti wären nur beunruhigt gewesen. Es schien ihm auch der eleganteste Weg zu sein, endlosen Fragen auszuweichen. Was die Eltern nicht wussten, konnte ihnen auch nicht weh tun. Dagegen erzählte er von seiner gelungenen Zwischenprüfung. Nicht um sich damit zu rühmen, sondern mehr um den Eltern eine Freude zu machen, denn sie hörten immer wieder gerne, wie tüchtig ihr Sohn war. Es machte sie nichts so glücklich. Dann zeigte Pascal Ätti die Schiebelehre, die er als Preis von der Firma geschenkt bekommen hatte, und demonstrierte, wie genau man damit einen Gegenstand ausmessen konnte, innen und außen und auch noch rundherum. Endlich machte man große Augen und fragende Gesichter zum Würfelspuk des Mitlehrlings Benno Gfeller. So gesehen saßen die drei Laubschers eigentlich recht gemütlich und zufrieden, wie früher, am Esszimmertisch. Unterdessen hatte die Mutter Kartoffeln gesotten, dazu würzigen Käse vom großen Laib abgeschnitten und feine gelbe Butter, knuspriges Brot und sogar eine kleine Citterio-Salami aufgetischt. Allen lief das Wasser im Munde zusammen und man wartete eigentlich nur noch auf den guten Tannenfranz. Die Gesellen waren allesamt ausgeflogen. Der Unglücksfahrer vom Kirchet hatte sich wieder aufgerappelt und wie fast jeden Samstag mit irgendeiner hübschen Biene ein Rendezvous. Der Stift verbrachte das Wochenende bei seinen Großeltern in Guttannen, der Meistergeselle bei seiner Frau und Renatchen und der Knecht übte im Adlerstübli für das Theater des Jodlerclubs.

Der Augenblick war Pascal hold, die Stimmung gut und die Gelegenheit günstig, jetzt ein wenig, ganz locker und ungezwungen, von der Zukunft zu plaudern. Er gedachte, sachte, sachte und gefühlvoll tastend vorzugehen. So nebenbei einmal die Idee mit der Matura ins Spiel zu werfen, mehr zufällig. Er würde den Eltern halt dann, so gut es ginge, erklären, was das ist und was man damit anfangen könnte. Nicht etwa schon jetzt, sondern später, viel später natürlich. Jahre nach dem Lehrabschluss, wenn er bereits eine gute Stange Geld verdient hätte. Damit wollte der Sohn erst einmal den Puls der Eltern fühlen und schauen, wie sie sich dazu stellen würden. Je nachdem könnte er dann etwas gezielter und sogar mit scharfer Munition schießen. Also fing Pascal an zu reden, umständlich und auf endlosen Um-, das heißt eigentlich besser gesagt Irrwegen. Blieb auch prompt da und dort tief stecken und musste sich notlügend und mit beschönigenden Schnörkeln aus dem Morast ziehen. Er erzählte schließlich, dass er durch blanken Zufall einen gewissen Herrn Salvisberg, einen ehemaligen Lehrer vom Oberried, wieder getroffen hätte. Das tönte erst einmal nicht so schlecht, umso mehr, als Vater und Mutter gewaltige Stücke aufs Oberried und alles, was da je rauskam oder reinging, hielten.

Pascal erzählte alles so nebenbei und zufällig, dass seine aufmerksamen Eltern schon nach den ersten zehn Silben deutlich errieten, dass da mehr als nur Zufälligkeit dahinter steckte und dass ihr Sohn etwas ganz Bestimmtes im Visier hatte. Den Sturz mit dem Fahrrad verschwieg er wohlweislich. Die Mutter hätte ihn sonst noch gebeten, den ganzen Weg zur Arbeit in Zukunft zu Fuß zu machen. Sie hatte einen höllischen

Respekt vor den unzähligen Autos, breiten Trolleybussen und quietschenden Trams. Also redete Pascal vor allem von Samuel Salvisberg, wie dieser an der Universität Bern studiere und wie toll es überhaupt sei, dass es so gescheite Menschen gebe, die ein Studium absolvieren könnten. Pascal gegenüber saß Ätti und lauschte aufmerksam den Worten seines begeisterten Sohnes. Dieser hielt Vaters große Aufmerksamkeit für das beste Omen und eine günstige Ausgangslage. Die Sterne schienen sich allmählich und eigentlich doch ganz unerwartet auf seine Bahn hin zu bewegen. Als der Vater zu seinen Ausführungen sogar noch anerkennend nickte, meinte der Sprössling vom gelben Haus, nun allmählich mit gröberem Geschütz auffahren zu können. Doch auf einmal und wie aus heiterem Himmel unterbrach der Tischherr den einsamen Monolog seines Buben und meinte: *«Ja, ja, lieber Bub, du hast schon Recht. Mutter und ich sind mächtig froh, dass aus dir doch noch etwas Rechtes wird und du nicht studierst. Man weiß ja, dass nur arbeitsscheue Elemente studieren, weil sie zu faul zum Arbeiten sind.»*
Pascal hatte gerade eine dicke Scheibe Salami genüsslich in den Mund gesteckt, als die väterlichen Worte auf ihn herunterprasselten, wie Stockhiebe auf einen unfolgsamen Hund, und ihm vor lauter Schreck die Wurstscheibe zuhinterst im Hals stecken blieb, sodass er den ganzen Bissen nur noch hustend hervorwürgen konnte, um nicht auf der Stelle zu ersticken. Er musste sogar so arg würgen, dass er nicht einmal mehr stehend recht Luft bekam.

Apokalyptisches Inferno

Plötzlich tauchte Tannenfranz auf, klitschnass bis auf die Knochen. Völlig außer sich rief er, ohne Gruß und am ganzen Körper zitternd, ins Esszimmer hinein, dass ein gewaltiges Wintergewitter mit Donner und Blitz losgebrochen sei. Es schneie wie in Lawinen und regne aus Schleusen, wild durcheinander, und der Sturm habe die Fensterläden des Hauses auf der Plattenstockseite heruntergerissen. Sie lägen zerschlagen und zerstreut ums ganze Haus. Der gute Oheim war nicht schlecht erstaunt, dass die drei Menschen von allem nichts gemerkt haben wollten, derweil das Feuerhorn blies, die Kirchenglocken Sturm läuteten und das halbe Dorf auf den Beinen stand. Augenblicklich rannten die Männer auf den Hausplatz hinunter, als auch schon eine orkanartige Bö von der Grimsel her fast das halbe Dach auf der Ostseite des gelben Hauses knarrend anhob und Sekunden später pfeifend durch die Luft schleuderte. Es krachte und donnerte infernalisch und die Mannen hatten bares Glück, sich gerade noch im Treppenhaus vor herunterstürzenden Ziegeln in Sicherheit bringen zu können. Es stürmte und tobte, fegte und toste, als wollte die Welt jeden Moment untergehen. Sintflutartiger Schneeregen peitschte gegen die Fenster, dass sie fast barsten. Ein Blitz löste den andern ab und erhellte die winterliche Finsternis zum Tage. Donner krachte auf Donner und ließ sogar die Engelhörner erzittern. Die beiden Brüder, schon im Tal geboren, mochten sich nicht im Entferntesten an ein nur annähernd so apokalyptisches Gewitter im Winter erinnern. In wenigen Minuten schwoll der ruhige Alpbach zu einem reißenden Fluss an und überschwemmte das ganze obere Steindli.

Erst nach einer bangen Stunde legte sich das Unwetter allmählich. Der Himmel beruhigte sich und es trat eine fast gespenstische Ruhe ein. Der gefürchige Sturm hatte sich ins Grimselmassiv zurückgezogen und den Leuten im Tal wieder einmal gezeigt, wer Herr und Meister im Hasli ist. Menschlein und Tierlein schauten erlöst und ehrfürchtig in den unendlichen Nachthimmel hinauf und waren dankbar, dass die Schöpfung dem verderblichen Spiel der Natur Einhalt geboten und nicht auch noch Leben gefordert hatte. Das ganze Dorf war wach und jede Hand, ob alt oder jung, musste helfen: Steine heranschleppen, dem Ufer des Alpbaches entlang aufschichten und Sandsäcke vorlegen, um der ungestümen Urkraft des wilden Wassers den Weg ins Dorf und Steindli hinunter zu verwehren. Der Sturzflut mit steinigem Geröll und entwurzelten Baumstämmen war kein Gärtlein und keine Wiese, kein Stall und kein Haus heilig genug. Bald lag überall knietiefer Schlamm und Hölzer türmten sich kreuz und quer auf. In den nächsten Tagen berichteten fast alle Schweizer Zeitungen von der Katastrophe im Hasliland. Bei den noch lebenden Bewohnern wurden Erinnerungen an die zwei verheerenden Brandunglücke am Ende des vorigen Jahrhunderts, die das Dorf beide Male in Schutt und Asche gelegt hatten, wach.

Am Montag in der Haslere und im Lehrlingsheim schon nach der sonntäglichen Ankunft hatte der Meiringer ausführlich zu berichten. Ob das Haus seiner Eltern auch in Trümmern läge, wollte einer wissen. Ob das Tal jetzt nur noch ein mächtiger See sei und ob die Berge überhaupt noch stünden, begehrten andere zu vernehmen. Alle, von Stucki über Streng bis zu Moser, von Pascals neuem Zimmergenossen Michael Warm bis zur Bunkerjungfer Pia und zu Leuenberger, wollten wissen, warum ausgerechnet im stillen Haslital so etwas Grauenhaftes geschehen könne, als hätte Pascal darauf eine Antwort gewusst. Sein Chef, Herr Streng, brüstete sich, einen Naturburschen vom Schlage der Haslitaler seinen besten Lehrbuben nennen zu dürfen. Der hohlwangige Lehrmeister lobte und rühmte die ganze Woche den heldenhaften Einsatz der Meiringer Bevölkerung mitsamt seinem Azubi, als wäre er selber dabei gewesen. In der Kantine wurde der Oberhasler Stift wie ein Pokal herumgereicht. Man bestaunte ihn und wurde nicht müde, zehnmal die gleichen Fragen zu stellen. Pascal wurde aber nicht nur bewundert, sondern von manchem Mitstift auch arg beneidet, weil der Beste von der Werkhalle oben nun auch hier unten am Esstisch im sonnigen Mittelpunkt stand, wo er doch wirklich nichts dafür könne. Er sei halt schon so durchtrieben, dass er selbst eine Naturkatastrophe in einen eigenen Vorteil umwandeln könne.

An den Abenden gings im gleich flotten Tramp im Lehrlingsheim weiter. Pascal dramatisierte die Geschichte auch ein wenig, ließ da und dort einen heruntergestürzten Stein zu einem gigantischen Felsbrocken anwachsen oder sogar einen Menschen oder wenigstens eine kleine Ziege durch die Luft fliegen. Dann humpelte das verblühte Bunkermädchen davon und holte Pascals Alpenrosensträußchen, dessen tiefere Bedeutung nur sie und er kannten, und drückte das verstaubte Gebinde gefühlvoll an ihre schweratmige Brust, als wolle sie ein kleines, noch unversehrtes Stücklein Haslital liebkosen, und drückte dabei in Gedanken wohl mehr Pascal als die Röslein an ihr müdes Herz. Die grauhaarige Alte war noch nie dort oben gewesen, aber durch ihre innerliche Nähe zu Pascal mit seinem Heimatland vertrauter als mancher, der dort oben wohnte. Pascal hatte sie oft beobachtet, nur im Stillen, wenn sie nach dem Essen das Geschirr in die Küche hinaustrug und dann mühsam zurück in den Essraum schlurfte, um den Tisch abzuwischen, jeden Tag etwas ächzender und gebeugter, aber eigentlich immer zufrieden. Als Pascal elend und fiebrig im Bett steckte, sann er, sie einmal an einem Wochenende mit nach Meiringen zu nehmen, um ihr Dorf und Tal zu zeigen. Zur Ausführung dieses Vorhabens kam es nie. Er scheute den Spott und das Gelächter der Mitbewohner und deren falsche Auslegung und hätte auch nicht recht gewusst, wie er die eigentümliche Einladung den Eltern hätte erklären sollen. Irgendwie beeindruckte ihn die bescheidene Jungfer. War es Dankbarkeit oder pures Mitleid? Er wusste es nicht. Sie musste doch auch einmal ein Zuhause gehabt haben, war auch einmal ein junges, vielleicht sogar begehrenswertes Mädchen gewesen. Vielleicht hatte sie damals einen Liebhaber und Pläne für die Zukunft. Vielleicht wäre sie eine wunderbare Mutter und liebevolle Gattin geworden. Was hatte sie schon vom Leben gehabt, an dessen Ende sie nun stand? Sie musste dankbar sein, wenigstens noch im Stiftenbunker den schnöden Bengeln kochen zu dürfen, das Geschirr abzuspülen und die Böden zu fegen. Manchmal, wenn ihre müden Augen Pascal anschauten, verjüngte sich ihr Ausdruck und das faltige Antlitz nahm entrückte Züge an und ihre getrübten Lichter flammten kurz auf, als sähen sie schon über Grenzen hinaus, die jungen Menschen noch verschlossen sind.

Der Brief

Auf seinem Bett lag ein Brief von Samuel Salvisberg mit der Einladung zu einem Teller Spaghetti an die Neubrückstrasse für den nächsten Samstag. Pascal spürte beim Lesen der Zeilen, dass dieser Samstag für ihn von schicksalhafter Bedeutung sein könnte, ohne dass er für die unergründliche Vorahnung eine rationale Erklärung fand. Auf seinem Krankenlager hatte er Zeit und Muße genug gehabt, über sich und die Lehre, die Zukunft und das eigenheersche Angebot nachzudenken. Würde er auf den Handel mit der Haslerstiftung einsteigen, müsste er zuerst die Lehre abschließen und dann die Matura machen. Erst nachher käme er in den Genuss des Stipendiums. Für das Gymnasium würde ihn die Stiftung ohnehin nicht unterstützen, frühestens für das Ingenieurstudium an der Technischen Hochschule. Klar, der Geldgeber wollte keine Katze im Sack kaufen. Pascal würde auf diesem Wege nur gute Jahre verlieren und vielleicht ein Studium in Angriff nehmen müssen, das ihm gar nicht passen und entsprechen würde. Die Hände wären ihm gebunden, wie Salvisberg schon verlauten ließ. Eben ein Tausch der Freiheit gegen die Ausbildung an der Hochschule. Genau dort lag der Hund begraben.

Das einseitige Geschäft wollte dem freiheitsliebenden Bergler immer weniger gefallen. Matura und Studium ja, doch nicht zu diesem Preis. Aber wer sollte sonst bezahlen? Vom Vater würde er keinen müden Rappen bekommen, im Gegenteil. Dieser würde jeden erdenklichen Hebel in Bewegung setzen, die Spinnerei abzustellen, und die Mutter hatte gar keine Möglichkeit, ihm Geld zuzustecken, sie besaß ja kein eigenes. So einem Phantasten könnte eigentlich nur ein Wunder helfen. Aber was, wenn er als Haslerlehrling in einem Zeitpunkt, in dem eine wolkenlose Zukunft vor ihm lag, die Lehre vorzeitig abbräche und dann die Matura nicht schaffen würde? Er hätte und wäre weniger als nichts. Hätte nicht einmal mehr das Vertrauen in sich selber, und das seiner Eltern schon gar nicht mehr. Übrig bliebe ein größenwahnsinniger Blindgänger.

Handkehrum betonte gerade Ätti bei jeder Gelegenheit: Wer nichts wagt, gewinnt nichts. Wie war das doch vor ein paar Jahren, als Vater ein schwächliches Zuchtkalb kaufte? Die Mutter riet, trotz günstigstem Preis, mit Händen und Füßen vom Erwerb des halbtoten Tieres ab und war überzeugt, dass Viehhändler Zenger dem Vater für das wenige Geld das kranke Geschöpflein bloß andrehen wollte, damit es nicht im Stall des Schulvorstehers verende und ihm böse Worte und Scherereien mit den Nachbarn eintrüge. Wie hatte Ätti seinen Kopf durch sieben faustdicke Eichenwände hindurchgestiert, dass sich sogar der heitere Ehehimmel für kurze Zeit mit schweren Gewitterwolken verdunkelte! Aber das kraftlose Tierchen musste her. Mit Aufpäppeln, viel Liebe und unendlicher Geduld würde das Kerlchen dann schon gedeihen und zu einer gefreuten Kuh heranwachsen, war Ättis felsenfester Glaube. Und es war auch so. Der gütige Himmel hatte immenses Einsehen mit Mensch und Tierlein und es gedieh, wie kein anderes Kalb je zuvor, und stand jahrelang als beste Milchkuh im Stall, bis sie für Pascals Schule verkauft werden musste. Als der Käufer mit ihr vom Höflein trottete, hatte Mutter von allen Laubschers die mächtigsten Tränen in den Augen. Ätti rühmte fortan seinen Weitblick und das Gottvertrauen, das man eben auch in Bezug auf schwächliche Kreaturen haben müsse. Wären diese nicht lebenstüchtig, gäbe es sie auch nicht. Mutter konnte seine Weltweisheit schon fast nicht mehr mit anhören.

Jene Tage gehörten aber schon lange der Vergangenheit an und zur Stunde war Pascal das elende Kälbchen, das dringend Hilfe, Liebe und Geduld brauchte. Wo blieb nunmehr Vaters Zuversicht, sein Mut und sein unerschütterliches Gottvertrauen? Wie gerne wäre Pascal, als Zengers schwächliches Kalb, in Vaters Stall gelegen. Doch der junge Mann war eben weder ein schwächliches Kalb, wenigstens kein vierbeiniges, noch glaubte er an Wunder. Also konnte nur noch Samuel Salvisberg die Lösung des Rätsels kennen und seine letzte Hoffnung sein.

Ungeduld

Auf dem Weg an die Neubrückstrasse kaufte Pascal in aller Eile noch eine kleine Flasche Wein und stand, aufgeregt wie ein Backfisch vor seinem ersten Rendez-vous, schon eine gute halbe Stunde zu früh an der Mansardentüre seines Retters. Sollte er nun anklopfen oder leise kehrt machen und vor dem Hause oder sonst irgendwo die Zeit noch absitzen? Pascal hatte gar nicht viel Zeit zu überlegen, denn bereits öffnete sich die Türe und Salvisberg bat ihn schmunzelnd einzutreten:
«Es hätte mich überrascht, wenn du nicht zu früh gekommen wärest.»
Wie Recht er wieder einmal hatte. Pascal wäre am liebsten schon am Vorabend gekommen. Der Sohn vom gelben Haus hatte noch nie warten können und erst recht nicht, wenn ihn etwas drückte. Er stellte den Wein auf den Tisch und nahm die freundlichen Worte fast als Kompliment entgegen. In der rechten Ecke des Zimmers gab es eine bettähnliche Liege. An der Wand gegenüber war ein Büchergestell, vollgestopft mit Büchern, Zeitschriften und Schallplatten. Davor standen zwei kleine, ausgesessene Fauteuils und ein nierenförmiges Salontischchen. Samuel Salvisberg entschuldigte sich kurz und verschwand in der winzig kleinen Küche, wo bereits die Spaghetti brodelten. Es war keine eigentliche Küche, nur ein

schmaler Abstellraum mit einem kleinen Klapptisch an der Wand, darauf ein Rechaud mit zwei Platten und daneben ein etwas improvisierter Spültrog.

«Pascal, komm nur, mach den Wein auf und hilf mir den Tisch decken!»,

forderte Salvisberg seinen Besuch auf. Wenige Minuten später saßen die beiden ungleichen Männer, der Lehrling und der Student, der Zappelige und der Bedächtige, der rustikale Oberländer und der schöngeistige Städter auf den kleinen Fauteuils vor dem Nierentischchen und wickelten genüsslich ihre Spaghetti um die Gabel. Man erzählte sich zuerst ein wenig abtastend Geschichten aus dem Oberried, nach dem altbewährten Motto: «Weißt du noch, als …?», uralten Bekannten gleich, die sich nach einer Ewigkeit wieder einmal getroffen haben und Erinnerungen aus der Kindheit aufwärmen, mit heimlichen Tränen in den Augen und Trauer im Herzen über die längst verflossene, sorgenfreie Zeit. Pascal saß wie auf glühenden Kohlen und mochte kaum warten, bis endlich sein Problem in Angriff genommen würde. Das schien Salvisberg zu spüren, denn plötzlich meinte er:

«Füll dein Glas, damit wir Duzis machen können, das ist unter Studenten so der Brauch»,

und hob sein Glas stimmungsvoll:

«Ich heiße Samuel.»

Pascal stand überrascht und auch etwas ungestüm auf, schaute seinen neuen Duzfreund verblüfft an und stieß so heftig mit ihm an, dass ihm fast das Glas aus der Hand fiel.

«Unter Studenten so der Brauch …»,

echote es in seinem Kopf. Dann hob Samuel Salvisberg feierlich zu sprechen an.

«Du musst die Matura machen.»
Er hatte des Pudels Kern unvermittelt getroffen. Der Student machte darauf eine würdevolle Pause und wartete auf Pascals Reaktion. Doch der schwieg wie ein Grab. Samuel ließ gedankenversunken eine kurze Weile verstreichen, als müsste er überlegen, während der Lehrling gespannt auf weitere Worte seines Gegenübers wartete und förmlich an dessen Lippen klebte. Dann hielt es Pascal nicht mehr aus und stieß hervor:
«Ja, und wie stellst du dir das denn vor, mit meiner Primarschule?»
«Ganz einfach»,
entgegnete der Gefragte,
«ich bereite dich aufs Gymnasium vor.»
Pascal glaubte zuerst, nicht recht gehört zu haben, und stotterte kleinmütig:
«Das würdest du tun für mich?»
«Ja natürlich»,
kam die lakonische Antwort. Pascals Herz schlug bis zum Hals hinauf. Seine zittrigen Finger vermochten kaum mehr die Gabel zum Munde zu führen. Das Weinglas wagte der Jüngling schon gar nicht mehr anzusetzen, er hätte glatt den ganzen Inhalt verschüttet.
«Ja, aber, wie stellen Sie sich ...? Ich, ich meine, wie stellst du dir das denn vor? Wo? Wie? Wann denn? Und was soll das Ganze kosten?»
Pascal bereute sogleich seine dummen Fragen, vor allem die nach den Kosten. Jetzt hatte er endlich einen Menschen gefunden, der auf ihn zuging und ihm helfen wollte, und er wusste nichts Gescheiteres, als von Geld zu reden. Oder hatte sein neuer Freund am Ende auch darüber schon nachgedacht und ein Geheimrezept gefunden? Wenn er doch nicht andauernd so vorlaut gewesen wäre, schalt sich Pascal und hätte sich beide Ohren einzeln ausreißen können. Er entschuldigte sich leise und fast ein wenig tölpelhaft. Samuel ging gar nicht auf seine Entschuldigungen ein und auf die plumpe Abbitte noch weniger, die er vermutlich gar nicht gehört hatte, und sagte unversehens:
«Du kommst jeweils nach der Haslere zu mir, dann futtern wir zuerst etwas, nicht viel, irgendetwas Kleines, damit wir gerade genug Kraft zum

Studieren haben und nicht vollgefressen und faul sind wie die alten Römer, denn «plenus venter non studet libenter», wie der Lateiner so schön sagt. Das besagt, ein voller Bauch studiert nicht gerne»,
erklärte der Philosophiestudent ein wenig schulmeisterlich. Pascal vermochte nur noch tiefe Löcher in die Mansardendiele zu staunen und schwieg verzückt. Er saß überglücklich vor seinem halb geleerten Teller, wie ein kleiner Junge, dem der liebe Gott die Weihnachtsbescherung höchstpersönlich in die Hände gedrückt hatte.
«Was meinst du dazu?»,
unterbrach der Lehrer die schier unheimliche Stille. Dieses Mal sagte der Schüler ohne zu zaudern und laut «ja» und noch einmal tausendmal «ja». Und doch entwischte ihm wieder ein kleines Aber.
«Was ‹aber›?»,
räusperte sich sein Mentor etwas unwirsch.
«Wenn du wieder mit dem Geld anfängst, so sage ich dir ein für alle Male: Es kostet nichts. Schlicht und einfach nichts – gar nichts.»
Ungläubiger als der heilige Thomas durchbohrte der frisch gebackene Eleve seinen Lehrer mit einem Blick und hätte die frohe Kunde am liebsten mit den Händen gedrückt, gedreht und gefühlt, als dieser ihm auch schon das Wort aus dem Mund nahm und erklärte:
«Mir hat vor Zeiten auch jemand geholfen und jetzt tue ich dasselbe für dich und du wirst es auch einmal für jemanden tun.»
Pascal musste seinen Freund so drollig angeschaut haben, dass dieser spontan grinste und nicht wenig geheimnisvoll hinzufügte:
«Es geschehen halt noch Zeichen und Wunder zwischen Himmel und Erde.»
Von jenem Tage an glaubte Pascal erneut an Wunder. Vor dem Einschlafen faltete er wieder einmal die Hände und dankte dem Himmel. Wenn man schon lange nicht mehr gebetet hat und plötzlich wieder damit anfängt, ist das vielleicht die Antwort auf einen Notschrei aus der Umgebung des schlechten Gewissens. Warum besinnt sich der Mensch immer erst im Elend oder wenn er einer Misere knapp entronnen ist, der Allmacht? Der betrübliche Gedanke an seine kummerbedingte Gotteserinnerung ließ den Mechanikerlehrling plötzlich an seinen Freund im Kloster denken. Er hatte Pius vor ein paar Wochen zum letzten Mal in Meiringen gesehen, als sie im Kino die «Zehn Gebote» angeschaut und danach noch

ein wenig darüber philosophiert hatten. Aber der Seminarist zeigte sich kaum mehr zugänglich und dem Weltlichen fast schon ein wenig entrückt. Es machte überhaupt den Anschein, dass er in letzter Zeit um sich herum eine Mauer errichtet hatte, die noch dicker war als die ums Kloster. Und sein Schutzwall ragte bereits so hoch in den Himmel hinauf, dass kein Mensch mehr zu ihm hineinsehen konnte und er auch nicht mehr hinaus. Seit sich Pius endgültig entschlossen hatte, Priester zu werden, und von da an täglich in die Messe ging, konnte er keine Rührung mehr ohne Scham zeigen. Wenn er im Dorf einem Mädchen begegnete, das ihn mit freundlichen Augen anlachte, wie an jenem verregneten Sonntag vor dem Kino, klebten seine Lippen zusammen und fanden keine Worte des Grußes mehr, als wäre schon das bloße Auftauchen einer weiblichen Gestalt für ihn eine Sünde gewesen. Das starke Symbol des Priesterrockes, das sich ihm im Laufe der Zeit langsam in die Seele brannte, und die Vorstellung des zukünftigen Lebens darin schien aus ihm ein vereinsamtes, narzisstisches Wesen zu machen, das Pascals Welt gegenüber zunehmend fremder und verschlossener wurde. Wenn er ihn in seinen Briefen fragte, ob er denn in der Soutane glücklich zu werden glaube, wich Pius regelmäßig aus und antwortete, dass es eben höhere Ziele gebe, als einfach körperlich glücklich zu sein. Aber gerade dieses simple irdische Glück, von dem sich der Kollegianer mit jeder Faser abwandte, wollte sich Pascal mit allen Mitteln und Zug um Zug erkämpfen.

Ungeahnte Folgen

Pascal meldete sich bereits in der darauf folgenden Woche von den Abendkursen an der Gewerbeschule ab, ohne dafür allerdings einen bestimmten Grund anzugeben. Das sollte für ihn nicht ohne Folgen bleiben. Keine vierzehn Tage später zitierte ihn Oberlehrmeister Stucki unverhofft ans hohe Podest heran. Der Alte fackelte nicht lange und legte sogleich in seiner unverblümten Art los, sogar noch eine Spur ernster als sonst. Er begehrte sofort zu wissen, «welcher verdammte Teufel ihn eigentlich geritten habe, den Technikumvorbereitungskurs an der Gewerbeschule so unbegründet und auch noch zur Unzeit abzubrechen». Man sei auch sonst nicht mehr so zufrieden mit ihm wie noch vor ein paar Wochen, schleuderte ihm der Alte dann ins Gesicht, sodass es die vorderste Reihe der Stifte deutlich hören konnte. Er solle gefälligst aufpassen, sonst wehe dann ein ganz anderer Wind. Der Alte tobte und brüllte wie mit einem Tauben und war gar nicht mehr zu beruhigen. Der Obermeister würde wohl kaum einmal an Anstand sterben. Pascal kam gar nicht dazu, eine Frage zu stellen. Er wurde gewissermaßen von einem schweren Zenturionpanzer überfahren und stand völlig ratlos vor dem mächtigen Schreibtisch. Stucki durchbohrte den elendiglichen Stift mit seinen stichigen Augen, aus denen in jedem Moment Gift herauszuspritzen drohte.

Wo und wie konnte Stucki nur sein Wissen herhaben, fragte sich Pascal tausendmal. Dabei hallten die letzten Worte des Meisters schmerzlich in seinem Schädel nach: «Man sei auch sonst nicht mehr so zufrieden mit ihm». Was sollte dieser unberechenbare lehrmeisterliche Gemütsausbruch? Pascal meinte, dass er nach wie vor seine Sache recht gemacht habe und die kalte Dusche überhaupt nicht verdient hätte. Er hatte auch keine Ahnung, wer das eisige Wasser so urplötzlich angedreht hatte. Was konnte nur in den Alten gefahren sein? Pascal forschte verstohlen im Gesicht des glatzköpfigen Lehrmeisters weiter. Woher wusste er das mit den Abendkursen? An und für sich ging die Freizeit weder den Lehrbetrieb noch den Meister etwas an. Die miserable Laune Stuckis sah ihren Grund wohl eher im verlorenen Fußballspiel vom letzten Sonntag als in Pascals abgebrochenem TK-Kurs. Klar, irgendein armer Teufel musste nun für das Unvermögen der Ballnieten seinen Kopf hinhalten. Sonst traf es gewöhnlich Gfeller oder Röthlisberger oder einen anderen bedauernswerten Tropf und heute kam eben Pascal zwischen die schweren Mühlsteine. Bei genauerem Hinsehen musste der Gescholtene allerdings zugeben, dass auch Lehrmeister Streng, sonst sein Mentor und Förderer, ihm in den letzten Tagen anders begegnet war als vorher. Die Lösung des fast unlösbar scheinenden Rätsels lag, wie so oft bei merkwürdigen Vorfällen, im berühmten Buschtelefon. Ein Gewerbeschullehrer aus Pascals TK-Kurs nämlich, ein gewisser Herr Hartmann, hatte mit Stucki zusammen seinerzeit das Technikum absolviert. Beide saßen sie nun schon fast seit der letzten Völkerwanderung in der Lehrlingskommission und während der gestrigen Sitzung hatte der Gewerbelehrer seinem Freund Stucki die Ge-

schichte mit Pascals überraschendem Rückzug von den Vorbereitungskursen hinterbracht. Der zermalmte Azubi stand noch immer sprachlos vor seinem Lehrmeister, als dieser endlich den Judas verriet:
«Herr Hartmann hat mir auch gesagt, dass du einer der Besten im Kurs gewesen bist. Umso weniger verständlich ist es, dass du jetzt einfach völlig grundlos den Bettel hinschmeißt.»
Stucki fing erneut an zu brüllen, sodass trotz Maschinenlärm bald die ganze Halle die Schelte mitbekam. Der Alte ließ nicht mehr los, wie ein bösartiger Rottweiler hatte er sich in Pascal verbissen. Plötzlich schrie er zornig in den lärmerfüllten Saal hinaus:
«Über meine Stifte bleibt mir nichts verborgen!»
Der zu einer lächerlichen Figur zusammengestauchte Stift aus Meiringen stand immer noch betroffener denn je vor dem Richterpodest und wusste kaum mehr, wohin schauen. Er war drauf und dran aufzumucksen, ließ es dann aber doch bleiben und schwieg betreten. Die Entscheidung, aufzubegehren oder nicht, nahm ihm der Prinzipal unverhofft gleich selber ab, als er perfid weiterbohrte:
«Es wird denk wegen einem Mädchen sein.»
Also wenn schon, feuerte es Pascal auf einmal durch den Kopf, ist das mit dem Mädchen gar keine so schlechte Idee. Mit der vollen Wahrheit konnte er im Moment unmöglich herausrücken, also schwieg er verdächtig. Aber das störrische Stillschweigen war dem aufgebrachten Obermeister nun weit mehr als die offene Bejahung der Frage. Es war ihm ein astreines Geständnis.
«Also ist es doch ein Mädchen. Ich dachte es mir schon. Oh, immer wieder diese verdammten Mädchengeschichten mit euch dummen Buben. Kaum seid ihr trocken hinter den Ohren, werdet ihr weibig, als hätte das nicht noch lange Zeit»,
fluchte er enttäuscht und erbost seinen Vorzeigestiften an. Pascal schluckte zweimal leer, zauderte noch ein wenig, doch dann rang er sich durch und schwindelte seinen Boss unverhohlen an und gestand, fast ein wenig erleichtert:
«Ja, Herr Stucki, es ist wegen einem Mädchen.»
Die Notlüge schien dem Lehrling im Moment das kleinste Übel. Was konnte Stucki schon gegen eine Liebschaft einwenden? Nichts, solange Pascal seine Arbeit anständig und pünktlich erledigte. Und in private An-

gelegenheiten sich einzumischen, hatte weder der Alte noch die Firma ein Recht.
«So, so, du hast also ein Mädchen»,
knurrte der Glatzkopf noch einmal und schüttelte verächtlich seinen kleinen, halslosen Kopf. Stucki schien enttäuschter als ein kleines Kind, dem man das Christfest gestohlen hatte. Mit einem letzten zornigen Blick versuchte er, in den abtrünnigen Lehrbuben hineinzustechen, als gelänge ihm damit dessen endgültige Entzauberung von seinem Mädchen.

Die Vorbereitung und die Probleme

Jeden Abend nach der Arbeit stieg Pascal an der Neubrückstrasse die steile Treppe zu Samuels bescheidener Mansardenwohnung hinauf. Sobald sich die schmale Türe des kleinen Zimmers knarrend öffnete, wehte ihm bereits die hehre Welt der Geometrie und Algebra, der französischen Verben und deutschen Grammatik sehnsüchtig entgegen und schloss den Neugierigen freudig in die Arme. Der Eleve sog an der Zitze des abendlichen Unterrichts, gieriger als ein hungriger Säugling an der Brust der Mutter. Nur noch selten blieb ihm Zeit, seine Eltern in Meiringen zu besuchen. Dafür telefonierte er ihnen oft und beteuerte, Tag und Nacht lernen zu müssen. Die guten Leutchen im fernen Haslital waren stolz, einen so strebsamen Sohn zu haben, und nahmen das Opfer, ihn nur noch gelegentlich zu sehen, bereitwillig an. Wenn er nur vorwärts kam. Pascal belog sie nicht wirklich, auch wenn er nicht sagte, wozu er eigentlich pausenlos büffelte. Das durfte und konnte er nicht. Ätti hätte ärger getobt als der angekettete Bäri vor Einbrechern.

An den Wochenenden lernte sich am ungestörtesten. Da musste keine Drehbank nachgestellt und kein Lehrmeister besänftigt werden. Pascal büffelte mit der Hingabe eines Novizen, bis seine graue Substanz erlahmte, als überfiele sie ein Muskelkrampf. Jeden Abend unter der Woche verbrachte der Haslerstift nun bis gegen Mitternacht bei Samuel Salvisberg, seinem selbstlosen Freund und Lehrer. Einzig Heimleiter Leuenberger wurde von Schüler und Lehrer in das Geheimnis der späten

Nächte eingeweiht und gebeten, keiner Menschenseele etwas zu verraten, nicht einmal der alten Jungfer, die immer und immer wieder mit traurigen Augen nachfragte, wo Pascal eigentlich die halben Nächte verbringe. Er müsse halt jetzt auch in der Nacht arbeiten, gab er ihr an. Telefoniert werde nämlich nicht nur tagsüber, sondern auch abends könne dann und wann halt ein Fernmeldeapparat kaputt gehen und dafür sei eben Pascal zuständig, log Leuenberger schelmisch und übertrieb faustdick, aber beruhigte damit wenigstens die besorgte Seele. Der Bunkervogt hielt sich mit eiserner Strenge an das Versprechen und Pascal hatte Ruhe vor ihm und auch einen Nachtschlüssel. Dafür fing Pascals Verhältnis zu seinem Lehrmeister Streng nun böse an zu kriseln. Der Mentor fand, dass sein voreinst bestgerühmter Lehrling in allen Belangen nachgelassen habe, nicht mehr interessiert sei und eigentlich nur noch gähnend, nicht selten sogar schlafend hinter der Drehbank oder Bohrmaschine stehe.

Eines Abends – Mitternacht rückte schon zügig heran – wollte Pascal sich von seinem Lehrer verabschieden. Sie hatten wiederum stundenlang geschanzt, dass beiden die Köpfe nur so glühten. Der Schüler öffnete das Fensterchen der Mansarde, das wie ein Einauge neugierig über die Dächer der angrenzenden Häuser in die Stadt hinunterschaute, und wollte etwas frische Luft hereinlassen, als er verwundert feststellte, dass es angefangen hatte zu schneien, unhörbar leise und innig, wie das zärtlichliebevolle Spiel junger Kätzchen. Schon als kleines Kind erfasste ihn beim Anblick der winterlich weiß werdenden Erde immer eine Art schaudernde Sehnsucht und ein unerklärbares Heimweh. Seit sich Pascal erinnern konnte, war ihm der Winter die liebste Zeit. Es hätte das ganze Jahr über schneien können, Schnee so weiß und sanft wie die Seele eines unschuldigen Kindes. Und nun war es wieder einmal so weit. Zarte Schneeflöcklein tänzelten vor seinen sehnsüchtig glänzenden Augen auf und ab, als wollten sie dem jungen Menschenkind auf ihrer himmlischen Reise auf die Erde hinunter freudig zulächeln und es an das herannahende Christfest erinnern. An das Fest, das für Pascal seit der vierten Klasse immer wieder die unselige Erinnerung hervorrief, dass er nur Papiereltern hatte. Da meinte Samuel plötzlich, aufgeräumt und beinahe ein wenig feierlich: *«Du hast nun seit Wochen tüchtig und erfolgreich gebüffelt, da wäre es nun allmählich an der Zeit zu schauen, wann du an ein Gymnasium kannst.*

Ich denke, im Frühjahr solltest du einsteigen, dann ist auch Semesterbeginn.»
Der gute Samuel Salvisberg war stets für eine Überraschung gut, doch in diesem unvorbereiteten Moment erschlug sie Pascal beinahe. Des Lehrers Zuversicht holte den phantasierenden Jüngling jählings und fast unsanft auf die Erde zurück. Er freute sich zwar über den Optimismus seines Freundes. Auf der andern Seite bangte ihm jedoch schrecklich vor der endgültigen Entscheidung, die er selbst in Gedanken immer wieder und wieder hinausschob. Würde er die immense Belastung überhaupt durchstehen? Tagsüber die Lehre und abends und am Wochenende das Gymnasium? Nicht alleine mental, auch physisch war das Vorhaben nicht zu unterschätzen. Fragen über Fragen plagten sein Herz. Das gewichtigste Problem schien Pascal nach wie vor jenes mit dem Geld. Er hatte zwar vom Stiftenlohn einen recht guten Teil auf die Seite legen können und die teuren Bücher, die am Anfang benötigt würden, würde ihm Samuel ausleihen. Aber wovon sollte er leben und das Zimmer bezahlen? In den Schulferien würde er natürlich Arbeit suchen, irgendwo als Küchenhilfe in einem Restaurant oder bei der Post, und auch nach dem Sirenenton am Abend in der Haslere könnte er noch einer Beschäftigung nachgehen, Zeitungen vertragen zum Beispiel, redete sich Pascal immer wieder zu, mehr um sich selber zu ermutigen, als eigentlich daran zu glauben. Und doch war er felsenfest überzeugt, dass sein junger und gesunder Körper keine Grenzen zu fürchten bräuchte. Wäre da nicht Ätti gewesen.

Ätti und die Studierten

Himmelhoch jauchzend oder zu Tode betrübt, das waren die zwei vorherrschenden Wetterlagen in Pascals derzeitigem Klima. Entweder grelle Sonne oder stürmische Sintflut. Er würde ja auch nicht mehr im Stiftenbunker der Stadt Bern wohnen können. Das preisgünstige Zuhause stand einzig Lehrlingen zur Verfügung. Von den Eltern konnte er für Matura und Studium keine Hilfe erwarten, weder in Form von Geld noch guten Worten. Von Ätti schon gar nicht, er würde diesen Schritt nie erlauben.

Für ihn waren Studenten und Studierte, mit Ausnahme von Doktor Gut, arbeitsscheue Elemente, die ein Studium einzig und alleine als Ausrede benutzten, um nicht arbeiten zu müssen. Und Arbeit bedeutete für Ätti, Hände und Füße zu bewegen, daran Schwielen und Blasen zu bekommen, am ganzen Körper Bäche zu schwitzen und am Abend halb tot ins Bett zu fallen. Für die Arbeit lebte und starb der Mensch, basta. Wer diese väterlichen Ansichten nicht teilte, war eben ein fauler Hund, wie die Studenten und Studierten. Dazu gehörten natürlich auch die Gymnasiasten.

Wenn jedoch sein Sohn beides machen würde, überlegte Pascal, also Lehre und Gymnasium, dann könnte Ätti nichts mehr dagegen einwenden. Aber was nützte ihm eine Mechanikerlehre, wenn er daran keine Freude mehr hatte und sie später auch keinen Sinn in seinem Studium machen würde? Die Fortsetzung der Lehre würde eigentlich nur sein Fortkommen am Gymnasium hemmen und wäre so oder so für die Katz, denn ein Studium, wo Schrauben und Muttern, Feilen und Steckschlüssel auch nur in der hintersten Ecke vorkämen, kam für Pascal absolut nicht mehr in Frage. Von Drehbänken und Bohrmaschinen, Ölpinten und Putzfäden hatte er ein für alle Male genug. Am liebsten wäre er Pfarrer oder Arzt, vielleicht auch Zahnarzt geworden, denn er hatte flinke Hände. Somit kamen Lehre und Gymnasium zusammen nicht in Frage. Hatte Ätti früher nicht wieder und wieder gepredigt, man könne nur *einem* Herrn dienen und nicht zweien und zur selben Zeit nur eine Sache gut machen. Also nur Gymnasium. In den Schulferien oder auch später in den Semesterferien wollte er Geld verdienen, so viel, dass er zu Hause die hohle Hand erst gar nicht hinzustrecken brauchte.

Wie war das im gelben Haus mit den Ferien? Der Kaminfeger und Bauer Laubscher dachte auch über diese üble Einrichtung, die nur für Faulenzer und Tagediebe existierte, sehr altväterlich. Zum langen Ausruhen gäbe es den Sonntag und zur täglichen Erholung solle man zeitig ins Bett. Das koste nichts und sei gesund für Körper und Seele und am nächsten Tag möge man wieder arbeiten, dafür lebe der Mensch ja bekanntlich. Dass es außer dem Haslital noch ein Fleckchen Erde und abgesehen von den Haslern noch andere Menschen und vielleicht sogar andere Meinungen geben könnte, interessierte Ätti nicht. Mit Ausnahme des Aktivdienstes im Zweiten Weltkrieg, wo er im Wallis an der Grenze stand, hatte er nie an einem fremden Ort geschlafen. Wie hätte er auch von zu Hause fort sein können? Wer hätte das Gras für die Kühe gemäht, gemolken und die Schweine gefüttert? Den lieben Tierchen waren Weltkriege, Sonntage oder Ferien einerlei. Sie standen im Stall und begehrten, versorgt zu werden. Es kümmerte sie nicht, was es für ein Tag oder was sonst los war, egal ob die lieben Menschen im Frieden oder im Streit lebten. In der kalten Jahreszeit, wenn Ätti als Kaminfeger vom Rußen nach Hause kam, duschte er schnell und verschwand kurz darauf als Bauer im Stall. Und so wie die Vierbeiner in jeder Minute jahraus und jahrein treu und ergeben für ihn da waren, war Ätti für sie da. Mit aller Hingabe und ganzer Verantwortung, die er gerne bereit war zu tragen. Er war aber auch mit aller Liebe und Seele für seine Familie und das kleine Kaminfegergeschäftchen, das gelbe Haus und das kleine Höflein da und hatte gar keine Zeit, irgendwelchen utopischen Wünschen oder Träumen nachzujagen oder gar zu spintisieren.

Im Sommer, wenn es nichts zu rußen gab und das Heu im Trockenen lag, amtete er als beeideter Feuerschauer, als welcher er Kamine und Kochherde, Öfen und andere Feuerstellen begutachtete und kontrollierte. Nicht selten durfte ihn Pascal dann begleiten. Und Ätti kannte das ganze Tal, es war seine Welt und sie war noch in Ordnung. Er kannte jeden Stock und Stein, vom Susten über die Grimsel bis zum Brienzersee hinunter. Er kannte auch die Leute dieser Welt, deren Glück und Unglück, deren Freuden und Leiden und legte Hand an, wo Not am Mann war. Kleider und Schuhe, aus denen Pascal herausgewachsen waren, musste die Mutter fein säuberlich waschen und flicken und auf der Feuerschau schenkte Ätti die Sachen den armen Kindern von bedürftigen Leuten. Sie dankten ihm nicht nur mit guten Worten und einem aufgewärmten Kaffee oder einem Stücklein Käse mit einer dünnen Scheibe Brot. Sie dankten ihm mit ihrer ganzen Achtung und hohen Meinung. Nur ganz, ganz selten kostete der Feuerschauer die dargereichte Speise, nur aus purem Anstand. Meistens gab er an, selber gerade vom Tisch zu kommen. In Tat und Wahrheit wollte er den bedauernswerten Geschöpfen nichts vom Munde wegessen. Wie oft hatte er von Mittellosen nicht einen roten Rappen für die Rußerei der Öfen und Herde verlangt und ihnen sogar noch Speck oder Hamme, Gemüse oder Kartoffeln aus dem eigenen Vorrat in die Küche gestellt. «Kaminfeger-Heri» nannten ihn die Leute respektvoll und es tönte wie Lob und Dank.

Heri konnte weder neiden noch hassen. Wären alle Menschen wie er gewesen, es hätte weder Lügen noch Verbrechen und auch keine Kriege auf Gottes Erdboden gegeben. Kaminfeger-Heri hatte aber auch seine Mucken. Nicht nur, was die Studierten und die Ferien anging. Aber bei so viel Güte und Menschlichkeit durfte er auch Mucken haben, und zwar zu den genannten noch ein gutes Dutzend ähnlicher dazu. Seine ehrenwerteste Tugend aber war, Verantwortung zu übernehmen und zu tragen. Nicht eine Sache zuerst hundert- und tausendmal zu hinterfragen und auszuweichen, sondern augenblicklich und fest anzupacken. Er war und blieb zeitlebens ein Bergler mit Leib und Seele, längst mit dem Tal und den Höhen unlösbar verwachsen und der heimischen Tradition eng verbunden. Ätti hatte etwas vom Plattenstock, der breitspurig und sicher vor dem gelben Haus stand und sich keinen Millimeter verrücken ließ, weder für neue Ideen noch für neue Moden. Ja, in dieser Hinsicht war er kein Ätti, sondern ein ganz sturer Vater. Engstirniger als die schmalsten Seitentäler im Haslital, in die nicht einmal der Föhn hineinblasen konnte. So gesehen war Heri ein untoleranter und starrsinniger Bergler und alles Neue für ihn ein fürchterlicher Gräuel.

Die Knickerbockerhosen

Als Pascal so durch das kleine Mansardenfensterchen in die wirbeligen Schneeflocken hinaussah und an seinen guten Ätti und dessen Engstirnigkeit denken musste, tauchte in seinem Gedächtnis eine längst vergessene Geschichte an die Oberfläche, die sich am Ende der fünften Klasse zugetragen hatte.

Das Schuljahr endete im Frühjahr immer mit dem so genannten Examen. Das bedeutete für die Kinder des ganzen Dorfes ein Fest mit Tanz und Kuchen im altehrwürdigen Hotel Bären. Es war nicht ein Examen im herkömmlichen Sinn, sondern einfach der letzte Tag des Schuljahres. Die Buben und Mädchen wurden für diesen Freudentag ganz besonders herausgeputzt, fast wie das Vieh für den Alpaufzug. Manche Schüler wurden sogar vom Scheitel bis zur Sohle mit neuen Kleidern ausstaffiert und stolzierten dann am Morgen stolz wie Pfaue zur Schule. Die Mütter noch aufgeräumter, und nicht selten sogar die Väter, folgten hinterher. Im feierlich geschmückten Schulzimmer wurden Gedichte aufgesagt, Leseproben gegeben, Rechenspiele durchgeführt und eine ganze Menge Frühlingslieder gesungen. Und in den Pausen rühmten die Mütter natürlich ihre Sprösslinge und die Väter die Kühe oder Geschäfte und gegen Mittag verschob sich die übermütige Schar zum nahegelegenen Bären, wo den ausgelassenen Kindern im mächtigen Saal bei Handorgelmusik Kuchen und Tee aufgetischt wurde und sie essen und trinken, singen und tanzen durften bis gegen den Abend.

Im Laufe der Jahre, vor allem unter dem Einfluss der neu ins Tal zugezogenen Familien, deren Väter bei der Post oder Eisenbahn, auf dem Militärflugplatz in Unterbach oder im Zeughaus in Meiringen arbeiteten, wurden die Söhne und Töchter eben dieser Leute für das Fest von oben bis unten neu eingekleidet, vom Hemd bis zu den Socken, von der Fliege bis zu den Schuhen. Wer im Dorfe zu den wichtigen Leuten gehörte und etwas auf sich hielt, zeigte es auf der Straße mit dem neuen Mercedes oder einem schnittigen Amerikaner und in der Schule halt mit nigelnagelneu eingekleideten Söhnen und Töchtern. Dieser Umstand brachte aber nicht nur neue Kleider, sondern auch die neue Mode ins Dorf, die einigen Ureinwohnern ziemlich arg in die Nase stach. Trugen die Buben bis anhin Knickerbockerhosen, so galt fortan die lange Hose mit Bügelfalte als das allein selig machende Beinkleid. Welcher Bub hätte da nicht gerne die neue Mode getragen? Auch Pascal gehörte zu diesen. Allein, das sah einer der erwähnten Ureinwohner, nämlich Kaminfeger-Heri, ganz anders. Sein Bub hatte mit flotten Knickerbockerhosen ans Schulexamen zu gehen, wie eh und je. Pascal Laubscher und sein Lieblingsfeind Gottlieb Fahner, jener von damals mit den unseligen Worten über die Papiereltern, hatten bereits am letzten Schulexamen fast noch als die Einzigen die altertümlichen Hochwasserhosen getragen. Wie es eine neue Mode will, wenn sie plötzlich von allen hoffärtig getragen wird, wirkt alles Althergebrachte neben ihr nur noch wie Hohn und Spott. So hatten sich die beiden Knickerbockerbuben schon vor einem Jahr in Grund und Boden hineingeschämt und wo sie aufkreuzten, wurden sie von den älteren Schülern ausgelacht und gefoppt.

Als das leidige Thema gegen Ende des fünften Schuljahres wieder einmal näher rückte und Pascal, wenige Tage vor dem Examen, am Mittagstisch über die misslichen Knickerbockerhosen debattieren wollte, tönte es aus Ättis Ecke kurz und bündig: Lange und gebügelte Hosen sollen nur die Städter oder sonst die «fremden Fötzel» tragen. Für anständige Haslibuben wie Pascal schicke sich das nicht und abgeschlossen war die Diskussion, ein für alle Male. Natürlich liebte Pascal seinen Vater, trotz diesen dummen Knickerbockerhosen, und hätte bestimmt keinen besseren haben können. Auf der andern Seite wäre er aber auch gerne ein Kind seiner Zeit gewesen und in fein gebügelten langen Hosen ans Examen stolziert und nicht, einem Bübchen vor hundert Jahren gleich, in Knickerbockerhosen herumgelaufen. Die Mutter ließ während der ganzen Kleiderdebatte den Vater argumentieren, erklären und begründen und äußerte sich überhaupt nicht zum Thema. Sie kannte Ättis Starrsinn und wollte wegen einem Paar lumpiger Knickerbockerhosen keinen Streit vom Zaun reißen, dachte sich aber dabei schon ihre Sache.

Da der Vater nie an ein Examen ging und auch alle Lehrer mehr oder weniger auf der Latte hatte und fand, dass der Examenstag nur Kinder- und Weibersache sei, fuhr er auch in diesem Jahr an jenem Tag wie immer zum Rußen. Dagegen begleitete Müeti ihren Knickerbockerhosensprössling ans Examen. Was hätte dieser nicht alles gegeben, wenn er die verhassten Dinger nicht hätte tragen müssen, die sogar einen jungen und gut gebauten Körper wie seinen zu einem hässlichen Quasimodo verunstalteten. Kurz vor dem Schulhauseingang drückte die Mutter ihrem Pascal plötzlich ein Päckchen in die Hand, das sie die ganze Zeit über in ihrer Handtasche versteckt mitgetragen hatte, und flüsterte:
«Hier hast du lange Hosen, geh auf die Toilette und zieh sie dir an!»
Pascal strahlte sein liebes Müeti an wie eine kleine Sonne, behändigte das Geschenk und verschwand schneller als ein Blitz in der nächsten Toilette. Pascal trug das Beinkleid der Städter und fremden Fötzel ebenso stolz wie jene und siehe da, auch Gottlieb Fahner hatte fein gebügelte lange Hosen an, als hätten es die beiden Hassfreunde so miteinander vereinbart. Dass Müeti hinter diesem Spuk stand, konnten die beiden Buben nicht erahnen.

Gegen Abend, als sich die Schulfeier dem glücklichen Ende entgegenneigte, erweichte Pascal seine Mutter, die Hosen doch wenigstens noch auf dem Heimweg tragen zu dürfen und erst hinter Kohlers Scheune, die ein Steinwurf vor dem gelben Haus stand, zu wechseln. Der Vater wurde

heute ohnehin später erwartet, da er nach dem Rußen noch zwei Kochherdplatten nach Innertkirchen zu liefern hatte. Gefahr bestand also keine und die Mutter willigte gerne ein. Wie hätte das auch ausgesehen, wenn Pascal auf dem Weg ins Steindli plötzlich andere Hosen angehabt hätte als noch im Bären! Alles verlief planmäßig. Das Husarenstück war geglückt. Mutter und Sohn bogen zufrieden in das Weglein zum gelben Haus ein und wie zu erwarten: kein Mensch weit und breit in Sicht. Kurz bevor sie allerdings auf den Hausplatz einschwenkten, vernahmen sie plötzlich ein Gehämmer von der Garage hinter dem Haus her. Und ehe sie sichs richtig versehen konnten, standen die beiden vor Ätti, der zu allem Unglück auf der Heimfahrt noch einen Nagel eingefahren hatte und soeben im Begriff war, den platten Pneu zu wechseln, bevor er nach Innertkirchen fahren konnte. Augenblicklich witterte die Mutter die aufsteigende Gefahr, verwickelte ihren Ehemann, so schnell und raffiniert sie nur konnte, in ein Gespräch und meinte zum Buben:
«Geh endlich auf die Toilette, sonst machst du dann wirklich noch in die Hosen!»
Pascal kapierte augenblicklich und huschte wieselschnell ins Haus, ehe ihn der Vater richtig anschauen konnte. Mutter und Sohn waren noch einmal davon gekommen. Wenige Minuten später ratterten Vater und Sohn Richtung Innertkirchen. Pascal natürlich in den Knickerbockerhosen. Als die zwei über das Alpbachbrücklein fuhren, blickte Ätti aufgeräumt zur Seite und meinte zu seinem vergnügt neben ihm sitzenden Spross:
«Eigentlich hättest du deine schönen Knickerbocker vorher ausziehen können, sonst machst du sie noch schmutzig.»
Während des Nachtessens schwärmte Pascal vom Examen und der neuen Mode und erwähnte beiläufig, dass sogar Gottlieb Fahner heuer fein gebügelte und lange Hosen getragen hätte. Nur er müsse noch in Knickerbockerhosen herumlaufen. Der Vater senkte die Augen und stocherte in seinem halb leeren Teller herum, als suchte er Würmer wie ein kleiner Spatz, und meinte endlich zur Mutter und dem Sohn:
«Wir können ja nächstes Jahr noch einmal darüber reden.»
Wer Kaminfeger-Heri kannte, wusste, dass diese Bemerkung ein schieres, wenn auch noch widerwilliges Ja zur neuen Mode und zu den langen Hosen bedeutete. Müeti sah nun ihre Stunde gekommen und meinte versöhnlich:

«Ich habe dem armen Gottlieb Fahner zum Geburtstag ein Paar Hosen gekauft.»
«Ja, lange Hosen?»,
begehrte Ätti zu wissen.
«Ja, Ätti, lange, gebügelte Hosen, wie man sie heute eben trägt.»
Ätti suchte nun die Würmer in seinem Teller noch eine Spur versessener als vorher und hüstelte dazu verlegen, als hätte er sich verschluckt, derweil er schon lange nichts mehr im Munde hatte. Plötzlich stellte er seine Brust heraus und gab seinem Herzen unverhofft einen mächtigen Schubs:
«Dann soll unser Bub auch solche haben. Mutter, kauf ihm welche, schon am Montag. In Gottes Namen.»
Die gute Mutter hatte ihren Mann genau dort, wo sie ihn haben wollte. Mit weiblichem Fingerspitzengefühl und Geduld hatte sie ihn dorthin bugsiert und er ließ sich, ohne es im Geringsten zu merken, führen wie ein braves Lämmchen, allerdings immer im festen Glauben, dass alle Entscheide von ihm kämen. Dass er regelrecht verführt oder, etwas trivialer gesagt, mit fraulicher Liebe und stoischer Geduld von der Mutter der ganzen lieben Länge nach hereingelegt worden war, spannte er erst, als Pascal bereits am nächsten Morgen in langen Hosen am sonntäglichen Frühstückstisch erschien. Ätti stutzte zuerst und dann brach er in schallendes Gelächter aus, wohlwissend, dass er in erster Linie über sich selber lachte.

Der grüne Heinrich und das Brauchtum

So sehr Pascal für alles Neue mehr als nur empfänglich war und dieses auch gierig einsog wie reine Luft im winterlichen Wald, hätte er sich nie vorstellen können, je einmal dem Haslital seines Vaters untreu zu werden. Aber der modernen Zeit wollte er sich auch nicht verschließen, da hielt er Augen und Ohren schon sperrangelweit offen. Brauchtum hin oder her. Anders reagierte da Ätti. Für ihn endete die Erdscheibe an den vier Grenzen des Haslitales. Arbeite recht und tue gut, dann schuldest du niemandem etwas und brauchst keine Menschenseele zu fürchten, lautete sein einfaches Leitmotiv und eigentlich das nahezu aller eingefleischten Bergler. In Meiringen existierte zwar ein Amthaus mit einem Gefängnis und ein Statthalter und Gerichtspräsident, der in Personalunion schaltete und waltete wie der liebe Gott. Aber eigentlich hätte man sich den Kerker sparen und den Richter glatt fortschicken können. Mord und Totschlag, Diebstahl und Raub, Vergewaltigung und Ehebruch gab es im Hasliland so gut wie gar nicht und wenn, hielt man sich vornehm zurück und sprach nicht darüber. Es hätte ja am Ende ein eigenes Familienmitglied oder sonst ein naher Verwandter oder guter Bekannter darin verwickelt sein können, also war man auf der Hut. Zudem war das halbe Tal miteinander verwandt, verschwägert oder zumindest intim befreundet. Auf alle Fälle lehrte dieser Umstand, über dieses oder jenes nur hinter vorgehaltener Hand zu tuscheln.

Worüber man aber nie auch nur eine Viertelsilbe verlor, allein schon wegen seinem Seelenheil, war das liebe Geld. Man behandelte dieses irdische Thema nur mit aller erdenklichen Abscheu und grenzenloser Verachtung, obschon es aller Hasler liebstes Kind war. Warum hätte es in Meiringen anders sein sollen als in Taormina oder Berlin? Aber im scharfem Gegensatz zu Taormina und Berlin konnten die Meiringer in dieser Hinsicht mit etwas ganz Besonderem aufwarten. Nämlich mit dem «grünen Heinrich». Man brauchte fortan nicht mehr über das Vermögen der andern zu mutmaßen. Man konnte alles darüber vom grünen Heinrich erfahren. Warum dieser Heinrich «grüner Heinrich» hieß, wusste niemand so recht und er stellte rein äußerlich auch keinen Menschen dar, obschon er bedeutend mehr wusste als alle Dörfler zusammen. Er war vielmehr nur ein ganz bescheidenes dünnes Büchlein und erst sein gedruckter Inhalt machte ihn zu einer Attraktion sondergleichen. Die fetten, schwarzen Buchstaben und Zahlen in seinem unschuldigen Bauch verrieten nämlich in unchristlicher Art und Weise nicht nur das Einkommen und die Höhe des weltlichen Vermögens, sondern sogar noch die Höhe der zu zahlenden Steuern jedes einzelnen der geplagten Menschlein vom Dorfe Meiringen.

Bei den ganz Reichen stand allerdings hinter dem Familiennamen keine verlässliche Zahl, sondern ein großes «P». Dieses bedeutete nun so viel wie «provisorische Einschätzung». Dieser unscheinbare Buchstabe ärgerte und spaltete beinahe das ganze Dorf in zwei Hälften, aber in sehr,

sehr ungleiche. Nämlich in eine riesige Hälfte, die gerne verbindlich und nicht einfach provisorisch gewusst hätte, wie reich die Reichen nun wirklich waren, und in die ganz, ganz kleine Hälfte, die sich aus jenen mit dem P hinter dem Namen zusammensetzte, und die waren mächtig froh über das feine P mit dem hochstehenden Bäuchlein. Man kann sich die verhaltene Volkswut nach dem jeweiligen Erscheinen des grünen Heinrichs kaum recht ausmalen, und das nur wegen diesem dämlichen P. Dieser elende Buchstabe sagte nichts anderes aus, als dass der Leser wieder einmal nicht informiert wurde und somit nicht wusste, wie reich die reichen Meiringer nun wirklich waren. Somit gab dieses P stets zu den übelsten Spekulationen Anlass, welche vom allerbesten Geschäftsgang bis hin zum drohenden Konkurs gehen konnten. Ein üppiger Nährboden also für alle Klatschmäuler der Gemeinde. Auch diese gab es im Hasliland genau gleich wie in Taormina und Berlin. Alles konnte der liebe Nachbar durch gewisse Klatschmäuler erfahren, bereits ehe es das eigene Kopfkissen wusste. Und das verschmähte Geld spielte dort oben eben eine unverschämt wichtige Rolle. Das muss wohl auch der tiefere Grund dafür gewesen sein, dass nicht nur die Erwachsenen, sondern auch alle Kinder, die lesen und schreiben konnten, den grünen Heinrich auswendig lernten. Das gehörte schon fast ein wenig zum Brauchtum, wie der grüne Heinrich selber. Wenigstens Pascal wusste ihn vor- und rückwärts und sogar im Schlaf auswendig, besser als ihn mancher Gemeinderat kannte.

Das Brauchtum hatte in dieser engen, von hohen Gipfeln, Felsen und Alpen eingekeilten Welt seinen festen Halt und war mit zäheren Wurzeln in den Familien verankert als die Placken im ausgetrockneten Boden nahe bei der Liegewiese der Badeanstalt. War der Vater Bauer, wurde auch der Sohn Bauer, weil schließlich und endlich auch bereits der Großatt mit Stolz ein Bauer war. Wurden einem Hof, der später nur von einem geerbt werden konnte, zwei Söhne geboren, und wollten dennoch beide landwirten, stritt man sich nicht etwa im Amthaus darüber, sondern der Jüngere heiratete ganz einfach eine Tochter mit einem Hof im Frauengut oder mit viel Geld im Sack, damit ein solcher gekauft werden konnte. Spielte bei der ehelichen Verbindung der jungen Leute sogar noch die Liebe mit, kannte das Glück keine Grenzen. Fehlte sie dagegen, entschädigte wenigstens der ergatterte Hof oder das Geld Herz und Seele und man schickte sich in sein Los.

In diesem Geiste vererbten sich auch das Handwerk und der Beruf im Tal von einem Geschlecht auf das andere: eine Zimmerei oder ein Schuhgeschäft, eine Doktorpraxis oder halt eben die Kaminfegerei. Aus den vererbten Häusern, die im Laufe der Generationen vielleicht einmal einen frischen Anstrich oder ein paar neue Ziegel bekamen, schauten alle fünfundzwanzig Jahre neu-alte Gesichter aus den Fenstern, deren Nasen und Haare, Augen und Sprache den Vorgängern auf den Punkt genau glichen, einzig dass sie jetzt ein Menschenalter jünger waren, bis auch sie knollig und grau, gebrechlich und heiser, eines schönen Tages auf dem Friedhof landeten. Auf dem Grabstein brauchten die Nachkommen dann einzig die Jahreszahlen der Geburt und des Todes zu ändern. Die Vornamen und die Familienennamen blieben gleich, weil stets die ganze Sippe auf den gleichen Namen getauft wurde. So gab es Hanskaspar Hubers Hanskaspar, der seinen Sohn nun auch wiederum Hanskaspar taufte. Versuchte so ein Hanskaspar des Hanskaspar, oder, was noch seltener als ein Diamantenfund im Engstlensee vorkam, das Heidi eines Heidi, aus dem Brauchtum oder der Familie auszubrechen, ein Bauernsohn vielleicht Doktor oder eine Pfarrerstochter Wirtin zu werden, so führte dies unweigerlich zum Bruch mit der eigenen Kaste und zur Verfeindung mit derjenigen Kaste, in die unrechtmäßig eingebrochen wurde.

Die einzelnen Familien und Berufe standen natürlich auf verschiedenen gesellschaftlichen Stufen. Ungekrönt auf der obersten Sprosse der irdischen Leiter standen in Bedeutung und Ansehen die Doktoren, und damit waren ausschließlich die Ärzte gemeint. Wenig unter diesen die Pfarrherren, schon etwas abgeschlagen dann die Sekundarlehrer und noch eine gute Sprosse tiefer unten die Primarlehrer. In der Leitermitte rangierten die Handwerker und Bauern und zuunterst, manchmal nicht einmal mehr auf einer Sprosse, die Hilfsarbeiter wie Tannenfranz und die Taglöhner wie der alte Gemeindemauser mit der gigantischen Nase. Sie blinzelten unentwegt und sehnsuchtsvoll die Leiter hinauf, wurden aber von oben nur geblendet. Was aber wiederum nicht unbedingt bedeutete, dass ein Handlanger oder Mauser am Wirtshaustisch nicht neben einem Bauern oder Zimmermeister hätte hocken können. Nur zu sagen hatte er nichts. Ganz anders verhielt es sich da mit den Studierten. Die sah man zwar weder im Wirtshaus noch auf dem Jahrmarkt und auch nur extrem selten im Dorf, dafür aber auf dem Tennisplatz oder in der

Badeanstalt, wo seinerseits nie ein Bauer oder Tagelöhner anzutreffen war.

Kein Mensch störte sich an dieser Rangordnung. Jede Kaste lebte für sich und mit ihresgleichen. Also, Katzen lebten unter Katzen und Vögel unter Vögeln und nichts passierte. Alle Menschen im Hasli lebten glücklich und zufrieden nebeneinander, solange an dieser Gesellschaftsordnung nicht gerüttelt wurde. Der Doktor schätzte die Bauern und Handwerker, Tagelöhner und Mauser sehr, weil sie seine Patienten waren. Aber sonst hatte er mit ihnen nichts gemein. Nicht aus Stolz oder gar Überheblichkeit. Er hätte gar nicht gewusst, was er mit einem Schreiner oder Mauser hätte besprechen sollen, und dem Schuhmacher gings umgekehrt mit dem Doktor akkurat gleich. Doktor Gut zum Beispiel, der Hausarzt der Familie Laubscher und Pascals Retter, verkehrte nur mit dem vornehmen Kinobesitzer und dem reichen Eisenwarenhändler. Das Leben im Dorfe hatte schon seine Richtigkeit und sich seit Menschengedenken bewährt und das Volk und die Heimat unverkennbar geprägt. Jeder Mensch musste, ob er wollte oder nicht, seiner vorgegebenen Spur folgen, wie die Eisenbahn ihrer Schiene. Bahn und Schiene gehörten zusammen, wie der Schreiner und das Holz, der Bäcker und das Mehl und der Laubscher und die Kaminfegerei. Das eine war sinnlos ohne das andere.

Der Ausbruch

Und jetzt wollte ausgerechnet der Sprössling des Kaminfegers die sichere Schiene der Familie verlassen und nicht nur ein anderes Vehikel besteigen und einen völlig unbekannten Weg fahren und damit den vom gütigen Schicksal sorgsam vorgezeichneten Pfad undankbar verlassen. Aber das geschah nicht aus purer Lust am Ausbruch, sondern auf Befehl der innern Stimme, vielleicht sogar des Blutes. Das würde Ätti überhaupt nicht verstehen, genauso wenig wie die vielen Leute rundherum. Auch diesen passte Pascals Ansinnen nicht. Es ging sie zwar nichts an, aber es passte ihnen trotzdem nicht. Und man hörte eben auf sie, oft mehr als auf das eigene Herz. Beim ersten Mal war er vom vermeintlichen Kaminfeger zum Mechaniker ausgebrochen und nun begehrte der biedere Mechanikerstift zum hoffärtigen Gymnasiasten zu werden und gleich zahlreiche Sprossen der gesellschaftlichen Leiter auf einmal zu nehmen. Die Hand wollte sich durch den Kopf ersetzen lassen, das konnte nicht gut kommen. Wie enttäuscht reagierte doch Ätti schon, als sein Sohn nicht Kaminfeger werden wollte, eine todsichere Existenz von sich schob und gegen eine doch sehr fragliche eintauschte. Kaum hatte sich der Vater mit der neuen Situation abgefunden, stellte sich Pascals eingeschlagener Weg nun doch als verhängnisvoller Irrtum heraus, er begehrte schon wieder etwas Neues anzufangen, ohne das erste Ziel erreicht zu haben.

Pascal stand noch immer am offenen Mansardenfester neben seinem Freund und beichtete ihm seine Zweifel. Er wisse wirklich nicht mehr ein noch aus, wo hinten und wo vorne sei. Mit jedem Abend und Wochenende, an dem er für die Aufnahmeprüfung an ein Gymnasium schanzte, wollte es ihm in der Lehre immer weniger gefallen. Ein Tag glich dem andern, wie sich Frankenstücke gleichen, und da versprühte Pascal unnütz Energie, feilte und bohrte, lötete Drähte an oder drehte Stäbe einer Tausenderserie. Mehr und mehr ein unbewegtes und geisttötendes Treten an Ort und Stelle, ohne auch nur ein Angström voranzukommen. Im Gegenteil, das ewige Repetieren des Stoffes, das nötig war wegen der faulen Stifte, welche die Anleitungen oder Vorführungen der Lehrmeister verschliefen oder, kaum gehört, schon wieder vergessen hatten oder sie einfach nicht kapierten, warf stets das ganze Lehrjahr zurück. Pascal hatte nun die Wahl, diesen Spuk noch weitere drei Jahre mitzumachen, im Gleichschritt mitzumarschieren und ein für alle Male den Mund zu halten, oder eben blitzschnell auszubrechen, mit dem Risiko unterzugehen. Samuel erkannte die Halbmaststimmung seines Freundes auf Anhieb und riet ihm:
«Wenn du nicht mehr weißt, was du tun sollst, frage dich, warum es dir in der Lehre nicht mehr gefällt, obschon du der Beste bist und auch bevorzugt worden bist.»
Und dann hängte Samuel Salvisberg einen viel sagenden Nachsatz an:
«Vielleicht passt die Stifti einfach nicht zu dir oder du nicht zur Stifti. Vielleicht weil sich die Stifti und der Pascal in den Haaren liegen, wie sich Hund und Katze von Natur aus in den Haaren liegen, weil es in ihrem Blute liegt und sie gar nicht anders können. Vielleicht ist das bei dir genauso. Überlege und entscheide dich dann!»

Stundenlang kaute Pascal nachts im Bett an seinen Hunden und Katzen herum, drehte sich, Schlaf suchend, von einer Seite auf die andere. Kopf und Hände waren voll von Hunden und Katzen, von Stifti und Matura, von Kaminfeger und Studium. Der Jüngling versuchte, eines nach dem andern zu verdauen. Verschluckte zuerst die Hunde und die Katzen, dann das ganze Haslital, mitsamt Vater und schließlich das Lehrlingsheim mitsamt Leuenberger, spie alles wieder in hohem Bogen aus und kam immer wieder und wieder zum gleichen Schluss: fort, Pascal, auf zur Matura! Ohne tausend Wenn und Aber. Entscheide dich jetzt einmal! Wer zu oft überlegt und immer wieder zweifelt und eine Entscheidung vor sich hinschiebt, wie ein Pflug frisch gefallenen Schnee, muss sich nicht wundern, wenn der Pflug auf einmal jählings stecken bleibt, weil urplötzlich zu viel der weißen Bescherung vor ihm liegt und er keinen Millimeter mehr vom Fleck kommt. Am Morgen erwachte Pascal wie aus einer tiefen Narkose und erinnerte sich verschwommen an den nächtlichen Ringkampf. Vom Siegespodest aus winkte ihm durch den rätselvollen Nebel der Nacht und durch den kaum durchsichtigen Schleier des Traumes hindurch wie eine anmutige Göttin die Matura zu. Nun war sein Entschluss unumstößlich gefasst und er hieß Matura. Mit oder ohne den Segen des Vaters, und wenn zuerst alle Gletscher des Berner Oberlandes schmelzen müssten und die Aare bergauf fließen.

Schon am nächsten Samstag holte Pascal an den Abendschulen des Humboldtianums und der Feusi, zwei renommierten privaten Lehranstalten in Bern, Unterlagen für die Matura, die man ihm auch gerne geben wollte und freundlich in die Hände drückte. In beiden Häusern bestand die Möglichkeit, das Gymnasium zu absolvieren. Entweder am Abend oder für nicht Berufstätige auch tagsüber. Im Normalfall müsse man mit vier bis fünf Jahren rechnen. Die Abendschule gehe zwar etwas länger, daneben könne dafür halbtags gearbeitet werden. Die Leiter beider Institute, als hätten sie sich feindlich gegen Pascal verschworen, ließen dann noch die üblen Schlussworte fallen, wie ein Pferd seine Äpfel, dass es bei der mageren Vorbildung des Primarschülers mit Sicherheit um einiges länger ginge, aber nicht unbedingt unmöglich sei.

Pascal radelte mit dem wenig ermutigenden Bescheid geknickt und sichtlich entgeistert an die Neubrückstrasse hinauf, wo ihn Samuel seit langem erwartete. Der geknickte Stift hatte im Moment kein Gespür mehr für die Zeit, weder für Stunde, Tag noch Jahr. Nur die Jugend kann sich einen solchen Luxus leisten. Sie hat ja auch noch das ganze Leben vor sich. Sie hat unendlich viel Zeit, einzig kein Geld. Im Alter würde das einmal umgekehrt sein. Doch diese tiefgründige Erkenntnis nützte Pascal im Augenblick einen alten Hut. Erneut schlichen Zweifel über das geplante Vorhaben in sein wankelmütiges Herz und er fragte sich: Was habe ich denn eigentlich mit der nackten Matura schon? Was bin und kann ich damit? Wie könnte ich damit Geld verdienen? Wovon leben? Selbst wenn ich spare wie ein knauseriger Geizhals, würde es für nichts reichen. Der Stift marterte und plagte sich mit den quälenden Fragen des Geldes wie der Finanzchef eines bankrotten Unternehmens. Das Problem mit den Moneten schien unlösbar. Irgendwoher musste er aber welche haben. Selber machen konnte er sie nicht und stehlen wollte er sie auch nicht. Und borgen? Er hätte nicht gewusst von wem. Die lieben Fränklein, die selbst im grünen Heinrich immer wieder Schicksal spielten, hatten sich nun anscheinend zusammen mit seinem Vater und den alten Bräuchen des Haslilandes gegen ihn verbündet.

Als Pascal gedankenverloren von der grellen Sonne im Freien in das finstere Treppenhaus an der Neubrückstrasse trat, bewegte er sich wie ein Blinder, sodass er auf der untersten Treppenstufe arg mit einem älteren Herrn zusammenputschte und diesen beinahe über den Haufen geworfen hätte. Er entschuldigte sich sofort für seine Unachtsamkeit und glaubte, beim sodann angeknipsten Licht im fremden Antlitz seinen Onkel Hermann zu erkennen, so stark glichen sich die zwei Gesichter. Diesen Zusammenstoß hatte der Himmel höchstpersönlich organisiert. Wie vom Blitz getroffen erinnerte sich Pascal im Treppenhaus plötzlich der damaligen oheimschen Worte an seiner Konfirmation:

«Wenn du dann in Bern bist und Hilfe brauchst, komme zu uns!»

Nun brauchte er Hilfe und in Bern war er auch. Also nichts wie los und nach Muri! Zuerst rannte er noch schnell die paar Treppen zu Salvisbergs Wohnung hinauf, um ihm seine Erleuchtung auch gleich kundzutun. Doch die Mansardentüre öffnete sich auch auf mehrmaliges Klopfen hin nicht. Durch das Schlüsselloch hindurch konnten drinnen weder Laute noch Licht ausgemacht werden, sodass der aufgeregte Schüler plötzlich unsicher wurde, ob er überhaupt mit Samuel abgemacht hatte. Da dem Meiringer die Vorsehung ein onkelähnliches Individuum ins Treppenhaus gesandt hatte und Samuel auch nicht zu Hause anzutreffen war, schien ihm dies ein weiterer, klarer Fingerzeig von ganz oben zu sein, keine Sekunde mehr zu vergeuden und unverzüglich nach Muri zu pedalen.

Der böse Verdacht

Tante Ilse öffnete die Türe und schaute den Neffen verdutzt an, fasste sich aber rasch wieder und schmatzte ihm den obligaten nassen Kuss auf die Wange. Im Salon paffte Onkel Hermann zufrieden seine Pfeife und blätterte geräuschvoll in der Neuen Zürcher Zeitung.

«Schön, dich wieder einmal zu sehen. Man sieht dich ja nicht mehr sehr oft. Du scheinst viel um die Ohren zu haben»,

meinte der Onkel mit scheinheiligen, verkappten Worten, die Pascal unweigerlich in neugieriges Staunen versetzten. So verschlüsselt mit ihm zu reden war sonst nicht des Onkels Art. Irgendetwas musste dahinter stecken, aber was?

«Ja, ich habe viel zu tun»,

konterte Pascal überrascht und nicht sehr überzeugend.

«Ja, das habe ich auch schon gehört»,

gab nun seinerseits Onkel Hermann, fast ein wenig frivol, zurück. Auf die oheimsche Antwort hin spannten sich die Gesichtsmuskeln des Neffen zusehends und wäre er Bäri gewesen, hätte er augenblicklich auch noch die Ohren senkrecht in die Höhe gestellt. Wie sollte Pascal nun die frivolzynische Bemerkung des Onkels interpretieren? Aber Hermann ließ ihm gar keine Zeit, weitere Überlegungen anzustellen, und fuhr in sarkastischem Tonfall fort:

«Man hört so dies und das, so wegen nicht Zeit haben und so …»

Jeder Taube hätte aus den vernebelten Bemerkungen des Oheims unschwer heimlich Vorwürfe herausgehört und Pascal begehrte sie nun augenblicklich zu erfahren und hakte gleich nach.

«Was meinst du mit ‹so dies und das, so wegen nicht Zeit haben und so …›?»,
begehrte Pascal aufbrausend zu vernehmen. Was konnte der Ohm von seinen Plänen und Absichten denn schon wissen und von wem, zum Donnerwetter? Und was war das für eine unübliche Sprache, deren er sich da bediente und die so nicht zu ihm passte?
«Ja, ich habe sehr viel zu tun»,
wiederholte Pascal bestimmt und zunehmend unruhiger werdend. Irgendetwas ist da doch faul im Staate Dänemark, dachte er bei sich und wiederholte noch einmal, ohne jede Absicht, aber eine Spur unsicherer geworden, seine vorherige Antwort, leise und fast ein wenig für sich, wie ein erstickendes Echo:
«Ja, ich habe sehr viel zu tun.»
Tante Ilse rettete die peinliche Situation endlich und schickte sich an, die Hausbar zu öffnen. Zu ihrem Besucher gewandt meinte sie:
«Setz dich doch wenigstens, Pascal. Willst du einen Drink?»
Mit schelmischen Augen blinzelte der Ohm hinter seiner Zeitung hervor und lächelte verhalten. Nicht offen wie sonst, eher gezwungen und verklemmt, als wolle er damit seine sarkastische Bemerkung in einer bestimmten Farbe ausmalen, aber wisse noch nicht recht mit welcher. Stickige Luft lag im Raum, nichts Erkennbares, nichts zum Greifen. Rauch war deutlich zu riechen und es knisterte auch schon leise. Einzig das Feuer war noch nicht auszumachen. Der Sohn vom gelben Haus war seit jüngster Kindheit ein ungeduldiger kleiner Choleriker gewesen, immer schon aufbrausig und er hasste nichts so sehr wie unbestimmte Gefühle oder unsichere Situationen und hier lag eine solche vor.
«Stimmt etwas nicht, Onkel Hermann und Tante Ilse?»,
preschte er nun unvermittelt und gereizt vor.
«Habe ich einen Fehler gemacht?»
Hermann schaute zu Ilse und sie zum Neffen und unversehens senkten beide Verwandten ihre Augen beschämt zu Boden, wie ein Bübchen und ein Mädchen, die unverhofft beim unerlaubten Doktorspielchen ertappt worden sind. Vom Plattenteller her ertönte gleichzeitig wehmütig und eintönig Ravels Bolero, als müsste dieser die beklemmende Stimmung noch zusätzlich untermalen. Mehr und mehr war dem bedrückten Gast klar geworden, dass der Onkel und die Tante hinter sein streng gehütetes

Geheimnis gekommen waren und seine Pläne kannten. Aber was und wie viel wussten sie und von wem? Wer hatte Pascal schon zum zweiten Mal verpetzt? Vermutlich war man auch in Meiringen längst informiert.
«Was ist eigentlich los?»,
brauste Pascal abermals energisch auf.
«Sagt mir doch endlich, was los ist!»
«Wie du meinst»,
ließ sich Onkel Hermann endlich und mehr als nur zaghaft vernehmen.
«Wir sind ja nicht deine Eltern und uns geht es im Grunde genommen auch nichts an. Allerdings ...»
Nun schaute er von neuem zu Tante Ilse, als erwarte er aus diesem Lager Schützenhilfe. Doch diese schwieg.
«Irgendwie gehörst du halt auch ein wenig uns. Das wäre vielleicht anders, wenn wir selber Kinder hätten.»
Erneut entstand eine gekünstelte Pause und der Neffe verstand Gott und die Welt immer weniger.
«Sags ihm doch! Oder frag ihn einfach!»,
forderte die Tante ihren Mann versöhnlich auf. Die Spannung zerriss fast die Dielendecke und Pascal hätte am liebsten laut herausgeschrieen: «Macht doch nicht so ein Theater und würgt den unverdaulichen Brocken endlich hervor!» Dann meinte der Onkel auf einmal und ziemlich unverblümt, wobei er allerdings bis hinter die Ohren errötete:
«Pass nur auf, dass du nicht heiraten musst! Du bist noch so jung. Du hast noch das ganze Leben vor dir.»
Nun wars erbrochen. Pascal brach in schallendes Gelächter aus, sodass beide Verwandten erneut peinlich berührt zu Boden schauten und sich sogar ein wenig schämten. Belustigt parodierte Pascal den Onkel:
«‹Pass nur auf, dass du nicht heiraten musst!› Ja wen denn? Wie denn? Wann denn? Von wem habt ihr diesen ausgewachsenen Blödsinn?»
Vorsichtig fragend, aber schon eher nach weiblicher Art neugierig, schaltete sich jetzt auch die Tante ein:
«Du hast doch ein Mädchen?»,
begehrte sie zu wissen. Pascal musste wieder verschmitzt grinsen und begriff nun auch die ganze Aufregung und Sorge der beiden.
«Meine Lieben, ich kann euch beruhigen. Es tut mir Leid, aber ich habe kein Mädchen, das müsste ich doch selber am besten wissen, nicht wahr?»

Die Verwandten spähten noch einmal nach einem tiefen Loch im Boden, um augenblicklich darin zu versinken, und der vermeintliche Liebhaber ergänzte lächelnd:

«Erstens kenne ich kein Mädchen und zweitens hätte ich auch gar keine Zeit dafür.»

Genauso unbeholfen wie vor ein paar Sekunden noch Pascal aus der Wäsche geguckt hatte, schauten nun seine Verwandten drein und begriffen ihrerseits die Welt nicht mehr. Die drei verdutzten Menschlein an der Egghölzlistrasse blickten sich so lange unerlöst an, bis endlich Hermann die Stille durchbrach und endgültig Klarheit schaffen wollte:

«Du hast also kein Mädchen?»

«Nein und noch einmal nein. Ich wüsste nicht woher. Nun aber heraus mit der Sprache! Von wem habt ihr diesen Mist?»

«Du selber hast es ja deinem Lehrmeister gebeichtet. Deshalb habest du auch keine Zeit mehr für die Abendkurse an der Gewerbeschule.»

Alle Schuppen der Welt fielen Pascal nun von den Augen. Er hatte das Gespräch mit Obermeister Stucki doch schon längst vergessen und meinte erleichtert:

«Aha, aus dieser Ecke weht der Wind. Aber wie kommt ihr denn an Stucki? Kennt ihr ihn?»

«Nein, nicht direkt, aber deinen Gewerbelehrer, Herrn Hartmann. Er stammt ebenfalls aus Andelfingen und ist mit Hermi seit vielen Jahren befreundet.»

Hermi, so nannte die Tante ihren Mann liebkosend immer dann, wenn sie ihre tiefe Verbundenheit und übermenschliche Zuneigung zu ihm manifestieren wollte.

«Ach, so ist das. Den Rest kenne ich ja nun selber. Wie verdammt klein ist doch die Welt!»,

stieß Pascal sichtlich erleichtert in die gereinigte Luft hinaus. In wenigen Minuten hatte er daraufhin den wahren Sachverhalt und auch sein Geldproblem, dessetwegen er eigentlich gekommen war, dargelegt. Bereits nach der kurzen Aufklärung behandelte ihn die Tante schon fast wie einen frisch promovierten Mediziner und der Onkel wenigstens wie einen Maturanden. Sie baten ihren Neffen versöhnlich, zum Nachtessen zu bleiben, um das ganze Problem zu durchleuchten. Pascal nahm gerne an. Während des weiteren Abends fand Onkel Hermann einmal mehr das Ei des Kolumbus.

«Du musst die Matura unbedingt an einem öffentlichen, städtischen Gymnasium machen. Dort hast du zwar zuerst eine schwere Aufnahmeprüfung zu bestehen, dafür kostet die Schule dann nichts.»
Das leuchtete dem Jüngling ein, obschon er sich unweigerlich an seine beiden wenig rühmlichen Aufnahmeprüfungen an die Sekundarschule in Meiringen erinnerte. Beide Male war er in hohem Bausch und Bogen durchgefallen, wie vor ihm vermutlich noch keine andere Menschenseele im Haslital.

Eine heitere und eine trübe Aussicht

Wenige Tage später wurde Pascal beim Rektor des städtischen Gymnasiums Bern vorstellig. In aller Ruhe und mit Geduld hörte der Leiter der Schule sein Anliegen an und meinte anerkennend:
«Ihren Mut und Willen in Ehren, aber Sie haben keine Chance, die Prüfung in die Quarta zu bestehen, dazu fehlt Ihnen viel zu viel. Abgesehen davon müssten Sie sich als Meiringer ans Gymnasium in Thun wenden, dieses gehört in den Perimeter, in dem Ihre Eltern Steuern zahlen.»
Mit den besten Wünschen für die Zukunft und den nichts sagenden, in solchen Situationen ewig wieder neu hervorgeholten Worten:
«Es wird schon irgendwie gehen»,
entließ ihn der Rektor wieder.

Bereits eine Woche später jedoch saß Pascal dem Rektor des Gymnasiums der Stadt Thun gegenüber. Der Haslerstift hatte gebeten, ihn auf der Durchreise von Bern nach Meiringen zu empfangen und wenigstens zwei, drei Minuten anzuhören, was der Herr Rektor, Doktor Studer, auch freundlich gewährte.
«Ich werde im Bahnhofbuffet Thun hinten rechts auf Sie warten und eine Zeitung lesen»,
vereinbarte er mit dem Haslerlehrling ein etwas unkonventionelles Rendez-vous. Erst als Pascal den Telefonhörer wieder eingehängt hatte, wurde er sich seiner Unverfrorenheit voll und ganz bewusst, den Rektor einfach so angerufen und ans Telefon verlangt zu haben. Doktor Studer

wurde sogar mitten aus dem Unterricht gesprengt, nur damit der aufsässige Hasler mit ihm ein Treffen vereinbaren konnte. Auf der Bahnfahrt von Bern nach Thun büschelte Pascal seine Wörter und Sätze zurecht, die er dem Rektor unterbreiten wollte. Er feilte an ihnen herum wie an seinem Eisenwürfel und wurde zusehends nervöser, sodass er bei der Einfahrt des Schnellzuges in den Thuner Bahnhof am liebsten sitzen geblieben wäre. Er stieg zögernd aus, merkte, dass er die Mappe hatte liegen lassen, rannte ins Abteil zurück und konnte gerade noch vom wegfahrenden Zug abspringen. Den zeitungslesenden Herrn hinten rechts im Restaurant sah er auf den ersten Blick und steuerte auf allerleisesten Sohlen auf ihn zu, als gälte es, ja Acht zu geben, niemanden aufzuscheuchen. Kaum stand Pascal vor ihm, redete ihn der feine Herr auch schon an:
«Sie müssen Herr Laubscher sein.»
Der Angesprochene wurde rot bis zu den verhüllten Schlüsselbeinen hinunter, grüßte freundlich und meinte zaghaft:
«Ja, ich bin Pascal Laubscher. Sie müssen entschuldigen, dass ich Sie …»
«Lassen Sie nur, Herr Laubscher. Es ist schon recht»,
wehrte der Rektor wohlwollend ab. Wie bescheiden und zurückhaltend, nobel und würdig diese simplen Wörtchen doch aus dem Munde dieses gebildeten Doktoren und Rektors klangen. Wie vornehm und abgeklärt er dasaß, wie Cicero im römischen Senat. Der Senator bat Pascal, Platz zu nehmen und zu erzählen. Der Lehrling schilderte ihm haargenau und ohne Umschweife sein Problem und bat den ehrwürdigen Herrn, ihm doch wenigstens die Chance einzuräumen, bei der Aufnahmeprüfung ans Gymnasium antreten zu dürfen. Der Rektor lauschte aufmerksam, ohne den Jüngling auch nur ein einziges Mal zu unterbrechen oder auszufragen, und meinte schließlich mit väterlicher Nachsicht:
«Herr Laubscher, Sie können von mir aus die Prüfung machen. Das will ich Ihnen nicht verwehren. Meiringen gehört zum Einzugsgebiet unseres Gymnasiums und jeder hat grundsätzlich das Recht, an die Aufnahmeprüfung zu kommen, allerdings muss ich Ihnen bestätigen, was schon mein Kollege in Bern prophezeit hat.»
Dann machte er eine kleine Pause, rieb sich mit dem Rücken des Zeigefingers der rechten Hand am Kinn, als dächte er noch einmal über seine Worte nach, und ergänzte:

«Es ist schon so. Sie werden leider mit Ihrer Vorbildung kaum eine Chance haben. Primarschule und dann direkt ins Gymnasium, das wird sehr schwierig für Sie werden. Erschwerend kommt hinzu, dass Thun keine Quarta hat wie Bern. Das bedeutet, Sie müssen die Prüfung direkt in die Tertia bestehen. So gesehen fehlt Ihnen ein weiteres Jahr.»
Mit der heiteren Aussicht, wenigstens an der Prüfung teilnehmen zu dürfen, und mit der trüben, sie kaum zu bestehen, entließ der Rektor Pascal und meinte zum Abschluss:
«Also, Herr Laubscher, überdenken Sie die ganze Angelegenheit. Ende Februar sind die Aufnahmeprüfungen. Wenn Sie wollen, lassen wir Ihnen ein ordnungsgemäßes Anmeldeformular zukommen mit einer Zusammenstellung des geforderten Stoffes. Der Rest liegt dann bei Ihnen.»
Freundlich lächelnd, wie ein alter Bekannter, reichte der Rektor Pascal die Hand und verabschiedete sich. Diesem kam es vor, als hätte er den lieben Gott heute persönlich kennen gelernt. Dankbar und überglücklich schlenderte der Meiringer Lehrbub aus dem Bahnhofbuffet hinaus und schaute verstohlen dem würdigen Rektor nach, bis dieser um die Ecke des Hauptbahnhofes stadteinwärts verschwunden war. Pascal war überwältigt von der Persönlichkeit dieses Mannes. Seine stoische Ruhe und überlegte Art und die geistige Würde und feine Vornehmheit, die dieser Übermensch ausstrahlte, beeindruckten ihn tief. Der entzückte Stift hatte noch ein wenig Zeit, bis sein Zug einfahren würde, und spazierte deshalb auf dem Perron noch ein bisschen auf und ab, kaum mehr fähig, einen vernünftigen Gedanken zu fassen. Auf einmal entschloss er sich, einen oder sogar zwei Züge zu überspringen. In der Zwischenzeit wollte er den Standort des Gymnasiums ausfindig machen, um im Februar dann nicht zuerst suchen zu müssen. Schon eine gute Viertelstunde später stand er mit klopfendem Herzen vor dem gelben Gebäude des Gymnasiums Thun. Es hatte fast den gleichen Farbton wie sein Elternhaus. Vielleicht ein gutes Omen für die Zukunft?

Als er im verschlafenen Bahnhof von Meiringen einrollte, war es bereits dunkel. Es schneite leicht und Pascal war froh, niemandem zu begegnen. So war auch schon geredet und geantwortet und ihm blieb auf dem Heimweg Zeit und Muße, den Träumen nachzuhängen. Nach seiner Rechnung musste der Vater noch im Stall sein und so schaute er zuerst dort vorbei, und tatsächlich. Er hockte unter der guten Flora und war am Melken, dazu summte er ein heiteres Liedchen. Pascal blieb an der Stalltüre stehen und beobachtete Ätti, bis ihn sein eigener Schatten verriet. Vater meinte zuerst, seinen Augen nicht zu trauen, und staunte, seinen Filius nach so langer Zeit wieder einmal zu sehen.

«So, der verlorene Herr Sohn lässt sich zu Hause wieder einmal blicken»,

meinte er pathetisch und freute sich über beide Ohren.

«Da wird aber Mutter staunen. Weißt du, was es heute zum Nachtessen gibt? –Fotzelschnitten.»

Als hätte Mutter geahnt, dass ihr Sohn heute heimkommen würde. Fotzelschnitten liebte Pascal über alles und hätte sie zu keiner Minute gegen ein Chateaubriand eingetauscht. Mütter haben eben einen sechsten Sinn, der ihnen dieses und jenes zuflüstert, das gewöhnlich sterbliche Frauen nicht hören und verstehen können. Erst jetzt kam Pascal auch in den Sinn, dass er den ganzen Tag noch nichts gegessen hatte. Weder in Bern noch in Thun, und augenblicklich meinte er nun, vor Hunger, aber auch ein wenig vor Heimweh, umzufallen. Ach, wie schön war es doch, liebe Eltern und ein Zuhause zu haben! Als wäre Pascal keine Minute weg gewesen, brachte er wie früher als Schulbub das kleine Kännchen mit der kuhwarmen Milch in die Küche.

«Hier, Müeti, ist die Milch von der Flora, sie lässt dich grüßen.»

Mit Kochen über und über beschäftigt, schaute die Mutter weder nach links noch nach rechts und orderte nur kurz:

«Stell sie auf den Tisch!»

Doch hatte sie da nicht eine Stimme vernommen wie jene von Pascal? Sie hätte es laut und heilig beschwören können und glaubte schon, von ihren Sinnen ganz übel getäuscht worden zu sein. Vielleicht weil sie sich schon seit Tagen gewünscht hatte, dass der Bub wieder einmal nach Hause kommen möge. Hörte sie da nicht auch noch ein Grinsen und Hüsteln, das sie kannte? Sie hielt inne. Wie von einem Stromstoß getroffen, drehte sie sich jählings um und strahlte sogleich, ohne ein Wort hervorzubringen, übers ganze Gesicht, wie die helle Sonne an einem jungen Morgen.

Wie lange hatte Pascal schon nicht mehr am Esszimmertisch gesessen, wo sich das eigentliche Leben des gelben Hauses abspielte! Nach und nach fanden sich die Gesellen ein. Einzig Tannenfranz fehlte noch, wie üblich. Müsste er pünktlich zum Jassen oder Kegeln erscheinen, Franz wäre eine gute Stunde zu früh. Aber an den Esstisch mahnte ihn keine Uhr. Entweder trug er sie gerade nicht oder behauptete, sie wäre stehen geblieben oder schon eine geraume Zeit beim Uhrmacher. Im Esszimmer begrüßte man sich wie früher, meinte Pascal zuerst. Doch schon bald spürte er, dass die Kaminfegergesellen, der Lehrling und auch der Knecht anders reagierten als damals. Weniger herzlich, verhalten und misstrauisch, beinahe wie Fremde. Wären Vater und Mutter nicht am Tisch gesessen, hätte wohl überhaupt kein richtiges Gespräch stattgefunden oder nur unter Ausschluss von Pascal.

Er gehörte nicht mehr zu den schwarzen Mannen und dem Jungknecht. Er roch jetzt nach Stadt und den Asphaltmenschen von dort und redete einen unverständlichen Dialekt, wiewohl sein Hasli-Patois immer noch nicht urchiger hätte sein können. Die Gesellen antworteten dem Eindringling nur noch ablehnend, ohne Zutrauen und Herzlichkeit. Fragen an ihn stellten sie erst gar nicht mehr. Sie hätten wohl gerne dieses oder jenes erfahren. Vor allem die jüngeren zwei Burschen, aber diese schwiegen. Sie begehrten mit ihm nichts mehr zu tun zu haben. Sie hatten ihn aus der Kaste des gelben Hauses ausgestoßen und ertrugen ihn nur noch, weil er der Sohn des Meisters war. Das gemeinsame Früher war vergessen und begraben und moderte dahin wie ein Leichnam. Der Berner gehörte nicht mehr zu ihnen und ins gelbe Haus, nicht mehr nach Meiringen und ins Tal. Pascal versuchte, das ungute Gefühl zu überspielen und erzählte von der Lehre, den großen Drehbänken, den vielen Autos und Kinos in der Stadt, obschon er gar nie Zeit für Vergnügungen hatte. Allein, aus den blitzenden Augen der Gesellen blinzelte ihm Missfallen und Neid, Kälte und fast ein wenig Hass entgegen. Auch die Mutter und der Vater spürten die Ablehnung der Kaminfeger, des Knechtes und des Lehrbuben, aber sie schwiegen. Sie kannten ihre Leute. Es musste den Eltern weh getan haben, den Sohn so abgesägt wie eine junge Tanne neben den anderen daliegen zu sehen. Pascal war froh, am Sonntagabend wieder Richtung Bern fahren zu dürfen. Er fühlte sich elend und traurig. Seine Wurzeln in Meiringen hatten die eigenen Leute ausgerissen und in Bern war er noch gar nicht dazu gekommen, neue zu schlagen.

Im Zug nach Bern saßen noch mehr junge Hasler und Haslerinnen, die auch auswärts in der Lehre steckten. Da fuhr aber auch noch die Elite des Tales mit, die studierte. Neben Pascal hockte Marcel, ein ehemaliger Schulkamerad, der in einer Coiffeurlehre in der Nähe von Biel stand und später den elterlichen Salon übernehmen sollte. Neben ihm seine Schwester Monique, ein hübsches Mädchen, die in Bern auf der Post arbeitete und mit ihrem heiteren Gemüt und ihren frischen Sinnen zu singen und lieden[1] verstand wie eine Lerche. Und da saßen auch noch Jünglinge und Töchter von Brienz. In Interlaken stiegen solche zu von Wengen, Mürren oder Grindelwald und bald hätte die versammelte Oberländer Jugend im Zug einen respektablen Gemischtenchor gründen können. Die jungen Menschen redeten und lachten, die Burschen foppten und hänselten die Mädchen, welche nahe zu diesen herangerutscht waren. Die Mädchen lachten bei jedem frivolen Witzchen schamerfüllt und schubsten die Jünglinge dann jeweils demonstrativ und zärtlich-heftig von sich weg. Man erzählte sich Zoten über Zoten, scherzte, dass einem vor Übermut das Herz fast zerspringen wollte, und gab ein Liedchen nach dem andern zum Besten.

Abseits und für sich alleine hockten die früheren Sekundarschüler, Werner Feldmann und Peter Sandmeier, und noch weiter vom großen Rummel weg die Auserwählten. Sie besuchten ein Gymnasium und verkehrten nicht einmal mehr mit ihren ehemaligen Sekundarschulkollegen Feldmann und Sandmeier. Mit den Stiften natürlich schon gar nicht. Zu den Absolventen einer höheren Lehranstalt, die am Sonntagabend jeweils nach Bern unterwegs waren, gehörten der etwas linkische Sohn eines Doktors aus dem Tal und der Spross eines währschaften Bauern, der in der Nähe von Bern einen schwerreichen und einflussreichen Oheim

[1] (fröhliche) Lieder singen.

besaß, der den Bauernbuben studieren lassen wollte. In einem Abteil für sich blätterte der dritte Quartaner, ein narzisstischer, hagerer und bleichsüchtiger Jüngling, stets in einem bibelähnlichen Buche. Er entstammte einer frommen und gut situierten Prokuristenfamilie aus dem Dorfe und wollte dereinst Urwalddoktor werden wie Albert Schweitzer. Diese drei hehren Leuchten der Alpen waren sozusagen die oberhaslerische Elite über allen anderen Mitreisenden, verkehrten aber erstaunlicherweise nicht einmal miteinander, genauso wenig wie mit den Lehrlingen. Sie stammten halt aus ganz besonderen Kasten. Wie gerne hätte sich Pascal zu einem dieser Eliteschüler hingesetzt und mit ihm geplaudert! Dieses oder jenes gefragt. Der Haslerstift tat es aber nicht. Sie hätten ihm nur verständnislos, wenn überhaupt, zugehört und sich mitleidsvoll gefragt, was der Primarschüler eigentlich bloß übers Gymnasium wissen wolle. «Der stiftet doch irgendwo in Bern und soll gefälligst seine Lehre auf die Schiene kriegen», dachten sie wohl.

Unter den Lehrbuben jedoch herrschte auf den sonntäglichen Fahrten immer eine ausgelassene und laute Stimmung. Hans, auch aus dem Steindli, seines Zeichens Maurerstift in Spiez, schnitt schon im ersten Lehrjahr recht gewaltig auf. Er arbeite schon selbständig und baue schon fast ganz alleine Häuser. Wenn Pascal dann spaßeshalber fallen ließ, es seien wohl die Häuser für die Bäris und Seehunde von Spiez, lachte der ganze Eisenbahnwagen mit, dass er fast aus den Schienen sprang, nur der zukünftige Großbaumeister schmollte beschämt in seiner Ecke. Da gabs aber auch noch die ganz Aparten, welche nur noch mit Geld und teuren Autos, rassigen Frauen und fernen Ferien prahlten. Es waren akkurat diejenigen, welche den ewig gestrigen Haslitalern zeigen wollten, was in ihnen steckte. Der eher etwas einfältige Automechanikerstift zum Beispiel, ein ehemaliger Sekundarschüler und Dörfler, versprach seinen Kumpeln großmaulig, einmal mit Ferrari und einer Superfrau darin im Dorf herumzuröhren, dass die Meiringer vor lauter Neid nur so erblassen würden. Er würde ohnehin nie mehr ins Hasli zurückkehren, das abgelegener sei als die obersten Föhren auf der Mägisalp.

Pascal verletzten solche Aufgeblähtheiten und geschwürigen Auswüchse der Verachtung der Heimat, wo man doch seine Kindheit und Jugend verbracht hatte. Wie konnte einer nur so hochmütig, undankbar und frevelhaft werden! Kaum ein paar Wochen in der Fremde und nur noch ein verächtliches Lächeln für den Ort seiner ersten Träume und Sorgen auf den Lippen. Manche hatten nach den ersten Wochen sogar schon den Dialekt verlernt oder schämten sich urplötzlich, die Sprache ihrer Erde zu reden. Das schien Pascal einem Verrat an Heimat und den Eltern gleichzukommen. Doch wie sah es in seinem Herzen heute aus, nachdem er von den Gesellen ausgegrenzt worden war? Mit einem Schlag sah seine Beziehung zur Vergangenheit und seiner Heimat unfreundlich und getrübt aus. Pascal schaute plötzlich in neidische Augen, die ihm früher doch gut und freundlich gesinnt gewesen waren. Augen, unter denen er damals im Verstohlenen eine Zigarette geraucht hatte. Augen, die ihn nie verraten hätten und ihn heute schier hassten. Da saß auf einmal der Knecht missgünstig und breitbeinig auf der Stabelle und schielte den Städter verächtlich an. Er, mit dem Pascal oft geschwungen und gejodelt hatte und der dem Sohn des gelben Hauses im Vertrauen von seinen ersten Erlebnissen mit Mädchen erzählt hatte.

Auf jener Bernfahrt musste Pascal schmerzlich erfahren, dass er fortan nicht mehr zu den Menschen im Dorf und Tal gehören würde. Er war ihnen fremd geworden und roch plötzlich anders als sie. Pascal war heimatlos geworden.

Die Aufnahmeprüfung

Abend für Abend, Wochenende für Wochenende büffelte Pascal wie ein Irrer. In jeder freien Minute repetierte er Vokabeln und Verben, deklinierte und konjugierte, löste Gleichungen, schnitt Kreise und berechnete Flächen und Winkel, dass die Luft in seinem Zimmer fast zitterte. Der entwurzelte Haslitaler durchquerte die Stadt nur noch auf den Hypotenusen, um Zeit und Wege zu sparen, und war erlöst, als endlich der Tag der Aufnahmeprüfung ans Gymnasium von Thun vor der Türe stand. In der Firma hatte er lange vorher und ohne zu verraten wozu einen freien Tag eingegeben. Im Heim sagte er gar nichts, da er am Abend ja ohnehin wieder zurück sein würde.

Die über hundert Prüfungskandidaten – unter ihnen gut zwei Hände

voll Mädchen – rekrutierten sich vorab aus Thun oder der näheren Umgebung. Einige kamen von Spiez, wenige von Interlaken, zwei von Grindelwald, einer von Wengen und er aus dem Haslital. Mit dem Wengener, er hieß Hans Großkopf, und einem Interlakner namens Michael Scherler verbrachte Pascal mehr oder weniger die kurzen Pausen des Prüfungstages. Nach dem Mathematikexamen – Pascal hatte erst als Zweitletzter kurz vor einem Mädchen aus Spiez seine Arbeit abgegeben – schlich er völlig geknickt und wie ein Schatten seiner selbst der Wand der Aula entlang Richtung Ausgang und auf den Korridor hinaus, wo er direkt seinen zwei neuen Bekanntschaften, Scherler und Großkopf, in die Arme lief. Ausgerechnet der schüchterne Michael Scherler aus Interlaken, der nicht ohne siebenmal anzustoßen seinen Namen sagen konnte, hatte als Erster nach knapp einer Stunde seine Aufgaben abgegeben, derweil die Zeitlimite gut zwei Stunden betrug. Kurz nach ihm stolzierte aber auch schon Hans Großkopf zum Aufsichtspult und gab ab. Beide Jünglinge lachten aufgeräumt Pascal entgegen.
«Wie ist es dir ergangen, Pascal?»,
wollte Großkopf, frei von Kummer und Sorgen, wissen.
«Ich kann nicht besonders rühmen. Da und dort habe ich mehr als nur Mühe gehabt und die dritte Aufgabe musste ich noch einmal beginnen. Bei einer habe ich mich bös verrechnet, während ich die letzte gar nicht recht kapiert habe. Ich fand sie irgendwie falsch formuliert, das habe ich dann auch hingeschrieben.»
Hans Großkopf lächelte siegessicher und ein wenig mitleidig und meinte selbstsicher:
«Ach die. Ja, die war eigentlich ganz einfach, das Ergebnis hat null gegeben.»
Pascal staunte nicht schlecht und wühlte verlegen in seiner Mappe, in der es gar nichts zu wühlen gab, und hätte sie am liebsten dem großmauligen Wengener um den Kopf geschlagen. Michael aus Interlaken stand daneben, schüttelte ein wenig verlegen seinen mächtigen Kopf und gab dann fast beschämt zu, dass er zuerst auch auf null gekommen sei. Das habe ihn verunsichert, er habe dann nochmals von vorne angefangen und festgestellt, dass hinter der Aufgabe eine pure Fangfrage steckte, ohne konkrete Lösung. Im Prinzip sei so etwas nichts anderes als ein verkappter Intelligenztest.

Nach der eisigen Mathematikdusche und der ersten Morgenpause war der Aufsatz angesagt. Während der kurzen Mittagspause rühmte Hans Großkopf von Wengen erneut, wie gut es ihm gelaufen sei und dass er schon gemeint hätte, so eine Aufnahmeprüfung sei viel schwieriger. Also, Pascal schien sie dagegen schwierig genug, sogar höchst schwierig, aber er schwieg und begehrte, sich nicht auch noch lächerlich zu machen. Da er das ehrliche Gefühl hatte, dass es keinem so schlecht gegangen sei wie ihm, hielt er sich still zurück und fragte sich schon insgeheim, ob es überhaupt noch einen Sinn habe, am Nachmittag auch noch anzutreten. Ein Kandidat hatte nämlich nach dem Aufsatz die Leine gestrichen und ward nicht mehr gesehen. Doch vom Schwingen her wusste Pascal, dass ein Gang erst verloren war, wenn man auf dem Rücken lag und in den Himmel schaute. Wer zu früh aufgibt, wird nie gewinnen. Also schlenderte er mit den andern wieder in die Aula zurück.

So gegen fünf Uhr abends war der ganze Spuk vorbei und Michael Scherler und der Oberhasler eilten Richtung Bahnhof. Ihnen war es ganz offensichtlich nicht so gut gegangen wie Hans Großkopf von Wengen, den sie auf dem Weg zum Zug unterwegs irgendwo verloren hatten. Weder Pascal noch Michael waren jedoch sonderlich traurig über diesen Verlust. Sein überhebliches Getue war beiden auf die Nerven gegangen und sie hatten das unangenehme Gefühl bekommen, neben Großkopf sogar noch weniger als Dummköpfe zu sein. Michael und Pascal redeten keine zehn Worte mehr miteinander. Jeder grübelte seinem verlorenen Examen nach und dachte, dass er den andern nie mehr sehen würde, wenigstens nicht in der Tertia des Gymnasiums von Thun. Nach Interlaken Ost, wo Pascal umsteigen musste, saß keine Menschenseele mehr in seinem Wagen, damit konnte auch niemand seine Verzweiflung sehen. Doch was sollte er nun der missratenen Prüfung nachtrauern, zu ändern war ohnehin nichts mehr. Vorbei war vorbei. Aber er machte sich dennoch Vorwürfe, zu wenig überlegt und zu hastig geschrieben, zu schnell hineingeschossen und zu übereilt abgegeben zu haben. Mehr und mehr drehte der Prüfungstag Pascal fast den Magen um. Überhaupt, nur ein Trottel wie er konnte sich als ehemaliger Primarschüler anmaßen, zur Aufnahmeprüfung an ein Gymnasium, und dort erst noch in die Tertia, anzutreten. Bei Lichte besehen geschah es ihm doch ganz recht, dass er durchgefallen war, wie damals an den zwei Sekundarschulprüfungen in

Meiringen. Erst als der Zug in Meiringen einrollte, wurde sich Pascal gewahr, dass er ja nach Bern hätte fahren sollen. Ihm blieb einzig, sich die Finger und Zehen nun einzeln auszureißen, oder schnellstens wieder zurückzufahren. Wie konnte er nur so gottvergessen und durcheinander gewesen sein, in den falschen Zug einzusteigen? Er konnte doch nicht an einem gewöhnlichen Montagabend einfach so zu Hause aufkreuzen. Was hätte er den braven Eltern denn auftischen sollen? Da trat eben der Schaffner in Pascals Abteil und verriet ihm auf seine Anfrage hin, dass der Zug auf dem Geleise daneben nach Interlaken fahre.
«Da drüben steht der Interlakner, er hat nur auf unsere Einfahrt gewartet, gehen Sie gleich übers Geleise, er fährt in einer Minute ab.»
Pascal dankte dem Schaffner für die flotte Auskunft, dem gütigen Himmel für die Einsicht, einen Zug bereitgestellt zu haben, und dem lieben Gott für die Dunkelheit, die machte, dass ihn niemand sah. Wenige Augenblicke später rollte die Schweizerische Bundesbahn, mit Pascal Laubscher als einzigem Passagier an Bord, Richtung Interlaken und weiter nach Bern.

Kaum im Stiftenbunker, packte ihn auch schon der Alte vor seiner Zimmertüre. Leuenberger hatte schon geraume Zeit geahnt, dass Pascal seine Prüfung nächstens haben müsste, und heute hatte er es offensichtlich im Wasser gespürt, dass es so weit gewesen war, und wollte nun auch gleich wissen wie und was und wo. Salopp und knapp antwortete der gescheiterte Examenskandidat:
«Es ging mieser als mies. Ich war heute an meiner gymnasialen Beerdigung. Gute Nacht, Herr Leuenberger.»
Verdutzt blieb der Hausvogt stehen und Pascal verschwand ohne weiteren Kommentar in seinem Zimmer.

Am nächsten Morgen in der Stifti wurden wieder von allen Lehrlingen die Arbeitstagebücher besprochen und Lehrmeister Streng stellte wieder einmal dasjenige von Pascal als achtes Weltwunder vor. Weil er das ohmsche Gesetz ausführlich wie kein anderer beschrieben und sogar noch vor seinen geschichtlichen Hintergrund gestellt hatte. Niemand konnte natürlich ahnen, dass Pascal die paar Zeilen aus einer Prüfungsvorbereitung genommen und nur schnell ins Tagebuch gekritzelt hatte. Der hohlwangige Lehrmeister rühmte Pascal in allen Tönen, sodass der gescheiterte Gymnasiast den lieben und guten, alten und treuen Meister Streng am liebsten umarmt, um Abbitte für seine kurze Untreue gebeten und ihm hoch und heilig versprochen hätte, nie mehr, aber auch gar nie mehr, an das Wort «Gymnasium» zu denken, geschweige denn, es auf die Zunge zu nehmen. Pascal schwor, nur noch für die Lehre und die Firma und seine drei Lehrmeister zu leben, wie der Mönch für den lieben Gott und die Kirche. Das schrecklich böse Gymnasium würde als schlimmer Traum abgetan und für alle Zeiten und Ewigkeiten und noch länger vergessen.

Pascal tat einen unverbrüchlichen Schwur, die Idee mit dem Gymnasium nun endgültig zu vergessen, den er nicht nur auf dieser Welt einzuhalten gedachte, sondern auch einmal ins kühle Grab mitnehmen wollte. Wie konnte er auch nur so vermessen gewesen sein, ans Gymnasium wechseln zu wollen und der guten Hasler AG untreu zu werden! Pascal brachte im Nachhinein nicht mehr das geringste Verständnis für seine Eskapade und frevlerische Tat auf. Nie mehr wollte er auch nur noch einen einzigen Gedanken an Thun oder Doktor Studer, den menschlichsten aller Menschen, verschwenden. Wie unendlich froh war Pascal doch, an diesem Montagmorgen stolzer Lehrling der Gustav Hasler AG sein zu dürfen, und dazu noch nicht einmal ein schlechter. Er war unendlich stolz, wenigstens in der Stifti noch etwas zu gelten und den Bettel nicht voreilig hingeschmissen zu haben. Wenn ihn niemand gesehen hätte, er hätte am liebsten seinen Schraubstock geküsst und den Boden der Werkhalle abgeleckt. Lieber ein guter Stift als ein schlechter Gymnasiast, tröstete er sich in den nächsten Tagen. Und zeigte in der Haslere einen Eifer und ein Interesse, dass selbst Streng stutzig wurde und ihn grinsend fragte, ob er im Lotto gewonnen habe. Pascal hatte seine Seele nur für kurze Zeit dem Teufel verschrieben. Davon war er jetzt gründlich kuriert, er verstand seinen gymnasialen Abstecher überhaupt nicht mehr, sondern stieß alles, was mit Matura und Studium zu tun haben konnte, weit weg. So weit, dass sein Examen in Thun bald mehr einem schrecklichen Traum als der Wahrheit glich. Vom Gymnasium war er für immer und ewig geheilt.

Den schwersten Gang hatte er allerdings noch vor sich, den zu Samuel Salvisberg, seinem Mentor und guten Stern. Aber auch sein selbstloser Freund erschien ihm plötzlich in einem veränderten Licht. Nicht mehr als Helfer in der Not, sondern eher als Verführer und böser Geist. Salvisberg hatte zur Zeit in Adelboden eine Stellvertretung als Lehrer angenommen. Da war noch Zeit genug, ihm zu schreiben. Es eilte also überhaupt nicht. Schlechte Nachrichten konnte man nie spät genug abschicken. Doch schon schämte sich Pascal, so niederträchtig über seinen guten Freund gedacht zu haben, hütete sich aber trotzdem, nach Adelboden zu telefonieren. Wie gesagt, schreiben wollte er, aber nicht jetzt. Von Pascals tiefem Fall würde Samuel noch früh genug vernehmen. Erst am Sonntag danach raffte er sich endlich auf und schrieb seinem Freund und Lehrer einen traurigen Brief. Dieser war voll von Selbstanklage, Selbstmitleid und Bedauern über sein persönliches Unvermögen, dass einem das Herz bluten wollte. Pascal beendete den Brief mit der Feststellung seines nun wohl definitiven unlöblichen gymnasialen Untergangs, den er an Bedeutung etwa dem Roms gleichsetzte. Gegen Abend schlenderte er mit dem Brief und seiner endgültigen Absage an eine allfällige akademische Karriere zum nächsten Briefkasten und warf das Schreiben, schon fast erlöst über den unter die leidige Angelegenheit gezogenen Schlussstrich, ein.

Post aus Thun

Am Samstagmittag lag ein Brief vom Rektorat des städtischen Gymnasiums Thun auf Pascals Bett. Die Post aus Thun war eigentlich an seinen Vater Hermann Laubscher, aber irrtümlicherweise an die Wylerstrasse in Bern und nicht nach Meiringen adressiert. Ob rektorale Absicht oder Zufall, sei dahingestellt. Pascal überlegte zuerst, den Brief gar nicht zu öffnen und gleich wegzuschmeißen. Oder sollte er ihn aus Anstand und Respekt dem noblen Rektor gegenüber wenigstens aufmachen? Zu lesen brauchte er ihn ja nicht, den Inhalt kannte er ja bereits. Doktor Studer konnte letztlich nichts dafür, dass Pascal versagt hatte. Als der Mechanikerlehrling schließlich dann doch beschloss, das Schreiben aufzumachen, zitterten seine Hände trotz allem erbärmlicher als die Blätter des Zwetschgenbaumes in der Hofstatt vor dem gelben Hause, wenn der Sustenföhn hervorbrach. Pascal las:

«Wir freuen uns, Ihnen mitteilen zu können, dass Ihr Sohn Pascal die Aufnahmeprüfung ans Gymnasium der Stadt Thun mit Erfolg bestanden hat und in die Tertia aufgenommen worden ist.»
Der heilige Brief mit seiner göttlichen Botschaft entglitt den zittrigen Fingern des frisch gebackenen Tertianers, welcher schluchzend auf sein Bett sank. Die verwelkte Heimjungfer hörte den Jüngling leise flennen und trat zaghaft über die Schwelle. Sie war sehr besorgt und wollte wissen, warum ein so großer Junge am helllichten Tage weine. Pascal schaute die treue Seele an und versuchte, ihr Red und Antwort zu stehen, aber das kleinste Wort blieb ihm schon ganz hinten im Halse stecken, sodass er dem alten Mädchen zuletzt den Brief einfach hinstreckte. Eben als sie umständlich ihre Lesebrille hervorklaubte und aufsetzte, trat der Heimvogt, Herr Leuenberger, ins Zimmer. Die Magd gab ihm den zerknitterten Brief und meinte erlöst:
«Da, lesen Sie!»

ISBN-3-95 222 95-1-2